༄༅། །བྱམས་ཆེན་ཆོས་རྗེ་ཤཱཀྱ་ཡེ་ཤེས།

大慈法王释迦也失

拉巴平措　著

中国藏学出版社

图书在版编目(CIP)数据

大慈法王释迦也失 /拉巴平措著. —北京:中国藏学出版社,2012.7

ISBN 978 - 7 - 80253 - 540 - 4

Ⅰ.①大… Ⅱ.①拉… Ⅲ.①释迦也失(1354~1439) - 人物研究

Ⅳ.①B949.92

中国版本图书馆 CIP 数据核字(2012)第 159243 号

大慈法王释迦也失

拉巴平措 著

出版发行　中国藏学出版社
印　　刷　中国电影出版社印刷厂
开　　本　787×1092 毫米　1/16
印　　张　21.5
字　　数　270 千
印　　数　4501—5500 册
印　　次　2012 年 7 月第 1 版第 1 次印刷
　　　　　2016 年 1 月第 1 版第 3 次印刷
书　　号　ISBN 978 - 7 - 80253 - 540 - 4 /B · 145
定　　价　46.00 元

图书若有质量问题,请与本社联系

E-mail:dfhw64892902@126.com　电话:010 - 64892902

前　言

大慈法王释迦也失是格鲁派（黄教）创始人宗喀巴大师的亲传大弟子，曾多年服侍宗喀巴大师，认真聆听了大师传授的深邃显密教法。受宗喀巴大师重托，释迦也失为创建拉萨下密院等众多格鲁派寺院提供了物质条件并创建了拉萨“三大寺”之一的色拉寺。他作为宗喀巴大师的亲定代表，奉大明永乐皇帝之召，到内地讲经传法，广收徒弟，广建寺院，是格鲁派教法在内地的第一个传播者。他先后两次到内地，向永乐、宣德等皇帝及皇室成员和官员传授格鲁派教法，是受到朝廷册封的第一位格鲁派高僧大德，也是格鲁派中第一位为皇家和各族信众讲经说法而在内地圆寂的高僧大德。正是因为他的缘起，才有了今日甘丹寺的“丝唐”节、祭奠宗喀巴大师的“五供”节、以及为纪念他而形成的“四供”节等等。

就是这样一位大名鼎鼎的“大慈法王”，在西藏历史研究的领域里至今众说纷纭，莫衷一是，没有理出头绪。比如，他的出生地在何处？最早出家时的师傅是谁？永乐皇帝到底是如何邀请宗喀巴到内地讲经说法的？为什么皇帝的诏书和宗喀巴的请辞信时间相差那么久？释迦也失第一次赴内地经过了哪条路线？到了南京还是北京？在内地呆了几年？他是哪年返回西藏的？色拉寺是哪年动工修建的？他第二次到内地是哪位皇帝邀请的？在内地讲经说法几年？他是在哪里圆寂的？是在北京还是在青海民和县？等等问题，一直困扰着研究大慈法王的学者，也是我多年思考而难以解决的课题。

中国藏学研究中心宗教研究所在开展藏传佛教有关课题时，于2004年请来西藏色拉寺原民管会主任、色拉杰扎仓格西阿旺达扎担任课题顾问。当时我看到他手头的资料中有大慈法王的传记手写本，建议他在完成课题组任务的同时，对于大慈法王的生平进行研究，并拿出研究成果。我之所以出这个题目，一是他手头有资料，而且长期担任色拉寺民管会主任，对于相关情况比较熟悉；二是以他的身份整理大慈法王的生平，可以促进色拉寺发掘自身历史，传承寺主精神，弘扬优良传统。他愉快地接受了任务，而且曾几次告诉我“您交代的任务，我正在认真完成之中”。2006年8月初，阿旺达扎格西通过宗教所的学者把一本名为《色拉寺与大慈法王》（༄༅།།སེ་ར་དགོན་པའི་གནས་བཤད་དང་རྗེ་བྱམས་ཆེན་ཆོས་རྗེའི་རྣམ་ཐར་ཀུན་ལས་བཏུས་པ་འཁྲུལ་བྲལ་རབ་གསལ་མེ་ལོང་ཞེས་བྱ་བ་བཞུགས་སོ།།）的藏文书送到了我的手里，并捎话说：“你布置的任务，我已经圆满完成了！”在书的扉页用藏文写着：“色拉寺杰扎仓比丘阿旺达扎于2006年8月2日敬赠。”我看到这本书非常高兴，通过宗教所的工作人员向他表示了祝贺。

我反复阅读了他写的这本书，虽然不算很长，但下了不少功夫。一是他查找翻阅了不少资料。他在书中写道：“现代学者和历史学家撰写的大慈法王传记约有十几种，但都不全面，且时间方面多有偏颇。我看到了班智达呼图克图老人编纂的手写本传记《萨蒂尼玛》①（གསལ་གཏེར་ཉི་མ།），而这本传记又是根据被称为《热赤玛》（རས་བྲིས་མ།）② 的古籍文献编写的，它把永乐皇帝的历史和法王传记联系起来，具有年谱的特点。其中把明代历史和大慈法

① 《大慈法王传汇编》复印件写作“དཔལ་སྟེར་ཉི་མ”。
② 直译为“写在布面上的文书”。

王先后到内地的时间都写得十分清楚，我写的这本书就是依据上述传记编写的。”① 阿旺达扎在书中引用了大量的皇帝圣旨。他惊叹道：“这位法王拥有如此之多的圣旨、文书、赞词，在其他任何传记中实属罕见。”② 二是根据皇帝圣旨和这些传记，对于大慈法王的生平年代和与之有关的事件及其发生的时间，作了一定的比较和研究，对于我们梳理相关的历史事件，提供了有价值的见解。不过，由于时间仓促等原因，该藏文著作无论在内容编排和事件描述方面，还显得不够系统、严谨和科学，所以我想在它的基础上，结合相关史料和前人著书，对此问题做进一步考察和分析，写出一篇论文。在撰写过程中，我向阿旺达扎先生请教了两个问题：一是在他的书中使用的大慈法王的缂丝像到底是从何而来？他回答说：“好像是从西藏社科院编纂出版的《色拉寺大乘洲》画册翻拍过来的。”（这部画册是我在西藏社科院担任院长期间，在色拉寺民管会的支持下，由次旺仁钦等专家学者完成的。但这本画册恰恰没有这幅唐卡的照片。）再一个问题是：“在你的书中大量引用了‘热赤玛’的内容，其中有相当多的皇帝诏书，这本书现在是否在你的手里？”他回答说：“我曾看过那本书，也是手抄本，那些诏书也是真的。我又把它们零零星星抄录下来了。因为抄件的内容都用在了我编写的书中，而且正式出版了，所以我觉得那些抄件没什么用处，就销毁了。”我感到非常遗憾，对于这些内容没有办法进行进一步的考证。

当我写完这篇文章后，征求了相关专家学者的意见。当时，陈庆英研究员看了我的文章不仅给予很高评价，而且提出了中肯的修改意见。2008 年春节不久，藏学出版社总编马丽华给我说：人民大学沈卫荣教授知道你在研究大慈法王生平，他说他有一本藏

① 色拉格西阿旺达扎《色拉寺与大慈法王》，藏文，民族出版社，2006 年，19—20 页。

② 色拉格西阿旺达扎《色拉寺与大慈法王》，藏文，民族出版社，2006 年，95 页。

文手抄本的大慈法王传，如果你有兴趣他愿意提供。我表示非常感谢，但当时没有来得及马上接洽，后来他主动把这本书的复印件给我捎来了。我初步阅读后发现，这本书有这样几点特点：一、虽然书的封面字迹不清、不全，但大慈法王的封号全文跃然显现在上面，而且每页书的正面，明确无误地标有页数之外，还请清清楚楚地写着“大慈传”字样。虽然整个书籍是手抄本，且在中间有些页面字迹模糊，有些字行是自然脱落还是被刮掉了，不甚清楚，但整体来说，绝大部分应该说非常清楚。二、书中包含了至少以下八种有关释迦也失的传记或记载：第一篇《如意呈祥的太阳》；第二篇《大慈法王释迦也失传略》；第三篇《昆·顿巴传》；第四篇《黄琉璃·色拉大乘洲志》；第五篇《色拉哲蚌寺志》；第六篇《道次第说上师传承传·大慈法王传》；第七篇《宗教源流·心中的庄严》；第八篇《噶当宗教源流》。所以我们说这是一本大慈法王传记汇编。三、我发现本书的重点是第一个传记，约占本书总篇幅的一半，正好是阿旺达扎在他的小册子中大量引用的那本书，这就使人激动不已了。在它的最后是这样写的：释迦也失“进京的情形（《如意呈祥的太阳》），是由于难以拒绝天资聪慧、思路宽广、具有通晓执掌制度的慧眼的杨嘉夏仲·强巴楚成嘉措敬献吉祥哈达并认真的恳求，只好由（我这个）先哲的称号所加持的额尔德尼·诺门汗·班智达·呼图克图·阿旺绛央尼玛，根据内地地布上书写的文献（热赤）加以整理编纂，本传记的书写员是热绛巴·索南凯却。”四、这一传记的内容，重点是释迦也失两次赴内地的情形和皇帝的历次诏书。本书引用了17道圣旨，与阿旺达扎先生的小册子基本一致，其中只有一件在阿旺达扎先生的小册子中没有体现。于是乎，我又不得不对自己原有的文章进行必要的反思和修改了。原因是：第一，既然有手抄本的复印件，那就应该把它翻译出来，让学术界和广大读者直接了解这本书的内容；第二，由于我原先的研究成果，在很大程度上是把色拉格西阿旺达扎先生的书作为重要基础的，现在有了手抄本，我必须对这两本书进行一些比较和研究；第三，在这些工作基础上，对我自己的成果进行一次必要的调整和修改完善。

经过长时间的研究和反复斟酌，现在我把它以这样的形式与读者见面：首先分为上中下三篇，上篇以《大慈法王考》的题目，第一章，文献考；第二章，生平考；第三章，业绩考；第四章，遗像考；第五章，文物考。中篇以《大慈法王传汇编译注》为题目，第一章，《大慈法王传汇编》汉文译注；第二章，藏汉合璧历史文献；第三章，《大慈法王传汇编》词汇索引。下篇是附录：1.《大慈法王传汇编》复印件；2.《大慈法王传汇编》藏文转录；3.《大慈法王传汇编》拉丁文转写；4. 大慈法王及宗喀巴大师大事年表。之所以这样布局，是因为我想除了发表自己的成果之外，把这些重要的史料公之于众，同广大读者，特别是对大慈法王以及格鲁派教法史的研究有兴趣的人们分享这些宝贵材料，从而使这一领域的研究引向深入。由于这一切是在日常性事务工作之余完成的，所以很难保证在思路、文风，甚至内容方面的连贯性和系统性，也就很难保证较高的学术性。万望各位读者见谅并请专家学者批评指正。

2011 年 12 月 12 日

目录

上篇

大慈法王考

第一章　文献考

在现有的史料中，与释迦也失有关的文献有二十一种，如果把这些文献搞清楚了，释迦也失的生平脉络也就更加清晰了。其中十七件是《大慈法王传汇编》第一篇传记中记录的，除一件外，其余全部载入了色拉寺格西阿旺达扎的书中。这一部分文献的基本情形如下表：

《大慈法王传汇编》中的17道圣旨

汇编序号	文献序号	朝代年号	月/日	公元	内容	名号
1	4	永乐12	11/15	1414	途中慰问，赐衣物	上师释迦也失
2	5	永乐12	12/25	1414	途中慰问	上师释迦也失
3	6	永乐13	4/5	1415	赐金印宝诰，赐大国师封号	大国师
4	7	永乐13	4/15	1415	御制赞词	大国师
5	8	永乐13	6/15	1415	在五台山，慰问，赐瓜果	大国师
6	9	永乐13	6/27	1415	处置犯法藏僧事	大国师
7	10	永乐13	7/26	1415	在五台山，赐响铜印和瓜果	大国师
8	11	永乐13	8/27	1415	五台山天凉，赐衣物	大国师
9	12	永乐14	5/16	1416	为进藏赐物品	大国师
10	13	永乐15	2/1	1417	在藏慰问，御制赞词	大国师

续表

汇编序号	文献序号	朝代年号	月/日	公元	内容	名号
11	14	永乐 22	4/17	1424	御制赞词	大国师
12	15	宣德 4	4/3	1429	派人看望慰问	大国师
13	16	宣德 4	10/1	1429	接应慰问	大国师
14	17	宣德 4	10/13	1429	赍书礼请，冀飞锡前来	大国师
15	18	宣德 4	11/12	1429	接应	大国师
16	19	宣德 9		1434	大慈法王封号	大慈法王
17	20	宣德 10	12/26	1435	御制赞词	大慈法王

与释迦也失有关的 21 件文献几乎全部是藏文，其中一部分已被一些历史著作引用并有汉文译文；一部分见诸于汉文史籍《清凉山志》和《明史》等，由于时间和抬头是作者用自己的口气描述的，与藏文差距较大，但内容完全可以同藏文相对应；还有一部分文献虽然找不到汉文文献或译文，但可以从历史记载中找到线索。对于后两种情形，我采取了按藏文补译或全译的方法，但因水平所限，不可能译得很准确，为了弥补这一点，把原文献收在本书中篇第三章：《藏汉合璧历史文献》中予以刊载。其中最后一件汉文史料，虽然见诸于官方正史，但似乎未引起大慈法王传记研究者的注意，所以我也一并收录了。这些文献有：

1. 藏历第七绕迴土鼠年（公元 1408 年，永乐六年）六月十九日，宗喀巴写给皇帝的请辞信。① 这封信收入《宗喀巴全集》，译文见《西藏通史——松石宝串》。② 其主要内容是："大皇帝之旨意，盼我前来你处一遭，……但我每与众人相遇，便发生重病，

① 宗喀巴的藏文信见《宗喀巴全集》第二函。该信汉文译文见恰白·次旦平措等著、陈庆英等译《西藏通史——松石宝串》汉文版，西藏藏文古籍出版社、《中国西藏》杂志社，2004 年第 2 版，504 页。

② 恰白，次旦平措等著、陈庆英等译《西藏通史——松石宝串》汉文版，西藏藏文古籍出版社、《中国西藏》杂志社，2004 年第 2 版，504 页。

故不能遵照圣旨而行，……”这个时期，宗喀巴正忙于几件大事：一是广收徒弟，扩大队伍。克珠杰就是在1407年被正式收为徒弟的，后为他的著名弟子。二是他本人深入观想和静修密宗，并著书立说。三是筹办拉萨祈祷大法会（1409年），扩大自己学说的影响。四是修建甘丹寺，作为格鲁派的祖寺。这些大事的成功完成，标志着格鲁派作为一个新兴教派正式形成。从发出这封信到永乐十一年皇帝诏书之间相差五年之久，离释迦也失代表宗喀巴大师东行时间相差六年。据此可以认为，皇帝邀请宗喀巴到内地不是一次而是几次。据洛桑次成的《宗喀巴传》记载：“这时，大师的声望传遍十方，大明皇帝此前已邀请了几次，大师以只是隐居进行观想和静修，从未去过人群之中为由，没有前往。”① 据东噶先生说：永乐皇帝先后三次邀请了宗喀巴大师。② 据阿旺达扎说：“大明皇帝为邀请宗喀巴大师，七次派遣使者，……”③ 现在难以考证具体次数，但有一点是肯定的，不是只邀请了一次。

2. 永乐八年（公元1410年，藏历第七绕迥铁虎年）九月十一日，皇帝给“释迦喜年”的诏书。④ 这是中国历史博物馆所存的抄件，最早在《中国西藏地方历史资料选编》（藏文）⑤ 中作为大慈法王的史料引用，译文见《西藏通史——松石宝串》。其抬头为“释迦喜年”，而不是“释迦也失”。所以《西藏通史——松石宝串》对此存疑。从内容看，《西藏通史》认为：“与元朝皇帝薛禅汗赐给萨迦派的优礼僧人的诏书大致相仿”。实际上，该诏书大力宣扬佛教在安邦治国、社会稳定方面的积极作用的同时，明确指出，“若众人对彼等欺凌、诬害，做此等坏事，危害佛法，不遵圣

① 洛桑次成《宗喀巴传》，藏文，中国藏学出版社，2006年，219页。

② 《东噶藏学大辞典》，藏文，中国藏学出版社，2002年，1657页宗喀巴简介词条。

③ 色拉格西阿旺达扎《色拉寺与大慈法王》，藏文，民族出版社，2006年，36页。

④ 恰白·次旦平措等著、陈庆英等译《西藏通史——松石宝串》汉文版，西藏藏文古籍出版社、《中国西藏》杂志社，2004年第2版，506页。

⑤ 《中国西藏地方历史资料选编》，藏文，西藏人民出版社，1986年，317页。

旨，法律绝不宽待”等。据《明实录藏族史料》记载：“永乐八年九月庚辰（1410年10月14日）命番僧绰思吉领禅巴藏卜为灌顶弘慈妙济国师，掌巴监藏为净慈妙智国师，掌巴哈罗思巴为普济慧应国师。皆赐诰、印、图书，仍给护敕，俾自在修行。其寺田土、山场、园林、财产、孳畜之类，禁诸人毋侵扰，违者罪之。”① 但未见“释迦喜年”这个名字。据《明实录藏族史料》记载：“永乐八年九月壬辰（1410年10月26日）遣内官关僧赍书及白金、綵币，往西土征尚师昆泽思巴。”② 永乐十年十二月昆泽思巴入朝，十一年二月入见，五月赐封号。十二年正月辞归。这里所记载的永乐八年颁诏、册封的是昆泽思巴，也未见“释迦喜年”。阿旺达扎在他的书中说：“该法王（释迦也失）的诞生史中称，是在佛祖时期的尊达罗汉、释迦喜年、噶娃柏孜、卓普巴、色色日瓦……等的转世系统。”③ 其中的释迦喜年就算是释迦也失，在时间上也有矛盾。因为从后面永乐十一年的诏书看，皇帝推崇的是宗喀巴大师，怎么中间又给弟子颁发诏书呢？该诏书的落款时间为永乐八年（公元1410年）九月十一日，即为宗喀巴大师举行甘丹寺落成典礼并乔迁之后，所以又像是给宗喀巴大师的，因为宗喀巴给皇帝的请辞信中自称是“释迦比丘”，但在后面的诏书中用的是“上师洛桑扎巴”的称谓。所以认为是给宗喀巴的诏书的这一猜测也很难成立。

3. 永乐十一年二月十一日（公元1413年，藏历木马年），皇帝给宗喀巴的诏书。④ 这道圣旨载于《中国西藏地方资料选编》（藏文），⑤ 译文见《西藏通史——松石宝串》汉文版。该圣旨的

---

① 顾祖成等编《明实录藏族史料》，西藏人民出版社，146页。

② 顾祖成等编《明实录藏族史料》，西藏人民出版社，146—147页。

③ 色拉格西阿旺达扎《色拉寺与大慈法王》，藏文，民族出版社，2006年，19页。

④ 恰白·次旦平措等著、陈庆英等译《西藏通史——松石宝串》汉文版，西藏藏文古籍出版社、《中国西藏》杂志社，2004年第2版，502页。

⑤ 《中国西藏地方资料选编》，藏文，西藏人民出版社，1986年，309页。

抬头是“上师罗桑扎巴”，即宗喀巴大师。在《明史》中，为了避讳直接用“上师”一词，往往以“尚师”的提法来代替。颁发时间是永乐十一年二月十一日。其主要内容是：“朕思念你的清净功德，为时已久。今派遣以太监侯显为首之使者，以政教二规前来迎请你。望你为佛教弘传着想，前来中原，以完成朕之心愿。此诏。”这道诏书说明：第一，皇帝思念宗喀巴清净功德“为时已久”；第二，皇帝派的使臣主要是太监侯显；第三，诏书内容和使者的任务就是邀请宗喀巴去内地。过去不少历史著作中，把这道诏书同宗喀巴给皇帝写的请辞信联系起来，当作前因后果，认为皇帝邀请在先，宗喀巴请辞在后，而且认为诏书中赠送的礼品和回信中受到的礼品清单大致相同。其实不然，我们在这里把二者做个比较：

诏书礼品与请辞信接受礼品清单比较表

序号	诏书中的礼品	数量	请辞信所载接受的礼品	数量	备注
1	金刚铃杵		金刚杵及铃	两幅	1 无数量
2	鎏金禅杖	一柄			
3	碰铃	全套	碰铃	两幅	数量不同
4	象牙珠		水晶念珠		材质不同
5	檀香木	一段	檀香木	一段	相同
6	嵌红玉细竹丝帽	一顶	帽		6 有详细质地
7	十彩法衣	全套	大缎袈裟		7 为全套
8	大红无花半月形大氅	一件			
9	红缎无花大氅				

续表

序号	诏书中的礼品	数量	请辞信所载接受的礼品	数量	备注
10	肉色内衣	一件	上衣		
11	红色素绫	一疋	素花云纹红色、青色、绿色缎	三疋	诏书中各种缎十八疋，请辞信中只有素色缎三疋
12	蓝色水纹大宝花卉图案缎子	一疋			
13	绣金团纹缎	三疋			
14	大红如意绣花缎	一疋			
15	松绿色四季花卉缎	一疋			
16	大缎	七疋			
17	淡花蓝色缎	一疋			
18	绣花图纹缎	一疋			
19	深绿素缎	一疋			
20	纱灯红绫绸	一疋			
21	茶叶	五十斤	茶叶	五十斤	相同
22	白瓷无花茶壶				
23	白瓷碗	七个	白瓷碗	一对	数量不同
24	黑色靴子	一双	鞋袜		
25	素蓝绸作面的白色羊毛袜	一双			
26	彩绫	七疋	彩绸	七疋	数量相同
			长坎肩		
			佛像罩衣	两件	
			手巾	三幅	
			围裙		
			曼荼罗饰品	三件	
			腰带		

根据上述比较，我们可以得出如下结论：一、二者所及的礼品确实有许多相似之处，如檀香木、茶叶等名称和数量都完全相同。二、有不少礼品虽然名称相同，但质地和数量大不相同，如念珠

虽然是一串，但一个是象牙的，另一个则是水晶的；又如碰铃一个是三副，另一个则是两副；有的虽然数量完全相同，如诏书记载彩绫、大缎各七疋，信中只有绸缎七疋。三、部分礼品完全无法比对，如诏书中的鎏金禅杖、大氅、茶壶等在信中根本没有提及，相反，在信中提到的如佛像罩衣、曼荼罗饰品等在诏书中没有反映。所以两者不是一回事，而是不同时期的不同礼品清单。问题的关键是不只邀请了一次，而是邀请了几次，所以每次赠予的礼品也有所不同。

4. 永乐十二年（公元 1414 年，藏历木马年）十一月十五日，皇帝给释迦也失的圣旨。① 这道圣旨收入《中国西藏地方资料选编》（藏文），译文见《西藏通史——松石宝串》，也见诸于手抄本《大慈法王传汇编》，② 在阿旺达扎的书中也引用了。③ 这是明朝皇帝直接给释迦也失的第一道圣旨，值得认真回味。一、开头：“皇帝圣旨　谕释迦也失”，藏文中使用了“上师”一词，在《明史》中多用“尚师”。二、对释迦也失的评价：“你的功德证悟高妙，学识渊博，誓愿法力深广，具有佛陀如来之证悟，以善巧方便教化众生。因你弘法功业多至不可思议，故……”藏文中包含了“据闻”的意思。④ 三、关于时间问题：这份诏书签署时间为永乐十二年（公元 1414 年，藏历木马年）十一月十五日，应该说，这道圣旨是释迦也失即将抵达成都时发出的。四、关于到成都接应的使者问题。诏书指出：“故朕遣以太监侯显为首之人，携带诏书前来迎请。今闻上师你已离开西土，……朕心甚悦，难以言喻。

① 色拉格西阿旺达扎《色拉寺与大慈法王》，藏文，民族出版社，2006 年，38 页。

② 见《大慈法王传汇编》第 3 页正面和背面。

③ 恰白·次旦平措等著、陈庆英等译《西藏通史——松石宝串》汉文版，西藏藏文古籍出版社、《中国西藏》杂志社，2004 年第 2 版，505 页。

④ （藏文原文是：ཁྱོད་ཀྱི་ཡོན་ཏན། རྟོགས་པ་མཐོ་བ། ཤེས་རབ་གསལ་ཞིང་ཆེ་བ། སྨོན་ལམ་གྱི་མཐུ་སྟོབས་ཟབ་པ། གདུལ་བྱ་ཐབས་ཀྱིས་འདུལ་བར་མཁས་པ་སོགས་ཁྱོད་ལ་ཞི་བའི་འཕྲིན་ལས་བསམ་གྱིས་མི་ཁྱབ་པ་མངའ་ཟེར་བའི་དོན་གྱི་ཞེས་བརྟགས་པ་དང་།）

现今复遣人于途中赠礼迎接，以示缘起，以表朕心。”毫无疑问，太监侯显等人到拉萨迎请，但这里的“现今复遣人于途中赠礼迎接”的是太监侯显还是胡濙？阿旺达扎说：太监侯显为首人员携圣旨和赠品到成都接应。① 但《西藏地方与中央政府关系史》一书则写道：“首途到达成都，受到永乐皇帝特派官员胡濙专程前来迎接。”② 根据《大慈法王传汇编》复印件第一篇文章，侯显等四位大臣赴藏邀请，另有大批金字使者携带皇帝诏书和御赐礼品到成都迎接。五、关于诏书的翻译问题：这份诏书的汉文是后人翻译的，所以有些地方存在值得商榷之处。如，“现今复遣人于途中赠礼迎接，以示缘起，以示朕心。”在藏文中写作：“因为有缘，化身释迦也失作为大师（宗喀巴）本人的代表，派遣由太监侯显为首的使者携带诏书前去迎请”。藏文中“化身释迦也失作为大师（宗喀巴）本人的代表”，在汉译稿中没有体现出来。③

5. 永乐十二年（公元1414年）十二月二十五日，皇帝给释迦也失的圣旨。④ 这道圣旨载于《中国西藏地方历史资料选编》⑤，译文见于《西藏通史——松石宝串》汉文版，手抄本《大慈法王传汇编》第一篇文章和阿旺达扎的书也有记载。其大意为：“上师远道而来，身体疲惫，到此面朕时可免行礼。”⑥ 圣旨中个别字句有所不同，如达扎书中说“你善于使众生诚服”，而在《选编》和

---

① 色拉格西阿旺达扎所著《色拉寺与大慈法王》，藏文，民族出版社出版，2006年，37页。

② 顾祖成等著《西藏地方与中央政府关系史》，汉文，西藏人民出版社，92—94页。

③ 藏文原文是：（ལས་འབྲས་ཀྱི་དབང་གིས་སྤྲུལ་པའི་སྐུ་ཤཱཀྱ་ཡེ་ཤེས་རྗེ་ཉིད་ཀྱི་སྐུ་ཚབ་ཏུ་ཟེ་ཀྱིན་ཏའུ་ཞིན་འགོ་བྱས་……མངགས་ཏེ་ལུགས་ཀྱི་ལུང་ཁྱེར་ནས་གདན་དྲངས་པ་ལ། ད་ལྟ་བླམ་ཉིད་ཞབས་ཕྱོགས་དང་རིང་དུ་བྲལ་ནས……）这里的关键词语是“སྤྲུལ་པའི་སྐུ་ཤཱཀྱ་ཡེ་ཤེས་རྗེ་ཉིད་ཀྱི་སྐུ་ཚབ་ཏུ”。

④ 恰白·次旦平措等著、陈庆英等译《西藏通史——松石宝串》汉文版，西藏藏文古籍出版社、《中国西藏》杂志社，2004年第2版，506页。

⑤ 《中国西藏地方资料选编》，藏文，西藏人民出版社，1986年，315—316页。

⑥ 色拉格西阿旺达扎《色拉寺与大慈法王》，藏文，民族出版社，2006年，40—41页。

《汇编》中却说："你具有如来之觉悟，能用亲和之方法使众生诚服"等。从这份诏书可以看出，释迦也失一行即将抵达京城。

6. 永乐十三年（公元1415年）四月五日，皇帝给释迦也失的圣旨。[①] 这道圣旨仅见于《大慈法王传汇编》第一篇文章和阿旺达扎的书，汉文也由笔者试译。圣旨的抬头稍有变化，用的是"法王上师"，落款为"永乐十三年四月五日"。其主要内容是："皇帝圣旨，谕法王上师释迦也失，在六日之吉祥时刻，特遣宦官颁赐金轮之印宝诰。免礼，切记。"据《太宗实录》卷一六三记载：永乐十三年（公元1415年）四月庚午，"命尚司（师）释迦也失为妙觉圆通慧慈普应辅国显教灌顶弘善西天佛子大国师，赐之诰命"。[②]《清凉山志》也记载："明年（永乐十三年——笔者注）上制书，赐金银宝诰，封妙觉圆通、慧慈[③]普应辅国显教灌顶弘善、西天佛子、大国师之号。"这道圣旨说明，永乐皇帝授其"妙觉圆通慧慈普应辅国显教灌顶弘善西天佛子大国师"的封号，并赐予金印。从此，释迦也失有了"西天佛子大国师"的正式封号。这一封号的全称在藏文文献中有几种种写法，一是音译，一是意译。详见本书藏汉合璧历史文献之六。

7. 永乐十三年（公元1415年）四月十五日，皇帝给释迦也失的圣旨。[④] 这道圣旨见于《大慈法王传汇编》第一篇文章和阿旺达扎的书，与上次的圣旨只隔十天。根据《清凉山志》的记载："明年（永乐十三年——笔者注）上制书"，[⑤] 即皇帝给释迦也失书写

---

① 色拉格西阿旺达扎《色拉寺与大慈法王》，藏文，民族出版社，2006年，43页。

② 多杰才旦等主编《元以来西藏地方与中央政府关系档案史料汇编》，中国藏学出版社，1993年，第一卷，115—116。

③ ［明］释镇澄撰《清凉山志》卷三：高僧懿行"释迦也失传"，山西五台山文化传播中心编辑出版，64页。

④ 色拉格西阿旺达扎《色拉寺与大慈法王》，藏文，民族出版社，2006年，43—45页。

⑤ ［明］释镇澄撰《清凉山志》卷三：高僧懿行"释迦也失传"，山西五台山文化传播中心编辑出版，64页。

信函或诗作，就是指这件御制诗词。值得注意的是从这件御制诗词开始，对释迦也失的称呼用语有了很大变化。其抬头第一次使用了“皇帝圣旨，妙觉圆通慧慈普应辅国显教灌顶弘善西天佛子大国师释迦也失”等语。而且在藏文中按汉文的读音直译了，没有意译。落款时间为“永乐十三年四月十五日。”这道圣旨的主要内容，是对释迦也失根据皇帝旨意举行的修供法事给予肯定和赞扬。诗词中说：你“离开西土偕随众到中土，智慧的太阳由祥云护卫，由于慈悯而利于众生，修炼快乐而永无悲伤，开启了善巧的大门，以菩提之心使愚昧置于安乐。今天，朕以诗词赞颂你，在诸佛的见证下授予了灌顶，真正获得了双修的资格而吉祥”。由于诗词较长，详细内容见本书藏汉合璧历史文献之七。

8. 永乐十三年（公元1415年）六月十五日，皇帝给正在五台山的大国师释迦也失的圣旨。[①] 这道圣旨也见于《大慈法王传汇编》第一篇文章和阿旺达扎的书，是在上一次圣旨下达两个月之后发出的。此时，释迦也失已在五台山。这道圣旨继续应用了“妙觉圆通慧慈普应辅国显教灌顶弘善西天佛子大国师”的封号，落款时间为“永乐十三年六月十五日”。据《清凉山志》第五卷帝王崇建中记载：（明成祖永乐）十三年六月，上制书于五台妙觉圆通慧慈普应辅国显教灌顶弘善西天佛子大国师释迦也失。曰：“相别遽尔数月，想徒从已达台山，冥坐高峰，神游八极，与文殊老人翱翔于大漠之乡，超然于万化之始。朕岂胜眷念，薄赉瓜果，以见所怀。遣书匆匆，故不多致。”[②] 说明永乐皇帝对释迦也失的关心和关怀。详见本书藏汉合璧历史文献之八。

9. 永乐十三年（公元1415年）六月二十七日，皇帝给释迦也失的圣旨。这道圣旨只见于《大慈法王传汇编》第一篇文章，在

---

① 色拉格西阿旺达扎《色拉寺与大慈法王》，藏文，民族出版社，2006年，48页。

② ［明］释镇澄撰《清凉山志》卷五：帝王崇建，山西五台山文化传播中心编辑出版，100页。

阿旺达扎的书中未见。汉文是由我试译的。这道圣旨离前次圣旨仅有十二天。其内容也非常特别。主要说的“曾有番僧反叛，抢劫上方金字使者，现已逮捕送来京城，按刑律给予了惩处，[1] 现将他们送到五台山叩拜，让他们忏悔，如能弃恶从善，可赦免其罪行，剃度为僧人，让他们在北方皇城中（北京）诵经做法事，如何?”详见本书藏汉合璧历史文献之九。

10. 永乐十三年（公元 1415 年）七月二十六日，皇帝给释迦也失的圣旨。[2] 这道圣旨也只见于《大慈法王传汇编》第一篇文章和阿旺达扎的书，离上次的圣旨相隔一月整。抬头用的是“妙觉圆通慧慈普应辅国显教灌顶弘善西天佛子大国师”的封号，落款时间为“永乐十三年七月二十六日”。圣旨说：“你到五台山不知不觉过了好多月，听来人说法王你身体安康，朕甚喜。五台山是著名的圣地，去该处甚为辛苦。望你安心朝拜，如意居住。根据你的时间，随时可以归来。除此，当朕有圣旨和接应人员时，就请前来。今遣专人送去响铜印的同时，顺便带去蜂蜜及各种水果，以示朕心。”虽然，没有找到直接可以对应这道圣旨的史料，但《清凉山志》的作者说：“上数数制书，遣使致慰。”[3] 说明皇帝写信或赐予御制诗词，并派遣专使进行慰问，可以说在当时是常事。详见本书藏汉合璧历史文献之十。

11. 永乐十三年（公元 1415 年）八月二十七日，皇帝给释迦也失的圣旨。[4] 这道圣旨也见于《大慈法王传汇编》第一篇文章和阿旺达扎的书，离上次的圣旨相隔一个月。圣旨使用了西天佛子大国师的封号全称，落款时间为“永乐十三年八月二十七日”。这

---

① 复印件第 5 页背面，第 1 行显现不全。

② 色拉格西阿旺达扎《色拉寺与大慈法王》，藏文，民族出版社，2006 年，50 页。

③ ［明］释镇澄撰《清凉山志》山西五台山文化传播中心编辑出版，高僧懿行“释迦也失传”，64 页。

④ 色拉格西阿旺达扎《色拉寺与大慈法王》，藏文，民族出版社，2006 年，53—54 页。

道圣旨在《清凉山志》卷五“帝王崇建”中是这样记载的：十五年秋，上制书妙觉圆通国师曰：“秋风澄肃，五台早寒，远惟佛境清虚，法体安泰。今制袈裟禅衣，遣使祇送，以表朕怀。”后列异色衣八品。[①] 其中“十五年秋”四个字有误。关于所赐衣物品种问题，在藏文中是这样叙述的：“绸缎丝类法衣共六件：无花绸缎短大氅一件、祥瑞云图毛里大氅一件、带祥瑞花卉图案的绸缎毽子一件、八吉祥图案的红绸缎长坎肩一件、带八吉祥图案的绫罗绸缎裙子一件、云图红绸裙一件，靴袜等。”六件衣服加鞋袜共计八品。从圣旨可以看出，永乐对释迦也失可以说是关怀备至，细心周到。

12. 永乐十四年（公元 1416 年）五月十六日，皇帝给释迦也失的圣旨。[②] 这一圣旨的简要内容，见于《大慈法王传汇编》第一篇文章和阿旺达扎的书，与上次的圣旨之间相隔了近九个月时间。抬头仍然使用的是“妙觉圆通慧慈普应辅国显教灌顶弘善西天佛子大国师”的封号，没有任何变化。落款时间为“永乐十四年五月十六日”。但内容简短，似乎没有引用全文。圣旨说：“特赐予千疋绸缎和八百头母犏牛，请你收下。”阿旺达扎的书中说，另有《大藏经》样书等大批赠品。看来这是释迦也失返藏前夕的一道诏书。根据《明史》卷三三一，列传第二一九西域三记载：“十四年（1416 年）辞归，赐佛经、佛像、法杖、僧衣、绮帛、金银器，且御制赞词赐之，其徒益以为荣。”[③] 未见御制赞词和详细礼单。

13. 永乐十五年（公元 1417 年）二月一日，永乐皇帝给释迦也失的圣旨。[④] 这道圣旨见于《大慈法王传汇编》第一篇文章和阿

---

① ［明］释镇澄撰《清凉山志》卷五：帝王崇建，山西五台山文化传播中心编辑出版，100 页。

② 色拉格西阿旺达扎《色拉寺与大慈法王》，藏文，民族出版社，2006 年，55 页。

③ 多杰才旦等主编《元以来西藏地方与中央政府关系档案史料汇编》，汉文，中国藏学出版社出版，1993 年，第一卷，116 页。

④ 色拉格西阿旺达扎《色拉寺与大慈法王》，藏文，民族出版社，2006 年，57 页。

旺达扎的书，与上次的圣旨相隔时间为八个多月。抬头仍然使用了西天佛子大国师的封号全称，落款时间为“永乐十五年二月一日”。这道圣旨在《清凉山志》五卷“帝王崇建”中有如下记载：十七年春，上制书妙绝圆通国师曰：“自师西行，忽见新岁，使者还，乃知履况安知，适慰朕怀。兹以镀金莲座，用表远贶，并系之赞。”[①] 这里的“十七年”三字应为“十五年”。圣旨中“并系之赞”的话，在藏文中写作：“为此，特作诗曰：‘善逝的大药是利众’等四首诗句之后，最后是：‘敬请经常弘扬佛法。’”可见这是释迦也失离开内地返藏后皇帝下达的圣旨。由此也可以证明，前一道圣旨是离开内地返藏前的诏书；也可证明释迦也失返藏后与朝廷保持着密切的联系。

14. 永乐二十一年（公元1423年）四月十七日，皇帝给释迦也失的诏书。[②] 这道诏书见于《大慈法王传汇编》第一篇文章和阿旺达扎的书，离上一道圣旨已有六年之久。抬头仍然使用了西天佛子大国师的封号全称。落款时间为“永乐二十一年四月十七日”。这是《汇编》上的时间。阿旺达扎的书写作“永乐二十二年”。这道圣旨在《清凉山志》第五卷“帝王崇建”中是这样记载的：十九年夏，上制书于妙觉圆通国师曰：“朕惟大师，觉行圆融，慈悲利济。朕心瞻企，夙夜不忘。兹以岁序维新，特遣禅师板竹等，祝赞于朕，并以佛像等物来。鉴兹勤诚，良甚嘉悦。今遣内官戴兴等，赍佛像等物，并致偈赞，用表朕怀。”[③] 这里的时间仍然对不上，但内容完全一致。其中关于“并致偈赞”一语在藏文中是这样写的：“以及颂词几首，请大国师切记。词曰：

① ［明］释镇澄撰《清凉山志》卷五：帝王崇建，山西五台山文化传播中心编辑出版，100页。

② 色拉格西阿旺达扎《色拉寺与大慈法王》，藏文，民族出版社，2006年，74—75页。

③ ［明］释镇澄撰《清凉山志》卷五：帝王崇建，山西五台山文化传播中心编辑出版，101页。

……”这是永乐皇帝给释迦也失的最后一道圣旨。圣旨中的御制赞词，具有永乐皇帝对释迦也失的全面评价的含义，诗意宽广，感情深沉。鉴于诗词较长，而且翻译难度较大，为使读者有个基本了解，把笔者的试译稿刊载于本书藏汉合璧历史文献十四，供大家参阅。

15. 宣德四年（公元 1429 年）四月三日，皇帝给释迦也失的圣旨。[①] 这是至今见到的宣德皇帝给释迦也失的第一道圣旨，藏文见于《大慈法王传汇编》第一篇文章和阿旺达扎的书。其抬头仍然使用了“妙觉圆通慧慈普应辅国显教灌顶弘善西天佛子大国师”的封号。落款时间为“宣德四年四月三日”。这道圣旨在《清凉山志》五卷“帝王崇建”中是这样记载的：宣宗宣德二年，上制书妙觉圆通国师曰：“朕惟佛氏，道体冲玄，德用神妙，厥大无外，厥高无等。历代人主，罔不崇信。朕恭膺天命，主宰华夷，体祖宗一视同仁之心，隆佛氏慈悲不二之教。追惟皇祖太宗文皇帝、皇考仁宗昭皇帝，鞠育深恩，如天罔极。欲举荐扬之典，一念之诚，夙夜惓切。惟大师功行高洁，定慧圆明，朕切慕之。特遣太监侯显，赍书礼请，冀飞锡前来，敷扬宝范，广禅能仁，以副朕诚。朕不胜瞻望之至。”[②] 这里同样还是时间问题，但圣旨内容相同。十分清楚，这是宣德皇帝邀请释迦也失到内地传法的圣旨。诏书明确表达了这样的讯息：不但要继承父辈的遗愿，弘扬崇敬佛法的传统，而且也为了满足我的这一心愿，继续像前辈们一样崇敬释迦也失你这位大国师。这道圣旨见本书藏汉合璧历史文献十五。

16. 宣德四年（公元 1429 年）十月一日，皇帝给释迦也失的

① 色拉格西阿旺达扎《色拉寺与大慈法王》，藏文，民族出版社，2006 年，83 页。

② ［明］释镇澄撰《清凉山志》卷五：帝王崇建，山西五台山文化传播中心编辑出版，101 页。

圣旨。[1] 这是至今见到的宣德皇帝给释迦也失的第二道圣旨，载于《大慈法王传汇编》第一篇文章和阿旺达扎的书。抬头仍然使用了“妙觉圆通慧慈普应辅国显教灌顶弘善西天佛子大国师”封号的全称。落款时间为“宣德四年十月一日”。其大意是：“朕以为祖辈太宗大皇帝、父皇仁宗帝驾崩已有多时，要使他们的圣灵在天界得到慰藉，引领众生走向圣道，大国师你道高德深，慈悲为怀，为此诚心派遣太监侯显为首人员，邀请你前来。大国师以效力之心，遵循朕的旨意，不顾山川寒暑冷暖，不顾上万里路途遥远的劳顿，愉快前来。听说已向皇城走来，朕甚为欣喜，并已派人到中途接应。今派来阿木葛国师，给朕奉献佛像和舍利子，已经收到。朕有说不出的敬仰。朕今特遣太监向柳杨（译音）携带圣旨和水果等前去迎接，以示朕心，望大国师切记。宣德四年十月一日。”邀请释迦也失的圣旨是宣德四年（1429 年）四月三日签署的，当年十月一日的圣旨却说，已经“向皇城走来”。在这中间只有不到六个月的时间，其中包括诏书的送达时间、释迦也失的准备时间，以及路途的长途跋涉，可见当时释迦也失进京复命的急切心情，也可以看到释迦也失“召之即来”的果敢行动。这道圣旨以及后面的诏书、御制诗词，虽然未见其他记载，但《清凉山志》的作者说：“至于宣宗，尤加钦崇，礼出常格”，[2] 足以说明宣宗皇帝对释迦也失的关怀备至。

17. 宣德四年（公元 1429 年）十月十三日，皇帝给释迦也失的圣旨。[3] 这是宣德皇帝给释迦也失的第三道圣旨，见于《大慈法王传汇编》和阿旺达扎的书，离上一次的圣旨下达时间相差只有

---

① 色拉格西阿旺达扎《色拉寺与大慈法王》，藏文，民族出版社，2006 年，86—87。

② ［明］释镇澄撰《清凉山志》卷三：高僧懿行“释迦也失传”，山西五台山文化传播中心编辑出版，64 页。

③ 色拉格西阿旺达扎《色拉寺与大慈法王》，藏文，民族出版社，2006 年，88—91 页。

十二天。圣旨抬头仍然使用了西天佛子大国师的封号全称。但值得注意的是，在文中第一次使用了“大慈法王”字样。落款时间为“宣德四年十月十三日”。其大意是：“在此吉日，特赐予具有赞词法轮的金印和宝诰，这是因为大慈法王你在举行敬奉三宝、向僧众熬茶发放布施等大型活动时，天空清澈，阳光明媚，漫天五色彩虹，神人皆幸福快乐。朕也特意奉献吉祥赞词。词曰：妙觉圆通升善业，慧慈普应在佛界，西天佛子大国师，观点圣洁行自在，如今吉祥诵赞词，天女声声念颂词，胜幢彩幡齐飘扬，恭敬赐予宝诰印，心怀法师恩与德，如同点燃千盏灯，光明照亮十方天。…弘转法轮大地皆光明，人人信服人人敬，坐在大殿也见光，护佑无明的众生吧。宣德四年十月十三日。”这是说，释迦也失到内地后立即举行了法事活动，获得了圆满成功，所以皇帝特赐御制诗词，给予褒奖。举行法事活动地点，从后面一道圣旨看，似乎是在五台山，不像在京城。

18. 宣德四年（公元1429年）十一月十二日，皇帝给释迦也失的圣旨。① 这道圣旨见于《大慈法王传汇编》和阿旺达扎的书。抬头仍然使用了西天佛子大国师的全称。汇编中落款时间为“宣德四年十一月十三日”。阿旺达扎的书也是“十二日”。其大意是：“你的智慧宏大、知识渊博，仁慈利众。为了利乐众生，朕特邀请了你。你从远方诚心前来，朕心甚喜。今特派遣洪通、祢觉、傅慧、沈尹、胡果、曾久、册怎、大国师班登扎西、太监云登（均译音）等一起，前往迎接。朕以为，你从远方来，路途劳顿，大国师你到皇城后，在庙内安心歇息。今后见朕，无须行礼，望大国师切记。宣德四年十一月十三日。”这道圣旨说明皇帝派遣多人，“前往迎接”释迦也失，并下旨“你到皇城后，在庙内安心歇息”，“今后见朕，无须行礼”。还说明，释迦也失第二次赴内地的进京

---

① 色拉格西阿旺达扎《色拉寺与大慈法王》，藏文，民族出版社，2006年，87—88页。

时间约在宣德四年（公元1429年）十一月十三日之后。

19. 宣德九年（公元1434年），皇帝给释迦也失赐予“大慈法王”封号。根据《西藏通史》汉文版记载，宣德皇帝封授释迦也失为“大慈法王”，其全称是：“万行妙明真如上胜清净般若弘照普慧辅国显教至善大慈法王”[①] 据《明史》第三三一列传第二一九西域三记载：“宣德九年（1434年）入朝，帝留之京师，命成国公朱勇、礼部尚书胡濙持节，册封为万行妙明真如上胜清净般若弘照普慧辅国显教至善大慈法王西天正觉如来自在大圆通佛。”[②] 说明“大慈法王”的封号由此开始。该封号有好几种藏文写法，详见本书藏汉合璧历史文献第十九。我认为其中第一种写法应该是标准版本，因为它出现在大慈法王缂丝像上面的。[③]

20. 宣德十年（公元1435年）十二月十六日，皇帝为释迦也失所作的御制赞词。[④] 这道圣旨见于《大慈法王传汇编》第一篇文章和阿旺达扎的书。实际上，这是御制悼词，是为释迦也失圆寂而作的诗词，最后注明的时间为“宣德十年十二月十六日”。其大意是：“由于祈愿而诞生于中土，精通三学而学识渊博，诸藏皆持金刚匣，自性清净尽艰难，你具有佛祖的断证功德，你对朕的祖辈四代皇帝，授予了灌顶的恩赐，上师对所有众生恩重如山，至善至美慈悲心，犹如无云的日月更明亮，年老寿高体力衰，如今示寂竟涅槃，智慧之火燃烧时，五色彩虹漫天际，宝伞胜幢经幡尽展现，天神降下鲜花雨，虽有如此壮观的诸景象，但在心中仍悲痛。祈愿消除悲痛寿万年，生老病死无踪影，朝政吉祥如天年。

---

① 恰白·恰白次旦平措等著、陈庆英等译《西藏通史——松石宝串》汉文版，西藏藏文古籍出版社、《中国西藏》杂志社，2004年第2版，506页。

② 多杰才旦等主编《元以来西藏地方与中央政府关系档案史料汇编》，汉文，中国藏学出版社出版，1993年，第一卷，116页。

③《中国西藏历史文物——宝藏》第三册元朝时期、明朝时期，朝华出版社出版，2000年，55页。

④ 色拉格西阿旺达扎《色拉寺与大慈法王》，藏文，民族出版社，2006年，98—99页。

宣德十年十二月十六日。”对于这份御制悼词虽然还没有找到可资考证的史料，但从时间上看，它是在宣宗皇帝驾崩之后，英宗皇帝即位的当年年底书写的，也就是在普遍认为释迦也失圆寂已有两个多月之后。从内容看，可以说是对释迦也失一生所作的全面总结，诗词中对他给予了充分的肯定和极高的评价。诗词中关于："你对朕的祖辈四代皇帝，授予了灌顶的恩赐"，指的是释迦也失为大明几代皇帝进行的超度和追荐和做法事，包括了英宗本人和宣宗朱瞻、仁宗朱高炽、成祖朱棣四代皇帝。所以，我们对于它的存在无法视而不见。再者，《明实录藏族史料》记载了这样一件事：弘治十五年六月庚午（1502 年 8 月 2 日）内阁大学士刘健等言："近蒙发下释迦哑塔像，令拟御制赞。"对此，刘健等极力反对，理由是：一，皇帝的文章必播之天下，传于后世，所赞颂者只能是古昔圣贤；二，释氏乃夷狄之教，称为异端，而番僧则全无戒律，尤浊乱圣世之大者；三，仰惟陛下重道崇儒，清心寡欲，即位之初就斥遣番僧、禁绝私习。为此，给释氏亲制赞词，国体所关，诚非细故，伏乞圣明，收回前命。① 最后，皇帝让步了，同意不写御制赞词。这里所说的"释迦哑塔"何许人，无法考证。但有一点是肯定的，他是藏传佛教知名人士。在刘健等的言论中还有一点引起我的兴趣。说："本朝虽有宣德十年御制西天佛子像赞，彼时英宗新立，在幼冲，辅导之臣不能开陈正道，上启圣聪，实难辞责。"这里说的是"御制西天佛子像赞"，应该是宣德十年圆寂的西天佛子智光，释迦也失还为他主持了火化仪式，但没有看到御制像赞的记载。而释迦也失虽然过去一直是"西天佛子大国师"，但在上一年即宣德九年已被封为"大慈法王"。且在同年晚些时候，则有皇帝给释迦也失的这份御制赞词，在灵塔所在地还有他的御制像，更有如今收藏在西藏的印有"至善大慈法王之

① 顾祖成等编《明实录藏族史料》，西藏人民出版社，865 页。（明）陈子龙等辑《皇明经世文编》卷五十二，刘健"论崇佛氏疏"。

印”的缂丝唐卡像。

21. 正统七年八月辛亥（1442 年 9 月 27 日），皇帝给河洲、西宁等处官员军民人等的诏书。① 这道诏书是从《明实录藏族史料》中选录的。内容主要是：“敕谕河洲、西宁等处官员军民人等曰：朕惟佛氏之道以空寂为（宗），以普度为用，西土之人久事崇信。今以黑城子厂房地赐大慈法王释迦也失盖造佛寺，赐名弘化，颁敕护特（持）。本寺田地、山场、园林、财产、孳畜之类，所在官军人等，不许侵占骚扰侮慢。若非本寺原有田地、山场等项，亦不许因而侵占扰害。军民敢有不遵命者，必论之以法。”这道圣旨完全由《循化厅志》中援引《厅卷》所载雍正四年鸿化、显庆二寺世袭国师张洛住坚错的呈文所证实。呈文记载：正统“七年奉敕河洲建寺，赐名鸿化，随给附近之高山穷谷永作香火之需，高官僧五十五名。其星吉藏卜之徒裔世给国师、禅师之职。”② 这道诏书还可以解释两个问题：一是圣旨中的“黑城子”，就是藏语中的“佐莫喀”；二是“厂房地”，在藏文资料中如《西藏通史》汉文版写作“厂房地方”，但没有说清到底在何处；《大慈法王传汇编》写作“茶白地方”或“茶色地方”，但阿旺达扎的书中，被当成了北京某一地方。

---

① 顾祖成等编《明实录藏族史料》，西藏人民出版社，第一辑，422 页。

② 陈楠《明代大慈法王释迦也失在北京活动考述》。

第二章　生平考

前一章通过对历史文献的考证，为释迦也失的生平提供了可靠的依据，但是历史文献并没有也不可能完全解决所有问题。为此我们不得不对其生平作进一步的考察和论证。为了给读者一个清晰的线索，笔者还编制了一份年表，附在本书最后。

一、关于籍贯和早年生平

（1）关于籍贯及出生时间：《清凉山志》卷三“高僧懿行”释迦也失传记载：“释迦也失，天竺迦毗罗国，世尊之裔也。”① 从释迦也失的名字推测他是天竺迦毗罗人，而且还是世尊之裔。这完全是主观推测。受此影响，在藏文《文殊道场五台山志》里不仅把大宝法王混淆为释迦也失，张冠李戴，而且把释迦也失写成“ཤེ་ཀྱིའ་ཡེ་ཤེ”，说他是“པའི་པའི་ཟེར་བའི་ཡུལ་གྱི་མི་ཡིན་ཏེ།”即喎喎地方人，“在宣德六年，去了天竺”，② 指鹿为马，使人啼笑皆非。章嘉乳白

① ［明］释镇澄撰《清凉山志》卷三：高僧懿行“释迦也失传”，山西五台山文化传播中心编辑出版，64 页。

② 迦那赫曼《文殊道场五台山志》，藏文，青海民族出版社出版、1994 年，120、125 页。

多吉在他的《清凉山志》中对此进行了纠正。他写道："遵照宗喀巴大师之命，修建色拉大乘洲的大慈法王呼图克图释迦法王是明代从西藏来的上师。他的佛法德行殊胜，具有难以想象的先觉和神通等。永乐十二年，居住清凉山显通寺。当年冬季，皇帝派遣探员请到了皇宫。"① 据各种传记记载，释迦也失于藏历第六绕迥木马年（公元 1354 年）心宿月（4 月 16 日—5 月 15 日）上旬 1 日出生在蔡贡塘一官宦之家。年龄比宗喀巴大三岁。《佛学词典》大慈法王条写道："大慈法王释迦也西。西藏贡塘人，生于藏历饶迥木马年即公元 1352 年。"② 木马年是对的，但公元换算错了。蔡贡塘地方是蔡和贡塘的合称。在拉萨东郊十多公里处，拉萨河南岸。在元代，这里曾是蔡巴万户府所在地。《西藏通史》引用松巴堪布《教法史》的话说："噶尔·甲哇迥乃的儿子桑结欧珠担任本萨后，为蔡巴家族很好地建立了根基。桑结欧珠的儿子是长官仁钦坚赞，仁钦坚赞的长子是尼玛喜饶，仁钦坚赞和尼玛喜饶二人从薛禅皇帝那里获得了封任的诏书。"并介绍说："仁钦坚赞和尼玛喜饶是蔡巴万户的第一任和第二任万户长，此后依次传承。"③ 东噶先生说："后来，在崇钦·贡嘎多吉时期，同直贡巴、雅桑巴相勾结向大司徒绛曲坚赞开战，丧失了所有属地，自己出家当了僧人。从此，没有多久蔡巴万户长断了后代。"④ 这里是噶举派蔡巴系的创建地。贡塘喇嘛香·尊追扎巴生于藏历第二饶迥水虎年（公元 1122 年），第三饶迥水牛年（公元 1193 年）圆寂，享年七十三岁。三十三岁时拜见塔布地方修行者粗臣宁布，学习了塔布噶举的教法。第三饶迥木羊年（公元 1175 年）创建蔡杨衮寺，到第三饶迥火羊年（公元 1187 年）又创建了贡塘寺，塑造了班巴大

① 章嘉乳白多吉《清凉山志》，藏文，西藏藏文古籍出版社出版，长条书，62 页。

② 中国藏学出版社出版的《佛学词典》585 页。

③ 恰白·次旦平措等著、陈庆英等译《西藏通史——松石宝串》汉文版，西藏藏文古籍出版社、《中国西藏》杂志社，2004 年第 2 版，417—418 页。

④ 《东噶藏学大辞典》，藏文，中国藏学出版社，2002 年，1699 页。

佛。由此发展起来的教派称之为蔡巴噶举。[1] 在三大寺创建之前，这里曾经是拉萨六大寺院[2]之一——贡塘寺的所在地。[3] 这六大寺院简称为“桑德贡、嘎觉苏六座寺院”。具体说：1. 德瓦坚（拉萨西郊曲水县聂唐西郊，建于1205年）；2. 桑普（拉萨堆龙德庆县，建于1073年）；3. 贡塘寺（在拉萨东郊，建于1175年）；4. 嘎东寺（堆龙德庆县嘎东乡，1390年宗喀巴曾在此修行）；5. 觉木隆寺（堆龙德庆县德庆乡，建于1169年）；6. 苏普寺。这里是藏传佛教《大藏经·甘珠尔》蔡巴版的诞生地。蔡巴万户长贡噶多吉时期（1309—1364年）邀请布顿仁钦珠对勘审订了《蔡巴甘珠尔》，成为藏传佛教经典的标准版本。[4]

（2）关于出家与法名：阿旺达扎的书写道：藏历铁鼠年（公元1360年）释迦也失七岁时，他从噶举派大师绛漾·释迦坚赞（比释迦也失大十四岁）处接受沙弥戒，取法名为释迦也失。

绛漾·释迦坚赞（1340—1376）是继大司徒绛曲坚赞之后，帕竹政权的第二任法王。幼年，从喇嘛鲁隆扎巴学习藏文读写；从次西·扎巴坚赞处接受居士戒，取名扎巴桑布；九岁时，在大堪布喧旺和亲教师喧尊的主持下出家，法名释迦坚赞；十三岁出任泽当法台，在丹萨替寺进行了《喜金刚续第二品》和《释量论》、《般若》、《俱舍论》、《戒律论》等四部经典的解说，从而出了名，被誉为大学者。担任了十三年的泽当僧团的主持人。从布顿大师等处聆听了多种显密宗教法。创建了乃东大法会。十九岁从法王索南坚赞处接受了比丘戒。二十六岁（第六饶迥木蛇年［公元1365年］）时荣登乃东颇章的宝座，由大司徒委任为帕竹的

---

① 《东噶藏学大辞典》，藏文，中国藏学出版社，2002年，515—517页。

② 《东噶藏学大辞典》，藏文，中国藏学出版社，2002年，1534页，དབུས་ཀྱི་གདན་ས་དྲུག་ནི། ༡ གསང་ཕུ། ༢ བདེ་བ་ཅན། ༣ ཚལ་གུང་ཐང་། ༤ དགའ་གདོང་། ༥ སྐྱོར་མོ་ལུང་། ༦ ཟུལ་ཕུ་བཅས་སོ། ། ཡོངས་གྲགས་ལ་གསང་བདེ་གུང་གསུམ་དང་དགའ་སྐྱོར་ཟུལ་གསུམ་ཟེར་རོ།།

③ 《东噶藏学大辞典》，藏文，中国藏学出版社，2002年，1696页。

④ 《东噶藏学大辞典》，藏文，中国藏学出版社，2002年，1916页。

政教共主。继续贯彻执行了政教合一的法律制度。……明朝太祖皇帝朱元璋封给他“大司徒灌顶国师”的官职，授予印章及诏书，掌握政权九年后，于第六饶迥水牛年（公元1373年）逝世。①

（3）关于拜宗喀巴为根本上师：藏历水鼠年（公元1372年）宗喀巴十六岁动身到拉萨学法。是年释迦也失已十九岁。据《宗喀巴传》记载：宗喀巴第一次到蔡贡塘是藏历水牛年（公元1373年），即他到拉萨的第二年。这一年，十七岁的宗喀巴来到直隆白的纳垂寺，在此会见了坚阿曲吉杰布，……然后又来到大寺院德瓦坚暂住，学习般若波罗蜜多经。这时，有些学友认真劝导宗喀巴一同前往学医。由于朋友的缘故，宗喀巴来到蔡贡塘。拜医学大师贡确交为师，学习了医方明，背诵了《八支论》，精通了医学，成为医学家。但他从不提起自己懂得配药和医学这件事。② 总之，从此之后，宗喀巴同蔡贡塘结下了不解之缘，此地成为宗喀巴经常落脚的地方。虽然，这一次宗喀巴在蔡贡塘没有久留，回到了德瓦坚。但据《宗喀巴传》记载：二十四岁铁猴年（1380年）春，宗喀巴来到蔡贡塘，从藏历新年初十开始，在桑普和泽当等卫地区的诸寺庙虽已进行过般若经的巡回辩经（གྲྭ་སྐོར།），现又开始展开其他四部经典的巡回辩经。……在各大寺院开展辩经活动期间，出现了大批由于敬重而致以祷告，认真聆听其讲述经典，表示跟随其后作为徒弟的出家人。更甚者表示愿意充当宗喀巴的随从。……出现了不少由于不由自主地敬仰而向宗喀巴膜拜顶礼并供奉，成为徒弟而传授佛法的人，……祈求平时作为侍从而形影不离的崇拜者也很多。③ 宗喀巴在蔡地方居住期间，享誉最佳背诵者名号的林·聪敏、安多人拜·扎西、释迦珠等三人，向宗喀巴提出挑战，说：我们就背诵经典进行比赛，看谁背得多！最终

① 《东噶藏学大辞典》，藏文，中国藏学出版社，2002年，888页。

② 洛桑次成《宗喀巴传》，藏文，中国藏学出版社，2006年，54页。

③ 洛桑次成《宗喀巴传》，藏文，中国藏学出版社，2006年，74—76页。

宗喀巴获胜。[①] 二十四岁的宗喀巴从贡塘出发，开展了在泽当等地的巡回辩经活动。在完成巡回辩经后，来到雅砻南杰的觉登寺，……在此由觉登法会的堪布嘎西瓦粗成仁钦担任堪布、奇曾法会堪布守持上座戒的尊者喜饶贡布担任修业师（ལས་སློབ།）、奇曾寺领经师持戒善知识索南多吉担任屏教师（གསང་སྟོན།），上述两个僧团中二十位比丘作为定额善信僧伽，宗喀巴接受了具足戒即比丘戒。[②] 此后，宗喀巴再度居住蔡地方。二十九岁那年的冬季法会来到德瓦坚，向智者讲授了众多法藏。……从此开始宗喀巴头戴黄帽。[③] 在宗喀巴三十岁火虎年，春季法会…之后来到蔡地方，写作完成大部分《金鬘疏》（全称《般若波罗蜜多教授论现观庄严本注详解金鬘疏》）剩余部分。然后，拜被誉为精通显密宗多种经典，尤其精通全套时轮的上师智者益西坚赞为师，请他讲解时轮经。益西坚赞愉快地接受了请求。师徒二人来到觉木隆住下来，聆听了时轮经《无垢光释》的详解，还熟练学习和掌握了理论算学和应用算学。[④] 宗喀巴在蔡贡塘的长期居住和频繁活动，既是宗喀巴和释迦也失之间建立某种特殊关系的机会和条件，又是这种关系的结果。首先，宗喀巴比释迦也失小三岁，他们之间可以称兄道弟。宗喀巴第一次到蔡地方是由于朋友的缘故，来到这里学医的，据说学得非常好。看来宗喀巴的这位朋友是一位既对藏医药具有浓厚兴趣，又对蔡贡塘的情形十分熟悉，更能劝动宗喀巴这位雄心勃勃的安多人的人物。我们在释迦也失的传记中也看到他曾给皇帝看病治愈的记载，但情况不详，至少可以肯定释迦也失也学过医方明。其次，释迦也失是蔡贡塘人，而且是官宦子弟，肯定在经济和其他方面有能力给宗喀巴提供帮助，这对于当时还是一

① 洛桑次成《宗喀巴传》，藏文，中国藏学出版社，2006 年，89 页。
② 洛桑次成《宗喀巴传》，藏文，中国藏学出版社，2006 年，74—81 页。
③ 洛桑次成《宗喀巴传》，藏文，中国藏学出版社，2006 年，90 页。
④ 洛桑次成《宗喀巴传》，藏文，中国藏学出版社，2006 年，91 页。

位远离家乡、人生地不熟的游僧来说，十分难得。再次，据阿旺达扎介绍，释迦也失还从益西坚赞等处聆听了大量经典，并特意介绍说，这也是宗喀巴大师的上师。① 就这个意义上说，释迦也失同宗喀巴之间还有一层师兄弟的关系。那么，宗喀巴后来如何成为根本上师的呢？由于宗喀巴有这样几个鲜明的特点：第一，他聪慧过人，才华出众。上述背诵经典的比赛可以说明这一点。第二，他虔心学佛，广泛拜师。按照闻思修的要求，只要是宗教学识渊博的智者，无论什么教派，他都要拜为上师，虚心聆听各种知识的传授，孜孜不倦。第三，他刻苦钻研，融会贯通。遵照说辩著的成才之道，到各寺院深入开展巡回辩经活动，使他的所学知识得以融会贯通。第四，他严格按程序，循序渐进。他无论在学经的过程中，还是在修炼过程中，都按程序、仪轨和戒律办事。从般若经到其他四部大论，从显宗到密宗，从生起次第到圆满次第。正如《宗喀巴传》作者洛桑次成所说："就一般而言，这位大师在自身天资极其聪慧的基础上，依靠许多智者长期学习显密宗理论，具备了自觉分别合理之处和非理之处的无限智慧，加之，有文殊菩萨的护持和加持，因此，'才德善'俱全的声誉传遍了雪域之中。"② 正因为如此，宗喀巴从众多的同辈僧人中，脱颖而出，成为佼佼者。释迦也失也就成为宗喀巴的众多弟子中的一员。他多年担任宗喀巴大师的近侍，对宗喀巴恭敬有加，紧随身边，贴身侍从，毫不怠慢，聆听大师讲经说法，获得了显密各种教法的传授，如同甘露灌瓶。"尤其是以慈悲为怀，严守戒律方面表现突出，在极其秘密的状态下，修炼了密集的生起次第和圆满次第，在圆满次第方面获得了很高的证悟。"③《西藏地方与中央政府关系史》一书说：释迦也失"从宗喀巴学习五部大论，博学审问，慎

---

① 色拉格西阿旺达扎《色拉寺与大慈法王》，藏文，民族出版社，2006 年，23 页。
② 洛桑次成《宗喀巴传》，藏文，中国藏学出版社出版，2006 年，211 页。
③ 色拉格西阿旺达扎《色拉寺与大慈法王》，藏文，民族出版社，2006 年，25 页。

思明辨，均得其要义，同时对辞藻、韵律、历算、医学也有系统的学习和研究。深得宗喀巴大师的器重。”①

二、关于第一次奉命赴京

（1）关于大明永乐皇帝邀请宗喀巴：永乐皇帝多次派人下达圣旨邀请宗喀巴去内地传法，但多种原因，无法脱身，宗喀巴只好写信请辞。上述请辞信写于藏历土鼠年（1408 年，永乐六年）。详情见藏文版《宗喀巴传》。② 那时，释迦也失五十五岁。《藏汉大词典》记载：这一年大慈法王被大明皇帝邀请到内地。③ 这与上述有关历史文献相左。《佛学词典》也说：“公元 1409 年应明成祖永乐皇帝之诏，代宗喀巴赴北京”，④ 也无法成立。阿旺达扎说：阿旺强巴和嘉旺曲吉等人说是在土鼠年前往（内地），后来许多传记和历史著作都以此为依据。⑤

（2）关于宗喀巴大师决定派遣释迦也失作为自己的代表问题：释迦也失 60 岁，永乐十一年（公元 1413 年、藏历水蛇年）二月十一日，大明皇帝派太监侯显为首的人员邀请宗喀巴赴内地，下达了给上师罗桑扎巴的圣旨。从《宗喀巴传》的记载看，这一时期，宗喀巴大师的身体状况一直欠佳。⑥ 为此迎请使者提出：如果宗喀巴确实不能奉命去内地，就可以派一位亲定代表。宗喀巴决定派释迦也失。当时，在宗喀巴弟子中对释迦也失作为大师的代

---

① 顾祖成等著《西藏地方与中央政府关系史》，汉文，西藏人民出版社，第三章 92—94 页。

② 洛桑次成《宗喀巴传》，藏文，中国藏学出版社，2006 年，223—224 页。

③ 张怡荪主编《藏汉大辞典》，民族出版社、1993 年，大事年表 3245 页。

④ 《佛学词典》585 页。

⑤ 色拉格西阿旺达扎《色拉寺与大慈法王》，藏文，民族出版社，2006 年，27 页。

⑥ 洛桑次成《宗喀巴传》，藏文，中国藏学出版社，2006 年，273—278 页。

表产生了疑虑。[1] 但宗喀巴大师对自己的决定坚信不疑，对释迦也失寄予厚望。宗喀巴大师特意给释迦也失传授了一些特别教法。[2] 临行前，还就如何到东土做好利乐众生的事业，对释迦也失进行了多方教导并委托护法神护持。另对邀请使者释迦桑布授予比丘戒，讲授了广泛的显密教法。由于学习了大量经典，释迦桑布当年留在了西藏。阿旺达扎说：皇帝七次派遣使者邀请宗喀巴大师，第七次派遣了法王释迦桑布。[3]

（3）关于离藏时间问题：阿旺达扎认为释迦也失于 1414 年离藏。他说：释迦也失 61 岁，宗喀巴大师 58 岁那年，即藏历第七绕迥木马年（公元 1414 年，永乐十二年），释迦也失同众随从人员一道离开了西藏，前往内地。[4]《西藏通史》也认为：藏历第七绕迥木马年（1414 年）释迦也失经过山南、康区、理塘等地到达四川成都。[5]《西藏地方与中央政府关系史》一书写道："释迦也失奉宗喀巴之命，于 1413 年底率领随行人员，从西藏山南出发，经巴塘、理塘，首途到达成都。"《清凉山志》作者说："永乐十二年春，始达此土，栖止台山显通寺。"从永乐十二年十一月十五日皇帝给释迦也失的圣旨看，这一说法难以成立。

（4）关于抵达成都的情形：阿旺达扎认为，木马年（公元 1414 年）十一月抵达成都。在此，受到成都府地方大小头目和大批驻军的欢迎。另外还接到皇帝使者太监侯显为首的人员带来的圣旨和礼品。[6] 本书藏汉合璧历史文献之四，即永乐皇帝给释迦也失下达的第一道圣旨，对此提供了有利支持。而《清凉山志》所

---

① 色拉格西阿旺达扎《色拉寺与大慈法王》，藏文，民族出版社，2006 年，27 页。

② 色拉格西阿旺达扎《色拉寺与大慈法王》，藏文，民族出版社，2006 年，111 页。

③ 色拉格西阿旺达扎《色拉寺与大慈法王》，藏文，民族出版社，2006 年，37 页。

④ 色拉格西阿旺达扎《色拉寺与大慈法王》，藏文，民族出版社，2006 年，37 页。

⑤ 恰白·次旦平措等著、陈庆英等译《西藏通史——松石宝串》汉文版，西藏藏文古籍出版社、《中国西藏》杂志社，2004 年第 2 版，505 页。

⑥ 色拉格西阿旺达扎《色拉寺与大慈法王》，藏文，民族出版社，2006 年，37—38 页。

载：永乐十二年“冬十一月，闻于上，遣太监侯显诏至京”。[①] 则与史实不符。阿旺达扎还说：在成都“接到永乐十二年十一月十五日圣旨的同时，以军民提督等人各自进行了丰盛的赠礼和迎送”[②]。总之，释迦也失抵达成都时，受到了热烈欢迎。

（5）关于离蓉赴京的问题：释迦也失离开成都后，到底去了北京还是去了南京，一直存在两种截然不同的观点。《东噶藏学大辞典》中的“释迦也失”词条写道：“永乐十二年木马年（1414）十二月下旬从拉萨出发到达南京，……”[③]。从整个语句看，把南京当成了释迦也失进京的目的地。王尧和陈庆英主编的《西藏历史文化辞典》大慈法王条目中写道：“翌年（1414 年）抵达南京，受到明朝廷的盛大欢迎。”[④] 在《西藏地方与中央政府关系史》一书中写得更为详细。书中写道：“永乐十二年（1414 年）十二月二十二日释迦也失到达南京，受到明廷盛大欢迎。为隆重迎接释迦也失，永乐帝下令在南京城门口架设彩桥，修筑巡礼过道，还特地为其修筑驻锡之地。”[⑤] 阿旺达扎根据藏文传记确信第一次进京的目的地是北京。西北民院王沂暖教授主编的《佛学词典》大慈法王条目写道：“公元 1409 年应明成祖永乐皇帝之诏，代宗喀巴赴北京，被封为国师。曾建五台山六寺和北京近郊法源寺”云云。[⑥] 阿旺达扎在他的书中说：有人说释迦也失首先到达南京，不知有何依据。[⑦] 南行说和北行说，似乎完全对立，其中关键问题又同永乐迁都，改应天府为顺天府的决策有密切联系。据《辞海》

---

① ［明］释镇澄撰《清凉山志》卷三：高僧懿行“释迦也失传”，山西五台山文化传播中心编辑出版，64 页。

② 色拉格西阿旺达扎《色拉寺与大慈法王》，藏文，民族出版社，2006 年，39 页。

③ 《东噶藏学大辞典》，藏文，中国藏学出版社，2002 年，1418 页。

④ 西藏人民出版社和浙江人民出版社联合出版的《西藏历史文化辞典》55 页。

⑤ 顾祖成等著《西藏地方与中央政府关系史》，汉文，西藏人民出版社，92—94 页。

⑥ 青海民族出版社出版的《佛学词典》585 页。

⑦ 色拉格西阿旺达扎《色拉寺与大慈法王》，藏文，民族出版社，2006 年，40 页。

南京条写道：永乐十九年（1421 年）迁都北京顺天府，……京师为南京。[①] 北京条写道：明永乐元年（1403 年），成祖将他作燕王时的封地北平府改为顺天府，建北京，即今北京市；十九年，自应天（即今南京市）迁都顺天，仍改北京为京师。[②] 就一般而言，永乐十九年才迁都，释迦也失初次进京（永乐十二年，1414 年），抵达地点南京较为合理。在南京朝觐永乐皇帝后，再到北方，到五台山朝佛传法，其中包括到北京，如《西藏地方与中央政府关系史》中提到："大慈法王释迦也失两次亲自来北京，其弟子也相继而来，……"[③] 也应是这个意思。不然与该书关于初次进京去了南京的说法相矛盾。再说，根据明朝"多封众建"的政策，永乐皇帝派遣重臣邀请西藏各教派首领到内地，当时被称为"征"即征召。被征召的第一位首领是噶举派的哈立麻，后被封为大宝法王；第二位首领是萨迦派的昆泽思巴，后被封为大乘法王；第三位才是格鲁派首领宗喀巴的代表释迦也失。由于哈立麻是第一位被征召的首领，其行踪及其活动在《明实录》中有翔实的记载，这对我们把握后来发生的一些历史事件，具有重要参考价值：永乐元年二月乙丑（1403 年 3 月 10 日）遣司礼监少监侯显赍书、币往乌思藏，征尚师哈立麻；（侯）显遣人驰奏（哈立麻）已入境。永乐四年十二月戊子（1407 年 1 月 11 日）遣驸马都尉沐昕迎尚师哈立麻；永乐四年十二月乙酉（1407 年 2 月 1 日）尚师哈立麻至京，入见上御（于）奉天殿；永乐四年十二月庚戌（1407 年 2 月 2 日）宴尚师哈立麻于华盖殿。永乐五年正月甲戌（1407 年 2 月 26 日）赐尚师哈立麻仪仗；永乐五年二月庚寅（1407 年 3 月 14 日）尚师哈立麻奉命率僧于灵谷寺建普度大斋，资福太祖高皇帝、孝慈高皇后。永乐五年三月丁巳（1407 年 4 月 10 日）封尚师哈立

---

① 《辞海》351 页南京条（8）。

② 《辞海》878 页北京条（8）。

③ 顾祖成等著《西藏地方与中央政府关系史》，汉文，西藏人民出版社，105 页。

麻为万行具足十方最胜圆觉妙智慧善普应佑国演教如来大宝法王西天大善自在佛，领天下释教；赐印、诰。永乐五年七月癸酉（1407 年 8 月 24 日）命如来大宝法王哈立麻于山西五台建大斋，资荐大行皇后；永乐五年十一月丙辰（1407 年 12 月 5 日）赐如来大宝法王哈立麻綵币、法器、香果等物。永乐六年四月庚子（1408 年 5 月 17 日）如来太［大］宝法王哈立麻辞归。赐白金、綵币、佛像等物，仍遣中官护送。① 十分明显的是，先到南京，后到五台山。

还有一种说法，那就是《清凉山志》所说，释迦也失“仰文殊之道，来游清凉。永乐十二年春，始达此土，栖止台山显通寺。冬十一月，闻于上，遣太监侯显诏至京。”② 先到五台山“来游”，后被皇帝听说，再派太监侯显召到北京。如果我们确信这是真实情形，那么只好全面否定前面所发生的所有历史事实了。

（6）关于抵京情形和住地问题：《清实录藏族史料》记载：“永乐十二年十二月癸巳（1415 年 2 月 3 日），乌思藏尚师释迦也失来朝。”③ 抵达南京后的具体情形记载太少。《西藏地方与中央政府关系史》写道：永乐皇帝下令在南京……“还特地为其修筑驻锡之地”④。《清凉山志》所说皇帝接见释迦也失，其对答如流，皇帝极为满意，“敕安能仁方丈，上制书慰劳，所赐甚厚”⑤。陈楠在《明代的大慈法王研究》一书中对于南京能仁寺作了详细论证，我认为很有说服力。⑥ 关于抵达北京的情形，在阿旺达扎的书中写得

---

① 顾祖成等编《明实录藏族史料》，西藏人民出版社，116—137 页。

② ［明］释镇澄撰《清凉山志》卷三：高僧懿行“释迦也失传”，山西五台山文化传播中心编辑出版，64 页。

③ 顾祖成等编《明实录藏族史料》，西藏人民出版社出版，157 页。

④ 顾祖成等著《西藏地方与中央政府关系史》，汉文，西藏人民出版社，92—94 页。

⑤ ［明］释镇澄撰《清凉山志》山西五台山文化传播中心编辑出版，高僧懿行“释迦也失传”，64 页。

⑥ 陈楠《明代大慈法王研究》164 页。

非常详细，《大慈法王传记汇编》也有几乎完全相同的描述，但此时的紫禁城尚处在建设之中。紫禁城始建于永乐四年（1409 年），完成于永乐十八年（1420 年）。[①] 永乐十九年（1421 年）才迁都。所以，我认为阿旺达扎的书和《大慈法王传记汇编》中关于北京城的情景和驻锡之地的描述，是释迦也失第二次进京的情形，而不是第一次进京的情形。

（7）关于觐见永乐皇帝情形：《清凉山志》卷三“高僧懿行”释迦也失传记载：释迦也失“功德罔极，神用难测。……，入内，预敕免拜，赐座大善殿，应对称旨，上大嘉叹。”[②]《西藏地方与中央政府关系史》写道：“十二月二十七日，释迦也失在大行殿朝觐永乐帝。释迦也失奉皇帝之命，在南京营建寺庙，剃度僧众，举办佛事活动。”[③] 永乐十二年（公元 1414 年、藏历木马年）十二月二十五日皇帝圣旨指出，“到此面朕时，免礼”。说明事先打了招呼，无须行礼。《西藏历史文化辞典》记载：“在南京期间，多次朝觐明成祖，成祖赐座、赐茶、赐宴，待以殊礼。”[④] 阿旺达扎的书还写道：在接见时，皇帝指出，之所以邀请上师你，是为了国家安泰，弘扬佛法，风调雨顺，农业丰收，众生远离疾病，避免天灾人祸，吉祥安康。并且命令法王，在华严寺（海印寺）[⑤] 创办显密教法，特别是密宗四续的修炼道场。[⑥] 然后，以大宝法王（已

---

① 《辞海》3846 页故宫条。

② ［明］释镇澄撰《清凉山志》卷三：高僧懿行“释迦也失传”，山西五台山文化传播中心编辑出版，64 页。

③ 顾祖成等著《西藏地方与中央政府关系史》，汉文，西藏人民出版社，92—94 页。

④ 《西藏历史文化辞典》55 页。

⑤ 据笔者根据藏汉文史料对照，考证“华严寺”应为“海印寺”，即宣德四年改名的“大慈恩寺”。见本章第四节“释迦也失第二次奉命赴京”之（6）“关于在京的驻锡之地”一段（本书第 44 页）。考证华严寺为北京海印寺，涉及释迦也失首次抵京是南京还是北京，其在京驻锡地及第一次佛事活动地点等问题，因资料缺乏，此中尚有矛盾之处，待后续研究考证。

⑥ 色拉格西阿旺达扎《色拉寺与大慈法王》，藏文，民族出版社，2006 年，41 页。

在1408年，辞归!!）为首，所有上中级上师、公爵大臣、官员等聚集在华严寺（海印寺），举行了盛大而丰盛的欢迎宴会，并赠送了礼品。① 觐见时间：永乐十二年十二月二十七日（癸巳?）；觐见地点：大兴殿（大行殿）或大善殿。在故宫的有关史料中未找到“大兴殿”、“大行殿”、“大善殿”。（ཚོ་བྲང་དབུ་མ་དྷ་ཤེན་ཏེན། ༡༡༣）

（8）释迦也失抵京后的第一次佛事活动：62岁，藏历木羊年（公元1415年、永乐十三年）二月九日开始，在三个月的时间内为举行密集喜金刚胜乐大轮大威德四九母和诸药师佛的修供仪轨，进行了筹备工作。从九日正式开始举行了修供法事。② 这段话的意思不是从二月九日开始进行三个月的筹备，从五月九日开始正式举行三个月法事活动，而是筹备和举行法会共计三个月。《西藏历史文化辞典》写道：“此后，遵照成祖旨令，在南京营造寺宇，招募僧众，举行盛大的宗教活动，受到成祖的赞许和赏识，给予优渥恩宠。”③《西藏地方与中央政府关系史》也说：“释迦也失奉皇帝之命，在南京营建寺庙。剃度僧众，举办佛事活动。”④

（9）授予西天佛子大国师封号情形：总之，法事活动非常成功，为此皇帝极为高兴。正式授予了西天佛子大国师的封号。四月五日皇帝下达如下圣旨：皇帝圣旨，法王释迦也失，在六日之吉祥时刻，特遣宦官颁发金轮之印诰。无须叩头。切记。⑤《明史》第三三一列传第二一九西域三记载：释迦也失亦以永乐十二年（1414年）入朝，……明年（次年即1415年），命为妙觉圆通慧慈普应辅国显教灌顶弘善西天佛子大国师，赐之印诰。⑥ 四月十五

① 色拉格西阿旺达扎《色拉寺与大慈法王》，藏文，民族出版社，2006年，42页。
② 色拉格西阿旺达扎《色拉寺与大慈法王》，藏文，民族出版社，2006年，42页。
③《西藏历史文化辞典》55页。
④ 顾祖成等著《西藏地方与中央政府关系史》，汉文，西藏人民出版社，92—94页。
⑤ 色拉格西阿旺达扎《色拉寺与大慈法王》，藏文，民族出版社，2006年，43页。
⑥ 多杰才旦等主编《元以来西藏地方与中央政府关系档案史料汇编》，汉文，中国藏学出版社出版，1993年，第一卷115—116页。

日，永乐皇帝下发圣旨，其抬头第一次使用了“妙觉圆通慧慈普应辅国显教灌顶弘善西天佛子大国师释迦也失”等语。[①] 圣旨内容是对释迦也失的赞扬诗句。写道：朕以诗句赞颂你，在诸佛的见证下授予灌顶，获得双修资质多吉祥。皇帝还举行盛大欢宴，与释迦也失一同入席同庆。[②] 还赠送了很多珍宝，金银装饰的宝座、椅子和茶几、座椅、垫子，整套夏季服装，有金银丝绸套的餐具、储罐等。[③]

（10）释迦也失赴五台山等地活动：经皇帝批准同意，也按皇帝旨意，释迦也失到五台山进行朝佛和传法活动。[④] 六月十五日永乐皇帝下达圣旨，说“相别遽尔数月”，“朕岂胜眷念，薄赍瓜果，以见所怀”，表达了问候和怀念之意。当时，在本地的佛子国师智光为首的首领、僧人和尚等的侍奉下进行了朝拜活动。也开展了广泛的讲经传法活动。[⑤] 六月二十七日，永乐皇帝下旨：“昔日番僧反叛，抢劫朝廷金字使者，现捉拿归案，来到京城，已按刑律对他们治罪，……已让其知罪。现遣他们到五台山朝拜，忏悔其罪恶，弃恶从善。悔罪之后，剃度为僧，让他们在京城诵佛念经。”七月二十六日，皇帝又下达圣旨。指出：你到五台山已经有好几个月了，现特派遣人员送去响铜印的同时，顺便送去蜂蜜及各种水果，以示朕心。八月二十七日，皇帝下达圣旨，主要是因为五台山比较寒冷，“今制袈裟禅衣，遣使祗送，以表朕怀”。总之，从四月五日开始，短短不到五个月的时间里，皇帝给释迦也失下达了六道圣旨，具体就是历史文献中的第六、第七、第八、

① 色拉格西阿旺达扎《色拉寺与大慈法王》，藏文，民族出版社，2006 年，44—45 页。

② 色拉格西阿旺达扎《色拉寺与大慈法王》，藏文，民族出版社，2006 年，43—44 页。

③ 色拉格西阿旺达扎《色拉寺与大慈法王》，藏文，民族出版社，2006 年，47—48 页。

④ 色拉格西阿旺达扎《色拉寺与大慈法王》，藏文，民族出版社，2006 年，43 页。

⑤ 色拉格西阿旺达扎《色拉寺与大慈法王》，藏文，民族出版社，2006 年，49 页。

第九、第十件、第十一。所以，《清凉山志》作者说：“上数数制书，遣使致慰。”① 释迦也失在五台山的活动地点：阿旺达扎在书中说，据记载，在五台山修建了六座寺院、在花园附近修建了华严寺。② 然后，应山西省府施主们的邀请，前往朝拜了弥勒大佛。③

（11）释迦也失返藏情形：永乐十四年（公元 1416 年、藏历火猴年），释迦也失渐次进行返藏准备。④ 当年释迦也失 63 岁。阿旺达扎说：向皇帝请求准予进藏，皇帝也按本人意愿准予返藏，同时赐予了大批礼品。其中皇帝圣旨中说“特赐予上千件绸缎和母犏牛八百头，请收下”。另外还有《甘珠尔》印制样本《八千颂》等和白檀香木雕刻的佛祖十六罗汉、居士、和尚等佛像经典等物，还有无数珍贵物品。金丝边五佛冠也是这一次赠送的。当时赐予的帽子是那顶带五佛的帽子。大明皇帝赠送的丝织唐卡，原先是色拉寺察底康村的主供佛像。原件现收藏于西藏博物馆。⑤ 据《太祖实录》卷一七六记载：永乐十四年（公元 1416 年）五月辛丑，妙觉圆通慧慈辅［普］应辅国显教灌顶弘善西天佛子大国师释迦地［也］失辞归。御制赞赐之，并赐佛像、佛经、法器、衣服、文绮、金银器皿。⑥《明史》第三三一列传第二一九西域三记载：十四年（公元 1416 年）辞归，赐佛经、佛像、法杖、僧衣、绮帛、金银器，且御制赞词赐之，其徒益以为荣。⑦ 阿旺达扎说：上述金字使者和送行人员经过太山陕四大道（ཐེག་རི་ཤན་ཟེའི་ལམ་

① ［明］释镇澄撰《清凉山志》卷三：高僧懿行“释迦也失传”，山西五台山文化传播中心编辑出版，64 页。

② 色拉格西阿旺达扎《色拉寺与大慈法王》，藏文，民族出版社，2006 年，53 页。

③ 色拉格西阿旺达扎《色拉寺与大慈法王》，藏文，民族出版社，2006 年，54 页。

④ 色拉格西阿旺达扎《色拉寺与大慈法王》，藏文，民族出版社，2006 年，54 页。

⑤ 色拉格西阿旺达扎《色拉寺与大慈法王》，藏文，民族出版社，2006 年，55—56 页。

⑥ 多杰才旦等主编《元以来西藏地方与中央政府关系档案史料汇编》，汉文，中国藏学出版社出版，1993 年，第一卷 115—116 页。

⑦ 多杰才旦等主编《元以来西藏地方与中央政府关系档案史料汇编》，汉文，中国藏学出版社出版，1993 年，第一卷 115—116 页。

ཆེན། 太原、山西、陕西、四川），渐次通过康区理塘强钦曲科等地，返回了拉萨，……[①]这就是说释迦也失第一次赴内地，从永乐十二年十一月（公元1414年）抵达成都到永乐十四年（公元1416年）五月，共计一年半左右的时间。《西藏通史》汉文版称“释迦也失在北京居住九年”，[②] 只能理解为前后两次赴内地时间的综合。这里值得注意的是，皇帝圣旨全文没有了、御制赞词也没有，只有便函一样的圣旨，说：“特赐予上千件绸缎和八百头母犏牛，请收下。”而这些又在《明史》中没有记载，特别是“八百头母犏牛”。犏牛即牦牛和黄牛杂交所生第一代杂种，一般只在藏区或藏族和其他民族杂居地区繁育。明代甘青一带犏牛很多，在《明实录》中有许多记载。如，宣德十年八月丁未（1435年8月31日）镇守河州陕西都指挥佥事刘永奏：“本处所选土军、土民缺马，骑操今停止。下番官买犏牛一千六百余只，欲令每牛增茶七十斤易马一匹给之。”奏下行在户部，复奏：“以牛易马，足相抵直，不必增茶。”上命每匹听增茶三十斤易之。[③] 犏牛藏语叫做“佐”，母犏牛称为“佐莫”。皇帝所赐八百头犏牛，完全可以建一处犏牛场。我们注意到释迦也失第二次进京时路过“佐莫喀”，圆寂后灵塔安放地点也在“佐莫喀”，“喀”是城堡的意思，“佐莫喀”即母犏牛城或母犏牛堡。是否与皇帝所赐有关？同时，释迦也失第一次进京返藏时，也许取道佐莫喀进入四川的。因为佐莫喀坐落在川道上。

---

① 色拉格西阿旺达扎《色拉寺与大慈法王》，藏文，民族出版社，2006年，56页。

② 恰白·次旦平措等著、陈庆英等译《西藏通史——松石宝串》，汉文版，西藏藏文古籍出版社、《中国西藏》杂志社，2004年第2版，560页。

③ 顾祖成等编《明实录藏族史料》，西藏人民出版社，349页。

三、释迦也失抵藏后的活动

（1）初次返藏后的活动：释迦也失一回到西藏就去拜见宗喀巴大师，赠送了皇帝赐予的十八罗汉丝织唐卡、檀香木宝帐、镶嵌珍宝的金银曼陀罗，还有大批各种绸缎等，以报答大师的恩德，进行了供养。对（大昭寺）释迦牟尼佛像涂了金，换上了项链和服装。对以甘丹寺为主的各寺僧众发放了布施、熬了茶等。当护送人员返回时，向皇帝请了安。[①] 现在的“甘丹丝唐节”在六月份举行，有三周时间。为什么在六月里举行？为什么持续三周时间？值得考究。根据13号历史文献看，护送使者在第二年春节时已经返回京城复命，由此看出整个来回时间只有七个多月。

（2）接到皇帝的圣旨：64岁，永乐十五年（公元1417年）二月一日皇帝给释迦也失的圣旨，即上述第13件历史文献。其中提到“自师西行，忽见新岁，使者还，乃知履况安知，适慰朕怀。兹以镀金莲座，用表远贶”。《太宗实录》卷一八五记载：永乐十五年二月戊午朔，乌思藏大国师释迦也失遣人贡马，赐佛像、法器、彩币等物。[②]《明史》第三三一列传第二一九西域三也记载：明年（公元1417年、藏历火鸡年），遣使来贡。[③]

（3）奉宗喀巴旨意，承担为密宗道场提供资金支持的责任，兴建色拉寺：就在土猪年（1419年），据恰哈尔·格西洛桑次成所著《宗喀巴传》记载：猪年秋，（宗喀巴大师）显示腿部稍有不适，为此有人建议到堆龙温泉洗浴，……于是从甘丹寺出发到拉

---

① 色拉格西阿旺达扎《色拉寺与大慈法王》，藏文，民族出版社，2006年，56页。

② 多杰才旦等主编《元以来西藏地方与中央政府关系档案史料汇编》，汉文，中国藏学出版社出版，1993年，第一卷152页。

③ 多杰才旦等主编《元以来西藏地方与中央政府关系档案史料汇编》，汉文，中国藏学出版社出版，1993年，第一卷115—116页。

萨进行了广泛的朝佛和祈祷活动，然后来到堆龙温泉……然后返回到哲蚌寺……然后回到拉萨……然后在法王释迦也失的邀请下，来到色拉曲顶。……（宗喀巴大师）抱着弘扬佛法的强烈心愿，在色拉曲顶嘱托道：法王你承担起提供物质条件的极大责任，把纯真的戒律教授规范作为基础，创建专门传授吉祥密集自性胜乐密续的清净道场。[①] 在这期间，包括众多侍从人员的所需物品在内全部由法王（释迦也失）提供。当法王汇报准备兴建色拉寺时，宗喀巴大师高兴地说：这样能使显密教的传承长久，成为无数有情的宏伟事业，做得好！并就如何修建大殿及其后殿和僧舍等问题作了指示。根据大师的教导建成的寺院是现在的色拉寺大乘洲。[②] 阿旺达扎说：土阴猪年大寺院色拉大乘洲开工建设，当年完成了小茅屋建筑，逐渐建成了寺庙的大殿、里面的清净室等，并在其中安放了法王从内地带来的、由白檀香木制成的十六罗汉和居士和尚等作为装藏的奇异香泥塑造的佛像，陈列了从内地携带的奇异《甘珠尔》版本，在罗汉中不乏曾有能言历史的神奇。[③]

（4）为根本上师宗喀巴的圆寂，举行规模宏大的法事活动：据《宗喀巴传记》记载：宗喀巴离开色拉寺以后，一路讲经说法，经过德勤孜、察嘎、楚西等地，完成各种佛事活动后，终于来到了甘丹寺。从这一天的白天过后，约到午坐时分开始，身体显得疲倦。第二天开始，所有僧众努力诵经祈祷，举行敬事活动。……二十五日早晨一开始，双脚金刚盘腿，双手平等放置，完全处于誓愿状态，当太阳刚刚升起时，……示显摄入法界之相。[④] 那是 1419 年藏历土阴猪年十月二十五日。释迦也失为宗喀巴大师的圆寂，举行了隆重而广泛的祭奠活动。阿旺达扎在书中写道：为

---

① 洛桑次成《宗喀巴传》，藏文，中国藏学出版社，2006 年，315—319 页。

② 洛桑次成《宗喀巴传》，藏文，中国藏学出版社，2006 年，321 页。

③ 色拉格西阿旺达扎《色拉寺与大慈法王》，藏文，民族出版社，2006 年，64—65 页。

④ 洛桑次成《宗喀巴传》，藏文，中国藏学出版社，2006 年，315—324 页。

了悼念宗喀巴大师圆寂，举行了广泛的朝拜遗体、敬献颈饰、点燃供灯等追悼活动。然后大慈法王亲自率众僧揭开密集、胜乐等内外大坛城的盖布，对于同金刚手大势至毫无二致的上师（宗喀巴）用广泛的内外密供，使其欢悦。广泛祈祷亲身入境、接受灌顶等纯真的誓愿和戒律，努力使大师的心愿完全实现；也祈祷至尊上师的慧眼能永远与我们同在。[①] 后来形成了一年一度的甘丹“五供节”，就是为纪念宗喀巴大师圆寂而形成遍及整个藏区的燃灯供祭法事。[②]

（5）在这期间，还有修建十座寺院等业绩，在下一节业绩考中进行具体分析。

（6）保持与朝廷的密切联系，体现“此处彼处无分别”的精神。

64 岁藏历鸡年（1417 年），（《太宗实录》卷一八五）记载：永乐十五年二月戊午朔，乌思藏大国师释迦也失遣人贡马，赐佛像、法器、彩币等物。

66 岁，藏历土猪年（公元 1419 年），《明史》第三三一列传第二一九西域三记载：永乐十七年命中官杨三宝赍佛像、衣币往赐。[③]《西藏史大纲》载：“二十一年复来贡。”

70 岁，（公元 1423 年、藏历水兔年）据《明史》第三三一列传第二一九西域三记载：（释迦也失）永乐二十一年复来贡。[④] 说明释迦也失向朝廷进贡的情形。

71 岁，永乐二十二年（公元 1424 年）四月十七日的皇帝圣

---

① 色拉格西阿旺达扎《色拉寺与大慈法王》，藏文，民族出版社，2006 年，71—72 页。

② 恰白·次旦平措等著、陈庆英等译《西藏通史——松石宝串》汉文版，西藏藏文古籍出版社、《中国西藏》杂志社，2004 年第 2 版，533 页。

③ 多杰才旦等主编《元以来西藏地方与中央政府关系档案史料汇编》，汉文，中国藏学出版社出版，1993 年，第一卷 116 页。

④ 多杰才旦等主编《元以来西藏地方与中央政府关系档案史料汇编》，汉文，中国藏学出版社出版，1993 年，第一卷 116 页。

旨，即上述第14件历史文献中皇帝指出："朕惟大师，觉行圆融，慈悲利济。朕心瞻企，夙夜不忘。"圣旨中提到："兹以岁序维新，特遣禅师板竹等，祝赞于朕，并以佛像等物来。"还提到："鉴兹勤诚，良甚嘉悦。今遣内官戴兴等，赍佛像等物，并致偈赞，用表朕怀。"赞辞中说："为了圆满二业你已返回了西土，虽然身体走了但心仍在此处；虽然我也常常思念你，但是此处彼处已经没有分别。"

在宣德皇帝登基时，释迦也失派了自己的代表表示祝贺。根据《宣宗实录》卷一五记载：宣德元年（公元1426年）三月庚子，升乌思藏大宝、大乘、阐化、阐教、赞善五王及大国师释迦也失差来使臣阿木葛为灌顶净修弘智国师，锁南星吉为灌顶国师，俱赐二品镀金银印。领占端竹、桑结巴高竹斡升国师，赐五品银印及诰命。领占班竹儿、端竹乩（qie）藏袭国师，赐诰命。坚敦监藏、锁南失赖、领着领占、札思巴、锁巴列升禅师，赐敕命，皆赐六品银印。公哥扎为指挥使，锁南端竹为指挥佥事，赐银印、诰命、金带。结藏为正千户，赐诰命、银带。剌麻工哥端竹、葛罗思巴星吉、公哥音卜俱赐敕谕、象牙图书。公哥赊剌、锁南扎俱赐护身敕。[①] 这年是藏历火马年，释迦也失73岁。

四、释迦也失第二次奉命赴京

（1）接到圣旨后立即动身：释迦也失76岁那年，即宣德四年（公元1429年）四月三日，宣宗皇帝下达了给释迦也失的圣旨即历史文献第15件。这是邀请释迦也失到内地传法的圣旨。抬头仍

① 多杰才旦等主编《元以来西藏地方与中央政府关系档案史料汇编》，汉文，中国藏学出版社出版，1993年，第一卷132页。

然是西天佛子大国师的全称。[①] 圣旨指出："朕恭膺天命，主宰华夷，体祖宗一视同仁之心，隆佛氏慈悲不二之教。追惟皇祖太宗文皇帝、皇考仁宗昭皇帝，鞠育深恩，如天罔极。欲举荐扬之典，一念之诚，夙夜惓切。惟大师功行高洁，定慧圆明，朕切慕之。特遣太监侯显，赍书礼请，冀飞锡前来，敷扬宝范，广禅能仁，以副朕诚。朕不胜瞻望之至。"释迦也失遵照圣旨，同金字使者一道，在阿木葛法王和索南西饶法王的陪同下，离开西土，途经玉树、青海湖、湟中、西宁、佐莫喀[②]、喀曲[③]、帕巴新滚[④]、秃鹫寺[⑤]等地，然后渐次从五台山来到皇宫。[⑥] 释迦也失第一次无论进京还是返藏，都通过四川，而这一次则是北路进京，与第一次不同。

（2）关于在"佐莫喀"的活动情况：据有关史料记载：释迦也失"第二次去京，途经转导地区，授记建寺，并加持基地，由其弟子释迦崔臣建一小寺，命名为'丹曲塔尔林寺'，意为'胜法解脱洲'。"还说：释迦也失圆寂后"与他同去的曲结索南西饶和森格桑布将其遗体运回丹曲塔尔林寺，修灵塔供奉，在此基础上发展成为后来的宏化寺。宏化寺古址在转导村，其遗址尚存，寺院为城堡，坐落在川道内，坐西向东，南北宽150米，东西长260

---

① 色拉格西阿旺达扎《色拉寺与大慈法王》，藏文，民族出版社，2006年，83页。

② 恰白·次旦平措等著、陈庆英等译《西藏通史——松石宝串》汉文版，西藏藏文古籍出版社、《中国西藏》杂志社，2004年第2版，561页，注释②mdzo mo mkhar 意为犏牛城，宣德皇帝下令在此为释迦也失建寺，汉文称宏化寺，地在今青海省民和县境内的转导乡，隔黄河与著名的炳灵寺相望。《藏汉大词典》མཛོ་མོ་མཁར། 词条记载为：青海境内一佛教圣地，15世纪中，修建色拉寺的大慈（依词典中藏文释文［ཐམས་ཆེན］翻译，汉文释文为"大乘法王"，应是误译。）法王，即在此地圆寂，遗体塔亦在此处。

③ 《东噶藏学大辞典》，藏文，中国藏学出版社，2002年，472页"ཀ་ཙི་ཀ་རྫ་དང་འདྲ། འདི་ད་ལྟའི་ཀན་སུའུ་ཞིང་ཆེན་ཁོངས་ལིང་ཞ་ཧུའི་རིགས་རང་སྐྱོང་ཁུལ་ཡིན། "。

④ 《东噶藏学大辞典》，藏文，中国藏学出版社，2002年，1363页"བལ་ཡུལ་དུ་བཞེངས་པའི་མཆོད་རྟེན་ཞིག་སྟེ་ནང་དུ་སངས་རྒྱས་ཀྱི་རིང་བསྲེལ་བཞུགས་པ་ཞིག འདིའི་ལོ་རྒྱུས་ད་ཕན་མ་མཐོང་། "这一说法是否可以设想为陕西省境内的？佛祖舍利塔所在地？

⑤ ཐུའུ་ཙུའུ་ཟི་དེ།

⑥ 色拉格西阿旺达扎《色拉寺与大慈法王》，藏文，民族出版社，2006年，84页。

米，城头宽 3 米，高 10 米，城内土地 100 亩，此即藏语所称‘犏牛城’。”但也有材料说：释迦也失第一次进京时路过佐莫喀，并由当地人张星吉藏布同行。此人后来一直负责宏化寺的管理。[①] 他也是释迦也失的亲传弟子，很多传记所说由森格桑布等人负责把灵塔运回“佐莫喀”，就是指的他。如果我们确信释迦也失第一次赴京，首先去的是南京，那么不能设想从南京折回来，再经过青海赴五台山等地了。

（3）宣宗皇帝派人中途迎接：宣德四年（公元 1429 年）十月一日，皇帝下达了给释迦也失的圣旨即本书藏汉合璧历史文献第 16 件。[②] 内容主要是：“大国师以效力之心，遵循朕的旨意，不顾山川寒暑冷暖，不顾上万里路途遥远的劳顿，愉快前来。闻已向皇城走来，朕甚为欣喜，并已派人到中途迎接。”“朕今特遣太监向柳杨（译音）携带圣旨和水果等前去迎接，以示朕心，望大国师切记。”按“闻已向皇城走来”、“遣人中途接应”、“带水果等前去迎接”的语句和下面的圣旨看，他还没有正式进京，也许是已经到了五台山。

（4）宣宗皇帝御制诗词赞扬释迦也失：宣德四年（公元 1429 年）十月十三日，皇帝下达给释迦也失的第三道圣旨即历史文献第 17 件，[③] 离上一次的圣旨下达时间相差只有十二天。值得注意的是，圣旨指出：现赐予御制诗词、带法轮的金印和宝诰，并第一次明确使用了“大慈法王”这个词语。御制诗词的内容主要是赞扬释迦也失的。其中特别提到释迦也失“转动法轮光芒照遍大地，芸芸众生极为信服而纷纷磕头，就是在珍宝大殿也能照见光明”等诗句。这说明，释迦也失到达内地后举行了第一次盛大法

---

① 陈楠《明代大慈法王释迦也失在北京活动考述》。

② 色拉格西阿旺达扎《色拉寺与大慈法王》，藏文，民族出版社，2006 年，86—87 页。

③ 色拉格西阿旺达扎《色拉寺与大慈法王》，藏文，民族出版社，2006 年，88—91 页。

事活动，并非常成功。“大慈法王”一词在藏文中写作“བྱམས་ཆེན་ཆོས་རྗེ།”，但在《西藏通史》汉文版中写成“བྱང་ཆེན་ཆོས་ཀྱི་རྒྱལ་པོ།”。[①]

（5）进京时间问题：宣德四年（公元1429年）十一月十二日，宣宗皇帝给释迦也失下达的圣旨即历史文献第18件，其中特别提到：“你从远方诚心前来，朕心甚喜。”对于76岁高龄的释迦也失奉皇帝之命，不畏艰险、长途跋涉、风尘仆仆，进京复命的精神和诚心的态度，皇帝给予了充分的肯定。圣旨还指出：“朕以为，你从远方来，路途劳顿，大国师你到皇城后，在庙内安心歇息。今后见朕，无需行礼。”正因为诚心前来，皇帝也关怀备至。这道圣旨清楚地表明，释迦也失就要进京了。也就是说1429年11月份，释迦也失第二次正式进京。有人说，释迦也失“在五台山住锡传教约五年时间，其后应明宣宗皇帝邀请，前来北京”云云，其根据是《清凉山志》。但，正是《清凉山志》所载圣旨说明，宣宗皇帝急切希望释迦也失尽快进京，怎么可能让他在五台山闲游五年之久呢？再说，后来的几道圣旨恰好回答了“在五台山五年后，皇帝才邀请”的说法是没有根据的。

（6）关于在京的驻锡之地：释迦也失在京的住地问题是学术界长期争论的又一个问题。第一次进京就算到了北京，驻锡时间也不长，一、北京还不是大明的国都；二、整个赴京时间不到两年；三、较多时间在五台山等地。而第二次则不同，北京早已成为大明的国都，释迦也失在内地的时间较长，所以在北京肯定有较为固定的居所。有人认为是“法源寺”，有人则认为是“大慈恩寺”。在这里，阿旺达扎在书中提供了三点线索：[②] 一是弥根班智达的话：三层围墙之北面外围里面，有荷花大湖，前面有秀丽而缓缓流淌的大河，有许多树林装点，水晶面一样明亮而高大，过

---

① 恰白·次旦平措等著、陈庆英等译《西藏通史——松石宝串》汉文版，西藏藏文古籍出版社、《中国西藏》杂志社，2004年第2版，506页。

② 色拉格西阿旺达扎《色拉寺与大慈法王》，藏文，民族出版社，2006年，39页。

去的名字叫“海西印塔”的地方；二是袞钦吉美旺布的话：由此逐渐往前，接近皇宫时，受到军民提督为首大臣们的欢迎，然后驻锡在宫城内黄宫北面的叫做“ha yin zi”的庙宇。三是皇帝命释迦也失在被称为“he yin zi”的寺院，举办显密两宗尤其是四续坛城的修供仪轨。[①] 在以前的有关汉文文章和著作中把这“ha（he）yin si”译成“法源寺”。对此，陈楠作了大量考证，否定了“法源寺”之说。但是，在《明代大慈法王释迦也失在北京活动考述》一文中说：“笔者考证这一对音应为‘华严寺’，即五台山‘显通寺’，此寺原名‘花园寺’……”。我认为这一说法也不能成立。理由是：一、在这里说的是北京的驻锡之地，怎么跑到五台山去了？二、在北京的地理位置写得如此清楚，在第三个城墙里面、皇宫的北面、在有大湖和河水以及树林茂密的地方；三、过去的名字叫做“海西印塔”地方，寺院名“ha yin si”或“he yin si”跟“法源寺”、“华严寺”没有关系；四、最能说明问题的根据，还是陈楠自己所引用的材料。陈楠文章明确指出，释迦也失在北京的驻锡之地是大慈恩寺：“大慈恩寺位于北京什刹海西北，在明代嘉靖初年毁于火灾。据《宸垣识略》、《日下旧闻考》等文献记载，该寺为金、元古寺，寺名多次改易，诸如‘庆寿寺’、‘双塔寺’等。明初时称为‘海印寺’，宣德四年重建，改名大慈恩寺。”十分清楚，“he yin si”就是“海印寺”的译音，“海印寺”则是后来的大慈恩寺。藏语中还有“海印寺大慈庙”或“海印寺大慈殿”的提法。[②]

（7）释迦也失 78 岁，派人入朝进贡。据《宣宗实录》卷七六记载：宣德六年（公元 1431 年、藏历铁猪年）二月辛亥，乌思藏

---

① 色拉格西阿旺达扎《色拉寺与大慈法王》，藏文，民族出版社，2006 年，41 页。

② 色拉格西阿旺达扎《色拉寺与大慈法王》，藏文，民族出版社，2006 年，97、99 页。

大国师释迦也失之徒剌麻罗卓促密等来朝，贡方物。[①] 当时，释迦也失本来就在内地，在新春季节派人入朝进贡，向皇帝请安。

（8）宣宗授予“大慈法王”封号：释迦也失时年 81 岁（80 周岁）。据《明史》第三三一卷列传第二一九西域三记载：宣德九年（公元 1434 年、藏历木虎年）入朝，帝留之京师，命成国公朱勇、礼部尚书胡濙持节，册封为万行妙明真如上胜清净般若弘照普慧辅国显教至善大慈法王西天正觉如来自在大圆通佛。[②] 释迦也失再一次入朝，皇帝叫他留在北京传授佛法，并派成国公和礼部尚书正式册封其为“大慈法王”。从下述记载可以看出，授封时间是六月庚申即二十八日。

据《宣宗实录》卷一一记载：宣德九年六月庚申（公元 1434 年 7 月 20 日），遣成国公朱勇、礼部尚书胡濙持节，封释迦也失为“万行妙明真如上胜清净般若弘照普应辅国显教至善大慈法王西天正觉如来自在大圆通佛。”[③]《西藏通史》汉文版[④]和阿旺达扎写的传记都叙述了“大慈法王”的封号全称。[⑤] 在大慈法王的缂丝像唐卡里，把封号的汉藏两种文字和印章的文字复制得一清二楚。

（9）据陈楠在《明代大慈法王释迦也失在北京活动考述》中介绍：宣德十年（1434 年）六月释迦也失主持了西天佛子大国师智光的荼毗法会，也就是火化仪式。智光国师享年八十八岁，僧腊七十三。智光临终前口诵偈词，随即俨然坐化，三日入龛，又三日掩龛，举体柔和，容貌如生。荼毗之日，大慈法王亲自秉持法炬，置于薪龛之顶，“智火迸出，五色光明，化毕，骨皆金色，

① 多杰才旦等主编《元以来西藏地方与中央政府关系档案史料汇编》，汉文，中国藏学出版社出版，1993 年，第一卷 161 页。

② 多杰才旦等主编《元以来西藏地方与中央政府关系档案史料汇编》，汉文，中国藏学出版社出版，1993 年，第一卷 116 页。

③ 顾祖成等编《明实录藏族史料》，西藏人民出版社，332—333 页。

④ 恰白·次旦平措等著、陈庆英等译《西藏通史——松石宝串》汉文版，西藏藏文古籍出版社、《中国西藏》杂志社，2004 年第 2 版，506 页。

⑤ 色拉格西阿旺达扎《色拉寺与大慈法王》，藏文，民族出版社，2006 年，95 页。

舍利盈掬”。智光和尚的弟子分其舍利建塔寺多处，其荼毗之所亦建塔寺，名曰西域寺，在北京阜成门外，早已颓圮。根据《明实录西藏史料》记载：“洪武三十五年八月戊午（1402 年 9 月 4 日）遣僧智光赍诏谕馆觉、灵藏、乌思藏必力工瓦、思达藏、朵思、尼八剌等处，并以白金、綵币颁赐灌顶国师等，凡白银二千二百两，綵币百一十表里。”① 由于智光在明朝实行“多封众建”政策实施过程中作出了贡献，永乐皇帝封他为国师，擢升为僧录寺善世；仁宗皇帝又加封为大国师，并命居大能仁寺；宣宗皇帝再加西天佛子之号。在《清凉山志》释迦也失传中，记录了释迦也失第一次觐见永乐皇帝时的情景，除了描写“应对称旨，上大嘉叹”外，还说：“敕安能仁方丈，上制书慰劳，所赐甚厚。”正因为如此，这位智光国师也是释迦也失奉皇帝旨意到五台山朝拜活动的主要陪同人员。陈楠引用《日下旧闻考》中所录胡濙《大能仁寺记略》的内容介绍了智光和能仁寺的关系，写道：“京都城内有寺曰能仁，实元延祐六年（1319 年）开府仪同三司崇祥院使普觉圆明广照三藏法师建造。逮洪熙元年（1425 年），仁宗昭皇帝增广故宇而一新之，特加赐大能仁之额，命圆融妙慧净觉弘济辅国光范衍教灌顶广善大国师智光居之。”② 总之，释迦也失和智光国师之间结下了深深的友谊。

五、大慈法王圆寂

（1）关于圆寂时的背景：释迦也失圆寂时间和地点成为藏学界长期争论的又一个问题。为了搞清这一问题，我们不得不先考

① 顾祖成等编《明实录藏族史料》，西藏人民出版社，115 页。

② 陈楠《明代大慈法王释迦也失在北京活动考述》，中央民族大学出版社，2005 年，189 页。

察大的历史背景。

第一，宣宗皇帝驾崩，英宗皇帝即位。根据（清）郑廷玉等人编著的《明史——本纪第十·英宗》记载：宣德十年春正月，宣宗崩，壬午，即皇帝位。遵遗诏大事白皇太后行。大赦天下，以明年为正统元年。[①] 据《辞海》附录《中国历史纪年表》（十三）明纪年表中记载：公元 1435 年，干支：乙卯；宣德 10 年，英宗①。意思是宣德十年正月即位之意。这是朝廷的一件大事，也是释迦也失一生中又一桩重大事件。我们考查释迦也失的生平，不能离开这一事件。

第二，关于遣散在京常住藏僧的问题。据《明实录藏族史料》记载，宣德十年二月戊辰（1435 年 3 月 25 日）省行在礼部等衙门诸冗费。初，上即位有敕，凡事俱从减省。行在礼部尚书胡濙等议："……在京各寺法王、国师、剌麻六百九十余名，减数存留，余者令回原寺住坐。……"上悉从所议。[②] 就是说，英宗皇帝年初继位时，就提出了凡事俱从减省的要求，到二月就把遣散在京常住藏僧问题提到了议事日程。又载：正统元年五月丁丑（1436 年 5 月 27 日）减在京诸寺番僧。"先是，番僧数等，曰大慈法王、曰西天佛子、曰大国师、曰国师、曰禅师、曰都刚（纲）、曰剌麻，俱系光禄寺支待。有日支酒馔一次、（二次）、三次，又支廪饩者，有但支廪饩者。礼部尚书胡濙等议：'已减去六百九十一人，相继回还本处。'其余未去者命（待）正统元年再奏。至是，濙等备疏慈恩、隆善、能仁、宝庆四寺番僧当减去者四百五十人以闻。上命大慈法王、西天佛子二等不动，其余愿回者听，不愿回者，其酒馔廪饩令光禄寺定数与之。"[③] 正统元年五月还提及"大慈法王"。另载：正统六年五月甲寅（1441 年 6 月 7 日）北京会同馆大

---

① 《明史》第十卷，中华书局，1995 年，127 页。

② 顾祖成等编《明实录藏族史料》，西藏人民出版社，343 页。

③ 顾祖成等编《明实录藏族史料》，西藏人民出版社，358—359 页。

使姬坚等奏："大慈恩等寺分住国师、禅师、剌麻阿木葛等三百四十四人，占用馆夫二百一十三人，有放回办纳月钱、牧放马匹及供给马草（者）。及至外国四夷使臣到馆，乏人供应，不得已而雇觅市人代之。乞取回在寺馆夫，议定多寡之数而与之。国师、禅师每员二人，觉义、都纲每员一人，剌麻十人共一人。务令恒在寺供应，不许疏放。今后朝贡番僧剌麻止在本馆安歇听赏，不许私自擅入各寺混杂生事。"上曰："大国师班丹札失、阿木葛每员与十人，剌麻十人与二人，其著为令。"① 这时，已经不再提及大慈法王的名字。但是清理工作从宣德十年二月提到议程上，一直在继续。

第三，神话故事。藏文传记中普遍讲述一段神话，使释迦也失的圆寂变得更加扑朔迷离。其中说：在释迦也失圆寂当天晚上，他从住处经过西路大道跑到远在两千八百里以外的"雄关屯关"。②（据有关材料介绍："雄关"指嘉峪关，明长城终点。洪武五年［1372 年］置关。在甘肃嘉峪关市西，嘉峪山麓。依山而筑，居高凭险，为东西交通要冲。号称"天下雄关"。关城呈梯形，周长 733 米，高 11.7 米。城四隅有角楼。东西城垣开门，均筑瓮城。西面城垣门额刻"嘉峪关"三字。城外有文昌阁、关帝庙等古迹。③）在半夜时分来到"屯关"东门，叫夜班敲锣人开门，敲锣人问：你是谁？有什么事？对方答：我是大慈法王，要去西方。敲锣人看见，此人骑着白马，连同三个人一道从东门上空向西奔驰而去。敲锣人叫醒城堡中所有人，大部分人亲眼目睹了这一切。他们向当地官员报告了这一情形，逐渐传到了皇帝的耳朵里。圆寂的时间就是这天晚上。大部分传记是这样记载的。④ 这般传说，

① 顾祖成等编《明实录藏族史料》，西藏人民出版社，405 页。

② ཤིང་ཀོ་ཁྲུན་ཀོན་ན་མཁར་ཡོད། ཁྲུན་ཀོན་མཁར་ཡང་ཟེར།

③《辞海》1449 页。

④ 色拉格西阿旺达扎《色拉寺与大慈法王》，藏文，民族出版社，2006 年，96—97 页。

能说明什么呢？我们在《清凉山志》大宝法王传的末端也看到了类似的故事："丁亥（永乐五年、1407 年）四月，上制书遣使于台山大宝法王大善自在佛。……明年（永乐六年、1408 年）师奏疏别上，入灭、火化，无遗物。是年（1408 年），函谷关吏见师适西，贻上所赐玉玦回奏，上惊叹追慕，敕太监杨升，塑像于显通法堂。"① 但《明实录藏族史料》记载：永乐六年四月庚子（1408 年 5 月 17 日）如来太［大］宝法王哈立麻辞归。赐白金、彩币、佛像等物，仍遣中官护送。另，1409 年 2 月 21 日、1410 年 3 月 2 日、1411 年 4 月 27 日、1412 年 6 月 11 日、1413 年 3 月 11 日等都有大宝法王遣使进贡等记录。大宝法王的故事与释迦也失圆寂的传说都提供了钩沉历史真实的可能，但因时有与文字记载不相符处，往往增加了悬疑度和不确定性。

（2）关于圆寂时间：有两种说法，一是 1435 年即宣德十年，藏历木兔年；二是正统四年，即公元 1439 年，其中相差四年之久。藏历木兔年（1435 年、宣德十年）十月十八日，82 岁（81 周岁）的释迦也失闭关静修，二十四日示寂。② 这与藏历十月二十四日圆寂的说法，完全一致。关键在于年份。坚持正统四年圆寂的理由，有这么几条：一是《循化厅志》、《河州志》及《厅卷》等所载雍正四年鸿化、显庆二寺世袭国师张洛住坚错的呈文。呈文说："正统四年（1439 年）法王圆寂，敕建渗金铜塔，藏其佛骨。七年（1442 年）奉敕河州建寺赐名鸿化。"③ 这段话的后一句已经证明是正确的。但前一段话能否成立？如果这段话能成立，宣德十年十二月十六日（公元 1435 年）的诏书及其他一切记录就要否定。但是，我们至今还难以否定该诏书的存在。还有其他两条记载，

---

① ［明］释镇澄撰《清凉山志》卷三：高僧懿行"大宝法王传"，山西五台山文化传播中心编辑出版，63 页。

② 色拉格西阿旺达扎《色拉寺与大慈法王》，藏文，民族出版社，2006 年，95—96 页。

③ 陈楠《明代大慈法王释迦也失在北京活动考述》，192—193 页。

一是正统元年（1436 年）清理在京藏僧时，皇帝批准大慈法王和西天佛子作为特例。二是正统四年动工修建、正统八年（1443 年）建成的法源寺碑铭中的记载。其中记录的助缘名单中有释迦也失，且列第一个。我们可以设想，虽然动工时间是正统四年，但筹建过程时间不短，其中从有意向到勾画蓝图，再去筹措资金到准备材料，这些都不是一年两载可以做成的，所以在构想、设计、化缘、募捐时释迦也失也许可能还健在，也许已经不在人世。如果，以上三条作为释迦也失圆寂时间的证据，那么我们从第 21 件历史文献可以得出这样的推论，到正统七年时释迦也失还健在。因为该诏书说："今以黑城子厂房地赐大慈法王释迦也失盖造佛寺，赐名弘化，颁敕护特（持）。"① 尽管有以上推论，但由于大慈法王释迦也失不仅是当时在内地的格鲁派代表人物，而且也是藏传佛教在内地最具影响力的人物，他的圆寂不等于他的个人影响的结束，也不等于跟随他的宗教组织的解体。所以，仍旧可以认为释迦也失圆寂时间还是在宣德十年间较为合理。

（3）关于安葬仪式：释迦也失圆寂后举行了隆重的丧葬仪式。《西藏通史》说：大慈法王返回西藏的途中，走到桌（佐）莫喀（mdzo mo mkhar 意为犏牛城，宣宗下令在此为释迦也失建寺，今青海民和县境内的转导乡，隔黄河与著名的炳灵寺相望。）圆寂，享年八十二岁。在被称为"厂方"地方，由国师贝丹巴为首聚集僧俗大众，火化了遗体，修建了灵塔。他的亲传弟子释迦楚臣在该处兴建了寺院（汉文称宏化寺）。为了纪念他，整个藏区每年十月二十四日即宗喀巴大师祭辰（五供节）的前一天晚上举行被称为"四供节"（bzhi mchod）的活动，并成为例规。② 这里，亲传弟子释迦楚臣所建寺院就是释迦也失第二次赴京途中在佐莫喀所

① 顾祖成等编《明实录藏族史料》，西藏人民出版社，第一辑 422 页。

② 恰白·次旦平措等著、陈庆英等译《西藏通史——松石宝串》汉文版，西藏藏文古籍出版社、《中国西藏》杂志社，2004 年第 2 版，561 页。

建的“丹曲塔尔林寺”。在阿旺达扎的书中写道：然后，在海印寺大慈殿内由大国师班登为首的全国禅师及众多善知识举行了盛大超荐法事，开展了广泛的四十九日超度活动，出现了彩虹，下起了花雨。在“茶白”地方，国师班登率众举行法会，聚集众多大臣、大人、将军、官员等人，完成了遗体的装藏。当国师班登刚刚准备点火时，（遗体）自然燃烧起来，满天出现了五色彩虹的海螺、胜幢、帐幔等形状的八吉祥图案，显现了吉兆。这种现象众人所见，惊奇不已。打开装藏遗体的小屋时发现，如同金色的、闪闪发光的、颗粒像珍珠大小、像芝麻大小的白色舍利子，好像洒满了整个遗体屋。制作了金质灵塔，有十五尺高，其中安放了遗体舍利子。[①] 根据皇帝旨意，法王索南西饶和法王森格桑布两人把灵塔运到了佐莫喀，并命令建造了神殿，组建了僧团，还封授国师等名号，让其管理。[②] 我认为，在返藏途中，圆寂于佐莫喀的说法比较合理。因为，第一，现有史料中没有阐述皇帝授予“大慈法王”的具体缘由，也没有记载当时授封的具体情形，从大宝法王、大乘法王在受封不久就辞归的情形看，不能排除授封是大慈法王返藏前朝廷给予的赏赐和礼遇。第二，从宣德十年年初开始，着手清理住京藏僧数量（虽然后来把大慈法王的随从作为特殊群体除外），这可能预示着某种代表人物的缺失或弱化。第三，有关藏文传记中的传说，明确指出大慈法王“骑马向西方驰去”，也许在暗示释迦也失西行的真实故事。第四，超度法事活动在两地分别举行，一是七七四十九天的超度活动在释迦也失在北京的驻锡地“海印寺大慈殿”举办；二是遗体火化在《西藏通史》所说“厂方”地方和阿旺达扎所说“茶白”地方进行。而这一地方实际上就是正统七年皇帝诏书所指“黑子城厂房”，也就是佐莫喀

---

① 色拉格西阿旺达扎《色拉寺与大慈法王》，藏文，民族出版社，2006 年，97—98 页。

② 色拉格西阿旺达扎《色拉寺与大慈法王》，藏文，民族出版社，2006 年，99 页。

地方。第四，在释迦也失圆寂五十多天后的宣德十年十二月十六日，皇帝才下达了的御制赞词即实际上的悼念词。这是因为阿旺达扎引用的传说故事所说："向当地官人报告了此一情形，逐渐传到了皇帝的耳朵里。"于是，皇帝对释迦也失的圆寂表示了沉痛哀悼，对于他的一生作了概要总结。第五，从当时皇帝对释迦也失的重视程度看，也难以下令把遗体送到千里之外。我们从《清凉山志》的记载中，看到了另一位与释迦也失的情形十分相似的人物及其圆寂后的遗体处理方式："大圆照寺显通之左，古称普宁寺。永乐初，印度僧室利沙者来此土，诏入大善殿，坐论称旨，封圆觉妙应辅国光范大善国师，赐金印，旌幢遣送台山，寓显通寺。至宣德初，复诏入京，广宣秘密。无何，辞归山，上未许。明日示寂，上闻，痛悼之。御祭火化，敕分舍利为二。一塔于都西，建寺曰真觉。一塔于台山普宁基，建寺曰圆照。正德间封张坚参为法王，赐银印，兼有都纲印。"① 上述智光国师的遗体处理，也与此相似，而时间正是在宣德十年六月，也就是英宗皇帝即位之后。

（4）关于建寺建塔之争。在《明实录》中，由于没有释迦也失当时辞归或圆寂及安葬的任何记录，所以现在只好多方搜集史料，加以考证。但后来的一些相关记载，给我们提供了一些线索。释迦也失在北京的住锡寺院大慈恩寺，到成化年间的主持人是札实巴。成化三年十二月辛丑（1468 年 1 月 4 日）西天佛子札实巴等"以升职奏乞诰敕、印章。与之。"② 成化四年正月庚寅（1468 年 2 月 22 日）大慈恩寺西天佛子札实巴奏："乞以宛平县民十户为佃户，并静海县树深庄地一段为常住田。"诏许之，不为例。③

---

① ［明］释镇澄撰《清凉山志》卷二：伽蓝胜概"大圆照寺"，山西五台山文化传播中心编辑出版，26—27 页。

② 顾祖成等编《明实录藏族史料》，西藏人民出版社，659 页。

③ 顾祖成等编《明实录藏族史料》，西藏人民出版社，660 页。

成化四年四月庚戌（1468 年 5 月 12 日）封西僧札实巴为清修正觉妙慈普济护国衍教灌顶弘善西天佛子大国师，……俱赐诰命。① 成化九年正月庚戌（1437 年 2 月 15 日）赐大慈恩等寺法王札实巴、灌顶大国师端竹也失、……诰敕、金银等物。② 成化九年七月癸巳（1473 年 7 月 28 日）大慈恩寺灌顶大国师端竹也失奏：“往陕西河州等处治公事，乞以鸿胪寺冠带通事张志通偕行。”既得旨允之，而本寺崇化大应法王札实（巴）复奏：“陕西弘化寺乃至善大慈法王塔院，岁久损坏，乞敕镇守等官修筑城堡，如瞿昙寺制。”又言：“天顺间寺僧五十五人，月给廪米人六斗，军民夫六十人守护，今乞申严加例。”复允之。③ 成化十年三月庚子（1474 年 4 月 1 日）初，大应法王札实巴死，有旨如大慈法王例葬之，中官遂请造寺建塔。工部言：“大慈法王惟建塔未尝造寺，况今岁歉民贫，寺费难给，宜惟建塔。”上是其言，命拨官军四千供役。④ 成化十年三月庚戌（1474 年 4 月 11 日）礼科给事中王坦言：“……今大应法王札实巴……，陛下待以殊礼，封以显号，……其死也如例祭葬，亦云足矣。而所司祭祀之品乃逾于王者，造塔之费，将几于山陵。而亲王之死，大臣之卒，顾不及焉。……乞敕该部于札实巴之葬，量加掩埋，不必大兴土木之工，实军民之幸也。”上曰：“大应法王造塔，比之大慈法王，工料已减三之二，所费不多。此给事中滥言，不准。”⑤ 成化十年十二月丙午（1475 年 2 月 1 日）赐大慈恩寺佛子端竹也失、都纲者［官］著坚参等诰敕及印，从所请也。⑥ 成化十一年十一月庚午（1475 年 12 月 22 日）赐妙觉净范戒慧精修翊国崇教灌顶广善西天佛子大国师端竹也失等

---

① 顾祖成等编《明实录藏族史料》，西藏人民出版社，663 页。
② 顾祖成等编《明实录藏族史料》，西藏人民出版社，705 页。
③ 顾祖成等编《明实录藏族史料》，西藏人民出版社，707 页。
④ 顾祖成等编《明实录藏族史料》，西藏人民出版社，712 页。
⑤ 顾祖成等编《明实录藏族史料》，西藏人民出版社，712—713 页。
⑥ 顾祖成等编《明实录藏族史料》，西藏人民出版社，717—718 页。

诰敕[1]。成化十二年七月癸亥（1476 年 8 月 11 日）太子少保吏部尚书兼文渊阁大学士商辂等言："又，番僧在京闲住者，往往自都纲、禅师升至国师、佛子、法王等职，给与金银印信、图书。其有病故，徒弟承袭，又求造塔，殊为侵耗，宜行禁治，庶财无妄费……"[2] 以上事情虽然都发生在释迦也失圆寂过了十几年甚至几十年以后，但可以说明几个问题：一，释迦也失圆寂时只建造了塔而没有修建寺庙；札实巴奏章所说"塔院"就是安放灵塔的"丹曲塔尔林寺"；二，对于释迦也失的灵塔及其所在寺院弘化寺不仅从国库经常出资进行维修，还有专门人员加以看守；三，由于释迦也失的后继者人数越来越多，对于他们所作所为与颇耗资财一事引起了越来越多的人的反感。

（5）关于"丹曲塔尔林寺"所藏遗物。据记载：该寺存有以大慈法王的舍利作为主要装藏的灵塔、御制像、金汁书写的奇异《甘珠尔》、金银混合书写的经书、朱印本《丹珠尔》、檀香木雕刻而成的法王的本尊双身胜乐金刚、胜乐画像、尊胜塔、以法帽为主的全套法衣、鱼鳞等珍宝装饰的法座、高脚碗、镀金炉灶、全套马具等奇珍异宝。[3]

（6）关于转世问题。这里是两个问题，一是阿旺达扎所说释迦也失的前世问题；二是陈楠文章中提到的色拉寺的人在外地转世不了，在区内也转世不了的问题。虽然，噶举派早在 1289 年把攘迥多吉作为噶玛拔希的转世迎请至楚布寺并形成制度，但宗喀巴大师作为格鲁派的宗师严格遵循佛祖的做法，把自己的衣钵交给了杰曹，开创了鲜明的传承方式。"杰曹"也就是宗师之代表。从而形成了"甘丹池巴"的传承制度，也是格鲁派的最高权威。并在社会上流行"只要男儿自己有本事，甘丹池巴的宝座没有主

① 顾祖成等编《明实录藏族史料》，西藏人民出版社，722 页。
② 顾祖成等编《明实录藏族史料》，西藏人民出版社，728 页。
③ 色拉格西阿旺达扎《色拉寺与大慈法王》，藏文，民族出版社，2006 年，101 页。

人”的佳话！释迦也失也按宗喀巴大师的做法，在临终前，“向大弟子阿木葛和索南西饶作了交待”。[1] 根据《明实录藏族史料》记载，对于这样的传承方式朝廷也给予了肯定。“正统四年五月己巳（1439 年 7 月 3 日）加封国师亚蒙葛（阿木葛）为西天佛子大国师，赐以诰命。”[2]

（7）关于三次进京之说。在一个网站上，登载了题为《大藏经史话》的文章，其中写道：“明朝永乐年间（公元 1403—1424 年），明成祖召宗喀巴入京。第一次是 1409 年，宗喀巴当时因忙于筹备次年在拉萨举行的大祈愿法会，遂派弟子释迦也失代他赴京。1414 年，明成祖再度派人请宗喀巴，大师因患病初愈不能成行，故尔再次派释迦也失赴京。释迦也失于 1415 年受封为大国师。1419 年，释迦也失返回西藏，开始主持修建色拉寺。1434 年，明宣宗宣德九年，释迦也失三度进京，被封为大慈法王。在京期间，他住锡法源寺，不仅为宣宗讲经说典，还为其治愈疾病。”第三次赴内地之说，找不到历史根据。

① 色拉格西阿旺达扎《色拉寺与大慈法王》，藏文，民族出版社，2006 年，96 页。
② 顾祖成等编《明实录藏族史料》，西藏人民出版社，380 页。

第三章　业绩考

释迦也失作为格鲁派的重要历史人物，他的业绩可以说是辉煌而灿烂。虽然由于时间久远，史料分散，无法进行全面的叙述或考证，但是有几条是比较清晰的，笔者试作如下几个方面的考证：

第一，作为格鲁派祖师宗喀巴的亲定代表，是中央政府授封的第一人：他两度奉命赴京，没有辜负宗喀巴大师的重托，没有辜负皇帝及朝廷的期望。第一次赴京，已经是60岁的释迦也失奉皇帝和宗喀巴大师之命，风风火火进京复命，经过几个月长途跋涉，终于到达目的地；进京后，根据皇帝的旨意，经过精心筹划，在最快的时间里举行法会，搞得非常成功，获得了皇帝的高度赞扬，授予“西天佛子大国师”封号；根据皇帝圣旨，到五台山朝佛传法，受到皇帝的多次鼓励和恩赐；在完成相关使命后，又经皇帝恩准，离开内地返藏。返藏前夕，受到皇帝的充分肯定，并赐予了大量赠品；到藏后，又常常向皇帝请安，派人进贡，皇帝说：“如此诚心，朕甚为喜悦”。永乐给释迦也失的最后一道圣旨，是很长的御制诗词，具有一代皇帝的全面评价性质。[①] 诗词中说：“为了圆满二业你已返回了西土，虽然身体走了但心仍在此处，虽

① 见本文第十三件历史文献。

然我也常常思念你，但是此处彼处已经没有分别。”

第二次赴京，表现了释迦也失识大体、顾大局的高尚品质。宣宗皇帝即位的宣德一年，同西藏其他宗教首领一样，释迦也失也委派了自己的代表进京祝贺；当皇帝命令他进京时，75 岁高龄的释迦也失把皇帝的圣旨奉若神明，视死如归，没有因年龄大、路途遥远等困难拦住他的行程，于 1429 年急速进京复命；到了内地以后，奉皇帝之命举行佛事活动，深得皇帝的宠爱，正式受封为“大慈法王”；一直到 1435 年 82 岁高龄时在内地去世，献出了自己宝贵生命，表现了他鞠躬尽瘁、死而后已的高尚品质。圆寂前夕，他还就各项身后事宜，对大弟子国师阿木葛和索南西饶进行了交待。释迦也失圆寂后，宣宗皇帝在御制诗词中写道：你具有释迦牟尼的断正功德，你为朕的祖辈四代皇帝，施与了灌顶的恩赐，上师对所有众生恩重如山。据《清凉山志》作者的话说：“上数数制书，遣使致慰。至于宣宗，尤加钦崇，礼出常格。”① 正因为释迦也失忠心耿耿，诚心效力，朝廷也就尤加钦崇、礼出常格了。

第二，在内地广泛讲经说法、修建庙宇，实为向内地传播格鲁派教法的先驱者：第一次进京，一到北京，皇帝让释迦也失举行法会，法事活动结束后，举行了隆重的庆祝活动。永乐皇帝在他的诗词中说：你曾来到中原这个地方，给大有缘份的人们传授了佛法，让稍有见闻的人们也信仰，人人赞颂人人皆折服。后来，他以西天佛子大国师的身份到五台山朝山拜佛，讲经说法，修缮庙宇，收徒传法。在阿旺达扎的书中说：在五台山修建了六座大寺院和在花园附近修建了华严寺。② 关于华严寺《清凉山志》是这

① ［明］释镇澄撰《清凉山志》山西五台山文化传播中心编辑出版，高僧懿行“释迦也失传”，64 页。

② 色拉格西阿旺达扎《色拉寺与大慈法王》，藏文，民族出版社，2006 年，53 页。

样记载的："大显通寺　古名大孚灵鹫寺。汉明帝时，滕兰西至，见此山，乃文殊住处，兼有佛舍利塔，奏帝建寺。滕以山形若天竺灵鹫，寺依山名，帝以始信佛化，乃加大孚二字。大孚，弘信也。元魏孝文帝再建。环匝鹫峰，置十二院。前有杂花园，故亦名花园寺。至唐太宗重修。武后以新译《华严经》中，载此山名，改称大华严寺。观国师于中造疏，至明太宗文皇帝（永乐）敕重建，感通神应，自昔未有，故赐额大显通。古传中有两堂圣众，非戒定慧全者，莫预此寺。自明初以来，敕旨护持，凡十余道。永乐三年，设僧纲司、率合山僧祝釐，本州月给僧粮。至嘉靖间始革其粮。"① 至于其他六座寺庙，现难以一一考证。但是，在赵朴初题写书名的《中国佛寺道观》一书记载：中国汉地佛教和藏传佛教在修持方法和仪轨等方面都有许多不同。……同时，佛教寺院和藏传佛教寺院，在办寺宗旨上又有"为本寺"和"为十方"之分。这就造成了五台山的寺院既有青庙和黄庙之分，又有子孙庙和十方院的区别。中华人民共和国建立前，五台山的青黄庙各有十大寺，……，黄庙十大寺：菩萨顶寺、台麓寺、罗睺寺、玉华池寺、寿宁寺、金刚窟、七佛寺、三泉寺、曾安寺、镇海寺。现存的……黄庙有：菩萨顶、台麓寺、镇海寺、罗睺寺、观音洞、善财洞、慈福寺、广仁寺、寿宁寺等。② 该书在介绍罗睺寺时说，该寺四大天王塑像，是按喇嘛教《度量经》的规定塑的。寺内还供有头戴尖顶的格鲁派祖师宗喀巴像。宗喀巴生于1357年，圆寂于1419年。史载，西藏格鲁派祖师宗喀巴老年著书立说，明永乐六年（1408年），明成祖派四位大臣，随员数百人，到西藏恭迎宗喀巴到内地，他婉言辞谢。后令弟子释迦智（也失）到京朝见永

① ［明］释镇澄撰《清凉山志》卷二：伽蓝胜概，山西五台山文化传播中心编辑出版，26页。

② 段启明等编著《中国佛寺道观》，北京燕山出版社，1987年，115页。

乐大帝，释迦智被封为大慈法王。释迦智又从北京来到五台山住了一个时期，朝拜文殊菩萨的圣迹，当地汉僧对他厚礼相待，与他一起切磋汉藏佛学。从此，便有喇嘛教徒屡屡朝拜五台山。到了清代顺治年间，五台山有十处青庙改为黄庙，殿堂塑像和陈列都按藏族风格重新更新，并开始兴建喇嘛教殿堂，喇嘛教就在五台山兴盛起来。由此出现了五台山佛教圣地青黄二庙并存，汉藏僧人兼有的情况。[①] 令人惊奇的是，五台山的寺院分为青黄两类，青寺指汉传佛教的寺院，黄寺指藏传佛教的寺院。而在人们的习惯中，藏传佛教分为白教、红教、格鲁派、花教等等，其中格鲁派正是宗喀巴创立的格鲁派。总之，释迦也失为了传播宗喀巴的主张，为了扩大格鲁派在内地的影响，为了满足信教群众的要求，以北京、山西、五台山等地为基地，到处留下了他的足迹。阿旺达扎在书中说：从此，从汉地、蒙古、安多、四川等地特意赶来朝拜的善男信女，无论上师还是官员徒弟，无论僧人还是俗人，无论是男是女，大人小孩，都向他给予了丰厚的供养和敬献。他也用授予近圆戒、实施灌顶、教授密法、传授近住戒等使其心满意足，成熟解脱。[②] 所以永乐皇帝说：

你有明亮而威严的慧眼，在安稳下榻五台山期间，如同迦陵频迦海鸟的声音，佛法真谛的声音传遍了各地。犹如黑暗的大地点亮了明灯，处处照耀着闪烁的灯光，驱散了黑暗，带来光明，使所有众生为此信服和敬仰。如同驶向苦海的航船，虽然波涛汹涌但有圣教的导航，从落难的处境中得以解脱，使所有众生无不信服和敬仰。如同干旱时期降落的甘露雨，使大地上的庄稼茁壮成长，所有农民

① 段启明等编著《中国佛寺道观》，北京燕山出版社，1987 年，108—109 页。
② 色拉格西阿旺达扎《色拉寺与大慈法王》，藏文，民族出版社，2006 年，49 页。

> 高兴得喜气洋洋，使众生为此信服和敬仰。如同酷暑季节的凉风，解除了世间的难熬痛苦，消除了愚昧的诸多煎熬，使所有众生为此信服和敬仰。[1]

释迦也失第二次进京途中，也建立了寺院。在阿旺达扎的书中说："一路上，对多麦（甘青）地区的藏族、汉族和蒙古族等各族信众，根据各自的愿望，授予了戒律、施与了灌顶、传授了教法。当时在多麦地方和内地创建了三处三宝所依。在这些地方出现大量佛殿、佛堂、寺庙也是大慈法王加持的结果和恩德。"[2] 其中，在佐莫喀修建丹曲塔尔林寺即胜法解脱洲的情形，已在上面作过介绍。

阿旺达扎在书中引用了《诗歌体传记》内容：

> 为了满足皇帝父皇和太祖的意愿，开启了所有四续的坛城，举行了广泛的修供仪式，显示了许多成就的吉兆：天空出现五色的彩虹，诸神降下了鲜花和雨露，内供甘露水沸腾起来，宝瓶里的圣水滚滚翻腾。如此这般众多的奇异吉兆，满足了皇帝及其属下的意愿。这时皇帝欣喜若狂，对三宝进行无限的供养，内地中部和周边各方，众多的庙宇和佛像，得到了创建和修缮，建立了很多僧团；黄金的奇异《甘珠尔》，是无价的稀世珍宝，印制多部发放给了各地各寺，作为供奉和学经之用；给移民们作为生活的依靠，分送了许多村庄民众；对于学者尊者等知识仁人，封为国师禅师等等，授予名号和职衔，让其经营和管理。如同佛祖来到世间，神圣的佛陀教法，得到寻觅和供

① 色拉格西阿旺达扎《色拉寺与大慈法王》，藏文，民族出版社，2006 年，86 页。
② 色拉格西阿旺达扎《色拉寺与大慈法王》，藏文，民族出版社，2006 年，86 页。

奉，使其长久存续。[①]

在内地传法的过程中，释迦也失也并不是一帆风顺的。责难或围攻并不是来自外部，而是来自藏传佛教内部。阿旺达扎在书中还转引了乃日奇美饶杰所作传记《黄金供树》中的话说：“后来，在内地的噶举派、萨迦派和格鲁派以及苯教等的善知识很多，他们为教义不和，发生争执，其他教派人数众多，又团结一致，而格鲁派这边只有一位著名上师。所有贵贱人等都说格鲁派的观点和修行方法恶劣，并想左右皇帝，把格鲁派的这位大上师关进一间屋子里，放火焚烧，但是所有房间烧毁后，这位上师或法王的身体毛发无损，仍然端坐在那里。因为许多人看到这一情景，皇帝也见证了这一点，誉其为‘胜火师’[②]，此后其教法也被称为‘胜火教’[③]。皇帝对于其他教法或人士就不那么重视，而对于‘胜火教’却非常重视，所以，格鲁派的教法就兴旺起来。这些事，是一位苯教门衮寺的上师到内地时听到的，讲给了我的徒弟格隆扎西白桑。这个格隆是龙囊巴的人，主要修持萨迦和俄尔教派，也是廓然巴法王等的亲传弟子。他对此感到惊奇，土虎年我和巴尔巴的大批僧人一道去藏北时，虽然没有特意询问，主动说出来了。”

第三，奉宗喀巴之命，做了拉萨三大寺之一色拉寺的创建人，是创建格鲁派密宗根本道场的第一人，还带出了一批有一定影响的徒弟。

阿旺达扎写道：宗喀巴大师强烈希望创建传承密宗的寺院，过去多次要求释迦也失在这方面提供基本的物质条件。释迦也失邀

---

① 色拉格西阿旺达扎《色拉寺与大慈法王》，藏文，民族出版社，2006 年，91 页。

② 藏文为：མེ་ཐུབ་མའི་མཚན་གསོལ།

③ 藏文为：མེ་ཐུབ་མའི་ཆོས་ལུགས།

请宗喀巴大师到色拉曲顶的时候，宗喀巴大师再一次认真提出这件事，释迦也失本人也有这方面的强烈愿望，于是千方百计为创建密集、胜乐的根本道场，奉献了丰厚的物质基础，并保证建立十座寺院。宗喀巴大师十分高兴地全面安排了组建密宗院的有关事宜，……当场给西饶森格委以讲授密续的重任。当时创建的寺院是现在的下密院。这是第一座寺院。接着，向宗喀巴大师汇报了创建色拉寺的构想，并于土猪年（1419 年）正式动工兴建。[1]关于修建十座寺庙的问题，阿旺达扎在书中引用了《诗歌体传记》的相关内容：

当时口授了续部扎仓蓝图，共同的大勇大志获发展，被推举为大乘洲的法台，为了创造吉兆举行了奠基仪式，从续部王中各自讲授了一座间[2]，由于您的祈愿和关怀，逐渐由大勇士西饶桑布，修建了昌都强巴林寺；根据无比坚赞桑布的设计，尊者桑杰扎巴，在普隆寺新建了格鲁派的真传道场，然后依次有波密强巴林，出现了前所未有的寺院；在曲顶清净处传法时，由于奉献了续部基本条件，无比尊者西饶森格，建立了上下两个续部院；为了讲授显宗经典，在桑普建立了通门扎仓，在后藏建立的大型扎仓，据说坐落在现在的扎什伦布寺内。[3]

释迦也失的真传弟子主要有：王塔杰桑布、聪美坚赞桑布、一切知强秋蚌巴、迪洛的化身强森西饶桑布、法王阿木葛、法王索南西饶、法王班登桑布、法王释迦桑布等。当时在色拉寺四个扎

---

① 色拉格西阿旺达扎《色拉寺与大慈法王》，藏文，民族出版社，2006 年，58 页。
② 一座间：僧人入座念经的一个时间段。
③ 色拉格西阿旺达扎《色拉寺与大慈法王》，藏文，民族出版社，2006 年，61 页。

仓里听讲佛法的主要人物，还有四代大明皇帝以及大批汉、藏、蒙三族的大臣贵人等不敢在此一一提名。在他的弟子中聂木人（聂唐人）阿木葛和索南西饶当了皇帝的帝师（国师），政教二业上取得良好业绩。……他们两位的弟子法王逊努白也曾作了国师。①

第四，借助自己的特殊身份和条件，为藏传佛教留下了许多不可磨灭的历史记忆。

甘丹丝唐节（也称绣唐节）：《西藏通史》记载：明朝皇帝赐给大慈法王檀香木幕室、内部的帷幔、上面的库缎缝制宝盖，珍奇的丝织十六罗汉、秘密不动金刚唐卡等也奉献给宗喀巴大师。后来每年六月里在三个七天的时间举行展出珍奇丝织唐卡，向灵塔供祭的活动，成为例规，被称为甘丹丝织唐卡节（དགའ་ལྡན་སི་ཐང་གི་དུས་ཆེན།）② 据阿旺达扎的书中写道，释迦也失第一次从内地回来，一到拉萨首先拜访了自己的上师——宗喀巴大师，向大师赠送了皇帝赐予自己的丝织十八罗汉唐卡、木头帐篷即檀香木架子的帐篷、镶满珠宝串的金银曼扎、大批量的各种绸缎等，以表达对大师的报恩之心和供养之意。③ 根据《佛寺游》一书记载：“锦缎绣唐是明永乐皇帝赠赐给大慈法王释迦也失的，共有释迦牟尼佛、十八罗汉、四大天王等精致的锦缎24幅，大慈法王返藏后立即转奉给上师宗喀巴。这些绣像，每年元［六］月要展示3周，称‘甘丹绣唐节’。”④

宗喀巴圆寂祭奠日：《西藏通史》记载：宗喀巴大师圆寂，大

---

① 色拉格西阿旺达扎《色拉寺与大慈法王》，藏文，民族出版社，2006年，101页。

② 恰白·次旦平措等著、陈庆英等译《西藏通史——松石宝串》汉文版，西藏藏文古籍出版社、《中国西藏》杂志社，2004年第2版，540页。

③ 色拉格西阿旺达扎《色拉寺与大慈法王》，藏文，民族出版社，2006年，56页。

④ 杨东《佛寺游》，中国藏学出版社，2004年，351页。此书载“锦缎绣唐”24幅，《西藏朝佛之旅》载为23幅。绣唐包括释迦牟尼像和十八罗汉、四大天王像，23幅应更准确。

慈法王在色拉寺做了盛大的超荐法事。[1] 据阿旺达扎的书记载：不久，为宗喀巴大师圆寂，进行了遗体朝拜、敬献项链、点燃油灯等盛大举荐法事活动。然后大慈法王亲自率大批高僧，揭开密集、胜乐等的内外大型坛城，向与金刚持毫无二致的上师，举行了内外法供，使其欢悦。不仅自己直接参加，而且给人以灌顶等形式，纯真的誓愿和戒律，满足了一切心愿，祈祷上师的智慧之眼永远跟自己同在！第二年，经师益西坚赞于鼠年十月在甘丹寺邀请数百名金刚师，绘制硕大的坛城进行供奉。当完成祭奠活动时，官人南喀叔侄，邀请以大慈法王为首的大批善知识，在热咔嚓地方举行了盛大祭典和祷告，于是从天上下起了花雨，……[2]从此每年十月二十五日“甘丹阿曲”（或称安曲钦莫、燃灯节、五供节）成为全藏区僧俗百姓祭奠宗喀巴大师的重要活动。[3]

四供节：藏历十月二十四日，是色拉寺倡建人大慈法王祭辰。拉萨藏俗多于是夜燃灯供佛。[4] 每年十月，人们在纪念格鲁派创始人宗喀巴大师圆寂的祭奠活动“五供节”之前，在头一天晚上举行“四供节”活动，也许规模可能小一些，但其形式同“五供节”一样，主要是纪念这位宗喀巴的忠实弟子——大慈法王，虽然他在五百多年之前已经离我们而去，但他仍然活在藏传佛教格鲁派和广大信教群众心中。

纵观大慈法王释迦也失的生平，他对于大明中央朝廷以尽忠之心、效力之意，两次进京，不辱使命，用自己的血肉之躯，谱写了“不分彼此”的壮丽篇章；他对于自己的信徒怀着无限的慈悲

---

① 恰白·次旦平措等著、陈庆英等译《西藏通史——松石宝串》汉文版，西藏藏文古籍出版社、《中国西藏》杂志社，2004 年第 2 版，561 页。

② 色拉格西阿旺达扎所著《色拉寺与大慈法王》藏文，民族出版社出版，2006 年，71 页。

③ 恰白·次旦平措等著、陈庆英等译《西藏通史——松石宝串》汉文版，西藏藏文古籍出版社、《中国西藏》杂志社，2004 年第 2 版，533 页。

④ 张怡荪主编《藏汉大辞典》，民族出版社、1993 年。

之心，踏遍祖国大江南北，不分藏汉蒙民族之别，讲经说法，满足心愿，济世利民；他对于自己的宗师宗喀巴大师赤胆忠心，崇敬有加，执行大师之命，义无反顾，勇往直前；他对于自己所信奉的教派忠心耿耿、赴汤蹈火、不惜血本、建功立业。他是继萨迦班智达、八思巴等藏传佛教高僧之后，又一位为祖国统一和民族团结作出重大贡献的格鲁派第一位历史人物。

第四章　遗像考

大慈法王的形象，前人给我们留下了几幅唐卡，也留下了一些塑像和壁画。其中两幅唐卡虽然风格迥然不同，但显而易见描绘的都是大慈法王，因为每幅唐卡上均绣有相关文字甚至印章，还有文字说明。对这几幅唐卡的说法也不尽一致；有个别唐卡描绘的到底是否为大慈法王，还有待进一步考证。总之，对于这些遗像的研究，可以进一步加深对这位重要历史人物的了解，可以作为大慈法王整个生平和历史的一个补充。

一、关于缂丝唐卡像

首先，我们注意到的是色拉寺阿旺达扎先生的著作的封面和第一页引用的这幅照片（图一）：

这幅照片的特点是上面绣有大慈法王的封号文字全文，汉文是：“万行妙明真如上胜清净般若弘照普应辅国显教至善大慈法王西天正觉如来自在大圆通佛”。藏文为：༄༅།། ཕྲིན་ལས་སྣ་ཚོགས། མཁས… ཞིང་གསལ་བ། ཆོས་ཉིད་དམ་པ། མཆོག་ཏུ་རྒྱལ་བ། ཤེས་རབ་རྣམ་དག སྣང་བ་ཆེན་པོ། ཀུན་ཏུ་ཁྱབ་ཅིང་། རྒྱལ་ཁམས་བསྐྱབ་པ། བསྟན་པ་རྒྱས་མཛད། རབ་ཏུ་དགེ་བ། བྱམས་ཆེན་ཆོས་ཀྱི་རྒྱལ་པོ། ནུབ་ཀྱི་ཕྱོགས་སུ། རིག་པ་མཆོག་གྱུར། དེ་བཞིན་གཤེགས་པ། དབང་ཕྱུག་དང་ལྡན། ཀུན…

图一:《色拉寺与大慈法王》书中的大慈法王像

མཁྱེན་རྫོགས་པའི་སངས་རྒྱས་ཆེན་པོ།།(见图四) 还有大慈法王印章的文字:"至善大慈法王之印"。这幅照片之下标注了三种文字的说明,第一行是藏文,标注为:"ཡུང་ལོ་གོང་མའི་སྐབས་བཞེངས་པའི་བྱམས་ཆེན་ཆོས་རྗེའི་ལྷ་སྐུ་ཐགས་དྲུབས་མ།";第二行是汉文,"大慈法王释迦益西缂丝唐卡";第三行是英文:A "thangka" of Jamchen Choje painted during Emperor yongle's deriod. 在这里,唐卡画面上的封号和印章文字同标注的说明文字之间发生了冲突。按照藏文和英文标注的文字,这幅唐卡是永乐皇帝时期制作的,那么人们就要问大慈法王的封号是哪位皇帝册封的?是哪个年代?我曾询问阿旺达扎先生这幅照片是从哪里来的?他说是从一个画册上引用的。我们知道明朝封大慈法王的时间,不是"永乐"皇帝时期,而是宣德皇帝时期,而在永乐时期给释迦也失的封号是"大国师"。所以,这里的藏英两种标注文字与历史事实不符。

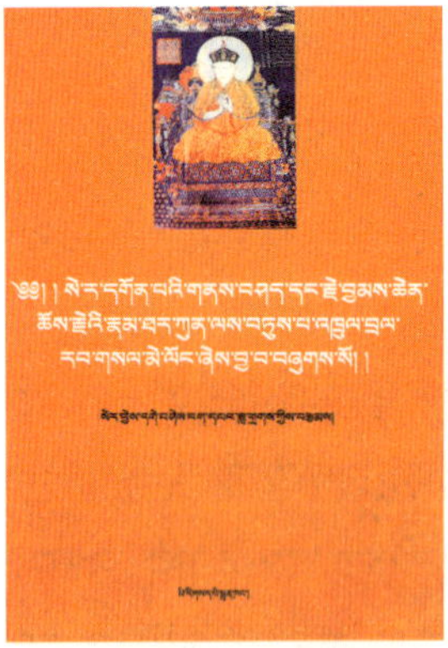

图二:《色拉寺与大慈法王》封面

关于释迦也失的丝织唐卡像,在阿旺达扎的书中说:释迦也失第一次返藏时,

“大明皇帝赠送的丝织唐卡像，原先是察底康村的主供佛像。原件现收藏于西藏博物馆”。还说：金丝边的五佛冠帽子也是那个时期赠予的。那时赠赐的帽子是五佛宝冠。[1] 在这里进一步说明了这幅唐卡是永乐皇帝御赐给释迦也失的，因为大慈法王第一次返藏的时间是永乐大帝还在世时。如果真是这样，我们只能得出结论，这幅唐卡上面的大慈法王封号文字系后人所加，并非原件所有；如果不是后人所加，那么这幅唐卡像应该是在宣德九年受封后制作的，而不是永乐年间的制品。达扎先生在这里还提出了另一个问题，那就是这幅唐卡保存地点的问题。这一问题我们将在后面的章节中讨论。

图三：（明）大慈法王像（缂丝唐卡）

图四：缂丝唐卡上的藏汉文封号全文

其次，朝华出版社 2000 年出版的《中国西藏历史文物——宝藏》第三册元朝时期、明朝时

① 色拉格西阿旺达扎《色拉寺与大慈法王》，藏文，民族出版社，2006 年，55 页。

期151页，刊载了这幅唐卡（图三）。其上的题注写道："《大慈法王像》缂丝唐卡　明　长108厘米，宽63.5厘米"。对释迦也失的生平作了简介。从唐卡看，封号全文（图四）是金黄色的，而不是白色，而且封号全文和朱印与整个唐卡在布局和色调上浑然一体，看不出后人加工的痕迹。在其文字说明中也说："这幅唐卡是明朝赐给大慈法王释迦也失的，全部用彩色丝线编织而成。虽历经五百余年，仍色泽鲜艳。"① 这再一次证明，这幅唐卡至少是在宣德九年或在此之后制作的。《佛寺游》一书记载：释迦也失从北京返藏时带回了皇帝御赐的佛经、佛像、法器、僧衣、绮帛、金银等。其中释迦也失的彩色缂丝像，长109厘米、宽64厘米，虽经500多年，但色彩仍很鲜艳，是色拉寺最有价值的文物之一。② 这里的说法也同阿旺达扎的说法如出一辙，当成了第一次返藏时的御赐物品。在具体说明中，其长度和宽度同《宝藏》的说明基本一致。重庆出版社出版的《中国西藏文化大图集》第一卷171页也刊载了这幅照片，标注写的是："p171　明帝赐大慈法王像缂丝唐卡"。阿旺达扎在介绍"丹曲塔尔林寺"所藏遗物时，说该寺存有"御制像"，但没有介绍具体情况。在国家文物局主编、文物出版社出版的《中国文物地图集——西藏自治区分册》157页"色拉寺"项下，亦刊载了与本书图三完全一样的缂丝唐卡（明）"大慈法王像"，并标明"寺藏"。另外，我们在第20号历史文献的考述所说，在弘治十五年六月庚午（1502年8月2日）即释迦也失圆寂（1435或1439年）过了六十多年后，就"近蒙发下释迦哑塔像，令拟御制赞"而发生了激烈讨论，而且其中涉及关于宣德十年的御制像赞一事。虽然讨论的重点在于皇帝是否为一个藏传佛教徒撰写"御制赞"的问题，并且皇帝采纳了大臣们的意

① 《中国西藏历史文物——宝藏》第三册《元朝时期、明朝时期》，朝华出版社，2000年，151页。

② 杨东：《佛寺游》，中国藏学出版社，2004年，344—345页。

见，但是否发像？没有说，值得进一步研究。

2008 年，中国藏学研究中心在北京开办西藏文化博物馆，并首次举办了西藏文化展览。根据阿旺达扎先生在书中提供的线索，西藏文化博物馆请西藏博物馆帮忙，复制了一幅上述的缂丝唐卡。正式展出时，我非常惊奇地发现复制唐卡上还有藏文标注，标注位于唐卡佛像的下端，在整个装裱的边缘上。最近，由中国藏学出版社出版的《罗布林卡——珍藏文物辑选》又登载了这幅唐卡的照片，确有藏文标注。它回答了两个问题：一是这幅唐卡收藏在罗布林卡；二是所标注的文字再次得以确证，而且对这一幅唐卡像的制作年代提出了新的证据。该文字在唐卡装裱下端的红缎子边上，是黑色的藏文印刷字体。详情请参阅本篇第五章《文物考》中关于阿木葛和索南西饶捐赠的文物部分。

二、大慈法王的另一幅唐卡像

2008 年 4 月 30 日，由中共中央统战部和国家民族事务委员会主办，由民族文化宫承办的《西藏今昔——大型主题展》在北京的民族文化宫拉开了帷幕。在该展览的“西藏历史与封建农奴制度”部分中，展出了下面这幅唐卡照片（图五）。该照片的介绍文字是这样的：

> 大慈法王唐卡像　大慈法王是明朝三大法王之一，是宣德九年（1454）明宣宗敕封宗喀巴弟子释迦也失的。全称为“万行妙明真如上胜清静般若弘照普应辅国显教至善大慈法王西天正觉如来自在大圆通佛”，简称大慈法王。

图五：大慈法王唐卡像

这幅唐卡像与上述唐卡具有很大的不同。从画面上看，两幅唐卡的区别主要有：一是唐卡上面的标注文字大不相同：上述唐卡标有大慈法王的封号汉藏文全文，还有大慈法王的印章；而这幅唐卡左边汉文题记是：“至善大慈法王大圆通佛”；右边藏文题记为：བྱམས་ཆེན་ཆོས་ཀྱི་རྒྱལ་པོ་ཀུན་མཁྱེན་རྫོགས་པའི་སངས་རྒྱས། 也不见印章的文字。二是人物造型大不相同：第一幅唐卡大慈法王头戴着五佛冠，而这幅唐卡上戴着黑色圆顶金边带耳垂的帽子；第一幅唐卡上披挂橘黄色袈裟，而这幅唐卡则披挂红黄相间的袈裟；两幅唐卡的人物虽然都为金刚盘腿，双手金刚手印，手中系着禅袋，但之前唐卡看不清双脚，而这幅唐卡双脚赤裸，明显露在外面。三是法王的宝座及其装饰品大不相同。第一幅唐卡的宝座带有护栏，护栏上挂有龙头，龙嘴叼着挂件，右侧背后放着书籍，旁边有桌子，桌上放着香炉，背后右侧是孔雀毛的饰物，上方有金刚，左侧是菊花，上方有铃。而这幅唐卡明显是莲花宝座，两边有白狮子支撑，右边红花上放置金刚，左边黄花上放置铃，椭圆形佛龛式的装饰物上画有各种飞天、花纹，上方正中有红色龙头等。四是两幅唐卡的上方空间设计大不相同。第一幅画像双层宝伞，两边双龙嬉戏，祥云缭绕，有一片天地；而这幅唐卡的顶部，左右各有一位菩萨坐像，右边蓝色像，左边白色像。总之，这幅唐卡我认为可能是大慈法王圆寂后，经皇帝批准制作的唐卡像，也就是与宣德皇帝悼念大慈法王的御制赞词一起颁发的。而第一幅唐卡则是大慈法王圆寂后，他的弟子阿木葛和索南西饶特制的纪念品，所以它显得更加华丽、更加凝重。

三、大慈法王的壁画

色拉寺画册所载大慈法王释迦也失的壁画（图六），虽然边缘有些地方略显模糊，但总体而言人物轮廓清晰，身披红色袈裟，双脚金刚盘腿，双手金刚手印，两眼炯炯有神，头戴黑色五佛冠，顶饰红宝石等等，与前面的第一幅画像基本相似。

图六：大慈法王释迦也失（色拉寺壁画）

四、大慈法王的塑像

《色拉大乘洲》画册的封面照片，是大慈法王的一尊塑像，与色拉寺阿旺达扎著作的封面缂丝唐卡的风格截然不同。

我们从色拉寺画册里选取了两尊大慈法王的塑像，画册没有标明这两尊塑像的具体供奉地点，我想肯定不会在一个地方。

令人感兴趣的是：这两尊塑像所戴的帽子也不尽相同！第一尊也就是《色拉大乘洲》封面照片中的塑像（图七），所戴的帽子是黑色、五瓣、标有梵文密咒；第二尊塑像（图八）所戴的帽子虽然也是黑色的，也带有金丝边，但帽檐走向有所不同，且把梵文密咒镶嵌在宝瓶似的装饰图案中。

色拉寺画册刊载这幅塑像的照片时，下面标注有藏汉两种文字。汉文为“大慈法王释迦益西”（1354—1435 年）。

图七：《色拉大乘洲》大慈法王像

图八：《色拉大乘洲》大慈法王像

五、大慈法王的弟子

图九：大慈法王释迦也失（中）与其弟子像

图十：大慈法王弟子索南西饶像

色拉寺画册中有一尊大慈法王释迦也失居中的塑像，左右两边估计是阿木葛和索南西饶两位国师。（图九）

另有一尊塑像是大慈法王的弟子、国师索南西饶。（图十）

第五章　文物考

与大慈法王这位历史伟人相关的文物很多，但由于时间关系，人们的说法不尽一致，所以我们不得不做一些考证，以求了解真实情形。

一、大慈法王第一次进藏时给宗喀巴大师赠送的礼品

释迦也失第一次返藏后，立即去甘丹寺，朝拜自己的根本上师宗喀巴大师，而且给宗喀巴大师奉献了大批珍贵礼物，举办了隆重的报恩仪式，开展了大规模的敬奉活动。

据《大慈法王传汇编》第一篇《如意呈祥的太阳》写道：大慈法王从内地“回到了藏地的色拉（བོད་ཡུལ་གྱི་སེ་ར།）。拜见了宗喀巴大师，奉献了皇帝赐予的十八罗汉丝织挂像（གནས་བརྟན་བཅུའི་ཏགས་སྐུ།）、木架帐篷（ཕྱོན་ཤིང་གི་གུར། 汉式帐篷）、镶满珠宝的金银曼陀罗（གསེར་དངུལ་གྱི་མཎྜལ་ལ་རིན་པོ་ཆེའི་ཚོམ་བུ་དང་བཅས།），还有大批的绸缎等礼品，举行了报恩的诵经祈祷活动（དྲིན་བཟོའི་ཞབས་བརྟན་ཀྱང་གསོལ་བ།）。”《大慈法王传汇编》第六篇文章《道次第说上师传传承》（གསུང་ལམ་རིམ་བླ་མ་བརྒྱུད་པའི་རྣམ་ཐར།）中《大慈法王传》记载：“他与使者一道，……来到西藏卫地，同宗喀巴大师会面，敬献了皇帝赐予的十八罗

汉丝织唐卡（གནས་བརྟན་ཐགས་སྐུ།）、木架帐篷、镶满珠宝的金银曼陀罗[1]以及大批量的各种绸缎，还举行了祈祷长寿法事。”色拉寺阿旺达扎在书中写道：“与上述送行的金字使者一道，经过太原陕西大道，渐次通过理塘大慈法轮寺等，来到了藏地卫地方，与宗喀巴大师会面，敬献了皇帝赐予的十八罗汉丝织唐卡、木架帐篷或檀香木支架的帐篷、镶满珠宝的金银曼陀罗等以及大批各色绸缎等，举行了报恩敬奉活动。向释迦牟尼佛像涂了金，献了项链，举办了烧香拜佛活动，向以甘丹派为主的众僧发放了布施，熬了茶。”从以上记述中，使人感觉到，其中有三件礼品后来成为这一重要历史事件的见证：第一是汉式帐篷或檀香木支架的帐篷；第二是镶满珠宝的金银曼陀罗；第三是十八罗汉丝织唐卡。

“甘丹绣唐”之释迦牟尼佛

以上三套文物中第三套文物丝织唐卡至今依然保存在甘丹寺，是一年一度“甘丹丝唐节”（也称“甘丹绣唐节”）的主要宝物。下面将简要介绍十八罗汉的丝织唐卡。2006 年民族出版社出版的王云峰书《西藏朝佛之旅》比较详细介绍了这套唐卡，也刊登了部分唐卡照片。该书介绍说：“甘丹寺的历史文物中，最珍贵的是乾隆盔甲和永乐皇帝所赐锦缎绣唐。”还说：“锦缎绣唐是明永乐皇帝赐给大慈法王释迦益西的，共 23 幅[2]，分别是释迦牟尼佛、十八罗汉（罗汉是小乘佛教修证的最高果位，作为大乘佛教的藏传佛教同样崇奉罗汉，通常所说的罗汉是指生于古印度释迦牟尼佛时代、遵佛祖嘱托

① 复印件第 20 页正面。

② 《佛寺游》一书记载“锦缎绣唐”为“24 幅”（见本书 64 页）。

住世守护佛法不入涅槃的十六罗汉，依次是：右手拿佛子、左手托香钵的因竭陀尊者；双手禅定印的阿氏多尊者；头无蓄发、身着袈裟、游戏坐式、右手结期克印于胸前、左手执佛子的伐那婆斯尊者；两手各持一个金耳环的迦里迦尊者；右手做期克印、左手持拂尘的伐阇罗佛多尊者；右手做说法印、左手做禅定印的跋陀罗尊者；两手拿着念珠的迦罗迦伐蹉尊者；双手作禅定印的迦诺迦跋黎堕阇尊者；双手捧一只猫鼬的巴沽拉尊者；双手捧一顶王冠的佛陀之子罗睺罗尊者；双手结禅定印的注荼半托迦尊者；右手持经书、左手托法钵的宾度罗拔罗堕尊者；左手持经书、右手结说法印的半托迦尊者；右手持法钵，左手持禅杖的那迦希尊者；双手持经书的苏频陀尊者；游戏坐姿、双手捧着一座佛塔的阿秘特尊者。十八罗汉就是在十六罗汉之后加上十六尊者的侍仆羯磨札拉居士和8世纪入藏传播禅宗顿悟法的汉僧摩诃衍或五代史的布袋和

“甘丹绣唐”之苏频陀尊者

“甘丹绣唐”之迦罗迦伐蹉尊者、伐那婆斯尊者、居士羯磨扎拉

“甘丹绣唐” 四大天王之东方持国天王

“甘丹绣唐” 四大天王之南方增长天王

“甘丹绣唐” 四大天王之西方广目天王

“甘丹绣唐” 四大天王之北方多闻天王

甘丹寺大经堂高悬供奉的“甘丹绣唐”(摄于2003年8月)

尚)、四大天王等的绣像。大慈法王返回西藏后立即把这些绣像转奉给自己神圣的上师宗喀巴。宗喀巴大师生前最为敬奉这套绣像,规定每年藏历六月十五日开始展出21天,让僧俗信众朝拜瞻仰,成为著名的‘甘丹绣唐节’”。

二、关于在创建色拉寺之初释迦也失奉献的文物

在释迦也失创建色拉寺的时候,敬献了大量文物,作为寺庙的镇寺之宝。据《大慈法王传汇编》第五篇《色拉哲蚌寺志》(རྗེ-ངག་དབང་བྱམས་པས་སེ་འབྲས་ཀྱི་དཀར་ཆག)载:“他携带着在内地第一次刻印的《甘珠尔》朱印献样版(པར་ཕུད་མཚལ་པར།)、阶梯式封面用金汁书写的神奇大藏经(པར་ཕུད་མཚལ་པར་ཐེམ་སྐས་ཅན་གདོང་ལ་གསེར་གྱི་ཡི་གེ་བྲིས-

པ་ངོ་མཚར་ཅན།），来到了卫地拉萨。”还说：就在土阴牛当年，由乃吾宗（སྣེའུ་རྫོང་།）提供条件，①奠定了基础，逐渐建起了茅屋（སྤྱིལ་བུ།）等。然后，修筑了寺院大殿及其内殿（དྲི་གཙང་ཁང་།），其中塑造了尊者从内地带来的、由白檀香木（ཙན་དན་དཀར་པོ།）制成的佛像、十六罗汉（གནས་བརྟན་བཅུ་དྲུག）及和尚居士（དགེ་སྙེན་ཧྭ་ཤང་།）等作为装藏（ནང་བཞུགས།）的殊胜的香泥佛像（སྨན་སྐུ་ཁྱད་པར་ཅན།），还安放了从内地带来的奇异《甘珠尔》。据色拉寺阿旺达扎在他的书中写道：在土阴猪年，举行了仿佛是第二吉祥那烂陀寺一样，好像是天空中的龙声传遍三界，从中部到边远地区的有缘之人，无人招揽的客人一样，奏响声辩乐章的大园地，色拉寺大乘洲的奠基仪式，茅屋等当年就修建完成。寺庙的大殿、里面的内室等逐渐建成，并在其中安放了法王从内地带来的、由白檀香木制成的十六罗汉和居士和尚等作为装藏的奇异香泥塑造的佛像，置放了从内地携带的奇异《甘珠尔》版本。

《东噶藏学大辞典》中关于色拉寺的文物作了如下介绍：强钦的夏热拉康（བྱམས་ཆེན་གྱི་ཞལ་རས་ལྷ་ཁང་།）内有觉悟杰阿底峡的塑像，里面装有如意心宝和舍利等，还有大明皇帝赐给大慈法王的空行母编织的佛祖唐卡（ཐུབ་དབང་གི་ཞལ་ཐང་མཁའ་འགྲོ་བཀྲལ་བཏགས་མ།），佛经阁的主供大明皇帝赐给强钦确杰（大慈法王）的红宝石的奇异甘珠尔经典（པདྨ་ར་གའི་བཀའ་འགྱུར་ངོ་མཚར་ཅན།），大明皇帝的内臣俗名空寂大臣（སྐྱ་མིང་ལ་ཁྲུང་ཧེ་ཏ་བཞིན།）、僧名蚌达日国师（ཆོས་མིང་བུཥ་རི་ཀ་ཤྲི།）如实领悟了八千颂的涵义，把写在贝叶经上的印度梵文作为母本，用金汁书写了两遍的梵文八千颂，其目录藏汉合璧，其中有详细记载。……大明皇帝赏赐强钦确杰（大慈法王）的十六罗汉的大型缎子唐卡（གནས་བཅུའི་གོས་ཐང་ཆེ་བ།）……在强康（བྱམས་ཁང་།）内，三世佛、八位弟子……阿巴扎仓大殿西侧殿堂里安放着大慈法王用香泥塑造的佛像等。

---

① 复印件第18页正面。

下面我们着重看看永乐朱砂版大藏经的相关情况。据色拉阿旺达扎的书记载：永乐十四年五月十六日大明皇帝下发诏书的同时，还御赐了《甘珠尔》样书和《八千颂》等，白檀香木雕刻的十六罗汉加居士、和尚的佛像等，还有大批珍贵物品。金丝边五佛冠也是这个时候赐予的，当时赠赐的帽子是那顶五佛冠。[①] 根据《佛寺游》一书记载：色拉寺"内珍藏有一套明成祖朱棣赠给释迦也失的大藏经，共计 108 函，系明永乐八年（1410 年）所印，是用石朱刻印的。"[②]阿旺达扎在书中说：当时宗喀巴大师看到永乐御赐的奇异《甘珠尔》刻版样书，也十分高兴，大加赞扬，并嘱咐要把佛经典籍木刻出来，从此，似乎开始了（西藏）木刻版的印刷。大学者更顿曲培说，宗喀巴大师创立了木刻经文印刷制度。[③]《佛寺游》还记载：释迦也失从北京返藏时带回了皇帝御赐的佛经、佛像、法器、僧衣、绮帛、金银等，其中释迦也失的彩色缂丝像，……是色拉寺最有价值的文物之一。[④] 据有关史料称：明永乐八年（1410 年），明成祖朱棣派专使入藏，将藏文《大藏经》手抄本带回南京，下令将其制成铜印横版，印制红油墨楼梯折叠式的巨著《甘珠尔》经文，并为《大藏经》御制了序文，送赐西藏各主要宗教、政治领袖。这是中国第一部藏文《大藏经》的印刷版。永乐帝曾将此经分别赏赐给萨迦巴、噶玛巴、宗喀巴及释迦也失。赏赐给释迦也失的那套封面上写有金字汉、藏文对照目录标题的《甘珠尔》经文，至今仍完好地存于拉萨色拉寺内。南京铜印模版的制成，不仅体现了明代皇帝对藏传佛教典籍的高度重视，也为西藏印刷业开了先河。从此，藏文木刻本印刷业大为发展，各个地区的印经院陆续建成。最为有名的当数纳塘印经院、德格印经院、拉萨雪印经院、卓尼印经院等以及各大寺院所有的小规模的木刻印刷

---

① 色拉格西阿旺达扎《色拉寺与大慈法王》，藏文，民族出版社，2006 年，53 页。
② 杨东：《佛寺游》，中国藏学出版社，2004 年，344 页。
③ 色拉格西阿旺达扎《色拉寺与大慈法王》，藏文，民族出版社，2006 年，63 页。
④ 杨东：《佛寺游》，中国藏学出版社出版，2004 年，344—345 页。

所，均称为“巴尔康”。无论是印经院还是印刷所，无论其规模大小，但就其所印和所藏的书目而言，《大藏经》是首当其冲的。

色拉寺藏永乐朱砂《大藏经·甘珠尔》和经架

永乐朱砂版大藏经于永乐八年出版。永乐皇帝为此专门撰写后序，大讲明朝历史和印制藏文大藏经的意义，落款时间是永乐八年三月初九。有人说大慈法王释迦也失参与了编纂工作，时间上看，对不上号。因为释迦也失是在永乐十二年（1414 年）才离开拉萨赴内地的。在许多传记中，说释迦也失第一次进藏时，带着奇异的朱砂版大藏经。

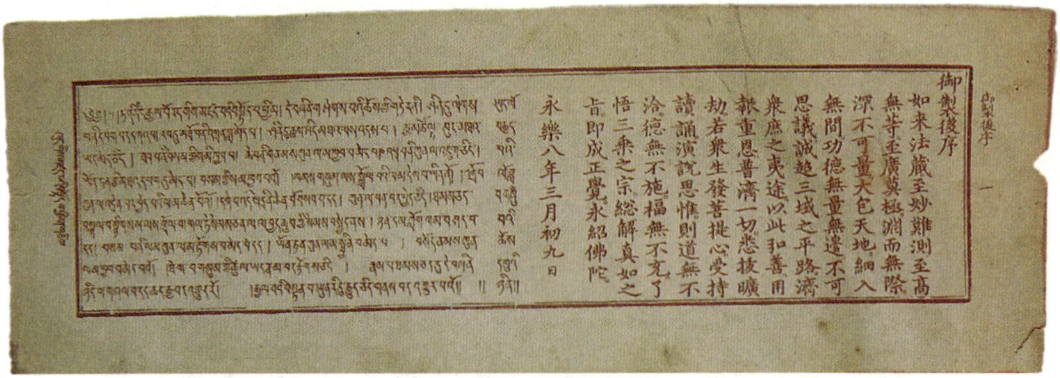

御製後序
如来法藏至妙難測至高
無等至廣莫極淵而無際
深不可量大包天地細入
無間功德無量無邊不可
思議誠超三域之平路濟
衆庶之夷途以此知善用
報重恩普濟一切悲拔曠
劫若衆生發菩提心受持
讀誦演說思惟則道無不
洽德無不施福無不充了
悟三乘之宗總解真如之
旨即成正覺永紹佛陀
永樂八年三月初九日

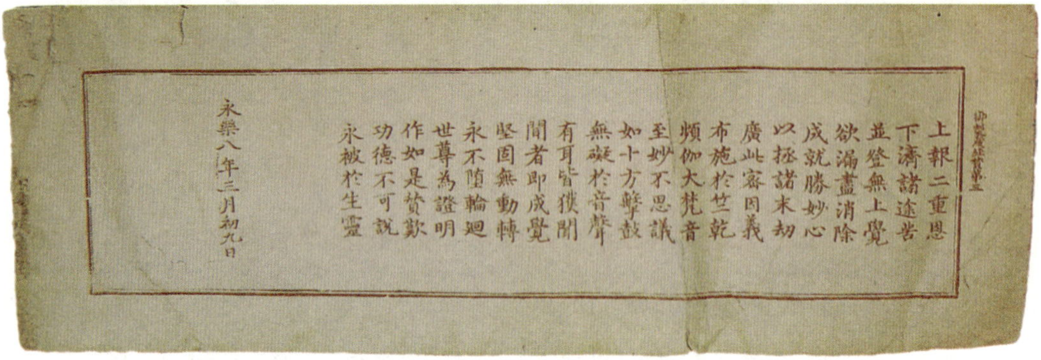

上報二重恩
下濟諸途苦
並登無上覺
欲漏盡消除
成就勝妙心
以拯諸末劫
廣此寂因義
布施於竺乾
頻伽大梵音
至妙不思議
如十方擊鼓
無礙於音聲
有耳皆獲聞
聞者即成覺
堅固無動轉
永不墮輪迴
世尊為證明
作如是贊歎
功德不可說
永被於生靈
永樂八年三月初九日

永乐朱砂版《甘珠尔》御制后序

བཀའ་འགྱུར་མཚལ་པར་ལ་ཏ་མིང་རྒྱལ་པོ་རང་གི་ (སྔོ) མཛད་པའི་བསྔོད་པ་ཕྱི་མ། (མཇུག་བྱང་།)

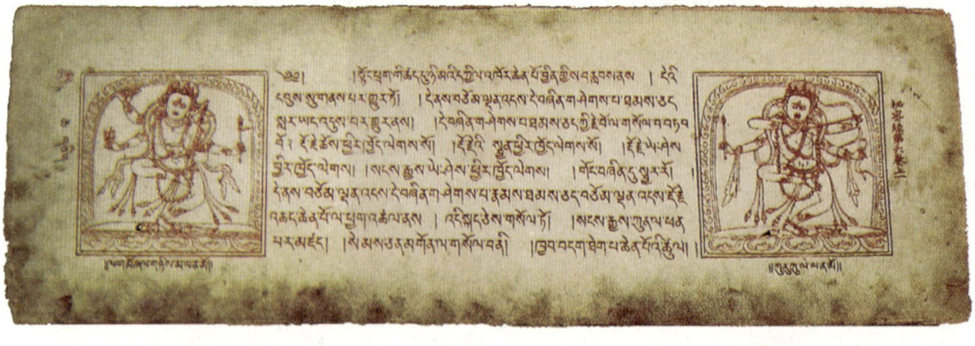

永乐朱砂版《甘珠尔》经扉页 ཡུང་ལོའི་བཀའ་འགྱུར་མཚལ་པར་གྱི་དབུ་ཤོག

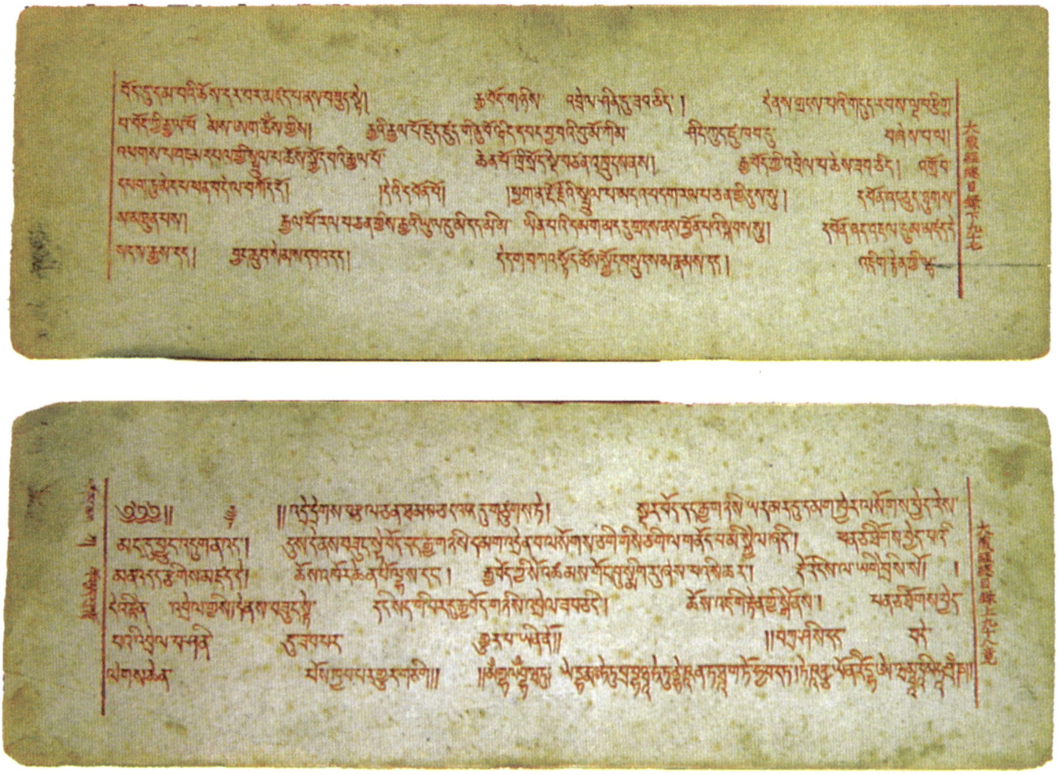

永乐版《甘珠尔》总目录中有关唐蕃会盟史的片段
དཀར་ཆག་ནང་ཐང་བོད་མཛའ་མཐུན་མནའ་བཞག་གི་ལོ་རྒྱུས་སྐོར་གྱི་དུམ་བུ་གཅིག

对此，《大慈法王传汇编》第二篇　诗歌体《大慈法王释迦也失传略》① 赞美道：“为了施舍不尽的佛法（ཆོས་སྦྱིན་ཟད་པ་མེད་པ།），完整无瑕的《甘珠尔》（དྲི་མེད་བཀའ་འགྱུར།）经卷，首次印制（ཐོག་མར་བསྐྲུན།）使得东海之内，洒满了明月般佛法的白光。（རྒྱལ་བསྟན་ཟླ་བའི་འོད།）”

关于能言尊者问题。色拉格西阿旺达扎在他的书中说：在从内地带来的十六罗汉中，有不少还曾经发出声音的奇妙传说。在

① 整个传记用诗歌体撰写。

《东噶藏学大辞典》中则详细介绍：在旧的大殿即现在的阿巴扎仓的大殿内，主供佛伏魔佛祖（ཐུབ་པ་བདུད་འདུལ་གཙོ་བོར་བྱས་པ།）为首的十六罗汉和居士、和尚和四大天王等，是具备智慧和慈悲的强钦确杰释迦也失作为宗喀巴大师的代表，前去担任大明永乐皇帝的帝师，完成了广泛的利众之事，用白檀香木制成的十八罗汉请来后作为装藏，由神像塑匠珠古列穷瓦（ལྷ་བཟོ་སྤྲུལ་སྐུ་སླེའུ་ཆུང་བ།）塑造。这就是现在的阿巴扎仓大殿。

阿巴扎仓集会殿

在十六罗汉和居士、和尚中，在历史上有这样的传说：

这位因竭陀尊者（འཕགས་པ་ཡན་ལག་འབྱུང་བ།）在贡钦巴首次到色拉时，他开口道：贡钦巴大人（ཀུན་མཁྱེན་པ།）到来吉祥！树立宗教旗帜吉祥！他的两只手的姿势仍然就像是迎接贵客一般。

这位达摩多罗居士（དགེ་བསྙེན་དྷརྨ་ཏ་ལ།）一边说着“这个山洞狭小了一点！”，一边从洞里向外稍稍走出来。

还传说，噶玛巴曲扎加错（ཀརྨ་པ་ཆོས་གྲགས་རྒྱ་མཚོ།）和仁布巴顿玉多吉（རིན་སྤུངས་པ་དོན་ཡོད་རྡོ་རྗེ།）施主和喇嘛二人商量，作为色拉、哲蚌两寺的打压措施，在拉萨东面建起了噶玛滚萨（ཀརྨ་དགོན་གསར།），把格鲁派的主要施主乃吾宗巴（སྣེའུ་རྫོང་པ།）赶出了家乡，噶玛噶尔巴（ཀརྨ་སྨར་པ།）借口涂金之名，准备把檀香木的装藏佛像请出去，但佛像不仅不接受涂金，在装藏搬运时，首先在阿氏多尊者（མ་ཕམ་པ།）的心窝里捅刀子，阿氏多尊者嘴里喃喃有词地说：把我们放在这里更有利于众生的事业！于是对方心惊胆颤，不敢加害诸位尊者。这位阿氏多尊者的心窝里尚存一丝的暖气。

而那些心怀叵测的上师、官人和随从人员，不久就患病的患病、死亡的死亡、衰老的衰老，新建起来的寺庙和神殿也由于无人管理而自然变成了废墟。

十六尊者之一：因竭陀

十八尊者之一：达摩多罗

三、关于阿木葛和索南西饶捐赠的供品

在这里先考察一下阿木葛和索南西绕的情况。

首先，阿木葛在《明实录》和藏文《大慈法王传汇编》中记述很多，也写作“阿姆葛”。在藏文中，阿木葛名字前往往冠以“聂唐人”（阿旺达扎写成尼木人），说明此人的籍贯。他的活动最早见于《明实录》卷一五记载：“宣德元年（1426年）三月庚子，升乌思藏大宝、大乘、阐化、阐教、赞善五王及大国师释迦也失差来使臣阿木葛为灌顶净修弘智国师，锁南星吉为灌顶国师，俱赐二品镀金银印。领占端竹、桑结巴高竹斡升国师，赐五品银印及诰命。”① 这就是宣德皇帝登基时，正在西藏的释迦也失派阿木葛作为自己的代表前去祝贺。也正是这时，朝廷册封他为灌顶净修弘智国师，赐予了二品镀金银印。据《汇编》第一篇《万行妙明真如上胜清静般若弘照普应辅国显教至善大慈法王传记如意宝吉的太阳》记载：宣德四年四月三日（公元1429年），释迦也失第二次“奉旨与金字使者一道，在以法王阿木葛和法王索南西饶两位为首的（随从人员）侍奉下启程，路经青海湖……直至京城”。也就是阿木葛和索南西饶作为主要陪同人员赴京。这篇文章还记载：宣德四年（公元1429年）十月一日，皇帝给释迦也失的圣旨写道：“听说（你）已向皇城走来，朕甚为欣喜，并已派人到中途接应。今派来阿木葛国师，给朕奉献佛像和舍利子，已经收到。”说明大慈法王还没有到京城，派阿木葛前去向皇帝献礼。

其次，大慈法王是宣德十年（1435年、木兔年）藏历十月二十四日圆寂的。据《汇编》第五篇《道次第说上师传传承》记载：

---

① 《明实录藏族史料》第一辑，西藏人民出版社，1982年，192页。

大慈法王在八十二岁的木阴兔年十月十八日，在对大弟子国师阿木葛和索南西绕进行了嘱咐交待，实施了内外管理（ཕྱི་ནང་གི་དོ་དམ་མཛད།）之后，进入了闭关修证。二十四日在佐木喀地方圆寂。《汇编》第四篇和第六篇异口同声地说：法王的本人的近侍（ཉེ་གནས།）聂塘人阿木葛（སྙེ་ཐང་པ་ཨ་མོ་ག།）和索南西饶二人担任了皇帝的帝师（ཏི་ཤྲཱི།），弘扬了宗喀巴的教法（རྗེ་རིན་པོ་ཆེའི་རིང་ལུགས།）。现保存于甘丹寺银质灵塔（དགའ་ལྡན་གྱི་དངུལ་གདུང་།）殿内的汉帐（རྒྱ་གུར།）和十八罗汉的刺绣唐卡（གནས་བཅུའི་སེའུ་ཐང་།），是由他们两位敬献的。

西藏文化博物馆复制的大慈法王缂丝唐卡像

最后，据《明实录》卷七九页九记载：正统六年五月甲寅（1441年6月7日）北京会同馆大使姬坚等奏："大慈恩寺分住国师、禅师、剌麻阿木葛等三百四十四人，占用馆夫二百一十三人，有放回办纳月钱、牧放马匹及供给马草（者）。及至外国四夷使臣到馆，乏人供应，不得已而雇觅市人代之。乞取回在寺馆夫，议定多寡之数而与之。国师、禅师每员二人，觉义、都纲每员一人，剌麻十人共一人。务令恒在寺供应，不许疏放。今后朝贡番僧剌麻止在本馆安歇听赏，不许私自擅入各寺混杂生事。"上曰："大国师班丹札失、阿木葛每员与十人，剌麻十人与二人，其著为令。"在大慈法王圆寂已六年的时候，阿木葛还在北京。

上述"现保存于甘丹寺银质灵塔殿内的汉帐和十八罗汉的刺绣唐卡，是由他们两位（阿木葛和索南西绕）敬献的"的说法，与我们曾经说过的释迦也失给宗喀巴大师赠送的礼品之间如何区分？我们应如何看待？我认为不能因为有了释迦也失弟子的业绩而否定了释迦也失的历史功绩，同样也不能因为释迦也失的历史功绩而否定后人的业绩。

2008 年藏研中心开办西藏文化博物馆，其中根据我的提议复制了大慈法王的上述缂丝像。在预展时，我惊喜地发现该唐卡下方，用黑线编制了一段文字。写的是：སྐུ་འདྲ་འདི་དང་ལྷན་དུ། བདེ་མཆོག་དུས་འཁོར། ཀྱེའི་རྡོ་རྗེ། འཇིགས་བྱེད། འཁོར་ཆེན་རྣམས་ཀྱི་སྐུ། ཀོན་དིང་གུའི་ཤྲི་ཨ་མོ་གྷ་དང་། གུ་ཤྲི་བསོད་ནམས་ཤེས་རབ་གཉིས་ཀྱི་ལྷག་བསམ་རྣམ་དག་གིས། 其意思是：“与本唐卡像一起，还有时轮、胜乐金刚、大威德及其主要随众的佛像。灌顶国师阿木葛和国师索南西饶二人以虔诚无瑕之心（敬献）。”下面是专门裁剪下来的这段文字：

对此，未曾引起人们的关注。现在惊喜之余，它却给我们提出了一系列的新问题。

首先，这段文字是原件所有的吗？我们只好寻找原件。虽然在其他照片上看得不甚清楚，但中国藏学出版社出版的《罗布林卡珍藏文物辑选》96 页刊载了大慈法王缂丝像，在该唐卡红色缎带下方，有一行模糊不清的黑色字迹，用放大镜一看就一目了然了：

其次，这一缂丝像到底是皇帝御赐的还是别人赠送的？现存罗布林卡的这副唐卡确实是大慈法王的弟子灌顶国师阿木葛和国师索南西绕敬献的，而不是皇帝赐予的。传记中所说御赐的唐卡像或者只有上述 2008 年 4 月 30 日，在民族文化宫举办的《西藏今昔——大型主题展》中展示的那幅唐卡了。或者这幅唐卡也是御赐的，但现在我们看到的是被复制的。

再次，这幅缂丝唐卡像制作时间到底是什么时候？肯定不是永乐年间，而是在宣德年间或之后，这一点从唐卡像上的封号可以证明。按阿木葛等的标注文字看，很有可能是大慈法王圆寂后，为纪念他的圆寂而特制的。如果不是这样，这段文字也难以解释。是否可以设想，这段文字是后人新加上去的呢？现在还没有其他证据可以证明，只好留待后人去继续探讨了。

总之，大慈法王释迦也失及其弟子们留下了许多精美而具有重要价值的文化遗物，它们不仅是那个时代的文化精品，也是前人留给我们的某种历史见证。我们要继承好、保护好这些宝贵财富，让它们在新的历史条件下放射出更加绚丽的光彩！

中篇

《大慈法王传汇编》译注

第一章 《大慈法王传[*]汇编》汉文译注

这一汇编包含了如下传记：

第一篇 《如意呈祥的太阳》

第二篇 《大慈法王释迦也失传略》

第三篇 《昆·顿巴传》

第四篇 《黄琉璃·色拉大乘洲志》

第五篇 《色拉哲蚌寺志》

第六篇 《道次第说上师传承传·大慈法王传》

第七篇 《宗教源流·心中的庄严》

第八篇 《噶当宗教源流》

---

* 此汇编是笔者自藏文手抄本《大慈法王传》编译并注释，篇名根据本书边角署名确定。共包含了八篇有关大慈法王的传记文章。

第一篇①

万行妙明真如上胜清静般若弘照普应辅国显教至善大慈法王②传记《如意呈祥的太阳》(འདོད་པའི་རེ་སྐོང་དཔལ་སྟེར་ཉི་མ།)③

④向文殊菩萨顶礼（ན་མོ་གུ་རུ་མཉྫུ་གྷོཥ་ཀུམ་རནྡྷིན་བཛྲ་ཡ།)⑤ ……，在伟大二资粮（ཚོགས་གཉིས།）宝贝源泉的中央，断证功德（སྤངས་རྟོགས་ཡོན་ཏན།)⑥ 达到顶尖而积累了财宝之山，战胜四魔（བདུད་བཞི།）的四业（ཞི་རྒྱས་དབང་དྲག་བཞི་པོ།）层次高贵吉祥而神仙居住的地方，完全被踌躇满志的佛子的黄金山脉所包围并由智慧和方便的日月（ཐབས་ཤེས་ཉི་ཟླ་གཉིས།）所装点，四身（སངས་རྒྱས་ཀྱི་སྐུ་བཞི།)⑦ 被青春陶醉的眼神，可能要瓦解三界（འཇིག་རྟེན་གསུམ།）的坚固，月亮女神（ཟླ་བའི་སྲས་མོས།）请赐予语音的魅力吧，使终生的痛苦用慈悲去燃烧，众多的善举成为誓愿的甘露药（བདུད་རྩིའི་སྨན།)，引领到这边成为利乐的善行。向历辈法王大译师和班智达们（སྔོན་རབས་ཆོས་རྒྱལ་ལོ་པཎ་རྣམས།）顶礼，尤其在东方宝顶（དབང་པོའི་ཏོག）的眼前，发出如同莲花香（པདྨའི་ངད་ལྡན།）的誓愿（ཐུགས་བསྐྱེད་སྨོན་བཏབ་བཞིན།）一样，此刻再次升起佛祖的太阳（རྒྱལ་བའི་ཉི་མ།)。⑧

---

① 复印件第 1 页正面，第 2 行不显。

② འཕྲིན་ལས་སྣ་ཚོགས་མཁས་ཤིང་གསལ་བ་ཆོས་ཉིད་དམ་པ་མཆོག་ཏུ་རྒྱལ་བ་ཤེས་རབ་རྣམ་དག་སྣང་བ་ཆེན་པོ་ཀུན་ལ་ཁྱབ་ཅིང་རྒྱལ་ཁམས་སྐྱབས་ཅིང་བསྟན་པ་རྒྱས་མཛད་རབ་ཏུ་དགེ་བ་བྱམས་ཆེན་ཆོས་ཀྱི་（རྒྱལ་པོ་）大慈法王的封号。

③ 从本书所含第一本书的后记中补缺，见复印件第 16 页。

④ 复印件第 1 页背面。

⑤ 使用梵语顶礼。ན་མོ་ 即南无；གུ་རུ་ 即上师；མཉྫུ་གྷོཥ་ 即曼珠、文殊；ཀུམ་རནྡྷིན་ 即鸠盘荼，瓮形鬼？བཛྲ་ཡ། 跋折罗雅、金刚。

⑥ སངས་རྒྱས་ཀྱི་ཆེ་བའི་ཡོན་ཏན་གཉིས་ཏེ། ཉོན་ཤེས་ཀྱི་སྒྲིབ་པ་མཐའ་དག་སྤངས་ཤིང་། ཇི་ལྟ་ཇི་སྙེད་ཀྱི་ཤེས་བྱ་ཐམས་ཅད་རྟོགས་པའོ། ｜如来所有殊胜功德：永断一切烦恼和所知障为断德；通达一切如所有行合尽有性为证德。

⑦ 复印件第 1 页背面，第 3、4 行不显。

⑧ 复印件第 2 页正面。

向法王宗喀巴大师顶礼，满足这位怙主远大心愿的弟子，强钦曲吉杰布（བྱམས་ཆེན་ཆོས་ཀྱི་རྒྱལ་པོ།）被人间君王永乐帝（མིའི་དབང་པོ་ཡུང་ལོ་རྒྱལ་པོ།），珍重授予大慈法王（ཏ་ཆེ་ཏ་ཝང་།）的封号，向这位佛法的明灯顶礼！他作为第二佛陀（རྒྱལ་བ་གཉིས་པ།）的代表（རྒྱལ་ཚབ།）[①]，来到内地皇城宫殿的情形，其难以想象的诸多神秘历史，我怎么也不可能如实说清。但是，依据书写在布面上的大记录（རས་བྲིས་བཀོད་པ་ཆེན་པོ། 热赤），皇帝诏书（རྒྱལ་པོའི་ལུང་།）和汉文文献（རྒྱ་ནག་ཡིག་ཚང་།），用自己智慧的力量，叙述他的简要传记。对此，成为佛陀头冠（རྒྱལ་བའི་ཏོག་ཏུ་གྱུར་པ།）的三界法王宗喀巴的主张，如同纯洁无瑕的黄金马车，没有任何障碍地引导到东海之滨（ཤར་ཕྱོགས་རྒྱ་མཚོའི་མཐའ།）的舵手——以具备八种勇气之种姓出身（སྙིང་སྟོབས་བརྒྱད་ཀྱི་རིགས་ལྡན།）著称的佛子大慈法王释迦也失的传记，即依据所看到的、书写在布面上的内地大记录、大量帝王惊喜之作——皇帝诏书所编写的《旭日》（རྒྱ་ནག་གི་རས་བྲིས་སུ་བཀོད་པ་མི་དབང་ངོ་མཚར་དགའ་བསྐྱེད་ལུང་གི་ངོ་སྤྲོད་འཇའ་ས་གསེར་ཡིག་མང་པོ་མཐོང་བ་ལ་བརྟེན་ནས་བརྗོད་པ་ཉི་གཞོན་ཅེས་བྱ་བ།）。

这也是我们杰出的导师出于对浊世的所有众生，尤其是对我们支那大国度（རང་རེ་ཙིནའི་རྒྱལ་ཁམས་ཆེན་པོ།）[②] 的那些行为取舍无知的人怀着引领之心，[③] 据传在被称为甲午的木马年心宿月（སྣྲོན་ཟླ།）[④] 初一日（ཡར་ངོའི་ཚེས་གཅིག），在物产丰富的蔡巴地方（ཡུལ་གྲུ་ཚལ་པ།）出生于一户官宦之家（དཔོན་རིགས་ཞིག）。在年轻的时候，就能回忆起许多上辈子事情（སྔོན་ཀྱི་སྐྱེས་གནས་མང་པོ།），具备了先知的天资（མངོན་པར་རྟོགས་པའི་ཡོན་ཏན།），但是他还是投靠许多上师和智者，对所有佛经进行了深入透彻的学习，尤其从宗喀巴大师处聆听了和合往生的传授（བསྔོ་འཕོའི་ཁྲིད།）等大量特殊密法，成为杰出的学者。此后，为了

---

① 即宗喀巴的代表。

② 大支那国，藏族古文献中对中国的尊称。

③ 复印件第2页背面。

④ 藏历4月15日到5月15日。

内地广大众生的利益，文殊菩萨装扮成人间帝王（མིའི་དབང་པོའི་ཟོལ་གྱི།）的大明洪武皇帝（ཏུང་ཞུ་[ཝུ་] རྒྱལ་པོ།）在位三十五年，用人间道德规范把天下民众引向解脱之道。此后，大菩萨永乐皇帝（ཡུང་ལོ་རྒྱལ་པོ།）继位。为祭奠父皇驾崩，想从西土邀请一位高僧，作为供施对象（མཆོད་གནས།）。佛陀释迦牟尼的真实代表、三界法王宗喀巴大师（ཁམས་གསུམ་ཆོས་ཀྱི་རྒྱལ་པོ་ཙོང་ཁ་པ།）曾在无数劫之前在佛祖宝顶成为了大勇士菩提萨埵（བྱང་ཆུབ་སེམས་དཔའ་སྙིང་སྟོབས་ཆེན་པོར་གྱུར།），实现了伟大祈愿。所以在这浊世之秋，在佛法即将名存实亡的时刻，用赤褐色的装束（ངུར་སྨྲིག་གར་གྱི་ཟོལ་ལ་བརྟེན་ནས།）、三学（བསླབ་པ་གསུམ།）的体验、三藏（སྡེ་སྣོད་གསུམ།）和四续部（རྒྱུད་སྡེ་བཞི།）① 的讲述与修炼等教法传承，使其名声传遍西部的杂兰达热（ཛ་ལན་དྷ་ར།）到东海的大国（ཤར་ཕྱོགས་རྒྱ་མཚོའི་རྒྱལ་ཁབ་ཆེན་པོ།）之内，而这又牵动着皇帝的心愿，派遣了侯显（བློན་པོ་ཏའུ་སོགས་དྭ་བཞིན།）等大批金字使者，带着诏书和丰厚的御赐物品，邀请宗喀巴，但是他在色拉寺曲顶（སེ་ར་ཆོས་སྡིངས།）地方进行非常严密的闭关静修（སྐུ་མཚམས་ཤིན་ཏུ་དམ་པར་མཛད་པ།）②

正在这时金字使者们到来，（他）起初用隐蔽的方式加以避让，没有同金字使者们见面。在恳切要求下见了面，收下了各种礼品。宗喀巴讲道：去内地阻力太大，且没有那么十分的必要。所以未能邀请成功。因为有缘而把大慈法王作为（宗喀巴的）代表被邀请去了。上师、弟子和四位大臣（དྭ་བཞིན་བཞི།）等众多人员，经过山南（ལྷོ་ཁ།）、康区里塘（ཁམས་ཕྱོགས་ལི་ཐང་།）等地，逐渐来到内地四川省（ཞིང་ཆེན་ཟི་ཁྲོན།）附近时，受到了成都府（ཁྲིན་ཏུ་ཧྥུའི།）所有地方大小官员（ས་སྐྱོས་དཔོན་པོ་ཆེ་ཆུང་།）以及众多驻军的迎接。在即将抵达成都城（ཁྲིན་ཏུའི་མཁར།）的时候，大批金字使者携带皇帝颁赐的诏书和御赐礼品前来迎接：

---

① 事部、行部、瑜伽部和无上瑜伽部 བྱ་རྒྱུད། སྤྱོད་རྒྱུད། རྣལ་འབྱོར་རྒྱུད་དང་རྣལ་འབྱོར་བླ་མེད་རྒྱུད།
② 复印件第 3 页正面。

皇帝圣旨（གསེར་ཡིག）①

谕上师释迦也失你的功德证悟高妙，学识渊博，誓愿法力深广，（具有佛陀如来之证悟）②，以善巧方便教化众生。

因你的弘法功业多至不可思议，故朕遣以太监侯显为首之人，携带诏书前来迎请。今闻上师你已离西土，不顾途中风雨烈日寒暑，渐次已行数万里程，前来此处，朕心甚悦，难以言喻。现今复遣人于途中赠礼迎接，以示缘起，以表朕心。随诏赐给你袈裟全套并带帽、靴、袜等。其数量为：毡面大红金丝里子的尖顶帽，三法衣服，坐具四件，长坎肩一件，禅裙一件，靴袜等。永乐十二年十一月十五日。③

与此同时，军民提督（ཅང་ལྷུན་ཤི་ཏུ།）等各自也敬献礼品等进行了热忱的迎送。然后逐次来到大都皇城（ དྲའི་བསྡུའི་གསེར་མཁར།）三道围墙（འཁོར་ས་རིམ་པ་གསུམ་དང་ལྡན།）的北面外围墙里面，有一处美丽的荷花盛开的湖泊，其前面是壮丽而缓缓流动的大河，由各种树木装点，就像水晶一样透明而高大，这里有昔日被称为海印寺（རྒྱན་གྱི་མིང་དེ་ཡིན་སྙེ།）的地方。为了宗教和众生的利益，这里是建有大批难以想象的寺院、建立了僧团组织的圣地，当他们抵达这里的时候，皇帝又发出了诏书：

皇帝圣旨，谕上师释迦也失

① 这道圣旨汉文见于《西藏通史——松石宝串》。

② 在格西阿旺达扎《色拉寺与大慈法王》一书中写法有所不同。详见本书中篇第二章《藏汉合璧历史文献》之第四件藏文。

③ 复印件第3页背面。

闻听你的功德证悟高妙，朕遣使去西土迎请，现今上师不计数万里之路程，跋山涉水，顶风冒雨，历尽艰辛前来，朕十分高兴。上师远途而来，身体疲乏，到此面朕时可免行礼。

永乐十二年十一月二十五日。①

遵照圣旨，来到皇宫中央大殿的“大善殿”即大善大殿（ཕོ་བྲང་དབུས་མར་ཏྭ་ཤེན་ཏེན་ཅེས་ཁང་བཟང་དགེ་ཆེན་འཁྱིལ་བ།），拜见了皇帝。皇帝以极其喜悦的心情，多次举行了盛大的欢迎宴会，就汉藏蒙等各种习俗进行了详细交谈。皇帝指出：之所以从西土邀请你这位上师，是为了国泰民安、弘扬佛法，风调雨顺、五谷丰登、众生无病、杜绝夭折、吉祥如意。为此，特意交代和下达圣旨在海印寺举行一次四续部坛城修供仪式（རྒྱུད་སྡེ་བཞིའི་དཀྱིལ་འཁོར་གྱི་སྒྲུབ་མཆོད།）。② 此后以高僧大宝法王（བླ་ཆེན་ཏ་སྦའུ་［པའུ་］བད་ཕང་།）为首上中等上师、公爵和大臣们（ཀུང་བློན་ཆེན།）聚集在海印寺，举办欢迎宴会，赠送礼品，内外丰盛欢庆，招揽吉祥。然后，从新年开始直到仲春初（དབྱིད་ཟླ་འབྲིང་པོའི་ཚེས་མགོ།），进行了预备仪轨（ཚོག་ཁྲ།）和修供密集（གསང་འདུས།）、喜金刚（དགྱེས་རྡོར།）、胜乐大轮（བདེ་མཆོག་འཁོར་ཆེན།）、大威德四十九（འཇིགས་བྱེད་ཞེ་དགུ་མ།）、药师佛（སྨན་བླ།）等的筹备工作。

从九日开始举行了修供仪式。成功的标志是在天空响起了神乐声，显现了五色的彩虹，形如胜幢、金刚、法轮和各种莲花，在场所有僧俗人员有目共睹，在没有云彩的天空中降下了花雨等，出现了各种神奇征兆。皇帝说他多次梦见十方佛和菩萨们显眼地端坐（བཀྲ་ལམ་གྱིས་བཞུགས་པ།）在海印寺的上空。法王自己则说多次见到了坛城的诸神仙群体。这时皇帝十分欢喜，觉得特别神奇，以

① 这道圣旨汉文见于《西藏通史——松石宝串》。
② 复印件第4页正面。

敬仰之意表示赞许，颁赐了金印宝诰（གསེར་དམ་སའུ་［པའུ་］གའུ་འབུལ་བ་གནང་།），授予国师封号。其诏书写道：

皇帝圣旨

谕法王上师释迦也失

在六日之吉祥时刻，特遣宦官颁赐金印宝诰。免礼，切记。

从永乐十三年四月五日起，皇帝圣旨

谕妙觉（མེའུ་ཀྱོ།）圆通（ཡོན་ཐུང་།）慧慈（ཧུའི་ཚི།）普应（ཕུ་ཡིང་།）辅国（བྷུ་ཀོ།）显教（ཞིན་ཀྱའུ།）灌顶（ཀོན་ཏིང་།）弘善（ཧོང་ཤིན།）① 西天（སི་ཐེན།）佛子（བྷོ་ཙི།）大国师（ཏཱ་ཀོ་ཤྲི།）释迦也失

赞辞曰：

如来的功德无限量，慈悲宽宏是世间护主，
不生不堵又不灭，变作数十万真实化身，
具有佛子纯真菩提心，多世修炼获得佛祖的圣道，
三乘五次均圆满，广泛宣讲妙乘的义理，
神圣智慧的力量纯又亮，如来的实性无须见证，
无质碍而极端发达，虽无来去但能显示变幻，
离开西土偕众到中土，智慧的太阳由祥云护卫，
由于悲悯而利于众生，修炼快乐而永无悲伤，
开启了善巧的大门，以菩提之心置愚昧于安乐。
今天，朕以诗词赞颂，在诸佛的见证下授予了灌顶，
正式获得了双修的资格，祝愿吉祥。

永乐十三年四月六日。（试译）②

---

① 复印件第4页背面。

② 这道圣旨和赞词是笔者试译的。在《色拉寺与大慈法王》一书中写作四月十五日。从这道圣旨开始，释迦也失就有了国师的正式封号。

据说此后的九日到十五日为修供举行了丰盛的庆祝活动，其地点在大善殿（ཏཱ་ཤེན་ཏེན།）举行，与皇帝坐在一起，享受了广泛的喜庆，相互进行了广泛的交谈，最后为了皇帝的延年益寿，万岁万万岁（དཀུང་ལོ་ཁྲི་ཚོ་ཁྲི་ཚོར་སྨིལ་བའི་ཕྱིར།），特举行了自在佛母教法中的长寿灌顶（རྒྱལ་མོའི་ལུགས་ཀྱི་ཚེ་དབང་།）并给予加持；还授予大成就者迪洛巴教法（ཏེ་ལོ་པའི་ལུགས།）中的胜乐度亡灌顶（བདེ་མཆོག་འཆི་བ་མཐར་བྱེད་ཀྱི་དབང་།）。当灌顶宝瓶放在头顶上的时候，据说甘露自然灌满宝瓶并向外溢出了。长寿丸（ཚེ་རིལ།）等物也闪闪发光，显示了许多成功的吉兆。皇帝十分惊喜，多次表示了敬仰之情，① 赠送了许多②（珠宝，用金银装饰的宝座、椅子、茶几、脚架、垫子，整套夏装、祭祀用品）③ 金银丝锦，（绸缎）④ ……然后经皇帝批准（རྒྱལ་པོ་ལ་གནང་བ་ཞུས།），并根据皇帝的旨意，前往胜地五台山（གནས་ཆེན་རི་བོ་རྩེ་ལྔ།）朝圣。据说在此遇见了以狮子为坐骑的赤黄色文殊（འཇམ་དབྱངས་དམར་སེར་སེང་གེ་ལ་ཞོན་［བཞོན་］པ།）⑤。后来，又接到皇帝诏书：

皇帝圣旨

谕妙觉圆通慧慈普应辅国显教灌顶弘善西天佛子大国师

相别逺尔数月，想徒从已达台山，冥坐高峰，神游八极，与文殊老人翱翔于大漠之乡，超然于万化之始。朕岂胜眷念，薄赍瓜果，以见所怀。遣书匆匆，故不多致。

永乐十三年六月十五日。⑥

---

① 复印件第 5 页正面。

② 复印件第 1 行显现不全。

③ 从《色拉寺与大慈法王》一书中 47—48 页补遗。

④ 从《色拉寺与大慈法王》一书中 48 页补遗。

⑤ 橘黄色文殊菩萨骑上狮子。

⑥ 此圣旨汉文参照了《清凉山志》100 页。

然后，在当地佛子光国师（རྒྱལ་སྲས་བཀྲང་ཀྭོ་ཤྲཱི།）为首的上师、官员、僧众和尚（ཧྭ་ཤང་།）等供养了释迦也失。据说，有一次进行朝拜的时候，出现了十分神奇的彩虹，在场所有僧俗人等看到后，向他请教这是怎么回事？他回答说：我看见上方端坐着文殊菩萨（འཇམ་དབྱངས།）、佛陀师徒（རྗེ་བོ་ཡབ་སྲས།）、怙主八思巴（འགྲོ་མགོན་འཕགས་པ།）等。当时，又有圣旨：

皇帝圣旨

谕妙觉圆通慧慈普应辅国显教灌顶弘善西天佛子大国师

曾有番僧反叛，抢劫上方金字使者，现已逮捕送来京城，按刑律给予了惩处，[1] 现将他们送到五台山叩拜，让他们忏悔，如能弃恶从善，可赦免其罪行，剃度为僧人，让他们在北方皇城中（北京）诵经做法事，如何？

永乐十三年六月二十七日[2]

然后，他还受到来自四面八方专门拜见他的上师、官员、僧俗等男女老少人员的朝拜和丰富供奉，对他们按照各自的愿望赐予了出家（བསྙེན་རྫོགས།）或比丘戒（རབ་བྱུང་།）、灌顶教诫（དབང་ལུང་།）的加持（རྗེས་གནང་།）、传授（ཁྲིད།）秘诀（མན་ངག）和近住（བསྙེན་གནས།）斋戒等（སྨྱུང་གནས་ཀྱི་སྡོམ་བརྒྱན་［རྒྱུན་］སོགས།），满足了要求，使其成熟和解脱（སྨིན་ཅིང་གྲོལ་བཞིན་པར་བཞུགས།）。

皇帝圣旨

谕妙觉圆通慧慈普应辅国显教灌顶弘善西天佛子大国师

---

① 复印件第5页背面，第1行显现不全。

② 这道圣旨在达扎《色拉寺与大慈法王》一书中未见，汉文是由笔者试译的。

你到五台山不知不觉过了好多月，听来人说法王你身体安康，朕甚喜。五台山是著名的圣地。去该处甚为辛苦，望你安心朝拜，如意居住。根据你的时间，随时可以归来。除此，当朕有圣旨和接应人员时，就请前来。今遣专人送去黄丹印（ལི་ཐམ་ཏྲུག）① 的同时，顺便带去蜂蜜及各种水果，以示朕心。

永乐十三年七月②二十六日。(试译)③

然后，为了所有众生的幸福，举办了金刚童子橛修供法事（རྡོ་རྗེ་གཞོན་ནུ་ཕུར་བུའི་སྒྲུབ་མཆོག）④，显示了金刚橛腾空而起，悬挂空中的成功表现，据说在一块青石上留下了像青稞酒揉成的糌粑团一样的手印。

皇帝圣旨

谕妙觉圆通慧慈普应辅国显教灌顶弘善西天佛子大国师

秋风澄肃，五台早寒，远惟佛境清虚，法体安泰。今制袈裟禅衣（ཆོས་གོས་དང་ཆེལ་རྩེ།），遣使祇送，以表朕怀。绸缎丝类法衣（གོས་གྲུ་ཟེས་བྱས་པའི་ཆོས་གོས།）共六件：无花绸缎短大氅（རིན་［རི་མོ་］མེད་པའི་གོས་དྭ་ཧྲུན་ཐང་པ།）一件、【祥瑞云图毛里大氅（རྟགས་བརྒྱད་དང་སྤྲིན་རིས་ཡོད་པའི་དྭ་ཧྲུང་གོས་བེར་ཐུལ་སྒྲུར་པ།）一件、带祥瑞花卉图案的绸缎毪子（གོས་དྭ་ཧྲུང་མེ་ཏོག་རྟགས་བརྒྱད་ཀྱི་རི་མོ་ཡོད་པའི་མཚན་ཁྲུང་མ་ཟེར་བའི་ལ།）一件、八吉祥图案的红绸缎长坎肩（བཀྲ་ཤིས་རྟགས་བརྒྱད་ཀྱི་རི་མོ་ཡོད་པའི་གོས་དམར་པོའི་རིང་འགག）一件、带八吉祥图案的绫罗绸缎裙子（རྟགས

① 响铜印。

② 复印件第 6 页正面，第 5、6 行显现不清。

③ 这道圣旨是由笔者试译的。

④ 无上续本尊金刚橛。

བརྒྱུད་ཀྱི་རི་མོ་ཡོད་པའི་སྣ་ཁའི་སྨད་གཡོགས།）一件、云图红绸裙（སྲིན…རིས་ཡོད་པའི་གོས་དམར་པོའི་ཤམ་ཐབས།）一件、靴袜（ལྷམ་འབོབ།）等。

永乐十三年八月二十七日。

然后，由山西政府的施主们邀请，朝拜了弥勒大佛。对当地人们以及从外地来的人们根据各自的意愿，广泛讲授了经典，传授了戒律等。此后在1416年火猴年即永乐十四年，逐步进行了返回藏地的准备，向皇帝奏请批准进藏。皇帝也根据法王本人的意愿，准予返藏，并赐予了大量的赠品。】①

做了充分的准备。

皇帝圣旨

谕妙觉圆通慧慈普应辅国显教灌顶弘善西天佛子大国师：特赐予千疋绸缎和八百头母犏牛，请你收下。

永乐十②四年五月十六日（试译）③

朝廷派来金字使者作为送行人员，经过太原陕西大通道（ཐེས…［ཐེག་］ཧྲེ་ཤན་ཟེའི་ལམ་ཆེན།），渐次经过理塘大慈法轮（寺）（ལི་ཐང་བྱམས་ཆེན་ཆོས་འཁོར།）等地，回到了藏地的色拉（བོད་ཡུལ་གྱི་སེ་ར།）。拜见了宗喀巴大师，奉献了皇帝赐予的十八罗汉丝织挂像（གནས་བཅུའི་ཏགས…སྐུ།）、木架帐篷（སྡོན་ཤིང་གི་གུར། 汉式帐篷）、镶满珠宝的金银曼陀罗（གསེར་དངུལ་གྱི་མཎྜལ་ལ་རིན་པོ་ཆེའི་ཆོམ་བུ་དང་བཅས།），还有大批的绸缎等礼品，举行了报恩的诵经祈祷活动（དྲིན་བཟོའི་ཞབས་བརྟན་ཀྱང་གསོལ་བ།）。

① 这道圣旨的汉文参照了《清凉山志》100页。方括号内的文字根据阿旺达扎所著《色拉寺与大慈法王》54—55页补遗的。

② 复印件第6页背面。

③ 这道圣旨是由笔者试译的。

向释迦牟尼佛像敬献了（涂）黄金（ཇོ་བོ་ཤཱཀྱ་མུ་ནི་ར་གསེར་འབུལ།）、项链和其他供奉。向以甘丹寺为主的各寺院（རི་བོ་དགེ་ལྡན་གྱིས་གཙོས་པའི་གྲྭ་ས་རྣམས།）发放布施（འགྱེད།）、熬茶（མང་ཇ།）等。派遣精干人员（མི་སྣ་མདོར་སྡུས།）向皇帝请安并朝贡（ལེགས་གསོལ་ཞུ་འབུལ་བྱས།）。送行相关（陪同）人员。早在宗喀巴大师在色拉的时候，他聆听了《中论》（རྩ་ཤེས་འགྲེལ་པ།）、《辨了不了义》（དྲང་ངེས་རྣམ་འབྱེད།）、《四百颂》（བཞི་བརྒྱ་པ།）、《菩提道次第》（བྱང་ཆུབ་ལམ་རིམ།）、《密宗道次第》（གསང་སྔགས་ལམ་རིམ།）【的讲授，《十四种根本堕罪》[རྩ་ལྟུང་བཅུ་བཞི་པ།] 和《上师五十颂的两个详论》（བླ་མ་ལྔ་བཅུ་པའི་རྣམ་བཤད་གཉིས།）等许多格言教诲，后来又聆听了《吉祥密集的阐释明灯注解》（དཔལ་གསང་བ་འདུས་པའི་འགྲེལ་པ་སྒྲོན་གསལ་མཆན་བུ་དང་བཅས་པ།），部分《释续》的秘诀（བཤད་རྒྱུད་འགའ་ཞིག་གི་ལུང་།），《五次第导师》（རིམ་ལྔའི་ཁྲིད།），《六支加行的详解》（སྦྱོར་བ་ཡན་ལག་དྲུག་པའི་ཁྲིད་རྒྱས་པ།），《时轮详解无垢光释广严疏》（དུས་འཁོར་གྱི་འགྲེལ་ཆེན་དྲི་མེད་འོད་ཀྱི་བཤད་པ་ཆེས་ཞིབ་པ།），《纳若六法》（ན་རོ་ཆོས་དྲུག），《中观因明》（དབུ་ཚད།）、《胜乐根本续》（བདེ་མཆོག་རྩ་བའི་རྒྱུད།）等深奥而宽广无比】① 的大量经典。

皇帝圣旨

谕妙觉圆通慧慈普应辅国显教灌顶弘善西天佛子大国师

自师西行，忽见新岁，使者还，乃知履况安知，适慰朕怀。兹以金质大威德佛像连带八瓣莲座（གསེར་ལས་བྱས་པའི་འཇིགས་བྱེད་ཀྱི་སྐུ་པདྨ་འདབ་བརྒྱད་པའི་གདན་དང་བཅས།），用表远贶，② 并系之赞。曰：善逝的大药是利众（བདེ་གཤེགས་སྨན་ཆེན།），等四首诗句之后，最后是：敬请经常弘扬佛法。

---

① 复印件第 4、5、6 行显现不全。方括弧内文字从《色拉寺与大慈法王》56—57 页中补遗。

② 复印件第 7 页正面。

永乐十五年二月一日。①

然后，做了邀请宗喀巴大师到色拉的准备，并邀请大师莅临色拉，安排在曲顶下榻。由于宗喀巴大师对大慈法王早就有交待，大慈法王本人也有这方面的心愿，尤其是，在这雪域高原原有传授纯净的密宗续部经典（སྔགས་ཀྱི་རྒྱུད་སྡེ།）的场所早已消失的没有踪影。宗喀巴大师所做的诠释，虽有多人完全享受其甘露，使其智慧达到心满意足的程度，但是，至今没有一个专门传授密宗的僧院，为此大师总有这样的强烈愿望：有一处这样的场所该有多好！并嘱咐了大慈法王。大慈法王担当起广泛出资（བདག་རྐྱེན་གྱི་ཐུགས་ཁུར་རྒྱ་ཆེན་བཞེས།）的责任，在色拉曲顶部署和组建了严格依据律部的僧戒，传授吉祥密集（དཔལ་གསང་བ་འདུས་པ།）、胜乐根本续（བདེ་མཆོག་གི་རྩ་རྒྱུད།）的僧院，任命了却本（ཆོས་དཔོན་བསྐོས།）。为了庆祝这件事，在该地举行了长净仪式（གསོ་སྦྱོང་།）。从各续部王（རྒྱུད་ཀྱི་རྒྱལ་པོ།）的开篇中，利用一座间（ཐུན་རེ།）时间进行了讲授。经过这样的程序修建了色拉大乘洲。然后，宗喀巴大师从色拉出发，来到德钦孜（བདེ་ཆེན་རྩེ།）。大慈法王继续圆满完成资助寺院的各项任务。② 不久，宗喀巴大师圆寂（གཞན་དོན་དུ་གཤེགས།）时，朝拜遗体（གདུང་མཇལ།）、敬献项链（མགུལ་རྒྱན།）并点燃供灯（མཆོད་མེ།）等，举行了盛大的悼念法事活动（འདས་མཆོད་རྒྱ་ཆེན་པོ།）。在色拉曲顶以大慈法王自己为首与众多僧众一道，③开启了密集、胜乐等内外大坛城（དཀྱིལ་འཁོར་ཆེན་པོ་དག་ཞལ་ཕྱེ།），为与持金刚毫无二致（རྡོ་རྗེ་འཆང་དང་ཐ་མི་དད་པ།）的上师，用外内密三层盛大的敬供（ཕྱི་ནང་གསང་བའི་མཆོད་པ།），使其欢悦，广泛祈祷（སྨོན་ལམ་རྒྱ་ཆེན་པོ་བཏབ་པས།）：通过本人跟随（བདག་ཉིད་འཇུག

① 这道圣旨汉文参照了《清凉山志》100页。

② 本书第五篇文章的第20页背面末尾至21页正面末尾，除个别字句外，完全相同。

③ 复印件第7页背面。

ཅིང་།）并接受灌顶（དབང་བསྐུར་བ།）等，以自己清净（རྣམ་པར་དག་པ།）的守持誓愿（དམ་ཚིག）和戒律（སྡོམ་པ།），能够完全满足上师的心愿（ཐུགས་ཀྱི་དགོངས་པ་ཡོངས་སུ་རྫོགས་པ།），永远不离开上师慧眼的视线（བླ་མ་མཆོག་གི་ཡེ་ཤེས་ཀྱི་གཟིགས་པ་ནམ་དུ་ཡང་མ་འབྲལ་བ།）。于是，出现了许多奇异的征兆（ངོ་མཚར་བའི་ལྟས།），天空中反复出现彩虹，下起了花雨。鸡年10月，几百名持金刚师（རྡོ་རྗེ་འཛིན་པ།）在甘丹寺绘就了无限的坛城（དཀྱིལ་འཁོར་དཔག་ཏུ་མེད་པ་སྒྲུབ་ཅིང་།）。在举行祭日（དུས་ཀྱི་མཆོད་པ།）那天完成祭奠活动时，地方官南喀桑布叔侄二人（དཔོན་ནམ་མཁའ་བཟང་པོ་ཁུ་དཔོན།），邀请了以大慈法王为首的大批善知识（དགེ་བའི་བཤེས་གཉེན།），举行了盛况空前的祭日和祈祷活动，下起了弥漫的花雨：花朵的颜色就像珍珠（མུ་ཏིག་གི་མདོག），还有六瓣花朵（འདབ་མ་དྲུག་པ།）等，有的颜色像海螺（དུང་།）、有的像纯金（གསེར་བཙོ་མ།）、有的像橘黄色（ལི་ཁྲི། 黄丹）、有的却像涂过内地上等蓝靛色（རྒྱའི་མཐིང་བཟང་པོ་སྦྱག་པ།）一般，而且如同人的手掌大小（མིའི་ལག་པའི་ཚད།）。之所以如此，正好证实了他是一位获得宗喀巴大师加持（བྱིན་བརླབས་ཞུགས་པ།）的、与众不同的贤哲（སྐྱེས་བུ་དམ་པ།）。其传记神奇！然后，明朝永乐皇帝特派禅师班觉伦珠（ཁྲིན་ཤྲི་དཔལ་འབྱོར་ལྷུན་གྲུབ།），慰问并赐予大批赠品。

皇帝圣旨

谕妙觉圆通慧慈普应辅国显教灌顶弘善西天佛子大国师

朕惟大师，觉行圆融，慈悲利济。朕心瞻企，夙夜[1]不忘。兹以岁序维新，特遣禅师板竹等，祝赞于朕，并以佛像等物来。鉴兹勤诚，良甚嘉悦。今遣内官戴兴等，赍佛像等物，并致偈赞，用表朕怀。曰：

---

① 复印件第8页正面。

如来所具有的智慧和伟业，成为罗汉和神人的佛祖，

其恩德如同宽广的天空，包容了世间的一切教法。

灵鹫山上发出的狮子吼声，为了众生的大利转动了法轮，

人人获得了清净之心，寻获了俱来寂灭的无上之道。

举世众人齐声称颂，虽然众生之心性质相同，

由于守持的习性和欲望变得愚钝，从而把错觉当成真实的标准。

眼睛和耳朵迷恋于身和声，鼻子和舌头则迷恋于嗅和味，

身体迷恋于温柔的淫欲，意识则产生喜与不喜。

六个器官迷恋于外界，正因为如此常常发生错觉，

因为有了生死才有无常，才陷入了轮回的大海。

众生的法性本来没有愚昧，犹如铜镜被灰尘覆盖，

把行船误以为河水的流动，把飘云看成是月亮在走动。

如若懂得究竟这些都毫无意义，若能分清正确和错误，

因为觉悟而使错误变成正确，而愚昧使正确的思想也变成谬误。①

霎那间使二者加以区分的，是国师的悲悯之心和法体，

守持纯洁使世间出现奇迹，仁慈之心给神魂颠倒的众生，

指明了广阔的菩提道路，敞开了甘露般的法门，

分清自悟他悟的性质，符合如来佛的平等心。

---

① 复印件第 8 页背面。

非我非他也非众生，无我无他也无众生，

懂得各自的分别法性，可脱离孽障走向彼岸。

你曾来到中原这个地方，给大有缘份的人们传授了佛法，

让稍有见闻的人们也信仰，人人赞颂人人皆折服。

你有明亮而威严的慧眼，在安稳下榻五台山期间，

如同迦陵频迦海鸟的声音，佛法真谛的声音传遍了各地。

犹如黑暗的大地点亮了明灯，处处照耀着闪烁的灯光，

驱散了黑暗，带来光明，使所有众生为此信服和敬仰。

如同驶向苦海的航船，虽然波涛汹涌但有圣教的导航，

从落难的处境中得以解脱，使所有众生无不信服和敬仰。

如同干旱时期降落的甘露雨，使大地上的庄稼茁壮成长，

所有农民高兴得喜气洋洋，使众生为此信服和敬仰。

如同酷暑季节的凉风，解除了世间的难熬痛苦，

消除了愚昧的诸多煎熬，使所有众生为此信服和敬仰。

为了圆满二业你已返回了西土，虽然身体走了但心仍在此处，

虽然我也常常思念你，但是此处彼处已经没有分别。①

---

① 复印件第9页正面，第1行不显。从上页最后“没有分别”到9页正面第3行“已经明了的法理”。

真诚的赞美诗句，使超乎想象的无量功德，

尘埃般地撒遍世间各个角落，让弘法之声人人皆知。

不仅使现在已经明了的法理，还要使尚未明了的法理明了起来，

消除众生不明的黑暗，教化恒河砂粒般的田野，

使朕的朝政和社稷之主，如同天地般万世长存，

望你为此祈祷利乐众生，使圣教得以无限弘扬。

永乐二十一年四月十七日。①

又：

皇帝圣旨

谕妙觉圆通慧慈普应辅国显教灌顶弘善西天佛子大国师

朕惟佛氏，道体冲玄，德用神妙，厥大无外，厥高无等。历代人主，罔不崇信。朕恭膺天命，主宰华夷，体祖宗一视同仁之心，隆佛氏慈悲不二之教。追惟皇祖太宗文皇帝、皇考仁宗昭皇帝，鞠育深恩，如天罔极。欲举荐扬之典，一念之诚，夙夜惓切。②

惟大师功行高洁，定慧圆明，朕切慕之。特遣太监侯显，③ 赍书礼请，冀飞锡前来，敷扬宝范，广禅能仁，以副朕诚。朕不胜瞻望之至。

宣德四年四月三日。④

---

① 这道圣旨汉文参照了《清凉山志》101 页，但时间不同，记载的是：永乐十九年。

② 复印件第 9 页背面，第 1 行不全。

③ 从“太监侯显”到“敷扬宝范”是按达扎《色拉寺与大慈法王》一书补遗的。

④ 这道圣旨汉文参照了《清凉山志》101 页，藏文中只有月份和日期，没有宣德几年的年份。

此后奉旨与金字使者一道，在以法王阿木葛（ཆོས་རྗེ་ཨ་མོ་གྷ།）和法王索南西饶（ཆོས་རྗེ་བསོད་ནམས་ཤེས་རབ།）两位为首的侍奉下启程，路经青海湖（མཚོ་ཁ།）、宗喀（ཙོང་ཁ།）、西宁（ཟི་ལིང་།）、佐莫喀（མཛོ་མོ་མཁར།）、瓜州（ཀ་ཅུ།）、帕巴辛股（འཕགས་པ་ཤིང་ཀུན།）、洮州（ཐའོ་ཅའུ།）、岷州（མིང་ཅའུ།）、西安（ཟི་ངན།）、宝山（བའུ་河北）、山西（ཟན་ཟི།）、五台山（རི་བོ་རྩེ་ལྔ།）、直至京城（ཕོ་བྲང་།）。由于这一原因，在夏蒙（ཅག་མོང་།）① 和汉族（རྒྱ་ནག）② 等地区出现了大批三宝俱全的佛殿（ལྷ་ཁང་།）、金殿（གསེར་ཁང་།）、大喇嘛仓（སྒར་པ།）、禅院（སྒོམ་སྡེ།）等，据说是大慈法王所加持和赐予的恩德。此后，圣旨曰：

皇帝圣旨

谕妙觉圆通慧慈普应辅国显教灌顶弘善西天佛子大国师

朕以为祖辈太宗大皇帝、父皇仁宗帝驾崩已有多时，要使他们的圣灵在天界得到慰藉，引领众生走向圣道，大国师你道高德深，慈悲为怀，为此诚心派遣太监侯显为首人员，邀请你前来。大国师以效力之心，遵循朕的旨意，不顾山川寒暑冷暖，不顾上万里路途遥远的劳顿，愉快前来。③

听说已向皇城走来，朕甚为欣喜，并已派人到中途接应。今派来阿木葛国师，给朕奉献佛像和舍利子，已经收到。朕有说不出的敬仰。朕今特遣太监向柳杨（译音）携带圣旨和水果等前去迎接，以示朕心，望大国师切记。

---

① ཅག་ 应理解为夏，指原属西夏的北方民族，མདོ་ནི་མོང་གོལ་གྱི་མོང་ 蒙，即蒙古族
② 汉族地区、内地
③ 复印件第 10 页正面。

宣德四年十月一日。(试译)[①]

又：

皇帝圣旨

谕妙觉圆通慧慈普应辅国显教灌顶弘善西天佛子大国师

你的智慧宏大、知识渊博，仁慈利众。为了利乐众生，朕特邀请了你。你从远方诚心前来，朕心甚喜。今特派遣洪通、祢觉、傅慧、沈尹、胡果、曾久、册怎、大国师班登扎西、太监云登（均译音）等一起，前往迎接。朕以为，你从远方来，路途劳顿，大国师你到皇城后，在庙内安心歇息。今后见朕，无须行礼，望大国师切记。

宣德四年十一月十二日。(试译)[②]

皇帝圣旨

谕妙觉圆通慧慈普应辅国显教灌顶弘善西天佛子大国师

在此吉日，特赐予具有赞词法轮的金印和宝诰，这是因为大慈法王你在举行敬奉三宝、向僧众熬茶发放布施等大型活动时，天空清澈，阳光明媚，[③] 漫天五色彩虹，神人皆幸福快乐。朕也特意奉献吉祥赞词。曰：

妙觉圆通升善业，慧慈（辅）普应在佛界，

西天佛子大国师，观点圣洁行自在。

如今吉祥诵赞词，天女声声念颂词，

胜幢彩幡齐飘扬，恭敬赐予宝诰印。

---

① 这道圣旨是由笔者试译的。

② 这道圣旨是由笔者试译的。

③ 复印件第10页背面。

心怀法师恩与德，如同点燃千盏灯，
光明照亮十方天。
如来宝髻放光芒，无不照耀诸万物，
圆满究竟自性光，霎那恒河沙灯般。
复如宝石放光芒，无数众生得光明，
自性明光正吉祥，芸芸众生齐朝拜，
自性明光原生明，众生信服皆敬仰。
弘转法轮大地皆光明，人人信服人人敬，
坐在大殿也见光，护佑无明的众生吧，
朕的发心清净意乐之心，使佛法得以更加弘扬，

朕的意乐发心如同月亮胜幢，使未成熟的众生圆满其一切成就，

靠如来你的慈悲之心使他们湿润，身体之光发出无限光芒，

你来到此处圆满了朕的心愿，说法使人引入了成熟解脱之道，

慈悲和怜悯的威力广大，其功德如同海底一样深沉，

圆满到最彻底的程度，使各地的众生皆得圆满成佛，人寿福运皆无量。

宣德四年十月十三日。（试译）[1]

[2]此后，为了完全满足皇帝祖辈们的心愿（རྒྱལ་པོའི་ཡབ་མེས་ཀྱི་ཐུགས་དགོངས་ཡོངས་སུ་རྫོགས་པའི་ཆེད།），开启了四续部的坛城（རྒྱུད་སྡེ་བཞི་ཀའི་དཀྱིལ་འཁོར་གྱི་ཞལ་ཕྱེ།），举行了盛大的修供仪轨（སྒྲུབ་མཆོད་རྒྱ་ཆེན་མཛད།）。出现了许多奇异的征兆。天空出现了五色彩虹，神仙降下花的雨露，内部供奉的甘露自行沸汤（བདུད་རྩི་འཁོལ་བ།），瓶水外溢（བུམ་ཆུ་སྦྱར…

① 藏文写作11月13日。

② 复印件第11页正面，后面的部分藏文是诗歌体。

བ།）等等，这许多的吉兆，使君臣都心满意足。这使皇帝十分高兴，向三宝极尽敬奉之举（དཀོན་མཆོག་སྲི་ཞུ་དཔག་མེད་མཛད།），尤其在卫藏（དབུས་གཙང་།）、上下康区（ཁམས་སྟོད་སྨད།）、甘凉四洲（ཀན་ལིང་སྡེ་བཞི།）、西宁卫（ཟི་ལིང་ཝེ།）、瓜州、临洮（头 ལིང་ཐའུ་ཐེའུ།）、岷州（མིང་ཀྲའུ།）、南京（ནམ་ཀྱིན།）、北京（པེ་ཀྱིན།）、五台山，新建（གསར་བཞེངས།）或修缮（ཉིང་པ་བཅོས།）了佛殿庙宇以及佛像（གཙུག་ལག་ཁང་བཟང་བརྟེན་རྟེན་པ།），组建了许多僧团（དགེ་འདུན་སྡེ།），多次印制了无价的金汁《甘珠尔》（རིན་ཐང་གཞལ་དུ་མ་མཆིས་པའི་གསེར་གྱི་བཀའ་འགྱུར་རྣམ་འཕང་ཅན།），作为供奉和学经之用。作为香火的依托（སྤོས་མེའི་ཐེབས་སུ།），分配给了许多农民和村庄。对于有学识的高僧赐予国师（ཀོའུ་ཤྲཱི།）、禅师（ཁྲིན་ཤྲཱི།）等名号和职务，让他们（寺庙）进行管理。仿佛是佛陀来到世间，找回和供奉佛法，使其长存。此后，这位尊者（དམ་པ་དེ་ཉིད།）为了生前的誓言，从大明太宗永乐皇帝（རྒྱ་ནག་ཐེ་ཙུང་ཡུང་ལོ་རྒྱལ་པོ།）到宣德皇帝（ཟོན་ཏེ་རྒྱལ་པོ།）之间，成为了四代皇帝的无上的供奉对象，……①然后，闭关静修（སྐུ་མཚམས་ལ་བཞུགས་ཏེ་ཐུགས་དམ་མཛད་པ།）。二十四日，示寂（སྐུ་གཞན་དུ་གཤེགས་ཚུལ་བསྟན།）。当天晚上，从皇城北面的海印寺途经西路大道（ནུབ་ཕྱོགས་ལམ་ཆེན།），在 2800 里以外的雄关屯关（ཞིང་སོ་ཐུན་ཀོན་མཁར།）② 所在地③，在半夜时分，他来到了屯关城的东门处，叫醒夜间敲锣的巡逻男童，让他开门。巡逻问你是谁？有何事？答道：我是大慈法王，去西方。（这时）看见骑着白马的三个人，在东门上空向西方飞跃而过。巡逻叫醒城里所有人，大部分人看到并知道了此事，还报告了官人。官人向鸿门（ཧུང་ཧུན།）④ 等写了书面报告，逐步上奏了皇帝。大家都认为这些事发生在圆寂当天。在海印寺大慈恩院（ཧེ་ཡིན་ཟི་བྱམས་ཆེན་སྡེ···

① 复印件第 11 页正面，第 6 行不全。

② 嘉峪关。

③ 复印件第 11 页背面。

④ 衙门？

ཆེན།）大国师班丹（ཏཱ་གོ་ཤྲི་དཔལ་ལྡན།）为首的全体国师和禅师等许多善知识为圆寂举行了盛大的祭奠活动（གདུང་མཆོད་རྒྱ་ཆེན་པོ།），办理了四十九天的悼念，出现了彩虹，神仙降下花雨。在茶塞（ཁྲ་སའི་ཞེས་བྱ་བའི་ས་ཆ།）[①] 地方聚集了以国师班丹为主的大批善知识和大臣、大人、将军等大批僧俗人员，火化遗体。当班丹国师刚刚准备点火时，火就自燃起来，整个天空中出现了五彩的宝伞（གདུགས།）、胜幢（རྒྱལ་མཚན།）、飞幡（བ་དན།）和八吉祥图（བཀྲ་ཤིས་རྟགས་བརྒྱད།）等形状的神奇吉兆，在场人人所见，使人惊异。然后，打开灵堂（གདུང་ཁང་།）时发现，遗体完整无缺，散发出金光，在灵堂满地都散落了像珍珠颗粒（མུ་ཏིག་གི་རྡོག་པོ།）、芥子粒（ཡུངས་འབྲུ།）一样的白晶晶的、相互粘连的舍利子（རིང་བསྲེལ།）。建造了有十五肘长高度（མཐོ་ཚད་ལ་ཁྲུ་བཅོ་ལྔ་ཙམ་ཡོད་པ།）的灵塔，把遗体和舍利子安放在塔中。[②] 将相关记录上奏皇帝过目时，皇帝说：呜呼！奇哉！并赞颂道：

由于祈愿而诞生于中土，精通三学而学识渊博，
诸藏皆持金刚匣，自性清净尽艰难，
你具有佛祖的断证功德，你对朕的祖辈四代皇帝，
授予了灌顶的恩赐，上师对所有众生恩重如山，
至善至美慈悲心，犹如无云的日月更明亮，
年老寿高体力衰，如今示寂竟涅槃，
智慧之火燃烧时，五色彩虹漫天际，
宝伞胜幢经幡尽展现，天神降下鲜花雨，
虽有如此壮观的诸景象，但在心中仍悲痛。
祈愿消除悲痛寿万年，生老病死无踪影，
朝政吉祥如天年。

① 在上篇第二章“生平考”中写作：“茶白”（本书52页）。
② 复印件第12页正面。

宣德十年十二月十六日。(试译)[1]

此后，奉皇帝旨意，法王索南西饶和法王桑布（ཆོས་རྗེ་བཟང་པོ།）二人将金质灵塔请到了佐莫喀，建造殿堂予以安放。还建立了僧院，赐予了国师等名号和职务，进行了管理。

具有一切三时佛（དུས་གསུམ་སངས་རྒྱས།）本性（ངོ་བོ།）的三界法王宗喀巴大师的大弟子大慈法王释迦也失，作为宗喀巴大师的代表去内地皇城（རྒྱ་ནག་པོ་ཁྲང་།），其传记《如意呈祥的太阳》是由于无法推辞天资聪慧（སྐྱེས་ཐོབ་བློ་གྲོས།）而思维豁达（རྣམ་དཔྱོད་ཡངས་པ།）、对政教二制（ལུགས་ཟུང་།）具有慧眼的夏仲强巴楚成嘉措（ཞབས་དྲུང་བྱམས་པ་ཚུལ་ཁྲིམས་རྒྱ་མཚོ།），不仅敬献吉祥哈达而且认真敦促的情形下，由尊贵先哲加持（དམ་པ་རིན་ཆེན་གྱིས་བྱིན་གྱིས་བརླབས།）的额尔德尼诺门罕（ཨེར་ཏེའི་ནོ་མོན་ཁན།）班智达（པཎྜི་ཏ།）呼图克图（ཧུ་ཐོག་ཐུ།）金巴阿旺绛央尼玛（སྦྱིན་པ་ངག་དབང་འཇམ་དབྱངས་ཉི་མ།）根据[2]内地书写在布面上的记载（热赤）整理的，书记员（ཡི་གེ་པ།）是饶江巴索南凯确（རབ་འབྱམས་པ་བསོད་ནམས་མཁས་མཆོག）。

第二篇

《大慈法王释迦也失传略》[3]**：**

南无古如！（ན་མོ་གུ་རུ་བྷྱ།）[4]

① 这道圣旨是由笔者试译的。

② 复印件第 12 页背面。

③ 整个传记用诗歌体撰写。

④ 向上师顶礼！

善哉！

慈悲的亲友（བྱམས་བརྩེའི་ཟླ་སྤུན།）结合在一起（བསྲུབས་པ།）①，出世的东方皇帝（དབང་ཕྱོགས་གོང་མ།）的江山，

你用释迦教法（ཤཱཀྱའི་ལུང་རྟོགས།）的圆满坛城，使智慧的光辉（ཡེ་ཤེས་རྣམ་དཀར།）照遍了四方！

你的生平就像一切知杂哈努（ཀུན་མཁྱེན་ཛ་ཧུའི།），对于只看到肚皮的天蝎（ཀཀྐ་ཏ།）② 而言，虽然尝一口（ཟིགས་པ།）都难以做到，但做一简略陈述以示敬仰。

贤劫第四导师（རྣམ་འདྲེན་བཞི་པ།）③ 的随众中，唯有无畏狮子（འཇིགས་མེད་གདོང་ལྔ།）妙音尊达佛母（དབྱངས་ཅན་ཙུནྡ།），再一次以释尊的勤息（བརྟུལ་ཞུགས།）所导引，成为了本地区众生的吉祥。

拉萨河谷贡堂大地的精华（ཀུན་བཟོད་ཐིག་ལེ།），释迦教法（ཤཱཀྱའི་བསྟན་པ།）的圆满坛城，

智慧之光四射的太阳啊，你把众生的愚昧之夜一扫而光！

浊世怙主（སྙིགས་མའི་མགོན་པོ།）宗喀巴，有无数个亲传弟子，

你的教证（ལུང་རྟོགས།）高深如同山岳（རི་དབང་།），杰出的思辨力（རྣམ་དཔྱོད་ཕུལ་བྱུང་།）倍受赞赏！

尤其赤黄色装束（ངུར་སྨྲིག་ཅན།）的法轮④，在幽静的曲顶弘法三年，

中间猪年（བར་མ་ཕག་ལོ།）受到东方东方君主（ཤར་ཕྱོགས་ས་དབང་།）之请，此刻第二佛陀给你讲：

你的祈祷如同大海的威力，为了在彼处（ཕྱོགས་དེར།）佛法得到弘扬，

你当前去宣扬佛法利益众生，以喜悦之情千嘱咐万叮咛。

---

① 中国神话：女娲与伏羲兄妹结合，繁衍人类，成为中原人的始祖神。

② སྦལ་པ།

③ 释迦牟尼

④ 指宗喀巴。

为了使你圆满完成使命，委托济贫财神天王（དབུལ་སེལ་རྒྱུག་འཛིན་དབང་པོ།）为你保驾护航，

他用铮铮誓言承诺一路同行，如同始终陪伴檀香木的芳香。①

你的勇气仿佛佩戴了金刚利器（རྡོ་རྗེའི་གོ།），你怀着传播无上续部（བླ་མེད་བརྒྱུད་ཆེན།）的志向，

你许下建立传承和十座庙宇的承诺，把东方君王的桂冠（སྟོང་འཁྲུན་གཙུག་གི་ནོར་བུ།）你担当。

这时在你的所有智慧的空间中（མཁྱེན་པའི་ལྷ་ལམ་ཀུན།），布满了慈悲的祥云（ཐུགས་རྗེ་སྤྲིན་གྱིས་བཀང་།），

用神变的威力（རྫུ་འཕྲུལ་ནུས་པ།）降下了圣教之雨（དམ་ཆོས་ཟབ་མོའི་ཆར།），引领所有君臣走在了正道（ཡང་དག་ལམ།）上。

想起前世的承诺和誓言（སྔོན་གྱི་ཞལ་བཞེས་དམ་བཅའ་རྗེས་དྲན།），施主皇帝和上师喇嘛二人（མཆོད་ཡོན་ཟུང་།），

在五台山修建了六座寺庙，在花园附近（མེ་ཏོག་ལྡུམ་ར།）建造了华严寺（ཧྭ་ཡན་སི།）。

辉煌灿烂的佛法之光，一直照亮到了东海岸边上（ཤར་ཕྱོགས་རྒྱ་མཚོང་པ་མཐའ་ཀུན་བཀང་།），

在彼处愚昧而尚未开放的花蕾（ཡིད་ཅན་པདྨ་གཞོན་ནུའི་འདབ།），除了你再无人能使其开放！

尤其依靠神变佛祖之教证，乳海中的精华第二佛陀的教法，

能运载到东方（དབང་ཕྱོགས།）的高大马车（ཤིང་རྟ་ཆེ།），你的大海般的功业（མཛད་པའི་རྒྱ་གཏེར།）谁能衡量（སུ་ཡིས་དཔག）！

为此东方（སྟོང་འཁྲུན།）的无双君主（ས་དབང་མཚུངས་བྲལ།），赞誉你是"无与伦比的上师"（འགྲན་ཟླ་བྲལ་བའི་བླ་མ།），

授予你如此的封号：万行妙明真如上胜（འཕྲིན་ལས་སྣ་ཚོགས་[ལ་]མཁས་ཤིང་གསལ་བ། ཆོས་ཉིད་དམ་པ་མཆོག་ཏུ་རྒྱལ་བ།），

① 复印件第 13 页正面。

清净般若弘照普慧（ཤེས་རབ་རྣམ་དག་སྣང་བ་ཆེན་པོ། ཀུན་ལ་ཁྱབ་ཅིང་།），辅国显教至善大慈法王（རྒྱལ་ཁམས་སྐྱབས་ཅིང་［སྐྱོབས་པ།］བསྟན་པ་རྒྱས་མཛད་རབ་ཏུ་དགེ་བ། བྱམས་ཆེན་ཆོས་ཀྱི་རྒྱལ་པོ།）。

为了施舍不尽的佛法（ཆོས་སྦྱིན་ཟད་པ་མེད་པ།），完整无瑕的《甘珠尔》（དྲི་མེད་བཀའ་འགྱུར།）经卷，

首次印制（ཐོག་མར་བསྒྲུན།）使得东海之内，洒满了明月般佛法的白光（རྒྱལ་བསྟན་ཟླ་བའི་འོད།）。

你又顺利地（དགེ་བར།）来到卫地方，把第二佛陀请到幽静的曲顶，为无数众生宏转了法轮，你用丰盛的供养（ཞབས་ཏོག་རྒྱ་ཆེན།）使其欢畅。

你请凝聚（གཅིག་བསྡུར།）众佛智慧的宝藏（རྒྱལ་ཀུན་མཁྱེན་པའི་གཏེར།）、文殊怙主上师（འཇམ་མགོན་བླ་མ།）宗喀巴指点，

在土阴猪年（ས་མོ་ཕག་ལོ།）创建了大乘讲修洲（ཐེག་ཆེན་བཤད་སྒྲུབ་གླིང་།），成为了世界贤者聚集的道场（འཛམ་གླིང་མཁས་པའི་བསྟི་གནས།）。①

尤其在雪山连绵的区域里（གངས་རིའི་འཁྲིད་ལྡན་ལྗོངས།），密宗的纯洁讲修及其传承（སྔགས་ཀྱི་འཆད་ཉན་རྣམ་པར་དག་པ།），

全面失传（ཀུན་ནས་ནུབ།）由来已久，第二佛陀虽然使其如日中天（ཉིན་མོར་མཛད།），

尚未形成讲听的根本道场（འཆད་ཉན་གཞི་འཛུགས།），如能建成这样的场所多好啊！

以水晶般虔诚透明的细枝（ལྷག་བསམ་ཤེལ་གྱི་ལྕུག་ཕྲན།），把第二佛陀耳根的大鼓敲响（སྙན་གྱི་རྔ་ཆེན་སྒྲོལ།），

这时装扮赤黄色法衣（ངུར་སྨྲིག་ན་བཟའ་གར་མཁན།）的文殊，喜悦的笑容挂满整个脸庞。

你心底的宝瓶斟满恩惠之甘露（ཐུགས་རྗེའི་བདུད་རྩི།），被数百次的赞扬之词所歌颂（བསྟོད་པའི་འཕྲེང་བས་བསྟགས།），

---

① 复印件第13页背面。

依靠纯正的戒律（རྣམ་དག་འདུལ་ཁྲིམས་ནོར་འཛིན་ལ་བརྟེན།）这一珍宝，全面复兴（ཡོངས་འདུ་རྒྱས་བྱེད་པ།）密乐（གསང་བདེ།）① 的听讲。

为此分别讲授了两个续部王，一座间的开讲给人指明了方向，

文殊怙主上师的早先再三嘱托，成为了你誓言不变的衷肠（གཙུག་ཏུ་མི་ཕྱིད་དམ་བཅིངས།）。

大密续部（གསང་ཆེན་སྔགས་ཀྱི་རྒྱུད་སྡེ།）的纯正传承（རྣམ་དག་འཆད་ཉན།），在本区失传已有多年，

第二佛陀使之重见了光明，依靠清净的戒律（རྣམ་དག་འདུལ་ཁྲིམས་ལ་བརྟེན།）使其弘扬。

敬献了创建密乘传承的基本条件（གསང་སྡེ་འཆད་ཉན་ཚུགས་པའི་གཞི་རྟེན་ཕུལ།），部署了续部寺院的创建计划（རྒྱུད་ཀྱི་གྲྭ་ཚང་ཞལ་བཀོད།），

同时委任大勇士塔玛桑（སེམས་དཔའ་ཆེན་པོ་དར་མ་བཟང་།），作为大乘洲的住持方丈。

为了图个吉利举行长净，讲授了一座间的续部王。②

由于你的祈祷和恩德（སྨོན་ལམ་ཐུགས་རྗེ།），大勇士喜饶桑布（སེམས་དཔའ་ཆེན་པོ་ཤེར་བཟང་།），

创建了昌都强巴林寺（ཆབ་མདོ་བྱམས་པ་གླིང་།）③，根据无比坚赞桑布（མཚུངས་མེད་རྒྱལ་མཚན་བཟང་པོ།）的部署，

尊者桑杰扎巴（གནས་བརྟན་སངས་རྒྱས་གྲགས་པ།），在普隆寺（ཕུ་ལུང་དགོན་པ།）创建了纯净的格鲁派道场（རི་བོ་དགེ་ལྡན་པ།），

此后在未曾有过寺庙的波密（སྤོ་བོ།），出现了倾多强巴林大寺（ཚ་མདོ་བྱམས་པ་གླིང་།）④。

在曲顶宏转法轮之时，由于捐献了创建续部道场的基本条件（རྒྱུད་ཀྱི་གཞི་རྟེན་ཕུལ།）⑤

---

① 密集和胜乐

② 色拉寺大乘洲，建于 1419 年。

③ 昌都强巴林寺，建于 1437 年。

④ 波密县倾多地方。

⑤ 复印件第 14 页正面。

无比的西饶森格（མཚུངས་མེད་ཤེས་རབ་སེང་གེ།），创建了上下两个密院（སྟོད་རྒྱུད་སྨད་རྒྱུད་གྲྭ་ཚང་།），①

在传播显宗的传授方面（མདོ་ཡི་འཆད་ཉན།），在桑普（གསང་ཕུ།）创建了通门扎仓（མཐོང་སྨོན་གྲྭ་ཚང་།）②，

在后藏也创建了大扎仓，听说现在扎什伦布寺（བཀྲ་ཤིས་ལྷུན་པོ།）③。

由于东方众生的福田之车（ཤར་ཕྱོགས་འགྲོ་བའི་བསོད་ནམས་ཀྱི་ཤིང་རྟ།），再次把你身体的太阳承载而去（ཁྱོད་སྐུའི་ཉི་མ་རབ་དྲངས།），

为了佛法尤其是第二佛陀的教法，箴言像百瓣花一样盛开在远方（ལེགས་གསུང་འདབ་བརྒྱ།）。

亲自前往皇帝所在京城（གོང་མའི་རྒྱལ་ཁབ་མཁར།），这时虽然永乐皇帝（ཏ་མིང་རྒྱལ་པོ།）已经驾崩，

他的太子宣德皇帝④（དེ་སྲས་ཐེན་དེ་རྒྱལ་པོ།），把你视为顶珠（གཙུག་ནོར་བཞིན།）格外敬仰（གུས་པས་ལྷག་པར་མཆོད།）。

成千的利他功业（གཞན་དོན་འཕྲིན་ལས།）和启蒙（སྨིན་སེལ།），消除了该处所有不明的朦胧（ཕྱོགས་དེའི་རྒྱུད་པའི་ནག་རུམ་མ་ལུས་བཅོམ།），

无限的声望就像是神仙之鼓（ལྷ་ཡི་རྔ་བོ་ཆེ།），在不分种族（རིས་མེད་སྐྱེ་རྒུ།）的众生耳里敲响（རྣ་བའི་བདུད་རྩི།）。

为了消除人们的“持常”（འདུལ་བྱའི་རྟག་འཛིན།）之见，当你来到佐莫喀地方时，

眼中甘露般的肉体仿佛是云彩（གང་སྐུ་མིག་གི་བདུད་རྩི་ཆུ་ཁུར་ཅན།），法体被永恒的苍天所收藏（ཆོས་སྐུའི་འཆི་མེད་ལམ་གྱིས་དབྱིངས་སུ་བསྡུས།）。

成就无数福田（གྲངས་མེད་བསོད་ནམས་ཞིང་འགྱུར་སྐུ་ཡི་གདུང་།）的遗体，迎请到了神圣的灵塔之中（འགྲོ་བའི་མཆོད་སྡོང་མཆོག），

---

① 上密院曾把小昭寺作为僧众聚会之地；下密院曾把木如寺作为僧众聚会的地方。

② 拉萨西南地区，这里是格鲁派僧徒夏季举行辩经法会的场所。

③ 扎什伦布寺，建于1447年。

④ 本书历史文献中几次提到永乐帝太子为宣德皇帝，非也。永乐皇帝太子系仁宗帝，在位仅一年驾崩，传位其长子（永乐帝之孙）宣德皇帝。后不赘。

在该处建造了崭新的庙宇，在无限的利他之中（གཞན་དོན་མཁའ་ཁྱབ་དང་ནས།）安居他乡。

你用甘露般教诲滋润了（གང་དག་གསུང་གི་བདུད་རྩིས་ཉེར་སྨིན་པ།）弟子，使他们的思辨能力高超而强壮（རྣམ་དཔྱོད་ལུས་བཟང་རྒྱས་པའི་སློབ་མའི་ཚོགས།），

他们多得像天上的星星，其中的法王阿木葛，

还有索南西饶二人，担任了宣德皇帝的帝师。

政教两方面的功业（ལུགས་གཉིས་འཕྲིན་ལས།），可以同前世施主和上师媲美，在他们三位期间甘丹山门（རི་བོ་དགེ་ལྡན།），有了珍奇的十八罗汉丝唐（གནས་བཅུའི་བསི་ཐང་།）[1]。

还有色拉寺的嵌花缎释尊像（སེ་རའི་ཐུབ་དབང་སྐུ་སྟན་བཀྲས་བཏགས་མ།），请到卫地完成利众之事，

三密伟业如此无限宽广（གསང་གསུམ་མཛད་པ།）[2]，使所有众生引向成熟和解脱。

浩瀚的伟业犹如无边的天空，佛子菩萨也无法比拟（རྒྱལ་སྲས་འདབ་ལྡན་གཙོས་ཀྱང་གཞལ་ནུས་མིན།），

但是在公众的心目中，从浩瀚伟业的大海里，

用毛发恭敬地沾上一滴（རབ་གུས་སྤྲ་རྩེས་བླངས་པའི་ཐིག་མས་ཀྱང་།），也能利民而获得累累硕果，

其威力使我在时时刻刻里，具备一切暇满（དལ་འབྱོར།）获得连续的吉兆，

不离开善知识的呵护，如饥似渴地享用妙乘佛法（ཐེག་མཆོག་ཆོས།），

最终找到无上菩提之果（མཐར་ཐུག་འབྲས་བུ་བླ་མེད་བྱང་ཆུབ་ཆེ།），不久为了所有众生的利益，

降下深奥佛法的雨露甘泉（ཟབ་རྒྱས་ཆོས་ཀྱི་ཆར་པ།），使普天下有情

---

① 由此形成了甘丹寺每年的丝唐节，即丝唐朝拜日。

② 复印件第 14 页背面。

的庄稼成熟起来（ཡིད་ཅན་ལོ་ཏོག），

以此为标志的其他一切善事（ལེགས་བྱས།），从远古（ཐོགས་མེད།）至今所积累的善业之江河（བསགས་པའི་དགེ་ཚོགས་ཀླུང་།），

与忠诚的夏季相伴随（ལྷག་བསམ་དབྱར་གྱིས་དུས་དང་ཉེར་འགྲོགས་ཏེ།），向静静的大海尽快流淌（ཞི་མཚོག་རྒྱ་མཚོ།）！

大慈法王释迦也失的传记犹如从汪洋大海里取来的滴水，绝句诗歌体《祥云的甘露》（བསྐལ་བཟང་［ཆུ་］འཛིན…བདུད་རྩི།）是在一些有心人（དོན་གཉེར་ཅན་འགའ་ཞིག）要求下，参考相关资料整理撰写的，作者是热达纳阿尔哇森德（རཏྣ་ཨརྠསིདྡྷོ།）。

第三篇

《昆·顿巴传》（འཁོན་སྟོན་པའི་རྣམ་ཐར།）记载：

后来转生为大慈法王，诞生于吉续贡塘（སྐྱིད་ཤོད་གུང་ཐང་།）[①] 地方。从小开始，在长时间里学习经典，获得了学者的成就。大明皇帝邀请宗喀巴大师时，他受命代表大师，将第二佛陀的教法传播到所有汉地。返回卫地后，创建了色拉寺大乘洲。大慈法王被称为“大宝法王”（ཏའི་བའུ་ཏ་ཕང་།）[②]。然后转生为吉尊确吉坚赞（རྗེ་བཙུན་ཆོས་ཀྱི་རྒྱལ་མཚན།）。

① 拉萨贡塘地方。

② 这里也把大慈法王和大宝法王搞混了。

第四篇

《黄琉璃·色拉大乘洲志》(བེ་སེར།) 载：

文殊怙主法王（འཇམ་མགོན་ཆོས་ཀྱི་རྒྱལ་པོ།）① 在色拉曲顶撰写《中论广释正理之海》（ཙ་ཤེའི་འགྲེལ་ཆེན་རིགས་པའི་རྒྱ་མཚོ།）② 时，显现并看到仿佛是用金汁书写的般若的文字（ཤེར་ཕྱིན་གྱི་ཡི་གེ་གསེར་ཞུན་གྱིས་བྲིས་པ་ལྟ་བུར་སྣང་ལ་གཟིགས།），③预示着将出现讲授和修炼大乘所有经典的寺院。据此预兆，大慈法王释迦也失诞生于蔡贡塘地方。精通了很多经典的教义，能回想往世的情形，具有先觉，修成了多闻子(རྣམ་ཐོས་སྲས།)，拜文殊怙主法王为根本上师。大明皇帝（རྒྱ་ནག་རྒྱལ་པོ་ཏའི་མིང་།）派人邀请宗喀巴大师，大师派遣法王释迦也失作为大师的代表，并被尊为国师。在汉地施法降下了大雪。授予“大宝法王”（ཏའི་བའུ་ཏ་ཕང་།）④ 即大慈法王的名号。赠予了丰厚的礼品。在汉地修建了华严寺⑤。在该处传播了无双的宗喀巴教法后，回到了西藏。在色拉孜（སེ་ར་རྩེ།）与大师会面，敬赠了见面礼。不久，大师嘱托修建色拉大乘洲，主供佛是法王从汉地请来的白檀香的木十六罗汉（ཙནྡན་དཀར་པོའི་གནས་བརྟན་བཅུ་དྲུག）作为装藏并有十尊者环绕的释迦牟尼佛像（ཐུབ་དབང་གནས་བཅུས་བསྐོར་བ།）。由于僧人众多分为上下汉仲四个扎仓（སྟོད་སྨད་རྒྱ་ཕྲོང་［འཕྲོང་］སྙིང་སྟེ་གྲྭ་ཚང་བཞི།）⑥。委任十明学者塔杰桑布（བཅུ་སྨྲ་བ་དར་རྒྱས་བཟང་པོ།）为寺座（གདན་སར་བསྐོས།）。在文殊怙主法王圆寂后，再次被邀请到汉地，大明皇帝的太子宣

① 这里指的是宗喀巴大师。

② 宗喀巴大师对龙树所著《中论》的注释。

③ 复印件第 15 页正面。

④ 作者把大宝法王和大慈法王搞混了。

⑤ 应为海印寺。

⑥ ཧུང་དཀར་ཅོག་མཛོད་ཁྲིད་ཀྱི་སེ་ར་དགོན་པ་གཟིགས།

德继承父皇①的遗志，对法王尊敬有加。在回藏途中，在巴尔康(བར་ཁམ།)② 佐莫喀圆寂。大堪布释迦楚臣（མཁན་ཆེན་ཤཱཀྱ་ཚུལ་ཁྲིམས་པ།)在此修建了寺院。向甘丹寺（宗喀巴）银质灵塔敬献了汉式帐篷(རྒྱ་གུར།) 和十六尊者的刺绣唐卡（གནས་བརྟན་བཅུ་དྲུག་གི་ཤི་ཐང་།)。其弟子阿木葛和索南西饶做了帝师。他们两位的弟子勋奴班丹（གཞོནུ···དཔལ་ལྡན།) 也当了国师。佐莫喀寺院由命官（དཔོན་རྒྱུད་ཀྱི་བཟུང་།) 管理。佐莫喀是色拉寺大慈法王奉皇帝之命赴内地时，曾说：若能在此处建寺多好！在内地圆寂后，其灵柩运至此处,③ 灵车陷入泥淖，不得前行，忽然想起法王生前的意愿，大明永乐④皇帝建造了弘化寺（ཁྲི་ཀྱིན་ཧུང་ཧྭ་ཟེ།)⑤ 城堡，建造了金质灵塔和许多佛像。据说由其大弟子僧格桑布主持。

第五篇

法王阿旺强巴所撰《色拉哲蚌寺志》(རྗེ་ངག་དབང་བྱམས་པས་སེ་འབྲས་ཀྱི་དཀར་ཆག) 载：

嗡，吉祥！智慧之剑虽然割断了一切束缚，大爱（རྩེ་ [བརྩེ་] ཆེན།) 之绳紧紧拴牢在这世间（སྲིད་འདིར།)，向流水般格言的甘露使无数众生常常得到满足的宗喀巴大师顶礼!，从断证功德高尚的天空中，大慈的月光（བྱམས་ཆེན་འོད་དཀར།) 平等照亮众生之界，能消一切离戏愚昧（ཉོན་མོངས།) 及烦热（ཚ་གདུང་།)，向这位人主（མི་དབང་།)

---

① 见前第二篇 122 页“宣德皇帝”注释。

② བར་ཁམ་ 应为 བར་ཁམས། 指中部康区。由于康区的江河大部分由北向南流去，所以，上部康区是指与青海省相连的西部藏区；中部康区是指长江和澜沧江流域的藏区；下部康区是指从西藏自治区的察隅县到云南西部的藏区。

③ 复印件第 15 页背面。

④ 应为大明宣德皇帝。

⑤ 本文藏汉合璧历史文献第 21 件称“黑城子厂房地方”。

大菩萨（མཐུ་ཆེན།）的顶饰（གཙུག་རྒྱན།）敬礼！在深沉而博大的大海中，无边的夏鼓[1]敲响四面八方，使吉祥的庄稼在大地上茁壮成长，吉祥大乘洲的形成过程在此诉说。在这里，为解脱和一切智而努力的有缘之所有蜜蜂，唱着动听的格言之歌，比赛着辨别力的翅膀（རྣམ་དཔྱོད་ཀྱི་གཤོག་རྩལ།），在断七及其从属（སྤོང་བདུན་འཁོར་བཅས།）[2] 的园林里游戏，上十万部的显密经论（མདོ་རྒྱུད་གཞུང་ལུགས་འབུམ།）就像莲花盛开，把所有教义为自己修炼而持有的亲友，如同内芯含笑而待放的花蕾（ཁོང་འཛུམ་གྱི་གེ་སར།），使所有愚昧无知（བླུན་རྨོངས།）的芸芸众生得以明了的，三学的香味（དྲི་བསུང་།）使四方轮子威风凛凛（ཕྱོགས་ཀྱི་འཁོར་ལོ་འགེང་［འགྱིང་］བ།）的色拉大乘洲的创建者是：名满天下的强钦曲吉释迦也失。这位尊者虽有无数的生平事迹，其功德只是在内部叙述，而公开以书面记述的不太多，而太多虚构也无意义。在此依据先辈们的说法说开去：这位尊者的诞生地在拉萨[3]大昭寺以东，众生的怙主塔布噶举派的大成就者（དྭགས་པོ་བཀའ་བརྒྱུད་ཀྱི་གྲུབ་ཐོབ་ཆེན་པོ།）“嘎吾查巴”（འགྲོ་བའི་མགོན་པོ་གཞུ་བྲག་པ།）的寺院——蔡贡塘附近。一生下来就说出了不少前世的情景。三门清静（སྒོ་གསུམ་ཞི་དུལ།），行为端庄，出家时名（རབ་ཏུ་བྱུང་བའི་མཚན།）释迦也失，其言行举止与一切凡夫俗子大相径庭。勤奋读书识字，背诵经卷，按口头说法，他曾做了宗喀巴大师的饮食侍官（གསོལ་བ་འདྲེན་མཁན་མཛད།）。当时，他对宗喀巴大师怀着佛陀真身般的敬仰（སངས་རྒྱས་དངོས་ཀྱི་འདུ་ཤེས།），把自己视为敬献给大师的奴才（རང་ཉིད་བྲན་དུ་འབུལ་བར་མཛད།），对大师言听计从（ཅི་གསུང་བཀའ་བཞིན་བསྒྲུབས།），聆听和牢记大师所宣讲的显密宗教法于心底。特别是大师曾在色拉曲顶，从火猪年到土牛年两年时间里，乃吾（ཉེའུ།）作为施主答应提供供养（ཞལ་བཞེས་མཛད།）。在严密的闭关修行的状态

---

① 雷声。

② 即身之三不善、语之四不善以及所属一切所断身语之戒律。

③ 复印件第 16 页正面。

下，对于许多授众讲授了“密集五次第”（གསང་འདུས་རིམ་ལྔ།）、“母续杜鹃鸟”（མ་རྒྱུད་དཔྱིད་ཀྱི་རྒྱལ་མོ།）等。根据众多祈祷者的要求，答应撰写《中论根本般若广论》（དབུ་མ་རྩ་བ་ཤེས་རབ་ཀྱི་རྒྱ་ཆེར་འགྲེལ།），对经典的每一个论断都进行了深入的辨析，对于各别细节稍有质疑，对此尽力祈祷上师和文殊菩萨，有一个时候，反复看到了用金汁书写的般若波罗蜜多经二十空性的注释（ཤེས་རབ་ཀྱི་ཕ་རོལ་ཏུ་ཕྱིན་པའི་མདོའི་སྟོང་ཉིད་ཉི་ཤུའི་འགྲེལ་ཀང་།），显现在空中。根本智慧十分聪慧的人们（རྩ་བའི་རིགས་པ་ཤིན་ཏུ་ཐ་བ།）的一切疑问也就迎刃而解了，没有遗留。此后，迅速撰写了中观根本广论（རྩ་ཤེའི་རྣམ་བཤད་ཆེན་མོ།）和经论中的《辨了不了义论》（གསུང་རབ་ཀྱི་དྲང་ངེས་རྣམ་པར་འབྱེད་པའི་བསྟན་བཅོས།）（དྲང་ངེས་ལེགས་བཤད་སྙིང་པོ།）。当时，明朝皇帝派来①迎请（宗喀巴）大师的使者到来，大师非常认真地讲述了去内地的阻力和没有太大必要性的理由，金字使者返回。克珠杰（མཁས་གྲུབ་རིན་པོ་ཆེ།）也是在这一时期拜宗喀巴为师的。从这时开始，在色拉曲顶详细讲授了：《中观根本论》（རྩ་ཤེ་རྩ་འགྲེལ།）、《辨了不了义》、《四百颂》、《密咒》（གསང་སྔགས།）、《次第》（ལམ་རིམ།）、《根本堕罪》（རྩ་ལྟུང་།）、《上师五十颂》（བླ་མ་ལྔ་བཅུ་པ།）、《菩提道次第论》等。陆续有600多位持藏师（སྡེ་སྣོད་འཛིན་པ།）参加，乃吾提供了全面的供养。有时，在色拉后山顶上（སེ་རའི་རྒྱབ་རིའི་རྩེར།）的修行室——能容四威仪房②（སྒྲུབ་ཁང་སྤྱོད་ལམ་བཞི་ཤོང་།）幽静处闭关（འགོལ་མཚམས།）。③有时，又在热喀查修行房（ར་ཁ་བྲག་རི་ཁྲོད།）④闭关，座间（ཐུན་མཚམས།）塑造了大量佛像和擦擦（སཚྭ།）⑤。在以上所有时间里，至尊释迦也失在完成服侍宗

---

① 复印件第16页背面。

② 《藏汉大词典》注：比丘住房宽度，能容纳一人起不碍手、卧不碍屈伸、行能各方三步、坐能跏趺。

③ འགོལ་ནི་དབེན་གནས།

④ 色拉东面的山上的修行房，详见《东噶藏学大辞典》上的“ར་ཁ་བྲག་རི་ཁྲོད”词条。中国藏学出版社，2002年，1881页。

⑤ 印塑泥像。

喀巴大师的主要任务的同时，聆听了大师所讲授的一切教法，虽然没有智者的赫赫名声，但所有知识均来自于上师喜悦的心境，所以把宗喀巴大师关于显密教法的一切教导如同瓶中灌水，无一泄漏。特别是专心修炼了慈悲之性（བྱམས་སྙིང་རྗེའི་རང་བཞིན།）、十分注重守持僧伽德行（བཙུན་ཚུགས་པ་གཙོ་བོར་འདོན་ཞིང་།）①、对于防沾染戒律（སྦག་པའི་ཚུལ་ཁྲིམས།）② 不踏入密集主坛城③（གསང་འདུས་མི་སྐྱོད་པའི།）的生起和圆满次第（བསྐྱེད་རྫོགས་ལ།）进行了彻底的修炼（ཉམས་ལེན་མཐིལ་དུ་མཛད་པས།）④。在这位法王的请求下，宗喀巴大师讲授了密集圆满次第的究竟要义——九类融合的秘法（བསྲེ་པ་སྐོར་དགུའི་མན་ངག）⑤，正如《宗喀巴大师全集》（རྗེ་རིན་པོ་ཆེའི་གསུང་འབུམ།）所记载的那样。在宗喀巴大师没有前往内地，而使者们回京上奏皇帝讲明缘由之后，皇帝再次下诏：若本人不能前来，就要委派一位与大师本人无异的弟子（རྗེ་ཉིད་དང་ཁྱད་པར་མེད་པའི་སློབ་མ།）进京，充任国师之职。至圣先师一切知宗喀巴就嘱托这位具有多种才智和成就的大弟子作为自己的代表前往，⑥ 并就如何为众生谋利（འགྲོ་དོན་ཇི་ལྟར་བྱ་ཚུལ་གྱི་བསླབ་སྟོན།）赐予了详细教诲，在众多护法神中委托多闻子为完成任务给予护持，天王也应允了。到内地后，施法降下大雪。皇帝龙体患有严重疾病（བསྙུན་གཞི་དྲག་པོས་ཟིན་པ།），进行了治疗，授予了灌顶，疾病痊愈（བསྙུན་ལས་གྲོལ།）。靠无边的法术和法力，使皇帝和大臣们信

---

① དུང་དཀར་ཚིག་མཛོད་དུ་བཙུན་ཚུགས་མ་དོར་བའམ་བཙུན་པའི་བྱ་སྤྱོད་མ་དོར་བ་ལ་གོ།

② སྦག་པའི་ཚུལ་ཁྲིམས་ལས་སྦག་པ་ནི་དྲི་མས་སྦགས་པ། ངན་གོམས་ཀྱིས་སྦགས་པ། བཙོག་པས་སྦགས་པ། 沾染污垢、沾染不良习气、犯了过失、弄脏。

③ དུང་དཀར་ཚིག་མཛོད་དུ་གསང་འདུས་མི་སྐྱོད་པ་ནི། དཀྱིལ་འཁོར་གྱི་གཙོ་བོར་མི་བསྐྱོད་པ་བྱེད་པའི་གསང་འདུས་ལ་གསང་འདུས་མི་བསྐྱོད་པ་ཟེར་བ་ཡིན་ཞེས་བཀོད་ཡོད།

④ 《藏汉大词典》：生圆次第。生起次第和圆满次第之略，密乘中修习本尊三身为生起次第，修习风、脉等为圆满次第等。

⑤ དུང་དཀར་ཚིག་མཛོད་ལས། བསྲེ་བ་སྐོར་དགུ་ནི། གཞི་དུས་ཀྱི་བསྲེ་བ་གསུམ། ༡གཞི་འཆི་བ་ཆོས་སྐུ་དང་བསྲེ་བ། ༢བར་དོ་ལོངས་སྐུ་དང་བསྲེ་བ། ༣སྐྱེ་བ་སྤྲུལ་སྐུ་དང་བསྲེ་བ། གཉིད་དུས་ཀྱི་བསྲེ་བ་གསུམ། ༤གཉིད་ཆོས་སྐུ་དང་བསྲེ་བ། ༥རྨི་ལམ་ལོངས་སྐུ་དང་བསྲེ་བ། ༦གཉིད་སད་པ་སྤྲུལ་སྐུ་དང་བསྲེ་བ། སད་དུས་ཀྱི་བསྲེ་བ་གསུམ། ༧ལུགས་འབྱུང་གི་སྟོང་པ་བཞི་པར་སྦྱར་བ་འོད་གསལ་ཆོས་སྐུར་བསྲེ་བ། ༨ལུགས་ལྡོག་གི་སྟོང་པ་བཞི་པ་ལོངས་སྐུར་བསྲེ་བ། ༩ལོངས་སྐུ་ལས་ལྡང་བ་སྤྲུལ་སྐུ་བསྲེ་བ་བཅས་དགུའོ།

⑥ 复印件第 17 页正面。

服了，降下了教法的雨露。在五台山修建了六座寺庙，在内地花园附近修建了被誉为“华严寺”[1] 的寺院。这些都是弘传格鲁派教法的功德。尤其是天王多闻子使其顺利成就了所有事业，所以大明皇帝封他为“无与伦比的国师”。其封号全文是：“万行妙明真如上胜清净般若弘照普慧辅国显教至善大慈法王”[2]。赐予了封号、诏书和难以想象的赠品。他携带着在内地第一次刻印的《甘珠尔》朱印献新版（པར་ཕུད་མཚལ་པར།）、阶梯式封面用金汁书写的神奇大藏经（པར་ཕུད་མཚལ་པར་ཐེམ་སྐས་ཅན་གདོང་ལ་གསེར་གྱི་ཡི་གེ་བྲིས་པ་ངོ་མཚར་ཅན།），来到了卫地拉萨。首先来到甘丹寺，以丰厚的赠品，使宗喀巴大师欢悦。与众大弟子们一道，尤其与绛央曲杰（འཇམ་དབྱངས་ཆོས་རྗེ།）一起聆听了许多有关胜乐的讲经，他对绛央曲杰的渊博学识，赞许有加。然后，宗喀巴大师到堆龙温泉（སྟོད་ལུང་ཚ་ཚན།）、哲蚌（འབྲས་སྤུངས།）、拉萨，进行了广泛的发愿回向，最后邀请到色拉，为在色拉孜弘传教法，保证了供养。此时，[3] 宗喀巴大师认为：在这雪域高原，原有密乘的所有传承已全部消失多年；虽然由于本人的甘露般正确阐释，出现了智慧超群的大德，但是至今还没有专门传授密乘的经院，如能创建这样的传承多好啊！抱着这种一心为宗教着想的强烈愿望，大师早就一再提出要为创建这种传承提供条件（བདག་རྐྱེན།）[4]，尤其是这一次，更加认真地提出来了。法王自己也十分愿意为此做出努力，极大地关心此事，为了创建主要依靠清净的戒律，专门传授吉祥密集和胜乐根本续的僧院，捐献了丰富的所需条件。承诺创建十座寺院。大师十分高兴地为密宗院的

---

① 应为海印寺。

② འཕྲིན་ལས་སྣ་ཚོགས་མཁས་ཞིང་གསལ་བ་ཆོས་ཉིད་དམ་པ་མཆོག་ཏུ་རྒྱལ་བ་ཤེས་རབ་རྣམ་དག་སྣང་བ་ཆེན་པོ་ཀུན་ལ་ཁྱབ་ཅིང་རྒྱལ་ཁམས་སྐྱབས་ཅིང་བསྟན་པ་རྒྱས་མཛད་རབ་ཏུ་དགེ་བ་བྱམས་ཆེན་ཆོས་ཀྱི་རྒྱལ་པོ། 所引封号有误。国师封号应是：“妙觉圆通慧慈普应辅国显教灌顶弘善西天佛子大国师”这里引用的是宣德九年所封法王的封号。

③ 复印件第 17 页背面。

④ 敬献增上缘。

创建作了详尽的部署。委任学识渊博而成就卓著的喜饶森格为“却本”，本人也承诺。为了图个玄妙的吉利（རྟེན་འབྲེལ་ཁྱད་པར་ཅན་སྒྲིག），在该地进行了长净，从两部密续王中的开篇部分分别讲授了一座间。然后，为了不间断显密两宗的讲听传承（འཆད་ཉན།），为了无数众生的福田（བསོད་ནམས་ཀྱི་ཞིང་།），就如何修建色拉大乘洲的构想，向宗喀巴大师进行了汇报。就在土阴牛当年，由乃吾宗（སྣེའུ་རྫོང་།）提供条件，①奠定了基础，逐渐建起了茅屋（སྤྱིལ་བུ།）等。然后，修筑了寺院大殿及其内殿（དྲི་གཙང་ཁང་།），其中塑造了尊者从内地带来的由白檀香木（ཙན་དན་དཀར་པོ།）制成的佛像、十六罗汉（གནས་བརྟན་བཅུ་དྲུག）及和尚居士（དགེ་སྙེན་ཧྭ་ཤང་།）等作为装藏（ནང་བཞུགས།）的殊胜的香泥佛像（སྨན་སྐུ་ཁྱད་པར་ཅན།），还安放了从内地带来的奇异《甘珠尔》。约两年的时间里，弘扬了佛法，转动了法轮。孔茹·坚赞桑布（ཀུང་རུ་རྒྱལ་མཚན་བཟང་པོ།）传记载：46 岁那年来到了大乘洲，从大慈法王释迦也失处获得大威德灌顶（འཇིགས་བྱེད་ཀྱི་དབང་།），得授红矛毗沙门（རྣམ་སྲས་མདུང་དམར་ཅན།）② 的加持。昌都寺的创建人强森喜饶桑布（བྱང་སེམས་ཤེས་རབ་བཟང་པོ།）传记载：从法王释迦也失处聆听了五红阎魔敌（གཤེད་དམར་ལྷ་ལྔ།）、九尊无量寿（ཚེ་དཔག་མེད་ལྷ་དགུ།）、随行佛母（སོ་སོར་འབྲང་མ།）、大白伞盖佛（གདུགས་དཀར།）、尊胜佛母（རྣམ་རྒྱལ་མ།）、大成就者夏哇日巴（ཤ་བ་རི།）、光明母（འོད་ཟེར་ཅན།）等。在宗喀巴大师圆寂后，第二年的五供祭日（ལྔ་མཆོད།），来到热喀查修行洞举行了悼念法事活动。又在铁牛年，皇帝派来邀请人员前来迎请，委任宗喀巴大师的亲传弟子法王塔杰桑布（དངོས་སློབ་ཆོས་ཀྱི་རྗེ་དར་རྒྱས་བཟང་པོ།）为法座后，前往朝廷。在即将抵达之时，皇帝驾崩。皇太子宣德比先皇还要敬重，完成了大量众生之事后，在返回卫地的中途佐莫喀（མཛོ་མོ་སྣར།）圆寂。在此安放着遗体，释迦楚成（ཤཱཀྱ་ཚུལ་ཁྲིམས།）建造了壮美的寺庙（དགོན་པ་

① 复印件第 18 页正面。

② 一财神。

ཕུན་སུམ་ཚོགས་པ།）。法王本人的近侍（ཉེ་གནས།）聂塘人阿木葛（སྙེ་ཐང་པ་ཨ་མོ་ག།）和索南西饶二人担任了皇帝的帝师（ཏི་ཤྲཱི།），弘扬了宗喀巴大师的教法（རྗེ་རིན་པོ་ཆེའི་རིང་ལུགས།）。现保存于甘丹寺银质灵塔（དགའ་ལྡན་གྱི་དངུལ་གདུང་།）殿内的汉式帐篷（རྒྱ་གུར།）和①十八罗汉的丝织唐卡（གནས་བརྟན་སེའུ་ཐང་།），是由他们两位敬献的。他们两位的弟子勋奴白（གཞོན་ནུ་དཔལ།）也做了皇帝的帝师，使宗喀巴大师的教法在那里得到了很好的弘扬。②

第六篇

经师唐杰钦巴的《道次第说上师传承传》（གསུང་ལམ་རིམ་བླ་མ་བརྒྱུད་པའི་རྣམ་ཐར།）中《大慈法王传》记载：

据传，大慈法王释迦也失是被喻为胜者的木阳马年（རྒྱལ་བ་བཞེས་པ་ཤིང་ཕོ་རྟའི་ལོ་སྣྲོན་ཟླའི་ཡར་ངོའི་ཚེས་གཅིག་གི་ཉིན། 甲午年）心宿月（藏历四月）上旬初一诞生于贡塘地方一户官宦之家。少年时就能回想许多前世之事，虽然具备先天的聪慧，但投靠了众多的杰出上师，深入学习了所有佛经，尤其是在宗喀巴大师跟前聆听了许多教诲，成为了著名学者。当时，明朝永乐皇帝（རྒྱ་ནག་གོང་མ།）为了……邀请③到京城（གོང་མའི་ཕོ་བྲང་།），派遣大臣侯显（ཧའུ་ཞིན།）等四位大臣（ཏཱ་ཞིང་།）为首的众多金字使者，带着诏书和丰厚的赠品，邀请宗喀巴。这些金字使者到来时，宗喀巴大师正在色拉曲顶严格闭关静修，④ ……使者们来到色拉，大师接受了赠品，对大臣们详细说明了去内地的阻力和必要性不大的缘由。使者们未能请到宗喀巴

---

① 复印件第 18 页背面。

② 复印件第 19 页正面。

③ 复印件第 19 页背面第 5 行至 6 行显现不清。

④ 复印件第 18 页背面第 6 行显现不清。

大师，作为大师的代表，委派了①……被灌顶的化身（དབང་གིས་སྤྲུལ་པའི་སྐུ།）大慈法王。② 上师、众弟子和四位大臣等众人经过山南、康区等地，逐渐来到京城皇宫，拜见了永乐皇帝，皇帝也赐予了敬奉的供养（མི་ཞུའི་བསྙེན་བཀུར།）。皇帝下旨大慈法王，朕有意在内地弘扬宗喀巴教法的精髓，为此你要举行显密宗，特别是四续部大坛城（རྒྱུད་སྡེ་བཞིའི་དཀྱིལ་འཁོར་ཆེན་པོ།）修供仪轨。大慈法王从新年开始仲春初期间，为密集、喜金刚、胜乐大轮大威德、四十九大威德、药师佛修供，进行了预备工作。从九日开始的三个月时间里举行了修供仪轨。修供仪轨成功的标志是：天空奏响了神界的音乐声，悬挂了五色彩虹（ཁ་དོག་སྣ་ལྔ།），有胜幢、金刚（རྡོ་རྗེ།）、法轮（འཁོར་ལོ།）、莲花（པད་མ།）等各种造型，所有僧俗亲眼所见；在没有云彩的天空中，神仙还降下了花雨等，出现了奇异的征兆。皇帝说：在他的梦中，多次看见所有十方佛菩萨（ཕྱོགས་བཅུའི་སངས་རྒྱས་བྱང་སེམས།）赫然端坐（བཀྲ་ལམ་བཞུགས།）在海印寺的上空。法王自己也反复看到了坛城的诸神。从此，大皇帝产生了无限的信仰（ཐུགས་དད་ཚད་མེད་སྐྱེས།），赐予了金轮印（གསེར་གྱི་འཁོར་ལོ་ཡོད་པའི་ཐམ་ཀ）和大量赠品，给予了赞扬和嘉奖。为皇帝万寿无疆，举行了自在佛母教法中的长寿灌顶和③大成就者迪洛巴教法中的胜乐死亡解脱灌顶，在场人都亲眼看见，当灌顶宝瓶放在头顶时，甘露使宝瓶弥漫并溢出来，还出现了长寿丸子闪闪发光的景象等许多吉兆。皇帝十分惊异，更加崇敬。赏赐了镶有各种珠宝金银的宝座（རིན་པོ་ཆེ་དང་གསེར་དངུལ་གྱི་རིགས་བརྒྱན་པའི་བཞུགས་ཁྲི།）、椅子（ཡི་ཙི།）、茶几（མདུན་ལྕོག）、脚垫（ཞབས་སྟེགས།）、坐垫（བཞུགས་གདན།）等无数物品。另外，为在汉族、蒙古族地区的出家人（རབ་བྱུང་།）、比丘（བསྙེན་རྫོགས།）、在家人（ཁྱིམ་པ།）授予近住戒（斋戒）、居士戒（དགེ་བསྙེན།），讲授了适

① 复印件第 18 页背面第 7 行显现不清。

② 复印件第 19 页正面。

③ 复印件第 19 页背面。

合自己心愿的佛法，让宗喀巴大师的教法在这些地区传播。特意从各地前来朝见的所有大小上师官员（བླ་དཔོན་སྐྱེ་བོ་ཆེ་ཕྲ་ཐམས་ཅད།），敬献礼品（འབུལ་བ་ཞབས་ཏོག），对他们根据各自的随缘（སྐལ་བ་དང་འཚམ…པ།），授予了出家戒（རབ་བྱུང་སྡོམ་པ།）、比丘戒（བསྙེན་རྫོགས་སྡོམ་པ།）、斋戒（བསྙེན་ གནས་ བསྣུང་ ［བསྲུང་］ གནས་ ཀྱིས་ སྡོམ་ པ།），以及加持、讲授（ཁྲིད།）、秘诀等，满足了各自不同的愿望，使其成熟和解脱。然后，向皇帝提出请求：为了拜望、供养和服侍宗喀巴大师，并向他请教许多教法，特请求准予返回卫地方。皇帝也恩准了他的请求，并派金字使者护送。他与使者一道，经过山西大路（ཤན་ཟིའི…ལམ་ཆེན།），逐渐到达理塘强钦曲科（大慈法轮 བྱང་ཆུབ་ཆོས་འཁོར།）寺，来到西藏卫地，同宗喀巴大师会面，敬献了皇帝赐予的十八罗汉丝织唐卡（གནས་བཅུའི་ཐགས་སྐུ།）、木架帐篷、镶满珠宝的金银曼陀罗①以及大批量的各种绸缎，还举行了祈祷长寿法事。对（大昭寺）释迦牟尼佛像涂了金，敬献了项链，进行了各种供养（མཆོད…པའི་རིགས།）。对以甘丹寺为主的僧众，发放了布施，熬了茶。当（护送人员）回京时，向皇帝谢恩、请安，也对他们送行（རྫོང་བ…མཛད།）。此后，尽管在很早以前，宗喀巴大师在色拉的时候，他聆听过大师讲授的《中论》、《辨了不了义》、《四百颂》、《菩提道次第》、《密乘道次第导释》（གསང་སྔགས་ལམ་རིམ་གྱི་ཁྲིད།）、《十四中根本堕罪》的两种阐释（ཙ་ལྟུང་བཅུ་བཞི་པའི་རྣམ་བཤད་གཉིས།）等经典，但是再一次请大师讲授并聆听了无数深邃而广泛的教法：《吉祥密集的阐释明灯注解》（དཔལ་གསང་བ་འདུས་པའི་འགྲེལ་པ་སྒྲོན་གསལ་མཆན་བུ།）等，还有部分《释续》的秘诀（བཤད་རྒྱུད་འགའ་ཞིག་གི་ལུང་།）、《五次第导释》（རིམ་ལྔའི་ཁྲིད།）、《六支加行》详解（སྦྱོར་བ་ཡན་ལག་དྲུག་པའི་ཁྲིད་རྒྱས་པ།）、《时轮详解无垢光释广严疏》（དུས་འཁོར་གྱི་འགྲེལ་ཆེན་དྲི་མེད་འོད་ཀྱི་བཤད་པ…ཆེས་ཞིབ་པ།）、《纳若六法》（ན་རོ་ཆོས་དྲུག）、《入中观论》（དབུ་མ་འཇུག…

① 复印件第 20 页正面。

པ།）、《释量论》（ཚད་མ་རྣམ་འགྲེལ།）、《胜乐根本续》（བདེ་མཆོག་རྩ་བའི་རྒྱུད།）等。此后每年向皇帝请安（འཚམས་ཞུ།），并提供了越来越深奥的宗教谏言（ཆོས་ཀྱི་གདམས་པ་གོང་ནས་གོང་འཕེལ།）。皇帝也每年下达圣旨（གསེར་ཡིག），赐予丰厚赠品。在宗喀巴大师即将圆寂时，先到堆龙温泉，接着到哲蚌。然后到拉萨时，这位大慈法王，在充分准备的情况下把大师请到了色拉并安排在曲顶，用无限丰盛的供物进行了供养。当时，大师对这位大慈法王提出了在色拉创建寺院，专门进行讲授和修行的详尽要求，[①] 尤其在密宗方面，雪域高原上已经失传多年，由于大师本人的正确诠释（བཤད་པ་རྣམ་པར་དག་པ།），虽然使不少人受到甘露的滋润而使智慧之身得到满足（བློ་གྲོས་ཀྱི་ལུས་ཡོངས་སུ་ཚིམ་པ།），但是至今没有专门讲听续部的、基础牢靠的僧院（གྲྭ་ས་གཞི་ཐིངས་པ།），如能建成这样的讲授基地该多好啊！以一心为宗教着想的强烈愿望，嘱咐大慈法王要创立能专门传授胜乐和密集的密宗寺院。大慈法王也承担起完成大师嘱托的广泛责任，在色拉曲顶做出了创建依靠熏陶根基的纯净守则（གཞི་འདུལ་བའི་བསླབ་ཁྲིམས་རྣམ་པར་དག་པ་ལ་བརྟེན།）、传授吉祥密集和胜乐本续的僧院的部署；任命了却本；为了图个玄妙的吉兆，进行了长净；从两个续部王中分别讲授了一座间的经典，在各种祥和的气氛中（རྟེན་འབྲེལ་སྒྲིག་པ་ལ་རྟེན་ནས།）创建了色拉寺。不久，宗喀巴大师圆寂时，朝拜了遗体、敬献了项链并点燃供灯等，举行了盛大的悼念法事活动。在色拉曲顶以大慈法王自己为首与众多僧众一道，开启了密集、胜乐和大威德三尊的大坛城，为与持金刚毫无二致的上师，[②] 用外内密三层盛大的敬供，使其欢悦，广泛祈祷，通过本人跟随并接受灌顶等，以自己清净的守护誓愿和戒律，能够完全满足上师的心愿、永远不离开上师慧眼的视线（བླ་མ་མཆོག་གི་ཡེ་ཤེས་ཀྱི་གཟིགས་པ་ནམ་དུ་ཡང་མ་འབྲལ་བ།）。于是，出现了许多奇异的征兆，天空中反复出现彩虹，

---

① 复印件第20页背面。

② 复印件第21页正面。

下起了花雨。鸡年十月，几百名持金刚师在甘丹寺布置了无限的坛城（དཀྱིལ་འཁོར་དཔག་ཏུ་མེད་པ་སྒྲུབ་ཅིང་།）。在举行祭日那天完成祭奠活动时，地方官南喀桑布叔侄二人，邀请了以大慈法王为首的大批善知识，举行了盛况空前的祭日和祈祷活动，下起了弥漫的花雨：花朵的颜色就像珍珠，还有六瓣花朵等，有的颜色像海螺、有的像纯金、有的像橘黄色、有的却像涂过内地上等蓝靛色一般，而且有人的手掌那么大。大慈法王为宗喀巴大师的圆寂而举行的法事活动，之所以产生如此奇异的吉兆，是因为这位大慈法王是一位获得宗喀巴大师恩宠和加持的与众不同的贤哲。这一点正好在这里得到了证实。此后，受永乐皇帝之邀赴命。① 用宗教和财宝（ཟང་ཟིང་།）使皇帝满意。在内地展现了多种神变之能（རྫུ་འཕྲུལ་གྱི་བཀོད་པ།），把宗喀巴大师的教法原原本本（དྲི་མ་མེད་པ།）进行了广泛传播。由于宗喀巴大师的发心（ཐུགས་བསྐྱེད།）和大慈法王本人前世的祈祷（དེ་སྔའི་སྨོན་ལམ།），成就了由明朝太宗皇帝（ཐེ་ཙུང་རྒྱལ་པོ།）到宣德皇帝的四代皇帝（རྒྱལ་རབས་བཞི།）举办吉祥无上的佛事活动（མཆོད་པའི་དཔལ་ཡོན་བླ་ན་མེད་པ་མཛད།）。在八十二岁的木阴兔年十月十八日，在对大弟子国师阿木葛（ཀུ་ཤྲཱི་ཨ་མོ་ག།）和索南西饶进行了嘱咐交待，实施了内外管理（ཕྱི་ནང་གི་དོ་དམ་མཛད།）之后，进入了闭关静修（སྐུ་མཚམས་ལ་བཞུགས།）。二十四日在佐莫喀地方圆寂。之后众多公众的善知识（ཡོངས་ཀྱི་དགེ་བའི་བཤེས་གཉེན།），为圆寂广泛举行了四十九昼夜的善事（ཉིན་ཞག་བཞི་བཅུ་ཞེ་དགུ།）。那时，天空出现了彩虹，天神降下了花雨等等，显现了许多奇异的征兆。在被称为茶塞地方（ཁ་སའི་ཞེས་བྱ་བའི་ས་ཆ།），由国师班丹为首的许多善知识，聚集了众多大臣（བློན་ཆེན།）、大人（མི་ཆེན།）、将军（དམག་དཔོན།）和官员（མི་དཔོན།）等僧俗人等，火化了遗体（སྐུ་གདུང་ཞུགས་འབུལ་མཛད་པ།）。大家亲眼看到，国师班丹刚做了点火的姿势（སྤྲངས་ཀ་མཛད།），火就自燃

① 复印件第 21 页背面。

起来（རང་འབར་དུ་སོང་།），天空中出现五彩的宝伞、胜幢、飞幡、吉祥八图等的形状，成为了令人惊奇的现象。①

第七篇

班禅索南扎巴（པཎ་ཆེན་བསོད་ནམས་གྲགས་པ།）的《宗教源流——心中的庄严》（ཆོས་འབྱུང་ཡིད་ཀྱི་མཛེས་རྒྱན།）中写道：

大慈法王，生于蔡巴，懂得许多经典，具有回想前世经历等先知先觉之功德，尤其是由于有了多闻子天王（རྒྱ་ཆེན་སྲས།）的护持（རྗེས་སུ་བཟུང་བ།），受到大明皇帝邀请，被授予无与伦比的上师。赞誉为“万行妙明真如上胜清净般若弘照普慧辅国显教至善大慈法王”②，给予了无数的赠品和供奉。施主修建了华严寺（海印寺 ཧ་ཡན་བསི།）③，传播了格鲁派的教法。然后，回到卫地方，在色拉孜为宗喀巴大师宏转法轮（ཆོས་འཁོར་རྒྱ་ཆེན་པོ་བསྐོར།），提供了供奉。部署并建成了大乘洲道场（ཐེག་ཆེན་གླིང་གི་ཆོས་གྲྭ།），委任大学者塔桑（མཁས་པ་དར་བཟང་།）为寺座。这一年是宗喀巴大师圆寂的土猪年。再一次赴京，大明永乐驾崩，其皇太子宣德（སྲས་ཟྭན་ཏེ།）皇帝对法王进行了广泛的供奉，赢得了极大的声誉（སྙན་གྲགས་མཐའ་ཡས་པ་བྱུང་།），成就了无数利民之事（གཞན་དོན་མཐའ་ཡས་པ་བྱུང་།）。又返回卫地方的途中，在佐莫喀圆寂。他的弟子聂唐巴法王阿木葛和索南西饶二人，④也当了宣德皇帝的帝师，其伟业可同上一世施主和上师二人媲美。甘丹寺所存奇异的释迦佛像和十六罗汉的刺绣唐卡，也是在这三位施主和上师时

---

① 复印件第22页正面。

② འཕྲིན་ལས་སྣ་ཚོགས་(ལ་)མཁས་ཞིང་གསལ་བ། ཆོས་ཉིད་དམ་པ་མཆོག་ཏུ་རྒྱལ་བ། ཤེས་རབ་རྣམ་དག་སྣང་བ་ཆེན་པོ། ཀུན་ལ་ཁྱབ་ཅིང་། རྒྱལ་ཁམས་སྐྱབས་ཅིང་(སྐྱོབས་པ།)བསྟན་པ་རྒྱས་མཛད་རབ་ཏུ་དགེ་བ། བྱམས་ཆེན་ཆོས་ཀྱི་རྒྱལ་པོ།这是法王的封号。

③ 应为海印寺。

④ 复印件第22页背面。

期请到了卫地方。据传,这两位上师的弟子勋奴白,也做了皇帝的国师(རྒྱལ་པོའི་བླ་མཆོད།),主持了寺院(ཆོས་སྡེ་བསྐྱངས།)。

第八篇

列钦贡杰巴(ལས་ཆེན་ཀུན་རྒྱལ་བ།)所撰写的《噶当宗教源流》(བཀའ་གདམས་ཆོས་འབྱུང་།)中记载:

大慈法王释迦也失,遵照宗喀巴大师关于住持色拉寺(སེ་རའི་དགོན་པ་བཟུང་།),把它建成续部密集(འདུས་པའི་རྒྱུད་ཀྱི་བཤད་སྲོལ།)的传承地的要求,在色拉寺发展他的事业的时候,受皇帝之邀,去内地担任了皇帝的上师,建立了花园寺院(མེ་ཏོག་ལྷུམ་རའི་དགོན་པ།),受封为大慈法王,进行了广泛传教活动。现在,色拉寺和内地之间的广泛联系,也是由此而来。然后,根据宗喀巴大师的教导,大慈法王做施主(སྦྱིན་བདག་མཛད་ནས།),委任噶久巴(十难论师 དཀའ་བཅུ་པ།)塔桑(དར་བཟང་།)为色拉寺却本。然后,由杰孔茹坚赞桑布(ཀུང་རུ་རྒྱལ་མཚན་བཟང་པོ།)做了寺座,使伟业弘扬起来。然后是夏鲁巴饶江巴扎西嘉错(ཞ་ལུ་པ་རབ་འབྱམས་པ་བཀྲ་ཤིས་རྒྱ་མཚོ།)、贡钦罗追仁钦僧格(ཀུན་མཁྱེན་བློ་གྲོས་རིན་ཆེན་སེང་གེ།)、莱普喇嘛巴(ལྷས་བུ་བླ་མ་པ།)、持戒格勒白(འདུལ་བ་འཛིན་པ་དགེ་ལེགས་དཔལ།)①,现在是钦布聂穷白觉伦珠(ཆེན་པོ་གཉལ་ཆུང་དཔལ་འབྱོར་ལྷུན་གྲུབ།),是一位具有法眼的人物(ཆོས་ཀྱི་སྤྱན་དང་ལྡན་པ།)。向妙觉圆通慧慈普应辅国显教灌顶弘善西天佛子大国师释迦也失②致以萨尔瓦芒喀岚!(སརྦ་མངྒ་ལཾ།།)一切吉祥!

---

① 复印件第 23 页正面。

② 此乃大国师封号:མེའུ་ཀྲོ། ཡོན་ཐུང་། ཏུས་ཅི། ཤུ་ཡིན། ཏོས་ཀོས། ཞེན་ཀྲུའུ། ཀོན་ཏིང་། ཏོང་ཤེན། ཅི་ཞེན། བཙོ་ཅི། ཏཱ་ཀོའུ་ཤྲི། ཤཱཀྱ་ཡེ་ཤེས།

第二章　藏汉合璧历史文献

འབྲེལ་ཡོད་ཡིག་ཆ་བོད་རྒྱ་ཤན་སྦྱར།

དང་པོ། རབ་བྱུང་བདུན་པའི་ས་བྱི་ལོའི་(སྤྱི་ལོ1408)ཟླ་བ་དྲུག་པ། ཡུང་ལོའི་ཁྲི་ལོ་དྲུག་པར་རྗེ་ཙོང་ཁ་པས་ཡུང་ལོ་གོང་མར་ཕུལ་བའི་ཕྱག་བྲིས།

ཨོཾ་བདེ་ལེགས་སུ་གྱུར་ཅིག སྟོབས་པོ་ཆེའི་བསོད་ནམས་ཀྱི་མཐུ་ལ་བརྟེན་ནས་ས་ཆེན་པོ་རྒྱ་མཚོའི་མཐར་ཐུག་པར་ཚུལ་བཞིན་སྐྱོང་བའི་མིའི་དབང་པོ་ཆེན་པོའི་སྤྱན་སྔར། ནུབ་ཕྱོགས་གངས་ཅན་གྱི་ཁྲོད་ཡུལ་དབུས་ཀྱི་ཆ་ན་གནས་པའི་ཤཱཀྱའི་དགེ་སློང་བློ་བཟང་གྲགས་པའི་དཔལ་གྱིས་ཞུ་བ། ཆོས་ཀྱི་རྒྱལ་པོ་ཆེན་པོའི་བསོད་ནམས་རི་རབ་ལྷུན་པོ་ལྟར་འཕང་མཐོ་ཞིང་། བཀའ་འབངས་རྣམས་ཀྱི་བདེ་སྐྱིད་ལྷ་ཡུལ་ལྟར་ཕུན་སུམ་ཚོགས་པ། བཀའ་ལུང་གཉན་པོ་རྒྱལ་ཕྲན་དུ་མས་སྤྱི་བོས་ལེན་བཞིན་པར་བཞུགས་པའི་སྐབས་ནས་དཀོན་མཆོག་གསུམ་གྱི་མཐུ་སྟོབས་བསྐྱེད་པའི་ཕྱིར་དུ་ལུང་གིས་འདི་ཕྱོགས་སུ་མངགས་པའི་གསེར་ཡིག་པ་རྣམས་ཀྱིས་འཛའ་ས། མེ་ཏོག་ཞིབ་མོ་སྤྲིན་རིས་ཡོད་པའི་གོས་ཡུག་དམར་པོ་གཅིག་དང་། ལྷང་ཁྲེ་ཡུག་གཅིག མེ་ཏོག་མེད་པའི་གོས་ཡུག་དམར་པོ། སྔོན་པོ། ལྷང་ཁྲེ་ཡུག་གསུམ་དང་། དར་མདོག་ཅན་ཡུག་བདུན། གོས་ཆེན་གྱི་ཆོས་གོས། ཕྱག་ཚེ། གོང་ཐུང་། རིང་འགག ཆུ་ཤེལ་གྱི་ཕྲེང་བ། རྡོ་རྗེ་དྲིལ་བུ་བུབས་གཉིས། དཀར་ཡོལ་གཉིས། རྟེན་ཁེབས་གཉིས། ལག་ཕྱིས་གསུམ། པང་ཁེབས་མཚལ་གྱི་རྒྱན་གསུམ། སྐ་རགས། ཏིང་ཤག་བུབས་གཉིས། ལྷམ་འཕོབ་དང་བཅས་པ། ཇ་རྒྱ་མ་ལྔ་བཅུ། ཙན་དན་དུམ་གཅིག་གི་གནང་སྦྱིན་དང་བཅས་པ་འདིར་འབྱོར་པས་ཐུགས་ལ་བཏགས། གོང་ཆེན་པོའི་ཐུགས་ཀྱི་དགོངས་པ་ལ་ངེད་དེ་ཕྱོགས་སུ་ལན་གཅིག་འོང་བ་གྱིས་གསུངས་པ་ཡིན་ཟེར་བའི་ལུང་བྱུང་བའི་

རྒྱ་མཚན་གསེར་ཡིག་པ་རྣམས་དང་། ཕང་གིས་ནན་གྱིས་གསུང་འབྱོན་ཡིན་འདུག་པའི་དོན་ཁོང་དུ་ཆུད། སའི་བདག་པོ་ཆེན་པོས་སངས་རྒྱས་ཀྱི་བསྟན་པ་ལ་དགོངས་པའི་ལུང་ཡིན་པར་འདུག་པ་མ་གོ་བ་དང་། ལུང་ལ་མ་གུས་པ་དང་། བརྙས་པ་བྱས་པ་མ་ལགས་ནའང་། མི་མང་པོ་དང་ནམ་འཕྲད་པའི་དུས་རྣམས་སུ་ནད་དྲག་པོ་འབབ་ཞིག་འོང་བ་བྱུང་བའི་དོན་གྱིས་བཀའ་ལུང་བཞིན་དུ་བསྒྲུབ་པར་མ་ནུས་པ་ལ་ནམ་མཁའ་དང་འདྲ་བར་ཟབ་ལ་ཤིན་ཏུ་རྒྱ་ཆེ་བའི་ཐུགས་ཀྱིས་མི་དགྱེས་པ་མི་མཛད་པ་ཐུགས་ལ་དགོངས་པར་ཞུ། སྔོན་གྱི་དུས་སུ་བྱོན་པའི་ཆོས་རྒྱལ་ཆེན་པོ་རྣམས་ཀྱིས་འཇིག་རྟེན་འདིའི་ཁྲིམས་ལུགས་དང་། འཇིག་རྟེན་ཕྱི་མའི་ཆོས་ལུགས་ཕྱོགས་ཐམས་ཅད་དུ་ལེགས་པར་དར་བའི་ཐུགས་ཁུར་ཆེན་པོ་བསྣམས་འདུག་པའི་ལུང་བཞིན་དུ། ད་ལྟའི་དུས་སུ་གོང་མ་ཆེན་པོའི་ཐུགས་དགོངས་རྣམ་པར་དག་པ་དང་། མཛད་པ་ངོ་མཚར་བས་ལྷ་དང་བཅས་པའི་འཇིག་རྟེན་གྱི་ཡིད་མགུ་བར་བྱེད་པའི་གཏམ་སྙན་པོ་ཡང་དང་ཡང་དུ་ཐོས་པས། བདག་ཅག་འདི་ཕྱོགས་ན་ཡོད་པའི་རབ་བྱུང་དྲག་པ་ཐལ་མོ་ཆེས་གོང་མ་ཆེན་པོའི་སྐུ་ཚེ་དང་རྒྱལ་སྲིད་ཡུན་རིང་དུ་བརྟན་པའི་སྨོན་ལམ་རྣམ་པར་དག་པ་ཡང་དང་ཡང་དུ་འདེབས་ཀྱིན་ཡོད་པའི་ཚུལ་འདི་དགོངས་པར་ཞུ་ཞིང་། དེ་ལྟར་ཡིན་ལགས་ན་དེ་ལ་ས་སྐྱོང་ཆེན་པོའི་འཕྲིན་ལས་ཀྱིས་ཇི་ལྟར་སྐྱོང་། ཆོས་ཀྱི་རྒྱལ་པོ་ཉིད་ཀྱིས་མཁྱེན་པས་བདག་ཅག་འདྲ་བས་ཞིབ་ཏུ་མི་སྤོབས་ལགས། ཞེས་གུས་པས་ཕུལ་བའི་ཞུ་ཡིག་སྙན་ལམ་དུ་འབབ་པའི་ཐབས་ཀྱི་རྟེན་མཆོན་པར་ལིའི་ཡུལ་ནས་སྤྱན་དྲངས་པའི་སྤྱན་རས་གཟིགས་ཀྱི་སྐུ་གཅིག བཅོམ་ལྡན་འདས་ཤཱཀྱ་ཐུབ་པའི་གསེར་སྐུ་གཅིག དེ་བཞིན་གཤེགས་པ་འཇམ་དཔལ་གྱི་གསེར་སྐུ་གཅིག དེ་བཞིན་གཤེགས་པའི་རིང་བསྲེལ་འཕེལ་བཞིན་པ་གསུམ། སེལ་བྲ་གཅིག ཡང་དེ་བཞིན་གཤེགས་པའི་རིང་བསྲེལ་གཅིག རྒྱ་གར་གྱི་གྲུབ་ཆེན་རྒྱ་དང་བོད་གཉིས་ཀར་སངས་རྒྱས་ཀྱི་བསྟན་པ་དར་རྒྱས་སུ་མཛད་པའི་སྐུ་དྲིན་ཅན་ཇོ་བོ་ཆེན་པོ་ལྷ་གཅིག་གི་གདུང་རུས་ལས་བྱོན་པའི་རིང་བསྲེལ་གཅིག་རྣམས་ཕུལ། བྱི་བ་ལོ་ཟླ་བ་དྲུག་པའི་ཚེས་བཅུ་དགུ་ལ་ཡུལ་དབུས་ནས་ཕུལ་བའི་ཞུ་ཡིག

(ཀྲུང་གོའི་བོད་ས་གནས་ཀྱི་ལོ་རྒྱུས་ཡིག་ཚང་གྲོགས་བཏུས། ཤོག་གྲངས་༣༡༠ནས་༣༡༣)

第一件　藏历(第七绕迥土)鼠年(公元1408年,永乐六年)宗喀巴写给皇帝的请辞信。

唵!祈愿吉祥安乐!依伟大福德之力,如法抚治四海之内的大地之人主(皇帝)驾前,住于西方雪山境域之卫地的释迦之比丘罗桑扎巴贝敬启大法王之福德，犹如须弥山之高巍！诸臣民之安乐，有如天界之美满。政令之威严，为诸小邦所顶戴。至于此时，为了增长三宝之威力，派遣金字使者们来此处，赐给诏书及碎花云纹红色、青色、绿色缎三疋，彩缎七疋，大缎袈裟、帽、上衣、长坎肩，水晶念珠，金刚杵及铃两副，瓷碗一对，佛像罩衣两件，手巾三副，围裙，曼荼罗饰品三件，腰带，碰铃两副，靴袜等，茶叶五十斤，檀香木一段等物，我已收到，衷心感激。

大皇帝之旨意，盼我前来你处一遭，其中缘由，金字使者及王（指阐化王扎巴坚赞）已认真转达，我皆领会于心中。余非不知此是大地之大主宰为佛法着想之谕旨，亦非不遵不敬陛下之诏书，但我每与人众相遇，便发生重病，故不能遵照圣旨而行，惟祈陛下如虚空广大之胸怀，不致不悦，实为幸甚！陛下如往昔出世之诸大法王执掌利益今世之法规及利乐后世之教规，余等多次闻得当今之世大皇帝心愿清静，以奇异之功业使天界世间皆欢喜称赞，即与此方多数僧侣中之胜者，以清静之念，常为大皇帝祈祷圣寿无疆，皇图永固！此情伏希鉴察。至于大地之主之事业如何护持，此为大法王你所自知，非是如我等者所能详言。恭呈御览之书，随奉礼品：由李域迎请之观世音菩萨像一尊，释迦牟尼金像一尊，文殊室利如来金像一尊，如来佛增生舍利三颗，普通舍利一颗，又如来舍利一颗，从对印藏两地佛教弘传具大恩德之印度大成就者觉卧钦波（阿底峡尊者）遗骨上所生舍利一颗。

鼠年六月十九日于卫地方所上书信

（译文见《西藏通史——松石宝串》504）

གཉིས་པ། ཡུང་ལོ་ཁྲི་ལོ་བརྒྱད་པ་(སྤྱི་ལོ1410བོད་ལྕགས་སྟག་ལོ་)ཟླ་བ་དགུ་པའི་ཚེས་བཅུ་གཅིག་ལ་གོང་མས་ཤཱཀྱ་བཤེས་གཉེན་ལ་གནང་བའི་ལུང་།

ཏའི་མིང་རྒྱལ་པོའི་ལུང་གིས། བླ་མ་ཤཱཀྱ་བཤེས་གཉེན། ངེད་ཀྱིས་བསམས་ན། སངས་རྒྱས་ཀྱི་བསྟན་པ་དར་ནས་ལོ་མང་རབས་སོང་། ནུབ་ཕྱོགས་ཀྱི་མི་རྣམས། སྔར་ནས་ཡུན་རིང་པོ་ནས་བསྟན་པ་ལ་དད། སངས་རྒྱས་ཀྱི་བསྟན་པ་འདི་ལ། སྟོང་པ་ཉིད་ཀྱང་འདས་པ་གཙོ་ཆེ། ཡིད་ཀྱིས་སེམས་ཅན་ཐམས་ཅད་འདྲེན་པ། སེམས་ཅན་སྣ་ཚོགས་ལམ་ལ་འགོད་པ། རྩོངས་ཅིང་(ཤིང་)པ་རྣམས་ཀྱི་དོན་རྟོགས་པ། ཡོན་ཏན་མངོན་དུ་རྟོགས་པར་བར་མཚམས་མེད་པར། གསལ་ཞིང་། བློ་གསལ་རྣམས་ཀྱིས། བསྟན་པ་འདི་དར་རྒྱས་ནུས་པས། ཕྱོགས་གཅིག་དུ་མི་རྣམས་ལ་ལམ་སྟོན་པར་བྱེད། རྩོངས་ཅིང་མ་རིག་པ་གསལ། དགེ་བའི་ལམ་ལ་སེམས་ཀྱིས་བསམ། བརྩན་(བཙན་)པོས་གནོམ་ཆུང་ལ་མི་ཆེ། འཐབ་རྩོད་དང་འཁྲུག་པ་མི་བྱེད། ཕན་ཚུན་ངོག་འཐེན་མི་བྱེད་གོང་འོག་ཀུན་བདེ་བར་གནས། གཞན་གཞན་ཀུན་རང་རང་གི་བྱ་བ་འཛིན། ཐམས་ཅད་མཉམ་པ་ཉིད་དུ་བདེ་བ་བསམ་སྤྱོད། ཐམས་ཅད་མཐུན་པ་འཇིག་རྟེན་དུས་མཉམ་དུ་བདེ། གོང་དུ་རྒྱལ་ཁམས་ཀྱི་ཚོགས་ལྡན་དང་། འོག་མ་རྣམས་དགེ་བ་ལ་འཇུད་ཅིང་། སྐྱེ་བོ་རྣམས་པའི་འདྲེན་པ། འདི་ཡིས་ཡོན་ཏན་ཀུན་ཁྱབ་ཅིང་འདས་པས། ད་ལྟ་བླ་མ་ཤཱཀྱ་བཤེས་གཉེན། སངས་རྒྱས་ཀྱི་བསྟན་པ་སེམས་ཤིང་། ཐེག་ཆེན་གྱི་ཡང་དག་པའི་དོན་རྟོགས། བྱམས་པ་ཕྱོགས་ཅིག་པ་ཁྱབ། དེའི་ཡོན་ཏན་གྱིས་མི་རྣམས་དགེ་བའི་ལམ་ལ་འཇུད། དེ་ཕྱོགས་ཀྱི་ཡུལ་དཔོན། དམག་མི་སྡེ་ལ་སོགས་པས་ཁོ་རང་དགེ་འདུན་རང་དབང་གིས་སྒོམ་སྒྲུབ། སྨོན་ལམ་རྒྱ་ཆེར་འདེབས་པ། བསྟན་པའི་གཙོ་བའི་ལུགས། ཤིན་ཏུ་རྒྱས་པ། ཕྱོགས་ཅིག་ཏུ་དེ་ཕྱོགས་ཀྱི་མི་རྣམས་ཀྱིས་བསོད་ནམས་བྱེད་པས། ཐམས་ཅད་ཀྱིས་བཀྲས་ཚོས་དག་ཆེ་དང་སྐད་འདོགས། བྱ་བ་ངན་པ་སྐྱེད་ཅིང་། བསྟན་པ་གནོད་པ་བྱེད་ན། ལུང་བཞིན་མི་ཉན་ན། ཁྲིམ་(ཁྲིམས་)གྱི་(ཀྱིས་)ཐར་དུ་མི་བཅུག་ལུང་ཡིན། ཡུན་ལོ་བརྒྱད་པ་ལོ་ཟླ་བ་དགུ་པའི་བཅུ་དྲུག་གི་ཉིན།

༼ཀྲུང་གོའི་བོད་ས་གནས་ཀྱི་ལོ་རྒྱུས་ཡིག་ཚང་ཕྱོགས་བཏུས། ཤོག་གྲངས་༣༡༧ནས་༣༡༨༽

第二件 永乐八年（公元 1410 年，藏历第七绕迥铁虎年）九月十一日

皇帝给“释迦喜年”的诏书。

大明皇帝圣旨

谕上师释迦喜年

依朕所思，佛院教法弘传以来，已历多代，西土人众，昔已久奉佛法。佛陀教法以性空及出世为主，以此意引领众生，使众生入于正道，醒悟愚昧，现证功德，显明不替。颖悟之人，以弘扬佛法之能，为一方人众指示道路，去除愚昧无明，心念善道，有力者不凌弱小，争斗战乱不生，相互欺诈不作，上下人等平安居住，老少大众各持生业，众生俱念行平等善事，众生俱和睦处世，上可光耀邦土，下可劝化向善，引导俗民，其功德遍及一切。现今上师释迦喜年，心念佛陀教法，证悟大乘真谛，慈悲护持一方，以此功德使众人入于善道，彼方之地方官、军人、民众等对彼等僧众自在修行、发大誓愿等，依敬奉佛法之规广为敬奉。同时，因彼等是为彼方众人作福德，若众人对彼等欺凌、诬害，做此等坏事，危害佛法，不遵圣旨，法律绝不宽贷。圣旨。

永乐八年九月十一日

（译文见《西藏通史——松石宝串》507 页）

གསུམ་པ། ལུང་ལོའི་ཁྲི་ལོ་བཅུ་གཅིག་པའི་（སྤྱི་ལོ1413བོད་ཆུ་སྦྲུལ་ལོ་）ཟླ་བ་གཉིས་པའི་ཆོས་བཅུ་གཅིག་ཉིན་ལུང་ལོ་གོང་མས་ཅོང་ཁ་པ་ལ་གནང་བའི་ལུང་།

ཏཱ་མིང་རྒྱལ་པོའི་ལུང་གིས། བླ་མ་བློ་བཟང་གྲགས་པ་ལ་བསྒོ་བ། ཁྱེད་རང་ལམ་གྱི་ཡོན་ཏན་ཤིན་ཏུ་ཟབ་ཅིང་མཐོ་བ་རྣམ་དག་རྒྱས་པ། བྱམས་སྙིང་རྗེ་ལ་བརྟེན་ནས་སེམས་ཅན་ཐམས་ཅད་ལ་ཕན་པ། ཐེག་པ་ཆེན་པོའི་ལམ་ལ་འགོད་པ། དེའི་དོན་གྱིས་ཀྱང་ཁྱེད་རྣམ་དག་ཏུ་བསམས་ནས་ཡུན་རིང་དུ་སོང་ཞིང་། ད་ལྟ་ནན་གྱིས་ཐའི་རྒྱན་རྟོའུ་རྫེན་མགོ་བྱས་མངགས་ནས་ལུགས་གཉིས་ཀྱིས་མཆོན་པར་ཁྱེད་གདན་འདྲེན་དུ་བཏང་ཡོད། ཁྱོད་སངས་རྒྱས་ཀྱི་བསྟན་པ་དར་བར་བསམ་ན་ཡུལ་དབུས་སུ་ཕྱིན་ནས་ངེད་ཀྱི་སེམས་པ་བཞིན་འགྲུབ་པར་མཛོད། ཅེས་ལུང་ཡིན། གནང་སྦྱིན་རྡོར་དྲིལ། འཁར་བ་ལ་ཚ་གསེར་ཡོད་པའི་ཐང་བ་གཅིག ཏིང་ཤག་བུབས་གཅིག བ་སོའི་ཕྲེང་བ་སྐོར་གཅིག ཙན་དན་དུམ་བུ་གཅིག མཚམས་དམར་པོ་ཡིའུ་བྱས་པའི་སྣུག་མ་ཕྲ་སོའི་

ཞྭ་ཐེབ་གཅིག མདོག་མི་འདྲ་བའི་བཅུ་ཟླེ་ཆོས་གོས་བྱབས་གཅིག ཧྭ་ཧྲུང་མེ་ཏོག་མེད་པའི་ཅམ་ཙེ་གཅིག དར་ཚོན་(ཧྲུན་)དམར་པོ་མེ་ཏོག་མེད་པ་ཟླུམ་གོང་མ་གཅིག ཤ་མདོག་ཤ་སྨྲག་གཅིག ནན་ཧྲུང་དམར་པོ་མེ་ཏོག་མེད་པ་ཐེར་ལིག་གཅིག གཞུམ་གྱིས་ཐོན་ཏེ་དུམ་བུ་གསུམ། མ་ཧྭ་ཧྲུང་ཡིད་བཞིན་ཁྲིའི་མེ་ཏོག་ཡོད་པ་དུམ་བུ་གཅིག སྔོན་པོ་ཁྲིའུ་ལྷུན་རིན་པོ་ཆེ་མེ་ཏོག་ཡོད་པ་དུམ་བུ་གཅིག ཤུག་པའི་མདོག་ལྗང་ཁུ་དུས་བཞི་རིན་པོ་ཆེ་མེ་ཏོག་ཡོད་པ་དུམ་བུ་གཅིག གོས་ཆེན་ཡུག་བདུན། དན་ཧྭ་སྔོན་པོ་ཡུག་གཅིག དན་ཧྭ་ཞིམ་ཐའུ་ཞུང་ཡུག་གཅིག མེ་ཏོག་མེད་པ་ལྗང་ནག་ཡུག་གཅིག མེ་ཏོག་སྣ་དན་ཧྲུན་དམར་ཡུག་གཅིག པ་ཊ་རྒྱ་མ་ལྔ་བཅུ། ཚོ་དཀར་པོ་རི་མོ་མེད་པ་ཛ་བུམ་གཉིས། ཚོ་དཀར་པོ་ཛ་ཐོར་བདུན། ཁ་ཤེའི་ལུགས་བྱས་པའི་ལྷམ་ནག་པོ་ཆ་གཅིག ཙུ་ཟླེ་སྔོན་པོ་མེ་ཏོག་མེད་པ་ཁ་ཆག་བྱས་པའི་ལུག་བལ་དཀར་པོའི་འཐོབ་ཆ་གཅིག དར་མདོག་ཅན་ཡུག་བདུན་བཅས།

༼ཀྲུང་གོའི་བོད་ས་གནས་ཀྱི་ལོ་རྒྱུས་ཡིག་ཚང་སྒྲིགས་བཏུས། ཤོག་གྲངས་༣༠༨ནས་༣༡༠༽

第三件，永乐十一年（公元1413年，藏历水蛇年）二月十一日，皇帝给宗喀巴的诏书。

大明皇帝圣旨

谕上师罗桑扎巴

鉴于你证道的功德极为高深，清静宏大，依止慈悲之心，利益一切有情众生，引导彼等入大乘之道。因此之故，朕思念你的清静功德，为时已久。今派遣以太监侯显为首之使者，以政教二规前来迎请于你。望你为佛教弘传着想，前来中原，以完成朕之心愿。此诏。

随赐礼品：金刚铃杵、鎏金禅杖一柄；碰铃全套；象牙珠一串；檀香木一段；嵌红玉细竹丝帽一顶；十彩法衣全套；大红无花半月形大氅一件；红缎无花大氅一件；肉色内衣一件；红色素绫一匹；蓝色水纹大宝花卉图案缎子一疋；绣金团纹缎三疋；大红如意绣花缎一疋；松绿色四季花卉缎一疋；大缎七疋；淡花蓝色缎一疋；绣花团纹缎一匹；深绿素缎一匹；纱灯红绫绸一匹；茶叶五十斤；白瓷无花茶壶两把；白瓷碗七个；黑色靴子一双；素蓝绸作面的白色羊毛袜一双；彩绫七匹等。

永乐十一年（公元1413年）二月十一日

（译文见《西藏通史——松石宝串》502页）

བཞི་པ། ཡུང་ལོ་ཁྲི་ལོ་བཅུ་གཉིས་པའི་（སྤྱི་ལོ1414ཤིང་རྟ་ལོ་）ཟླ་བ་བཅུ་གཅིག་གི་ཚེས་བཅོ་ལྔའི་ཉིན་གོང་མས་ཤཱཀྱ་ཡེ་ཤེས་ལ་གནང་བའི་ལུང་།①

རྒྱལ་པོའི་ལུང་གིས། བླ་མ་ཤཱཀྱ་ཡེ་ཤེས་ལ། ཁྱོད་ཀྱི་ཡོན་ཏན་རྟོགས་པ་མཐོ་བ། ཤེས་རབ་གསལ་ཞིང་ཆེ་བ། སྨོན་ལམ་གྱི་མཐུ་སྟོབས་ཟབ་པ། དེ་བཞིན་གཤེགས་པའི་རྟོགས་པ་མངའ་བ།② གདུལ་བྱར་ཞི་བའི་ཐབས་ཀྱིས་འདུལ་བ།③ ཁྱོད་ཀྱི་ཞི་བའི་④འཕྲིན་ལས་བསམ་གྱིས་མི་ཁྱབ་པ་མངའ་ཟེར་བའི་དོན་གྱིས⑤ཐེ་ཀྱིན་ཏའུ་ཞིན་མགོ་བྱས་མངགས་ཏེ། ལུགས་ཀྱི་ལུང་ཁྱེར་ནས། གདན་དྲངས་པ་ལ། ད་ལྟ་བླ་མ་ཉིད་ནུབ་ཕྱོགས⑥རིང་དུ་བྲལ་ནས་ལམ་དུ⑦རླུང་དང་ཉི་མ་ཚ་གྲང་⑧ལ་མ་འཛེམ་པར་རིམ་བཞིན་ལམ་ས་ལེ་བ（བར）⑨ཁྲི་སྦྲག་དུ་མར་ཕེབས་པས་ཡུལ་དེ་ནས་ཕྱོགས་འདིར་⑩ཕྱིན་པས། ངེད་ཀྱི་སྤྲོ་བ་བརྗོད་ཀྱིས་མི་ལང་།⑪ ད་ལྟ་ནན་གྱི་མངགས་ནས་འབུལ་

① 这一圣旨与《中国西藏地方历史资料汇编》314—315页所载圣旨内容和文字完全一致。

② 《色拉寺与大慈法王》38页中不见这一句。"དེ་བཞིན་གཤེགས་པའི་རྟོགས་པ་མངའ་བ།"

③ 《色拉寺与大慈法王》38页中把这句写成："གདུལ་བྱ་ཐབས་ཀྱིས་གདུལ་བར་མཁས་པ་སོགས་"

④ 《色拉寺与大慈法王》38页中把这句写成："ཁྱོད་ལ་ཞི་བའི་"

⑤ 《色拉寺与大慈法王》38页中把这句写成："ཟེར་བའི་དོན་གྱི་ཞེས་བརྟགས་པ་དང་། ལས་འབྲས་ཀྱི་དབང་གིས་སྤྲུལ་པའི་སྐུ་ཤཱཀྱ་ཡེ་ཤེས་རྗེ་ཉིད་ཀྱི་སྐུ་ཚབ་ཏུ་"

⑥ 《色拉寺与大慈法王》38页中把这句写成："ནུབ་ཕྱོགས་དང་"

⑦ 《色拉寺与大慈法王》38页中把这句写成："ལམ་བར་གྱི་"

⑧ 《色拉寺与大慈法王》38页中把这句写成："ཉི་མའི་ཚ་གྲང་"

⑨ 《色拉寺与大慈法王》38页中把这句写成："ལམ་ཐག་ས་ལེ་བར་"

⑩ 《色拉寺与大慈法王》38页中把这句写成："ཡུལ་དེའི་ཕྱོགས་འདིར་"

⑪ 《色拉寺与大慈法王》38页中把这句写成："བརྗོད་ཀྱིས་མི་ལངས་"

པ་རྟེན་འབྲེལ་མཚོན་ཙམ①བསྟུ་བར་བཏང་ཡོད་པས། ②ངེད་ཀྱི་སེམས་མཚོན་པ་ཡིན།③ ལུང་གིས་ཕྱིད་ལ་ན་བཟའི་སྣར་བུབ་ཚང་ལ་ཞྭ་དང་ལྷམ་འཐོབ་དང་བཅས་པ་དེའི་གྲངས།④ ཕྱི་ཕྱིང་པ་ནང་དྲ་ཧུང་གསེར་མས་བྱས་པའི་སྟེ་རིང་།⑤ ཆོས་གོས་རྣམ་གསུམ། བཞུགས་འདིང་（འདང་）⑥དང་བཅས་སྟ་བཞི། གོས་དྲ་ཧུང་གི་པེར་ཐུལ་གཅིག⑦ མཆན་ཁུངས་མ་གཅིག རིང་འགག་གཅིག སྨད་གཡོགས་གཅིག ལྷམ་འཐོབ་དང་བཅས་པ། ཡུང་སོ་⑧（ཁྲི་）སོ་བཅུས་（བཅུ་གཉིས་）（པའི་）ཟླ་བ་བཅུ་གཅིག་པའི་（གི་）ཚེས་བཅོ་ལྔའི་ཉིན། ⑨

༺བྱམས་ཆེན་ཆོས་རྗེའི་རྣམ་ཐར་བློགས་བསྒྲིགས། ཤོག་གྲངས་༢པའི་མཇུག།༻

第四件，永乐十二年（公元1414年，藏历木马年）十一月十五日，皇帝给释迦也失的圣旨。

皇帝圣旨

谕上师释迦也失

你的功德证悟高妙，学识渊博，誓愿法力深广，具有佛陀如来之证悟，以善巧方便教化众生。因你的弘法功业多至不可思议，故朕遣以太监侯显为首之人，携带诏书前来迎请。今闻上师你已离西土，不顾途中风雨烈日寒暑，渐次已行数万里程，前来此处，朕心甚悦，难以言喻。现今复遣人于途中赠礼迎接，以示缘起，以表朕心。随诏赐给你袈裟全套并带帽、靴、袜等。其数量为：毡面大红金丝里子的尖顶帽，三法衣服，坐具四件，长坎肩一件，禅裙一件，靴袜等。

---

① 《色拉寺与大慈法王》38页中把这句写成："ཙམ་དང་བཅས་"
② 《色拉寺与大慈法王》38页中把这句写成："བཏང་བ་དེས་"
③ 《色拉寺与大慈法王》38页中把这句写成："ཞེས་གསུངས་ནས་ན་བཟའི་སྣར་བུབས་ཚང་"
④ 《色拉寺与大慈法王》38页中把这句写成："བཅས་པ་དང་།"
⑤ 《色拉寺与大慈法王》38页中把这句写成："ཕྱི་ཕྱིང་པ་དང་ནང་ཏ་ཞུང་གསེར་མ་ཞེས་པའི་སྟེ་རིང་གཅིག"
⑥ 《色拉寺与大慈法王》38页中把这句写成："བཞུགས་སྟེགས་བཅས་སྟ་བཞི།"
⑦ 《色拉寺与大慈法王》38页中把这句写成："གོས་ཏ་ཞུང་གི་འཐོལ་ཐུང་གཅིག"
⑧ 《色拉寺与大慈法王》38页中把这句写成："ཡུང་སོའི་"
⑨ 《色拉寺与大慈法王》38页中把这句写成："ཐུལ་སོ།"

永乐十二年十一月十五日。

（译文见《西藏通史——松石宝串》505 页）

ལྔ་པ། ཡུང་ལོའི་ཁྲི་ལོ་བཅུ་གཉིས་（སྤྱི་ལོ1414）ཟླ་བ་བཅུ་གཉིས་པའི་ཚེས་ཉེ་ཤུ་ལྔ་ཉིན་གོང་མས་ཤཱཀྱ་ཡེ་ཤེས་ལ་གནང་བའི་ལུང་།①

（གོང་མ་）རྒྱལ་པོའི་ལུང་གིས། བླ་མ་ཤཱཀྱ་ཡེ་ཤེས་ལ། ཁྱོད་ཡོན་ཏན་རྟོགས་པ་མཐོ་ཟེར་ཐོས②པས། ནན་གྱི་མངགས་མི་ནུབ་ཕྱོགས་སུ་གདན་འདྲེན་བཏང་བས།③ ད་ལྟ་བླ་མ་ཉིད་ས་ལེ་བར་ཁྲི་ཐུག་ཏུ་མ་ལ་མ་བརྩིས④རི་ཀླུང་དང་རླུང་ཆར་ལ་སོགས་པའི་དཀའ་ཚེགས་ཀྱིས⑤འདིར་ཕེབས་འོང་བས་ཤིན་ཏུ་སྤྲོ། ས་ཐག་རིང་པོ་ནས་ཕྱིན་ནས་ཐང་ཆད་འདུག་པས། འདིར་སླེབས་ནས་ངེད་ལ་ཕྱག་འཚལ་མི་དགོས། ཡུང་ལོ་ལོ་བཅུ་གཉིས་ཟླ་བ་བཅིུས་（བཅུ་གཉིས་）པའི་ཉི་ཤུ་ལྔའི་ཉིན།⑥

༼བྱམས་ཆེན་ཆོས་རྗེའི་རྣམ་ཐར་ཕྱོགས་བསྒྲིགས། ཤོག་གྲངས་༣པོའི་རྒྱབ།༽

第五件，永乐十二年（公元 1414 年）十二（十一?）月二十五日，皇帝给释迦也失的圣旨。

皇帝圣旨，

谕上师释迦也失

闻听你的功德证悟高妙，朕遣使去西土迎请，现今上师不计数万里之路程，跋山涉水，顶风冒雨，历尽艰辛前来，朕十分高兴。上师远途而来，身体疲乏，到此面朕时可免行礼。

永乐十二年十一月二十五日。

---

① 这道圣旨与《中国西藏地方历史资料》315—316 所载圣旨内容文字完全一致。只是月份 11 和 12 不同。

② 《色拉寺与大慈法王》38 页中把这句写成："མཐོ་ཟེར་བ་ཐོས་"

③ 《色拉寺与大慈法王》38 页中把这句写成："ངེད་ཀྱིས་ནུབ་ཕྱོགས་སུ་མི་མངགས་ཏེ་ནན་གྱིས་གདན་འདྲེན་ཞུས་པས་"

④ 《色拉寺与大慈法王》38 页中把这句写成："ས་ལེ་བར་ཁྲི་ཐུག་ཏུ་མའི་ལམ་གྱི་རི་ཀླུང་དང་"

⑤ 《色拉寺与大慈法王》38 页中把这句写成："དཀའ་སྐྱ་ཚེགས་ལ་མ་འཛེམ་པར་"

⑥ 《色拉寺与大慈法王》38 页中把这句写成："ཆོས་ཉི་ཤུ་ལྔ་ཉིན།"

（译文见《西藏通史——松石宝串》506 页）

དྲུག་པ། ཡུང་ལོའི་ཁྲི་ལོ་བཅུ་གསུམ་པའི་（སྤྱི་ལོ1415）ཟླ་བ་བཞི་པའི་ཚེས་ལྔ་ཉིན་གོང་མས་ཤཱཀྱ་ཡེ་ཤེས་ལ་གནང་བའི་ལུང་།

རྒྱལ་པོའི་ལུང་གིས། བླ་མ་ཤཱཀྱ་ཡེ་ཤེས་ལ།① ད་ལྟ་ཚེས་དྲུག་གི་ཉི་མ་དུས་ཚོད་བཟང་པོ་ལ།② མི་དཔོན་མངགས་ནས་གསེར་གྱི་འཁོར་ལོ་ཡོད་པ་ཐམ་ཀ་སཱའུ（པའུ）གཱའུ③གནང་བ་ཡིན། བླ་མ་ཕྱག་འཚལ་མི་དགོས་དགོངས་བཞུགས་མཛོད།④ ཡུང་ལོ་ལོ་བཅུ་གསུམ་⑤ཟླ་བ་བཞི་པའི་ཚེས་ལྔའི་ཉིན།

༼ཁྱམས་ཆེན་ཆོས་རྗེའི་རྣམ་ཐར་ཕྱོགས་བསྒྲིགས། ཤོག་གྲངས་༤བའི་མདུན།༽

第六件，永乐十三年（公元 1415 年）四月五日，皇帝给释迦也失的圣旨。

皇帝圣旨

谕法王上师释迦也失

在六日之吉祥时刻，特遣官官颁赐金印宝诰。[6] 免

① 《色拉寺与大慈法王》38 页中把这句写成："རྒྱལ་པོའི་ལུང་ལས་ཆོས་རྗེ་བླ་མ་ཤཱཀྱ་ཡེ་ཤེས་ལ་"

② 《色拉寺与大慈法王》38 页中把这句写成："ད་ལྟ་ཚེས་དྲུག་གི་ཉིན་ནི་ཉི་མ་དུས་ཚོད་"

③ 《色拉寺与大慈法王》38 页中把这句写成："ཡོད་པའི་ཐམ་ག་པའུ་གཱའུ"

④ 《色拉寺与大慈法王》38 页中把这句写成："ཕྱག་འཚལ་མི་དགོས།དགོངས་བཞུག ས་མཛད་དོ་"

⑤ 《色拉寺与大慈法王》38 页中把这句写成："ཡུང་ལོའི་ཁྲི་ལོ་བཅུ་གསུམ་པའི་ཟླ་བ་བཞི་པའི་"

⑥ 据《明实录·太宗实录》卷一六三记载："永乐十三年四月庚午（公元 1415 年 5 月 11 日），命尚司（师）释迦也失为妙觉圆通慧慈普应辅国显教灌顶弘善西天佛子大国师，赐之诰命。"这个封号藏文有好几种写法：一是意译：《东噶藏学大辞典》写作"ཐམས་ཅད་མཁྱེན་པ། སྣ་ཚོགས་ཆེན་པོ། བྱམས་པ་ཆེན་པོ། ཡངས་པའི་རྒྱལ་ཁམས་ཐམས་ཅད་བདེ་བར་སྐྱོར་བ། ཀུན་གྱི་གཙུག་ཏུ་དབང་བསྐུར་བ། ནུབ་ཕྱོགས་ཀྱི་རྒྱལ་བའི་སྲས་པོ། སྲིད་པའི་རྒྱལ་སྲིད་མི་འགྱུར་བརྟན་པའི་བླ་མ་ཆེན་པོ། ཏཱ་གོའུ་ཤྲཱི།"；《文殊道场五台山志》写作："རིག་པ་ཀུན་ལ་ཐོགས་མེད་མཁྱེན་པ་རྒྱས། འགྲོ་ཀུན་རྣམས་ལ་བརྩེ་བས་མཐུན་པར་བྱེད། སློབ་མ་རྣམས་ལ་སློབ་གཉེར་གསལ་བར་བྱས། གདུལ་བྱ་ཀུན་གྱི་བསོད་ནམས་རྒྱས་མཛད་པ། ནུབ་ཕྱོགས་སངས་རྒྱས་ཀྱི་ནི་སློབ་མ་དང་། སྐྱེ་འགྲོ་ཀུན་གྱི་སློབ་དཔོན་ཆེན་པོ་ཞེས།" 章嘉乳白多吉所编著的《清凉山即五台山志》中译成："ངོ་མཚར་རྟོགས་པའི་ཡོན་ཏན་གྱི་འོད་ཟེར་མཆོག་ཏུ་གསལ་ཞིང་ཀུན་ལ་ཁྱབ་པའི་མཁྱེན་བརྩེས་མཐའ་དག་ལ་ཤཱཀྱའི་བསྟན་པ་སྣང་བར་མཛད་པ་ཡུལ་ནུབ་ཕྱོགས་ཀྱི་རྒྱལ་བའི་སྲས་པོ་སྤྱི་བོ་ནས་དབང་བསྐུར་ཏེ་དགེ་ཚོགས་སྤེལ་བར་བྱེད་པའི་རྒྱལ་སྲིད་ཀྱི་སློབ་དཔོན་ཞེས་པའོ།།" 二是音译：章嘉写成"མིའུ་ཀྱོ་ཡྭན་ཐོང་ཧོའུ་ཚེ་ཕུ་ཉིང་ཧྥུ་ཀྭན་ཤེན་ཀྱོ་ཀྭན་ཏིང་ཧུང་ཤན（ཤི）ཤེས་ཐེའན་ཕུ་ཙེ་" ཞེས་པའི་མཚན་བསྒྱུར་རོ། 并与大慈法王的封号混为一谈。格西阿旺达扎所著《色拉寺与大慈法王》一书中写成"མེའུ་ཀྱོ། ཡོན་ཐུང་། ཧུང་ཚི། ཕུ་ཡིན། བཧུ་གོ། ཞེན་ཀྱའུ། ཀོན་ཏིང་། ཧུང་ཤེན།（ཤོག་༥༨ལ་ཕུ་ཤེན་བྲིས།）ཟིན་ཐེན། བཧོ་ཙི། ཏཱ་གོ་ཤྲི།"

礼，切记。

永乐十三年四月五日。(试译)

བདུན་པ། ཡུང་ལོའི་ཁྲི་ལོ་བཅུ་གསུམ་པའི་(སྤྱི་ལོ་1415)ཟླ་བ་བཞི་པའི་ཚེས་བཅོ་ལྔའི་ཉིན་གོང་མས་ཤཱཀྱ་ཡེ་ཤེས་ལ་གནང་བའི་ལུང་།

རྒྱལ་པོའི་ལུང་གིས། མེའུ་ཀྱོ།① ཡོན་ཐུང་།② ཧུའི་ཙི།③ ཕུ་ཡིང་།④ བཧུ་ཀོ།⑤ ཞེན་ཀྱའུ།⑥ ཀོན་ཏིང་།⑦ ཧོང་ཤེན།⑧ ཐེ་ཐེན། བཧོ་ཙེ།⑨ ཏཱ་ཀོ་ཤི།⑩ ཤཱཀྱ་ཡེ་ཤེས་ལ། བསྟོད་པ་ནི།⑪

དེ་བཞིན་གཤེགས་པའི་ཡོན་ཏན་དཔག་ཏུ་མེད། །བྱམས་དང་སྙིང་རྗེ་རྒྱ་ཆེའི་⑫འཇིག་རྟེན་མགོན། །སྐྱེ་མེད་འགག་མེད་འཇིག་⑬པ་མེད་པ་དང་། །སྤྲུལ་སྐུ་མངོན་སུམ་འདུམ་ཐྲག་ཏུ་མར་སྤྲུལ། །རྒྱལ་སྲས་སེམས་ཉིད་དག་པའི་ཐུགས་དང་ལྡན། །བསྐལ་མང་སྒྲུབ་⑭ནས་སངས་རྒྱས་ལམ་ཐོབ་པས།།⑮ ཐེག་གསུམ་རིམ་ལྔ་ཡོངས་སུ་རྫོགས་པ་དང་། །ཐེག་པ་མཆོག་གི་དོན་ནི་རྣམ་པར་བཤད། །དམ་པའི་ཤེས་རབ་སྟོང་ཉིད་དག་ཅིང་གསལ། །དེ་བཞིན་གཤེགས་པའི་ངོ་བོ་གཉིས་སུ་མེད།།⑯ ཐོག་གཟུགས་མེད་པ་⑰ཤིན་ཏུ་རྒྱས་པ་དང་། །འགྲོ་དང་འོང་བ་མེད་ཀྱང་རྫུ་འཕྲུལ་ལྡན། །ཉུབ་ཕྱོགས་སྤངས་ནས་ཡུལ་དབུས་འཁོར་དུ་བྱོན།།⑱ ཤེས་རབ་ཉི་མ་བྱམས་པའི་སྤྲིན་གྱིས་

---

① 妙觉。
② 圆通。
③ 慧慈。《色拉寺与大慈法王》43—45 页中写成："ཧུང་ཚི།"
④ 普应。《色拉寺与大慈法王》43—45 页中写成："ཕུ་ཡིན།"
⑤ 辅国。《色拉寺与大慈法王》43—45 页中写成："བཧུ་གོ།"
⑥ 显教。
⑦ 灌顶。
⑧ 弘善。《色拉寺与大慈法王》43—45 页中写成："ཧུང་ཤེན།"
⑨ 佛子。《色拉寺与大慈法王》43—45 页中写成："བཧོ་ཙི།"
⑩ 大国师。《色拉寺与大慈法王》43—45 页中写成："ཏཱ་གོ་ཤྲི"
⑪ 《色拉寺与大慈法王》43—45 页中写成："ཤཱཀྱ་ཡེ་ཤེས་བཅས་ལ་བསྟོད་པ་ནི། ཇི་སྐད་དུ།"
⑫ 《色拉寺与大慈法王》43—45 页中写成："བྱམས་དང་སྙིང་རྗེའི་རྒྱ་ཆེན"
⑬ 《色拉寺与大慈法王》43—45 页中写成："འཇིགས་པ་མེད་པ་དང་།"
⑭ 《色拉寺与大慈法王》43—45 页中写成："བསྒྲུབས་ནས"
⑮ 《色拉寺与大慈法王》43—45 页中写成："ལམ་ཐོབ་པའི།"
⑯ 《色拉寺与大慈法王》43—45 页中写成："ལྷ་རུ་མེད།"
⑰ 《色拉寺与大慈法王》43—45 页中写成："ཐོགས་གཟུགས་མེད་པར་ཤིན་ཏུ"
⑱ 《色拉寺与大慈法王》43—45 页中写成："འཁོར་བཅས་བྱོན།"

བསྲུང་། །སྙིང་རྗེའི་དབང་གིས་འགྲོ་ལ་ཕན་པ་དང་། །བདེ་བ་སྒྲུབ་ལ་ནམ་ཡང་སྐྱོ་མི་མངའ། །ཐབས་ཀྱི་སྒོ་མོ་སྣ་ཚོགས་རྣམ་པར་ཕྱེ། །བྱང་ཆུབ་ཆོས་བསྟན་རྨོངས་པའང་དེ་ལ་བཀོད།།① བདག་གིས་དེ་རིང་ཚིགས་སུ་བཅད་དེ་བསྟོད། །སངས་རྒྱས་རྣམས་ཀྱིས་དཔང་མཛད་དབང་བསྐུར་བའི། །ཟུང་འཇུག་གོ་འཕང་མངོན་གྱུར་བཀྲ་ཤིས་ཤོག །ཡུང་ལོ་ལོ་བཅུ་གསུམ་པའི་ཟླ་བ་བཞི་པའི་ཚེས་དྲུག་གི་ཉིན།②

{ཁྲིམས་ཆེན་ཆོས་རྗེའི་རྣམ་ཐར་ཕྱོགས་བསྒྲིགས། ཤོག་གྲངས་༤པའི་རྒྱབ།}

第七件，永乐十三年（公元1415年）四月十五日，永乐皇帝给释迦也失的圣旨。

皇帝圣旨

谕妙觉圆通慧慈普应辅国显教灌顶弘善西天佛子大国师释迦也失

曰：

如来的功德无限量，慈悲宽宏是世间护主，
不生不堵又不灭，变作数十万真实化身，
具有佛子纯真菩提心，多世修炼获得佛祖的圣道，
三乘五次均圆满，广泛宣讲妙乘的义理，
神圣智慧的力量纯又亮，如来的实性无须见证，
无室碍而极端发达，虽无来去但能显示变幻，
离开西土偕众到中土，智慧的太阳由祥云护卫，
由于悲悯而利于众生，修炼快乐而永无悲伤，
开启了善巧的大门，以菩提之心置愚昧于安乐。
今天，朕以诗词赞颂，在诸佛的见证下授予了灌顶，
正式获得了双修的资格，祝愿吉祥。

永乐十三年四月十五日。（试译）

---

① 《色拉寺与大慈法王》43—45页中写成：“བྱང་ཆུབ་ཐུགས་ཀྱིས་རྨོངས་པའང་བདེ་ལ་བཀོད།”

② 《色拉寺与大慈法王》43—45页中写成：“ཡུང་ལོའི་ལོ་བཅུ་གསུམ་པའི་ཟླ་བ་བཞི་པའི་ཚེས་བཅོ་ལྔའི་ཉིན།”

བརྒྱད་པ། ཡུང་ལོ་ཁྲི་ལོ་བཅུ་གསུམ་པའི་(སྤྱི་ལོ1415)ཟླ་བ་དྲུག་པའི་ཚེས་བཅོ་ལྔ་ཉིན་གོང་མས་ཤཱཀྱ་ཡེ་ཤེས་ལ་གནང་བའི་ལུང་།

རྒྱལ་པོའི་ལུང་གིས། མེའུ་གྱོ། ཡོན་ཐུང་། ཧུས་རྫེ།① ཤུ་ཡིན། ཧུ་ཋོས།② ཞིན་གྱུའུ། ཀོན་ཧིང་། ཕུ་ཤེན།③ ཐེ་ཐེན།④ བཙོ་ཙི།⑤ དྷ་ཀོ་ཤི།⑥ ཤཱཀྱ་ཡེ་ཤེས་ཉིད། རང་རེ་དང་བྲལ་ནས་ཟླ་བ་གཉིས་གསུམ་སོང་བས་དྲན་འདུག་པས་⑦ངེད་ཀྱི་བསམ་པ་ལ་ཉིད་ཀྱི་གྲྭ་སློབ་དང་བཅས་ཐམས་ཅད་རི་བོ་རྩེ་ལྔར་ཐེབས་⑧ནས་བདེ་བར་བཞུགས་མཆིས་སོད། ཉིད་ཀྱི་མངོན་ཤེས་འཛིག་རྟེན་ཁམས་སུ་མ་ཁྱབ་པ་མེད་པས། འགྲོ་འོང་ལ་བྱང་ཆུབ་སེམས་དཔའ་འཇམ་དབྱངས་དང་ལྷན་གཅིག་ཏུ་གདུལ་བྱ་སྣ་ཚོགས་སྨིན་གྲོལ་ལ་འགོད།⑨ དེའི་དོན་ལ་ངེད་སེམས་ཤིན་ཏུ་དྲན་ཅིང་། ད་ཏ་ཤིང་ཏོག་དང་⑩བཀའ་ཙུང་ཟད་བསྐུར་བས་ངེད་ཀྱི་སེམས་པ་མཚོན་པ་ཡིན། ཡུང་ལོ་ལོ་བཅུ་གསུམ་⑪ཟླ་བ་དྲུག་པའི་ཚེས་བཅོ་ལྔའི་ཉིན།

༼བྱམས་ཆེན་ཆོས་རྗེའི་རྣམ་ཐར་ཕྱོགས་བསྒྲིགས། ཤོག་གྲངས་༥པའི་མདུན།༽

第八件，永乐十三年（公元1415年）六月十五日，皇帝给释迦也失的圣旨

皇帝圣旨

谕妙觉圆通慧慈普应辅国显教灌顶弘善西天佛子大国师

相别遽尔数月，想徒从已达台山，冥坐高峰，神游八极，与文殊老人翱翔于大漠之乡，超然于万化之始。朕岂胜眷念，薄赍瓜果，以见所怀。遣书匆匆，故不多致。

---

① 《色拉寺与大慈法王》48页中写成："ཧུང་ཚི།"
② 《色拉寺与大慈法王》48页中写成："བཏུ་གོ།"
③ 《色拉寺与大慈法王》48页中写成："ཕུ་ཤེན།"
④ 《色拉寺与大慈法王》48页中写成："ཐིན་ཐེན།"
⑤ 《色拉寺与大慈法王》48页中写成："བཙོ་ཙི།"
⑥ 《色拉寺与大慈法王》48页中写成："དྷ་ཀོ་ཤི།"
⑦ 《色拉寺与大慈法王》48页中写成："དྲན་གྱི་འདུག་པས་"
⑧ 《色拉寺与大慈法王》48页中写成："རི་བོ་རྩེ་ཐེབས་ཏེ་"
⑨ 《色拉寺与大慈法王》48页中写成："འགོད་པའི་དོན་ངེས་དེ་ལ་སེམས་པར་ཤིན་ཏུ་དྲན་"
⑩ 《色拉寺与大慈法王》48页中写成："ད་ལྟ་ཤིང་ཏོག་དང་"
⑪ 《色拉寺与大慈法王》48页中写成："ཡུང་ལོའི་ལོ་བཅུ་གསུམ་པའི་"

永乐十三年六月十五日。

（参照《清凉山志》100 页）

དགུ་པ། ཡུང་ལོ་ཁྲི་ལོ་བཅུ་གསུམ་པའི་ཟླ་བདུན་པའི་ཚེས་ཉི་ཤུ་དྲུག་ཉིན་ གོང་མས་ཤཱཀྱ་ཡེ་ཤེས་ལ་གནང་བའི་ལུང་།

རྒྱལ་པོའི་ལུང་གིས། མིའུ་ཀྱོ། ཡོན་ཐུང་། ཧུས་རྫི། ཕུ་ཡིན། ཧུ་གོས། ཞིན་ཀྲའུ། ཀོན་ཏིང་། ཕུ་ཤེན། ཐེ་ཐེན། བཙོ་ཙི། ཏཱ་ཀོ་ཤྲཱི། ཤཱཀྱ་ཡེ་ཤེས་ཉིད་ལ། སྔར་བོད་ཀྱི་གྲྭ་པ་རྣམས་ཀྱིས་ཇོ་ལོག་ནས། གོང་གི་གསེར་ཡིག་པ་ལ་འཕྲོག་བཅོམ་བྱས་པ་ཡིན་པས། ད་ལྟ་བཟུང་ནས་གསེར་མཁར་དུ་སླེབ། དེ་རྣམས་ཁྲིམས་ལུགས་བཞིན་ཉེས་པ་……གོ་བར་བྱས། ད་ལྟ་དེ་རྣམས་རི་བོ་རྩེ་ལྔར་ཕྱག་འཚལ་བར་བཏང་བ་ཡིན། སོ་རང་གི་ཉེས་པ་དེར་བཤགས་པ་བྱེད་དུ་བཅུག ངན་པ་སྤངས་ནས་དགེ་བའི་ལམ་དུ་ཞུགས་ན། དེ་ལྟར་ཉེས་པ་མེད་པས། དེར་སྐྲ་བཞར་ཞིང་བཙེ་①བྱས་ནས་བྱང་གི་གསེར་མཁར་②དུ་ཆོས་འདོན་པ་ལ་ངོང་དུ་ཆུག ཉིད་ཀྱི་（ཀྱིས་）དགོངས་པ་མཛོད། ཡུང་ལོ་ལོ་བཅུ་གསུམ་ཟླ་དྲུག་པའི་ཚེས་ཉི་ཤུ་བདུན་གྱི་ཉིན།③

༼བྱམས་ཆེན་ཆོས་རྗེའི་རྣམ་ཐར་ཕྱོགས་བསྒྲིགས། ཤོག་གྲངས་5པའི་རྒྱབ།༽

第九件，永乐十三年（公元 1415 年）六月二十七日，皇帝给释迦也失的圣旨

皇帝圣旨，谕妙觉圆通慧慈普应辅国显教灌顶弘善西天佛子大国师释迦也失：昔日番僧反叛，抢劫朝廷金字使者，现捉拿归案，来到京城，已按刑律对他们治罪，……

……已让其知罪。现遣他们到五台山朝拜，忏悔其罪恶，弃恶从善。悔罪之后，剃度为僧，让他们在京城诵佛念经。请你切记。永乐十三年六月二十七日。

（《大慈法王传汇编》5 页正面 7 行）

① 出家人、僧人。

② 北京城？

③ 《色拉寺与大慈法王》中，没有这道圣旨。

བཅུ་པ། ཡུང་ལོའི་ཁྲི་ལོ་བཅུ་གསུམ་པའི་（སྤྱི་ལོ1415）ཟླ་བ་བདུན་པའི་ཚེས་ཉི་ཤུ་དྲུག་ཉིན་གོང་མས་ཤཱཀྱ་ཡེ་ཤེས་ལ་གནང་བའི་ལུང་།

རྒྱལ་པོའི་ལུང་གིས། མིའུ་སྒྱོ། ཡན་ཐུང་། ཧུས་ཙི། ཕུ་ཡིན། ཧུ་གོས། ཞིན་གཀྲའུ། ཀོན་ཏིང་། ཧུང་ཤེན། ཟི་ཐེན། བཧོ་ཙི། ཏཱ་ཀོ་ཤྲཱི། ཤཱཀྱ་ཡེ་ཤེས་ཉིད་ཀྱིས། རི་བོ་རྩེ་ལྔར་བཞུད་①ནས་མ་ཆོར་བར་ཟླ་བ་དུ་མར་སོང་འདུག་པས།② འོང་མི་ལ་དྲིས་ན་སྐུ་བདེ་བར་ཡོད་ཅེས་ཐོས་པས།③ ངེད་ཀྱི་སེམས་རབ་ཏུ་སྤྲོ། རི་བོ་རྩེ་ལྔ་དེ་ནི་རྒྱལ་ཁམས་ཐམས་ཅད་ལ་གྲགས་པའི་གནས་ཁྱད་པར་ཅན་ཡིན། གནས་དེར་ཕྱིན་པ་ཡང་ཤིན་ཏུ་དཀའ་བས། ཉིད་ཀྱི་④བདེ་མོར་བསྐོར་བ་མཛད་པ་དང་། ཐུགས་བཞེད་བཞིན་དུ་བཞུགས་པར་མཛོད། ཉིད་ཀྱི་དུས་ཚོད་གཟིགས་ནས་⑤འདིར་ནམ་འབྱོན་འདོད་ན་ཕེབས།⑥ དེ་མིན་ངེད་ཀྱི་ལུང་དང་མི་མངགས་ནས་བསུ་བར་ཡོང་བའི་ཚེ་དེ་ནས་འབྱོན་པར་མཛོད། ད་ལྟ་ཆེད་དུ་མི་བཏང་ནས་ལི་ཐམ་དྲུག་⑦སྐྱེལ་བ་ཡིན། སྤྲང་རྫས་གཙོས་པའི་ཟེ་ཏོག་⑧སྣ་ཚོགས་ཕུལ་ཡོད་པས་ངེད་ཀྱི་སེམས་⑨མཚོན་པ་ཡིན། ཏཱ་ཀོ་ཤྲཱི་ཉིད་ཀྱིས་དགོངས་པར་མཛོད། ཡུང་ལོ་ལོ་བཅུ་གསུམ་ཟླ་བ་བདུན་པའི་ཉི་ཤུ་དྲུག་གི་ཉིན།⑩

༼བྱམས་ཆེན་ཆོས་རྗེའི་རྣམ་ཐར་ཕྱོགས་བསྒྲིགས། ཤོག་གྲངས་༥པའི་རྒྱབ།༽

第十件，永乐十三年（公元 1415 年）七月二十六日，永乐给释迦也失的圣旨。

皇帝圣旨

谕妙觉圆通慧慈普应辅国显教灌顶弘善西天佛子大国师

---

① 《色拉寺与大慈法王》50 页中写成："ཉིད་རི་བོ་རྩེ་ལྔར་བཞུགས་ནས་"
② 《色拉寺与大慈法王》50 页中写成："ཟླ་བ་དུ་མ་སོང་འདུག"
③ 《色拉寺与大慈法王》50 页中写成："འོང་མི་རྣམས་ལ་དྲིས་པས་ཆོས་རྗེ་སྐུ་བདེ་བར་བཞུགས་ཞེས་ཐོས་"
④ 《色拉寺与大慈法王》50 页中写成："ཉིད་ཀྱིས་"
⑤ 《色拉寺与大慈法王》50 页中写成："ཉིད་ཀྱིས་"
⑥ 《色拉寺与大慈法王》50 页中写成："འདིར་ནམ་བྱུང་ལ་ཕེབས་"
⑦ 响铜印章。《色拉寺与大慈法王》50 页中写成："ལི་ཁྲིའི་དམ་ཕྱག "
⑧ ཟེ་ཏོག ཟེ་ཐོག《色拉寺与大慈法王》50 页中写成："སྐྱེལ་བའི་ཞོར་དུ་སྤྲང་རྫས་གཙོས་པའི་ཤིང་ཏོག"
⑨ 《色拉寺与大慈法王》50 页中写成："བསམ་པ་"
⑩ 《色拉寺与大慈法王》50 页中写成："ཡུང་ལོའི་ལོ་བཅུ་གསུམ་པའི་"

你到五台山不知不觉过了好多月，听来人说法王你身体安康，朕甚喜。五台山是著名的圣地。去该处甚为辛苦，望你安心朝拜，如意居住。根据你的时间，随时可以归来。除此，当朕有圣旨和接应人员时，就请前来。今遣专人送去响铜印的同时，顺便带去蜂蜜及各种水果，以示朕心。

永乐十三年七月二十六日。（试译）

བཅུ་གཅིག་པ། ཡུང་ལོའི་ལོ་བཅུ་གསུམ་པའི་（སྤྱི་ལོ1416）ཟླ་བ་བརྒྱད་པའི་ཚེས་ཉེ་ཤུ་བདུན་ཉིན་གོང་མས་ཤཱཀྱ་ཡེ་ཤེས་ལ་གནང་བའི་ལུང་།

རྒྱལ་པོའི་ལུང་གིས། མེའུ་ཀྲོ། ཡོན་ཐུང་། ཧུས་ཅོ། ཕུ་ཡིན། ཧུ་གོས། ཞིན་ཀྲུའུ། ཀོན་ཧྲིང་། ཕུ་ཤེན། ཟེ་ཐེན། བཙོ་ཅོ། ཏྲ་ཀོ་ཤི། ཤཱཀྱ་ཡེ་ཤེས①ལ། ད་ལྟ་སྟོན་ཀའི་གྲང་དུས་བྱུང་འདུག་པས། རི་བོ་རྩེ་ལྔའི་ས་དེ་ལྷག་པར་གྲང་ཡོད།② ངེད་ཀྱི་བསམ་པ་ལ། སངས་རྒྱས་ཀྱི་གནས་དེར། སྟོང་པ་རྣམ་པར་དག་པ། ཉིད་ཀྱི་ཆོས་སྐུ་ཤིན་ཏུ་བདེ་མོར་བཞུགས་པ་ལ། ད་ལྟ་ནན་གྱིས་མི་བཏང་ནས། ཆོས་གོས་དང་། ཚིལ་རྩེ་སོགས་ཅུང་ཟད་ཕྱིར་བ③ངེད་ཀྱི་སེམས་མཚོན་པ་ཡིན། གོས་གྲུ་ཟེས④བྱས་པའི་ཆོས་གོས་སྣ་གྲངས་དྲུག་ལ།⑤ རིན་（རི་མོ་）མེད་པའི་གོས་ཏ་ཧྲུན་ཐང་པ་གཅིག⑥ རྟགས་བརྒྱད་དང་སྤྲིན་རིས་ཡོད་པའི་ཏ་ཧྲུང་གོས་པེར་ཐུལ་སྦྱར་པ⑦གཅིག གོས་ཏྲ་ཧྲུང་མེ་ཏོག⑧རྟགས་བརྒྱད་ཀྱི་རི་མོ་ཡོད་པའི་མཚན་ཁྲུང་མ་ཟེར་བའི་ལ་གཅིག⑨ བཀྲ་ཤིས་རྟགས་བརྒྱད་ཀྱི་རི་མོ་ཡོད་པའི་གོས་དམར་པོའི་རིང་འགག་གཅིག⑩ རྟགས་བརྒྱད་ཀྱི་རི་མོ་ཡོད་པའི་སྣ

① 《色拉寺与大慈法王》53—54 页中写成："ཉིད་ལ་"
② 《色拉寺与大慈法王》53—54 页中写成："གྲང་མོ་ཡོད།"
③ ཚོལ་དང་རྩེ་ཐོག 《色拉寺与大慈法王》53—54 页中写成："ཚོལ་རྩེ་ཅུང་ཟད་འཕྱིར་བས་ནི་"
④ 绸缎 《色拉寺与大慈法王》53—54 页中写成："གོས་གྲུ་ཟིང་"
⑤ 《色拉寺与大慈法王》53—54 页中写成："སྣ་གྲངས་དྲུག་ལས་"
⑥ 《色拉寺与大慈法王》53—54 页中写成："གོས་ཏ་ཞུང་ཐུང་བ་གཅིག"
⑦ 《色拉寺与大慈法王》53—54 页中写成："ཏ་ཞུང་པེར་ཐུལ་སྦྱར་མ་"
⑧ 《色拉寺与大慈法王》53—54 页中写成："ཏ་ཞུང་མེ་ཏོག་"
⑨ 《色拉寺与大慈法王》53—54 页中写成："ལྷབ་"
⑩ 《色拉寺与大慈法王》53—54 页中写成："བཀྲ་ཤིས་རྟགས་བརྒྱད་"

ཁའི་སྐྱད་གཡོགས་གཅིག······

[སྲིན་རིས་ཡོད་པའི་གོས་དམར་པོའི་ཤམ་ཐབས་གཅིག ལྷམ་འཐེབ་དང་བཅས་ཕྱུལ་ཡོད་པ་ཉིད་ཀྱིས་རྗེས་བཞེས་མཛོད། ཡུང་ལོའི་ལོ་བཅུགསུམ་པའི་ཟླ་བ་བརྒྱད་པའི་ཚེས་ཉི་ཤུ་བདུན་ཉིན།]①

༼བྱམས་ཆེན་ཆོས་རྗེའི་རྣམ་ཐར་ཕྱོགས་བསྒྲིགས། ཤོག་གྲངས་༦༥པའི་མདུན།༽

第十一件，永乐十三年（公元1415年）八月二十七日，皇帝给释迦也失的圣旨。

皇帝圣旨

谕妙觉圆通慧慈普应辅国显教灌顶弘善西天佛子大国师

秋风澄肃，五台早寒，远惟佛境清虚，法体安泰。今制袈裟禅衣，遣使祇送，以表朕怀。绸缎丝类法衣共六件：无花绸缎短大氅一件、祥瑞云图毛里大氅一件、带祥瑞花卉图案的绸缎毪子一件、八吉祥图案的红绸缎长坎肩一件、带八吉祥图案的绫罗绸缎裙子一件、云图红绸裙一件、靴袜等。

永乐十三年八月二十七日。（参照《清凉山志》100页）

བཅུ་གཉིས་པ། ཡུང་ལོའི་ལོ་བཅུ་བཞི་པའི་(སྤྱི་ལོ1416)ཟླ་བ་ལྔ་པའི་ཚེས་བཅུ་དྲུག་ལ་གོང་མས་ཤཱཀྱ་ཡེ་ཤེས་ལ་གནང་བའི་ལུང་།

རྒྱལ་པོའི་ལུང་གིས། མིའུ་ཀྱོ། ཡོན་ཐུང་། ཧུས་ཙེ། ཕུ་ཡིན། ཧུ་གོས། ཞིན་ཀྲའུ། ཀོན་ཏིང་། ཧུང་ཤེན། ཟི་ཐེན། བཧྥོ་ཙི། ཏཱ་ཀོ་ཤྲི་ཉིད་ལ། ནན་གྱིས་གོས་དར་སྟོང་དང་།② མཛོ་མོ་

① 《大慈法王传汇编》复印件6页6行显现不清。括弧内内容从《色拉寺与大慈法王》书中补遗。

② 《色拉寺与大慈法王》55页中写成："གོས་སྟོང་དང་"

བརྒྱད་བརྒྱ་ཕྲུལ། ཉིད་ཀྱིས་བསྐུས་པར་མཛོད།① ཡུང་ལོ་②ལོ་བཅུ་བཞི་པའི་ཟླ་བ་ལྔ་པའི་ཚེས་བཅུ་དྲུག་ཡིན(ཉིན་)།

༼བྱམས་ཆེན་ཆོས་རྗེའི་རྣམ་ཐར་ཕྱོགས་བསྒྲིགས། ཤོག་གྲངས་༦པའི་རྒྱབ།༽

第十二件，永乐十四年（公元 1416 年）五月十六日，皇帝给释迦也失的圣旨。

皇帝圣旨

谕妙觉圆通慧慈普应辅国显教灌顶弘善西天佛子大国师：特赐予千疋绸缎和八百头母犏牛，请你收下。

永乐十四年五月十六日（试译）

བཅུ་གསུམ་པ། ཡུང་ལོའི་ལོ་བཅོ་ལྔ་པའི(སྤྱི་ལོ1417)ཟླ་གཉིས་པའི་ཚེས་གཅིག་ལ་གནང་བའི་གོང་མས་ཤཱཀྱ་ཡེ་ཤེས་ལ་གནང་བའི་ལུང་།

རྒྱལ་པོའི་ལུང་གིས། མིའུ་ཀྱོ། ཡོན་ཐུང་། ཧུས་ཙེ། ཕུ་ཡིན། ཧུ་གོས། ཞན་ཀྱའུ། ཀོན་ཏིང་། ཧུང་ཤན། ཟི་ཐེན། བཛྲ་ཙི། དྷ་ཀོ་ཤྲཱི། ཤཱཀྱ་ཡེ་ཤེས་ལ། ཉིད་ཀྱི་ཆོས་ཀྱི་རྒྱལ་མཚན་ཞུབ་ཕྱོགས་སུ་ཕྱོན་ཏེ།③ དཔྱིད་དུས་ལོ་གསར་④གསེར་ཡིག་པ་རྣམས་འདིར་འོང་ནས་⑤སྐུ་ཁམས་བདེ་བར་བཞུགས་ཞེས་ཐོས་པས་སེམས་རབ་ཏུ་དགའ། ད་ལྟ་ཚ་གསེར་⑥ལས་བྱས་པའི་འཇིགས་བྱེད་ཀྱི་སྐུ་པདྨ་འདབ་བརྒྱད་པའི་གདན་དང་བཅས་འབུལ་བ་ནི།⑦ ངེད་ཀྱི་སེམས་མཚོན་པ་ཡིན། དེའི་མཆེད(ཆེད་)དུ་ཚོགསུ(ཚོགས་སུ་)བཅད་པས་⑧བསྟོད་པ་འདི་སྐད་དུ། བདེ་གཤེགས་སྨན་ཆེན་འགྲོ་ལ་ཕན་པ་ནི། ཞེས་སོགས་ཀྱི་ཤློཀ་བཞིའི་མཇུག་ཏུ། སངས་རྒྱས་བསྟན་པ་རྟག་ཏུ་བདེ་

① 《色拉寺与大慈法王》55 页中写成："མཛོ་མོ་བརྒྱད་བརྒྱ་ཕྲུལ་བ་ཉིད་ཀྱིས་བཞེས་པར་མཛོད་"
② 《色拉寺与大慈法王》55 页中写成："ལོའི་"
③ 《色拉寺与大慈法王》57 页中写成："ཆོས་ཀྱི་རྒྱལ་མཚན་ཉིད་ཞུབ་ཕྱོགས་སུ་ཕྱོན་ཏེ། ཐེངས་ཤིག"
④ 《色拉寺与大慈法王》57 页中写成："ཀྱི་ལོ་སར་པ་ན་"
⑤ 《色拉寺与大慈法王》57 页中写成："འདིར་འོངས་ནས་ཆོས་རྗེ་ཉིད་"
⑥ 《色拉寺与大慈法王》57 页中写成："ཚག་གསེར་"
⑦ 《色拉寺与大慈法王》57 页中写成："གདན་དང་བཅས་པ་ཕུལ་བ་འདིས་"
⑧ 《色拉寺与大慈法王》57 页中写成："ཚོགས་སུ་བཅད་པའི་བསྟོད་པ་"

བར་མཛོད།① ཡུང་ལོ་ལོ་བཅོ་ལྔ་པ་ཟླ་བ་གཉིས་པའི་②ཚེས་གཅིག་ཉིན།

༼བྱམས་ཆེན་ཆོས་རྗེའི་རྣམ་ཐར་ཕྱོགས་བསྒྲིགས། ཤོག་གྲངས་༦པའི་རྒྱབ་ནས་༧མདུན།༽

第十三件，永乐十五年（公元 1417 年）二月一日，永乐皇帝给释迦也失的圣旨。

皇帝圣旨

谕妙觉圆通慧慈普应辅国显教灌顶弘善西天佛子大国师

自师西行，忽见新岁，使者还，乃知履况安知，适慰朕怀。兹以（金质大威德金刚连带）八瓣莲座，用表远贶，并系之赞。曰：“善逝的大药是利众”等四首诗句之后，最后是：“敬请经常弘扬佛法”。

永乐十五年二月一日。（参照《清凉山志》100 页）

བཅུ་བཞི་པ། ཡུང་ལོའི་ཁྲི་ལོ་ཉེར་གཉིས་པ་(སྤྱི་ལོ1424ཤིང་འབྲུག་ལོ།)ཟླ་བ་བཞི་པའི་ཚེས་བཅུ་བདུན་ཉིན་གོང་མས་ཤཱཀྱ་ཡེཤེས་ལ་གནང་བའི་ལུང་།

རྒྱལ་པོའི་ལུང་གིས། མེའུ་ཀྱོ། ཡོན་ཐུང་། ཧུས་ཙི། ཐུ་ཡིན། ཧུ་གོ། ཞེན་ཀྲའུ། ཀོན་ཏིང་། ཧུང་ཤེན། ཟི་ཐེན། བཙོ་ཙི། ཏཱ་ཀོ་ཤྲཱི། ཤཱཀྱ་ཡེ་ཤེས་ལ། ཁྱེད་ཀྱི་རིག་པའི་③འཕྲིན་ལས་རྒྱས་ཤིང་ བྱམས་སྙིང་ རྗེ་ ལ་ བརྟེན་ ནས་ འགྲོ་ བ་ མང་ པོ་ ལ་ ཕན་ པར་ འདུག་ ཅེས་ ཐོས་ པས་ ངེད་④སེམས་ཤིན་ཏུ་དགའ་ཞིང་ཉིན་མཚན་ཀུན་ཏུ་མི་བརྗེད། ས་གསར་གྱི་ལེགས་གསོལ་ལ་ཁྲིན་ཤི་དཔལ་འབྱོར་ལྷུན་གྲུབ་⑤མངགས་ནས། དེ་ལ་⑥མཚམས་ཞུས་དང་ལྷ་སྐུ་ལ་སོགས་སྐྱེས་བཟང་འབུལ་བར་འོང་བས། དེ་ལྟ་བུའི་སེམས་ཡང་དག་པའི་དོན་ལ་ངེད་སེམས་རབ་ཏུ་དགའ་བ་ཡིན།⑦

① 《色拉寺与大慈法王》57 页中写成：“ དར་བར་མཛོད་”
② 《色拉寺与大慈法王》57 页中写成：“ ཡུང་ལོའི་ལོ་བཅོ་ལྔ་པའི་ཟླ་གཉིས་པའི་”
③ 《色拉寺与大慈法王》74—75 页中写成：“ ཁྱེད་རིག་པའི་འཕྲིན་ལས་”
④ 《色拉寺与大慈法王》74—75 页中写成：“ ངའི་སེམས་”
⑤ 《色拉寺与大慈法王》74—75 页中写成：“ ཁྲིན་ཤི་དང་དཔལ་འབྱོར་ལྷུན་གྲུབ་”
⑥ 《色拉寺与大慈法王》74—75 页中写成：“ ངེད་ལ་”
⑦ 《色拉寺与大慈法王》74—75 页中写成：“ དགའ་བས་”

ད་ལན་ཡང་ནུས་ཀོན་ཏ་བཞིན་མགོ་བྱས་མི་སྣ་དེར་བཏང་ནས། ཁྱེད་ལ་ལྷ་སྐུ་དང་གོས་དར་ལ་
སོགས་པའི་གནང་སྦྱིན་དང་། ལུང་གིས་བསྟོད་པའི་ཚིགསུ་(ཚིགས་སུ་)བཅད་པ་དང་བཅས་
བསྐུར་①ཡོད་པས། ཧྭ་ཀོ་ཤྲི་དགོངས་པར་མཛོད། བསྟོད་པ་ནི། འདི་སྐད་དུ། །བདེ་གཤེགས་
ཤེས་རབ་འཕྲིན་ལས་ཡོངས་རྫོགས་པས། །དགྲ་བཅོམ་ལྷ་མི་ཀུན་གྱི་སྟོན་པ་མཛད། །ཐུགས་རྗེ་རྒྱ་
ཆེན་②ནམ་མཁའ་དག་དང་མཉམ། །འཇིག་རྟེན་ཀུན་ཏུ་③ཆོས་རྣམས་ཐམས་ཅད་ཁྱབ། །བྱ་རྒོད་
ཕུང་པོར་གསུང་དབྱངས་སེང་གེའི་སྒྲས། །འགྲོ་བའི་དོན་ཕྱིར་④ཆོས་འཁོར་ཆེན་པོ་བསྐོར། །
ཐམས་ཅད་ཡང་དག་སེམས་ཉིད་ཐོབ་གྱུར་ནས། །ལྷན་ཅིག་མྱང་འདས་བླ་མེད་ལམ་ཐོབ་སྟེ། །རྗེ་
སྙིད་འཇིག་རྟེན་ཀུན་ཏུ་བསྔས་བྱས་པས།།⑤ སེམས་ཅན་སེམས་ཉིད་ངོ་བོ་གཅིག་ན་ཡང་། །གཟུང་
འཛིན་བག་ཆགས་འདོད་པས་སྒྲོངས་པར་གྱུར། །དེ་ཕྱིར་འཁྲུལ་པར་ཡང་དག་མཚན་མར་
བཟུང་། །མིག་དང་རྣ་བས་གཟུགས་དང་སྒྲ་ལ་ཆགས། །སྣ་དང་ལྕེ་ཡི་(ཡིས་)རོ་དང་དྲི་ལ་
འདོད། །ལུས་ཀྱི་དབང་པོ་འཇམ་ཞིང་འཁྲིལ་ཆགས་⑥ཏེ། །ཡིད་ཀྱི་དབང་པོས་དགའ་དང་མི་
དགའ་བསྐྱེད། །དབང་པོ་དྲུག་པོས་ཕྱི་རོལ་ཡུལ་ལ་ཆགས། །དེ་ལ་ཆགས་པས་རྒྱུན་དུ་འཁྲུལ་པར་
འགྱུར། །དེ་ཕྱིར་སྐྱེ་ཤི་ཡོད་པས་མི་རྟག་ཅིང་། །འཁོར་བའི་རྒྱ་མཚོ་དག་ཏུ་ལྷུང་བར་འགྱུར།།⑦
འགྲོ་བའི་ཆོས་ཉིད་ངོ་བོ་སྒྲོངས་པ་མེད། །དཔེར་ན་མེ་ལོང་རྟུལ་གྱིས་གཡོགས་དང་མཚུངས། །གྲུ་
འགྲོ་བ་ལ་གྲུ་འགྲམ་འགྲོ་བ་⑧འཁྲུལ། །སྤྲིན་འགྲོ་བ་ལ་ཟླ་བ་འགྲོ་བར་མཐོང་། །མཐར་ཐུག་རྟོགས་
ནས་⑨དེ་དག་དོན་མེད་ཡིན། །བདེན་དང་འཁྲུལ་བ་གསལ་བར་འབྱེད་ཤེས་ན། །རྟོག་པས་
འཁྲུལ་བ་དག་ཀྱང་ཡང་དག་འགྱུར། །སྒྲོངས་པས་ཡང་དག་སེམས་ལ་⑩འཁྲུལ་པར་འགྱུར། །སྐད་
ཅིག་ཙམ་གྱིས་ཐ་དད་འབྱེད་པས་ན། །གཽ་ཤྲཱི་སྙིང་རྗེ་དམ་པ་ཆོས་ཀྱི་སྐུ། །རྣམ་དག་བཟུང་

① 《色拉寺与大慈法王》74—75 页中写成："ཚིགས་བཅད་བསྐུར་"
② 《色拉寺与大慈法王》74—75 页中写成："ཆེའི་"
③ 《色拉寺与大慈法王》74—75 页中写成："གྱི་"
④ 《色拉寺与大慈法王》74—75 页中写成："དོན་ཆེན་"
⑤ 《色拉寺与大慈法王》74—75 页中写成："བསྟོད་བྱེད་པས་"
⑥ 《色拉寺与大慈法王》74—75 页中写成："འཁྲིག་པར་ཆགས་"
⑦ 《色拉寺与大慈法王》74—75 页中写成："ལྷུང་བར་འགྱུར་"
⑧ 《色拉寺与大慈法王》74—75 页中写成："རྒྱུ་འགྲོ་འགྲོ་བ་"
⑨ 《色拉寺与大慈法王》74—75 页中写成："རྟོགས་ན་"
⑩ 《色拉寺与大慈法王》74—75 页中写成："སེམས་ནི་"

ནས་①འཇིག་རྟེན་ངོ་མཚར་ཆེ། །རྗེ་བས་②ཕྱིན་ཅི་ལོག་པའི་འགྲོ་བ་ལ། །བྱང་ཆུབ་ལམ་ནི་རྒྱ…
ཆེན་③རྣམ་པར་བསྟན། །བདུད་རྩིའི་ཆོས་ཀྱི་སྒོ་མོ་རབ་ཏུ་ཕྱེ། །རང་རིག་གཞན་རིག་ངོ་བོར་རབ…
རྒྱས་ཤིང་།།④ དེ་བཞིན་གཤེགས་པའི་མཉམ་ཉིད་ཐུགས་དང་མཐུན། །བདག་མིན་གཞན་མིན…
སེམས་ཅན་རྣམས་ཀྱང་མིན། །བདག་མེད་གཞན་མེད་སེམས་ཅན་རྣམས་ཀྱང་མེད། །རང་རང་སོ་
སོར་ཆོས་ཉིད་རྟོག་པ་⑤དང་། །སྡིག་སྒྲིབ་བྲལ་ནས་ཕ་རོལ་ཕྱིན་པར་འགྱུར། །སྔ་སོར་ཡུལ་དབུས…
འདི་རུ་ཕྱིན་ནས་ནི། །འབྲེལ་ཅན་⑥རྣམས་ལ་ཆོས་ཀྱང་བསྟན་པ་ཡི། །ཐོས་དང་མཐོང་བ་རྣམས…
ཀྱི་⑦དད་པ་སྐྱེས། །ཀུན་གྱིས་བསྟོད་ཅིང་དད་པས་སྤྱི་བོར་འདུད།།⑧ གསལ་ཞིང་དམ་པ་ཆོས་⑨ཀྱི་
སྤྱན་ལྡན་པས། །རི་བོ་རྩེ་ལྟར་ལེགས་པར་བཞུགས་ནས་ཀྱང་། །ཀ་ལ་པིང་ཀའི་དབྱངས…
ལྟར་⑩སྙན་པའི་གསུང་། །ཡང་དག་ཆོས་སྒྲ་ཀུན་ལ་ཁྱབ་གྱུར་པ། །དཔེར་ན་སྨུན་ནག་ནང…
དུ་⑪མར་མེ་གསལ། །འོད་ཟེར་འབར་བ་ཀུན་ཏུ་སྣང་བ་ལྟར། །སྨུན་པ་རྣམས་ནི་གསལ་བར་བྱས…
པ་ལ། །འགྲོ་བ་ཀུན་གྱིས་དད་ཅིང་གུས་པས་འདུད། །དཔེར་ན་སྡུག་བསྔལ་རྒྱ་མཚོར་གྲུ་ཞུགས…
པ། །རྦ་རླབས་གཡོས་ཀྱང་དམ་ཆོས་གྲུ་ཕྱིན་པ། །དེ་རུ་ལྡང་བའི་སྡུག་བསྔལ་སེལ་བྱེད་ལ། །འགྲོ…
བ་ཀུན་གྱིས་དད་ཅིང་གུས་པས་འདུད། །དཔེར་ན་ཐན་པའི་དུས་སུ་བདུད་རྩིའི་ཆར། །ས་ཆེན་རྩི…
བཅུད་ཐམས་ཅད་རྒྱས་པར་བྱེད། །ཞིང་པ་རྣམས་ཀྱི་དགའ་བ་བསྐྱེད་བྱེད་པ།།⑫ འགྲོ་བ་ཀུན་གྱིས་
དད་ཅིང་གུས་པས་འདུད། །དཔེར་ན་ཚ་གདུང་དུས་སུ་རླུང་བསིལ་ལྟར། །འཇིག་རྟེན་གདུང…
པའི་སྡུག་བསྔལ་བསལ་⑬བྱས་ནས། །ཉོན་མོངས་གདུང་བ་ཐམས་ཅད་སེལ་བ་ལ། །འགྲོ་བ་ཀུན…
གྱིས་དད་ཅིང་གུས་པས་འདུད། །དོན་གཉིས་ལྷུན་གྲུབ་ཞབ་ཕྱོགས་ཕྱིན་གྱུར་ཀྱང་། །སྐུ་ལུས་སོང…

① 《色拉寺与大慈法王》74—75 页中写成："བཟུང་ན་"
② 《色拉寺与大慈法王》74—75 页中写成："བརྗེ་བས་"
③ 《色拉寺与大慈法王》74—75 页中写成："རྒྱལ་ཆེར་"
④ 《色拉寺与大慈法王》74—75 页中写成："རང་རིག་གཞན་རིག་ངོ་བོ་རབ་དབྱེ་ཞིང་།"
⑤ 《色拉寺与大慈法王》74—75 页中写成："རྟོགས་པ་"
⑥ 《色拉寺与大慈法王》74—75 页中写成："འབྲེལ་ཆེན་"
⑦ 《色拉寺与大慈法王》74—75 页中写成："ཀྱང་"
⑧ 《色拉寺与大慈法王》74—75 页中写成："དད་པའི་སྤྱི་བོས་འདུད་"
⑨ 《色拉寺与大慈法王》74—75 页中写成："དམ་པའི་ཆོས་"
⑩ 《色拉寺与大慈法王》74—75 页中写成："དབྱངས་ལྡན་"
⑪ 《色拉寺与大慈法王》74—75 页中写成："ཐང་དུ"
⑫ 《色拉寺与大慈法王》74—75 页中写成："སྐྱེད་པར་བྱེད་"
⑬ 《色拉寺与大慈法王》74—75 页中写成："བསིལ་"

ཡང་ཕྱིད་①སེམས་འདི་ན་གནས། །དེ་ཕྱིར་བདག་གི་སེམས་ཀྱང་རྒྱུན་དུ་བསམས།།② དེ་དང···
འདིར་བཞུགས་གཉིས······[རྣམས་ལ་ཁྱད་པར་མེད། །བདེན་པའི་བསྟོད་པ་ཚིགས་སུ་བཅད་པ···
ཡིས། །ཡོན་ཏན་རྒྱ་ཆེ་བསམ་གྱིས་མི་ཁྱབ་པ། །རྡུལ་ཕྲན་ཞིང་ཁམས་ཀུན་ལ་ཁྱབ་པ་དང་། །
གསུང་དབྱངས་གྲགས་པ་ཀུན་གྱིས་རྟོགས་གྱུར་པ། །ད་ལྟ་རིག་པས་རྟོགས་པ་དེ་མ་ཟད།]③མ···
འོངས་མ་རིག་པ་རྣམས་རིག་པར་འགྱུར། །སེམས་ཅན་མ་རིག་མུན་པ་བསལ་བྱས་ནས།།④ གནྡའི···
བྱེ་སྙེད་⑤ཞིང་རྣམས་དག་པ་དང་། །བདག་གི་རྒྱལ་སྲིད་རྒྱལ་ཁམས་ཀུན་གྱི་བདག །ལོ་ཡང···
གནམ་དང་མཉམ་པར་གནས་པ་ཡིས། །སྨོན་ལམ་འདེབས་ཤིང་འགྲོ་བར་ཕན་པ་དང་། །སངས···
རྒྱས་བསྟན་པ་དཔག་མེད་དར་བར་མཛོད། །ཡུང་ལོ་ཉེ་(ཉེར་)གཅིག་⑥ཟླ་བ་བཞི་པའི་ཚེས···
བཅུ་བདུན་གྱི་ཉིན།

༼བྱམས་ཆེན་ཆོས་རྗེའི་རྣམ་ཐར་ཕྱོགས་བསྒྲིགས། ཤོག་གྲངས། ༧རྒྱབ་ནས་༨མདུན།༽

第十四件，永乐二十二年（公元 1424 年）四月十七日，皇帝给释迦也失的圣旨。

皇帝圣旨

谕妙觉圆通慧慈普应辅国显教灌顶弘善西天佛子大国师

朕惟大师，觉行圆融，慈悲利济。朕心瞻企，夙夜不忘。兹以岁序维新，特遣禅师板竹等，祝赞于朕，并以佛像等物来。鉴兹勤诚，良甚嘉悦。今遣内官戴兴等，赍佛像等物，并致偈赞，用表朕怀。曰：

如来所具有的智慧和伟业，成为罗汉和神人的佛祖，

其恩德如同宽广的天空，包容了世间的一切教法。

灵鹫山上发出的狮子吼声，为了众生的大利转动了法轮，

① 《色拉寺与大慈法王》74—75 页中写成："ཕྱེད་"

② 《色拉寺与大慈法王》74—75 页中写成："རྒྱུན་པར་བསམ།"

③ 《大慈法王传汇编》9 页正面 1 行，显现不清。从《色拉寺与大慈法王》书中补遗。

④ 《色拉寺与大慈法王》74—75 页中写成："སེལ་བྱས་ནས་"

⑤ 《色拉寺与大慈法王》74—75 页中写成："བྱེ་རྡེ་སྙེད་"

⑥ 《色拉寺与大慈法王》74—75 页中写成："ཅེས་ཡུང་ལོའི་ལོ་ཉེར་གཉིས་པ་"

人人获得了清净之心，寻获了俱来寂灭的无上之道。

举世众人齐声称颂，虽然众生之心性质相同，

由于守持的习性和欲望变得愚钝，从而把错觉当成真实的标准。

眼睛和耳朵迷恋于身和声，鼻子和舌头则迷恋于嗅和味，

身体迷恋于温柔的淫欲，意识则产生喜与不喜。

六个器官迷恋于外界，正因为如此常常发生错觉，

因为有了生死才有无常，才陷入了轮回的大海。

众生的法性本来没有愚昧，犹如铜镜被灰尘覆盖，

把行船误以为河水的流动，把飘云看成是月亮在走动。

如若懂得究竟这些都毫无意义，若能分清正确和错误，

因为觉悟而使错误变成正确，而愚昧使正确的思想也变成谬误。

霎那间使二者加以区分的，是国师的悲悯之心和法体，

守持纯洁使世间出现奇迹，仁慈之心给神魂颠倒的众生，

指明了广阔的菩提道路，敞开了甘露般的法门，

分清自悟他悟的性质，符合如来佛的平等心。

非我非他也非诸众生，无我无他也无诸众生，

懂得各自的分别法性，可脱离孽障走向彼岸。

你曾来到中原这个地方，给大有缘份的人们传授了佛法，

让稍有见闻的人们也信仰，人人赞颂人人皆折服。

你有明亮而威严的慧眼，在安稳下榻五台山期间，

如同迦陵频迦海鸟的声音，佛法真谛的声音传遍了各地。

犹如黑暗的大地点亮了明灯，处处照耀着闪烁的灯光，

驱散了黑暗，带来光明，使所有众生为此信服和敬仰。

如同驶向苦海的航船，虽然波涛汹涌但有圣教的导航，

从落难的处境中得以解脱，使所有众生无不信服和敬仰。

如同干旱时期降落的甘露雨，使大地上的庄稼茁壮成长，

所有农民高兴得喜气洋洋，使众生为此信服和敬仰。

如同酷暑季节的凉风，解除了世间的难熬痛苦，

消除了愚昧的诸多煎熬，使所有众生为此信服和敬仰。

为了圆满二业你已返回了西土，虽然身体走了但心仍在此处，

虽然我也常常思念你，但是此处彼处已经没有分别。

真诚的赞美诗句，使超乎想象的无量功德，

尘埃般地撒遍世间各个角落，让弘法之声人人皆知。

不仅使现在已经明了的法理，还要使尚未明了的法理明了起来，

消除众生不明的黑暗，教化恒河砂粒般的田野，

使朕的朝政和社稷之主，如同天地般万世长存，

望你为此祈祷利乐众生，使圣教得以无限弘扬。

永乐二十二年四月十七日。

（参照《清凉山志》101 页）

བཅོ་ལྔ་པ། ཞོན་ཏེའི་ལོ་བཞི་པའི（སྤྱི་ལོ1429རབ་བྱུང་བདུན་པའི་ས་བྱ་）ཟླ་བ་བཞི་པའི་ཚེས་གསུམ་གྱི་ཉིན་གོང་མ་ཞོན་ཏེས་ཤཱཀྱ་ཡེ་ཤེས་ལ་གནང་བའི་ལུང་།

རྒྱལ་པོའི་ལུང་གིས། མེའུ་གྱོ། ཡོན་ཐུང་། ཏུས་ཅོ། ཞུ་ཡིན། ཏུ་གོ། ཞིན་གྱུའུ། ཀོན་ཏིང་། ཏུང་ཤེན། ཟེ་ཐེན། བཙོ་ཅོ། ཏཱ་ཀོ་ཤྲཱི། ཤཱཀྱ་ཡེ་ཤེས་ལ། ངེད་ཀྱི་བསམ་པ་ལ་སངས་རྒྱས་ཀྱི་ལམ་དང་ཡོན་ཏན་ཤིན་ཏུ་མཐོ་ཞིང་རྒྱ་ཆེ་བ་ལ་འགྲན་ཟླ་དང་བྲལ་བ་རྫུ་འཕྲུལ་①དམ་པ་དབང་ཕྱུག་ཕུན་སུམ་ཚོགས་པ་འགྲོ་བ་ཐམས་ཅད་སྨོན་པར་འདུལ་བའི་དོན་གྱིས་སྤྱར་ནས་རྒྱལ་རབས་རིམ་པ་རྣམས་ཀྱིས་དེ་ལ་དད་པ་དང་བཀུར་སྟི②བྱས་པ་ཡིན། ངེད་རྣམས་ཀྱི③མཐུ་ལ་བརྟེན་ནས་ཡུལ་དབུས་དང་མཐའ་ཀུན་གྱི་མགོ་བྱས། ཡབ་མེས་རྣམས་ཀུན་ལ་ཐུགས་བརྩེ་བ་དང་ལྡན་པ་དེ་བཞིན་དུ④ངེད་ཀྱང་བྱམས་སྙིང་རྗེ་དང་ལྡན་པས་སངས་རྒྱས་བསྟན་པ་དར་བར་བྱ་བ་དང་། མེས་པོ་ཐེ་ཙུང་རྒྱལ་པོ་དང་། ཡབ་གཞིང་ཙུང་⑤རྒྱལ་པོས་ང་ལ་⑥ཐུགས་བརྩེས་བསྐྱངས་པའི་དྲིན་ཆེན་པོ་ནམ་མཁའ་དང་མཉམ་པ་ཡོད་པས་དེ་ལ་བསམ⑦ནས་ཁོང་རྣམས་ལྷ་གནས（གནས་སུ）བཞུགས་པའི་⑧ཐུགས་དགོངས་རྫོགས་པ་དང་། སེམས་ཅན་ཐམས་ཅད་སྒྲོལ་བའི་དོན་དུ་སེམས་རྩེ་གཅིག་གིས་ཉིན་མཚན་རྒྱུན་མི་ཆད་པར་དྲན་པར་ཡོད་པའི་དོན་གྱི།⑨ ཏཱའི་ཀློ་ཁྲི་ཡོན་ཏན་འཕྲིན་ལས་ཁྱད་པར་དུ་འཕགས་པ་⑩བསོད་ནམས་དང་ཤེས་རབ་ཕུན་སུམ་ཚོགས་པ། བྱམས་དང་སྙིང་རྗེ་སྨོན（སྨོན་ལམ་）ཕན་སེམས（སེམས་）⑪ཀྱི（ཀྱིས་）གདུལ་བྱ་རྣམས་འདྲེན་པར་འདུག་པས། ངེད་སེམས⑫ཤིན་ཏུ་མོས་པའི་དོན་གྱིས་ད་ལྟར་ནན་གྱིས་ཐའི་ཀྱུན་ཏའུ་ཞན་⑬མགོ་བྱས་མངགས་ནས།[ལུང་དང་གོས་དར་སོགས་འཁྱེར་ནས་གདན་འདྲེན་ལ་བཏང་ཡོད་པས། ལུང་

① 《色拉寺与大慈法王》83—85 页中写成：“སྤྲུལ་སྐུ་དམ་པ།”
② 《色拉寺与大慈法王》83—85 页中写成：“བསྐུར་བསྟི་”
③ 《色拉寺与大慈法王》83—85 页中写成：“གནམ་གྱི་མཐུ་”
④ 《色拉寺与大慈法王》83—85 页中写成：“ཐུགས་བརྩེ་བ་དང་ལྡན་པ་བཞིན་དུ་”
⑤ 《色拉寺与大慈法王》83—85 页中写成：“གཞི་རེན་ཙུང་”
⑥ 《色拉寺与大慈法王》83—85 页中写成：“ང་རང་ཐུགས་བརྩེས་བསྐྱངས་”
⑦ 《色拉寺与大慈法王》83—85 页中写成：“བསམས་”
⑧ 《色拉寺与大慈法王》83—85 页中写成：“སྙན་དུ་བཞུགས་པའི་”
⑨ 《色拉寺与大慈法王》83—85 页中写成：“དྲན་བཞིན་ཡོད་པའི་དོན་གྱིས་”
⑩ 《色拉寺与大慈法王》83—85 页中写成：“ཁྱད་དུ་འཕགས་ཤིང་”
⑪ 《色拉寺与大慈法王》83—85 页中写成：“སྨོན་ལམ་དང་ཕན་སེམས་བཅས་ཀྱིས་”
⑫ 《色拉寺与大慈法王》83—85 页中写成：“ངེད་ཀྱི་སེམས་”
⑬ 《色拉寺与大慈法王》83—85 页中写成：“ད་ལྟ་ནན་གྱིས་ཐེ་ཀྱོན་ཏེ་ཏུ་ཞན་”

སླབས་མ་ཐག་ཁྱེད་ཤར་ཕྱོགས་འདིར་ཕྱིན་ནས། དམ་པའི་]①ཆོས་གསུངས་ཏེ་②སངས་རྒྱས་ཀྱི་བསྟན་པ་རྒྱ་ཆེན་པོ་དར་བར་མཛད་ནས།③ ངའི་སྙི་ཞུའི་སེམས་རྣམ་དག་དང་མཐུན་ཞིང་། ཕན་ཡོན་དཔག་ཏུ་མེད་པ་སྒྲུབ་པ་ཡིན།④ ཧྭའི་ཀོ་ཤྲི་དགོངས་བཞུགས་མཛོད།⑤ ཟོན་ཏེ་ལོ་⑥ཟླ་བ་བཞི་པའི་ཚེས་གསུམ་གྱི་ཉིན།

༼བྱམས་ཆེན་ཆོས་རྗེའི་རྣམ་ཐར་ཕྱོགས་བསྒྲིགས། ཤོག་གྲངས་༩པའི་མདུན་ནས་རྒྱབ།༽

第十五件，宣德四年（公元1429年）四月三日，皇帝给释迦也失的圣旨。

皇帝圣旨

谕妙觉圆通慧慈普应辅国显教灌顶弘善西天佛子大国师

朕惟佛氏，道体冲玄，德用神妙，厥大无外，厥高无等。历代人主，罔不崇信。朕恭膺天命，主宰华夷，体祖宗一视同仁之心，隆佛氏慈悲不二之教。追惟皇祖太宗文皇帝、皇考仁宗昭皇帝，鞠育深恩，如天罔极。欲举荐扬之典，一念之诚，夙夜惓切。惟大师功行高洁，定慧圆明，朕切慕之。特遣太监侯显，赍书礼请，冀飞锡前来，敷扬宝范，广禅能仁，以副朕诚。朕不胜瞻望之至。

宣德四年四月三日。

（参照《清凉山志》101页）

བཅུ་དྲུག་པ། ཟོན་ཏེའི་ལོ་བཞི་པའི་(སྤྱི་ལོ1429)ཟླ་བ་བཅུ་པའི་ཚེས་གཅིག་གི་ཉིན་གོང་མས་ཤཱཀྱ་ཡེ་ཤེས་ལ་གནང་བའི་ལུང་།

① 《大慈法王传汇编》9页1行部分显现不清，从《色拉寺与大慈法王》中补遗。
② 《色拉寺与大慈法王》83—85页中写成："དམ་པའི་ཆོས་རྗེ་"
③ 《色拉寺与大慈法王》83—85页中写成："མཛད་ན་"
④ 《色拉寺与大慈法王》83—85页中，此处多一句："རེད་ཀྱི་ཁྱེད་ལ་བསམས་པར་ཡོད་པས་"
⑤ 《色拉寺与大慈法王》83—85页中写成："ཧྭ་ཀོ་ཤྲིས་དགོངས་གཞིགས་མཛོད།"
⑥ 《色拉寺与大慈法王》中写成："ཟོན་ཏེའི་ལོ་བཞི་པའི་"

རྒྱལ་པོའི་ལུང་གིས། མེའུ་གྲོ། ཡོན་ཐུང་། ཏོས་ཙོ། ཐུ་ཡིན། ཏུ་གོ། ཞིན་གྲུའུ། ཀོན···
ཉིང་། ཏུང་ཤེན། ཐེ་ཐེན། བཙོ་ཙོ། ཏྭ་ཀོ་ཤྲཱི། ཤྲཱཀྱ་ཡེ་ཤེས་ལ། ངེད་ཀྱི་བསམ་པ་ལ། མེས་པོ···
ཐེ་ཙོང་རྒྱལ་པོ་ཆེན་པོ་དང་།① ཡབ་ཞིང་ཙོང་②རྒྱལ་པོ་ཆེན་པོ་བདེ་བར་གཤེགས་ནས་ཡུན···
རིང་③སོང་བ་ལ། རྣམ་པར་ལྷ་གནས་སུ་བཞུགས་པའི་ཐུགས་དགོངས་རྫོགས་པ་དང་། འགྲོ་བ···
མང་པོ་ཡང་དག་ལམ་④ལ་སྦྱོར་བར་འདོད་ན། སངས་རྒྱས་ལ་སྐྱབ་སུ（སྐྱབས་སུ་）འགྲོ་བར་བྱེད···
དགོས་པ་ཡིན་པ་ལ། ཏྭ་ཀྒོ་ཤྲཱི་ཉིད་ཀྱིས་⑤ལམ་དང་ཡོན་ཏན་ཤིན་ཏུ་མཐོ་ཞིང་། ཟབ་པ། བྱམས···
དང་སྙིང་རྗེ་རྒྱ་ཆེན་པོ་ཡོད་པའི་དོན་གྱིས། རྗེ་གཅིགི་（གཅིག་གི་）⑥ཐེའི་ཀྱིན་ཧྲའུ་ཞིན་⑦མགོ···
བྱས་མི་སྣ་མངགས་ནས་གདན་དྲངས་ཏེ། ཏྭ་ཀྒོ་ཤྲཱི་⑧ཕན་པའི་ཐུགས་ཀྱིས་ངེད་ཀྱི་སྤྱི་ཞུའི་སེམས···
དང་མ་འགལ་བར་རི་ཀླུང་ཚ་གྲང་ལ་མ་འཛེམ་ཞིང་། ས་ཐག་རིང་པོ་ལེ་བར་⑨ཁྲི་ཕྲག་དུ་མར་མ···
རྫེས་པར་⑩དགའ་བར་བྱོན་པས། གསེར་མཁར་དུ་འབྱོན་སྐད་ཐོས་པས་ངེད་སེམས་རབ་ཏུ་སྤྲོ།⑪
མི་སྣ་མངགས་ནས་ལམ་དུ་བསུ་བ་བྱེད་ཡོད།⑫ ད་ལན་ཀཱ་ཤི་⑬ཨ་མོ་ཧྣ་འདིར་མངགས་ནས། ང་ལ་
འབུལ་རྒྱུའི་ལྷ་སྐུ་དང་རིང་བསྲེལ་ཁྱེར་འོང་ནས་ཕུལ་ཏེ།⑭ ངེད་ཀྱིས་དད་པ་དང་གུས་པ་དང་ཕྱག···
དང་མཆོད་པ་བྱས་ཡོད། ངེད་སེམས་ཤིན་ཏུ་དགའ་བ་བྱུང་བ་⑮བརྗོད་ཀྱི་（ཀྱིས་）མི་ལང་། ངེད་
ད་ལྟ་ཐེལ་ཀྱིན་ཧང་ལེའུ་ཡང་⑯མངགས་ནས་ལུང་དང་ཤིང་ཐོག་སོ་མ་⑰སོགས་ཁྱེར་ནས་བསུ་བར···

① 《色拉寺与大慈法王》86—87 页中写成："མེས་པོ་ཐེ་ཙུང་དང་། རྒྱལ་པོ་ཆེན་པོ།"
② 《色拉寺与大慈法王》86—87 页中写成："ཡབ་རིན་ཙོང་"
③ 《色拉寺与大慈法王》86—87 页中写成："ཡུན་རིང་པོ་"
④ 《色拉寺与大慈法王》86—87 页中写成："ཡང་དག་པའི་ལམ་"
⑤ 《色拉寺与大慈法王》86—87 页中写成："ཉིད་ནི་"
⑥ 《色拉寺与大慈法王》86—87 页中写成："རྗེ་གཅིག་གིས་"
⑦ 《色拉寺与大慈法王》86—87 页中写成："ཧྲུའུ་ཞིན་"
⑧ 《色拉寺与大慈法王》86—87 页中写成："ཏྭ་ཀོ་ཤྲཱིའི་"
⑨ 《色拉寺与大慈法王》86—87 页中写成："ལེ་དབར་"
⑩ 《色拉寺与大慈法王》86—87 页中写成："སྐུ་ཚོགས་ལ་མ་འཛེམ་པར་"
⑪ 《色拉寺与大慈法王》86—87 页中写成："ངེད་ཀྱི་སེམས་རབ་ཏུ་སྤྲོ་བ་དང་"
⑫ 《色拉寺与大慈法王》86—87 页中写成："མི་སྣ་ལམ་བར་དུ་བསུ་བར་མངགས་ཡོད།"
⑬ 《色拉寺与大慈法王》86—87 页中写成："ཀོ་ཤྲཱི་"
⑭ 《色拉寺与大慈法王》86—87 页中写成："འཁྱེར་འོངས་ནས་ཕུལ་ཞིང་།"
⑮ 《色拉寺与大慈法王》86—87 页中写成："ངེད་ཀྱི་དད་པ་དང་གུས་པ་བྱུང་བ་བརྗོད་ཀྱིས་མི་ལངས།" 其中少了"དང་ཕྱག་དང་མཆོད་པ་བྱས་ཡོད། ངེད་སེམ་ཤིན་ཏུ་དགའ་བ་"
⑯ 《色拉寺与大慈法王》86—87 页中写成："ཐེའི་ཀྱིན་ཤང་ལེའུ་ཡང་"
⑰ 《色拉寺与大慈法王》86—87 页中写成："ཤིང་ཐོག་པོ་མ་"

བཏང་ཡོད་པས་ངེད་(ཀྱི་) སེམས་མཚོན་པ་ཡིན། ཏྲ་ཀོ་ཤི་ཐུགས་ལ་དགོངས་པར་མཛོད།① ཟྭན་ཏེ་②ལོ་བཞི་པའི་ཟླ་བ་བཅུ་པའི་ཚེས་གཅིག་(གཅིག་གི་) ཉིན།

༼བྱམས་ཆེན་ཆོས་རྗེའི་རྣམ་ཐར་ཕྱོགས་བསྒྲིགས། ཤོག་གྲངས་༨པའི་རྒྱབ་ནས་༡༠པའི་མདུན།༽

第十六件，宣德四年（公元 1429 年）十月一日，皇帝给释迦也失的圣旨。

皇帝圣旨

谕妙觉圆通慧慈普应辅国显教灌顶弘善西天佛子大国师

朕以为祖辈太宗大皇帝、父皇仁宗帝驾崩已有多时，要使他们的圣灵在天界得到慰藉，引领众生走向圣道，大国师你道高德深，慈悲为怀，为此诚心派遣太监侯显为首人员，邀请你前来。大国师以效力之心，遵循朕的旨意，不顾山川寒暑冷暖，不顾上万里路途遥远的劳顿，愉快前来。听说已向皇城走来，朕甚为欣喜，并已派人到中途接应。今派来阿木葛国师，给朕奉献佛像和舍利子，已经收到。朕有说不出的敬仰。朕今特遣太监向柳杨（译音）携带圣旨和水果等前去迎接，以示朕心，望大国师切记。

宣德四年十月一日。(试译)

བཅུ་བདུན་པ། ཟྭན་ཏེའི་ལོ་བཞི་པའི་(སྤྱི་ལོ1429) ཟླ་བ་བཅུ་པའི་ཚེས་བཅུ་གསུམ་ཉིན་གོང་མས་ཤཱཀྱ་ཡེ་ཤེས་ལ་གནང་བའི་ལུང་།

རྒྱལ་པོའི་ལུང་གིས། མེའུ་ཀྱོ། ཡོན་ཐུང་། ཧུས་ཙི། ཕུ་ཡིན། ཧུ་གོ། ཞིན་ཀྱའུ། ཀོན་

① 《色拉寺与大慈法王》86—87 页中写成：“ཏྲ་ཀོ་ཤྲིས་དགོངས་པར་མཛོད།”
② 《色拉寺与大慈法王》86—87 页中写成：“ཟྭན་ཏེའི་”

ཏིང་། ཧུང་ཤེན། ཟི་ཐེན། བཛྲོ་ཙི། ཏྭ་གོ་ཤྲི། ཤཱཀྱ་ཡེ་ཤེས་ལ།① ནན་ཏན་གྱི་②བསྟོད་ཚིག་ཆོས་
ཀྱི་འཁོར་ལོ་ཡོད་པའི་གསེར་དམ་དང་སའུ་གའུ་③རྣམས་གནང་བ་ཡིན། དེ་ཉིན་ལ་④བྱམས་ཆེན···
ཆོས་ཀྱི་རྗེ་ནས། དཀོན་མཆོག་ལ་མཆོད་པ་དང་⑤དགེ་འདུན་ལ་བསྙེན་བཀུར་བའི་མང་ཇ···
འགྱེད་⑥སོགས་དགའ་སྟོན་རྒྱ་ཆེན་པོ་བྱེད་པའི་ཚེ། ནམ་མཁའ་གཡའ་དག་པ།⑦ ཉི་མའི་འོད་ཤིན་
ཏུ་གསལ་བ། འཇའ་ཚོན་སྣ་ལྔས་ནམ་མཁའ་ཁྱབ་པ།⑧ ལྷ་དང་མི་རྣམས་བདེ་སྐྱིད་དགའ་བ་ཕུན···
སུམ་ཚོགས་པ།⑨ ངེད་ཀྱང་ནན་གྱིས་བསྐུར་སྟི་⑩དང་། བཀྲ་ཤིས་པའི་བསྟོད་པ་ཚིགསུ་(ཚིགས···
སུ་)བཅད་དེ་འདི་སྐད་དུ།⑪ མེའུ་ཀྱོ་ཡོན་ཐུང་དགེ་བ་གོང་འཕེལ་དུ། །ཧུས་ཙི⑫ཕུ་ཡིན་སངས···
རྒྱས་ཞིང་ཁམས་ན། །ཟི་ཐེན་བཛྲོ་ཙི⑬རྒྱལ་སྲས་ཏྭ་གོ་ཤྲི། །ལྟ་བ་རྣམ་དག་སྤྱོད་པའི་རང་བཞིན···
གནས། །ད་ལྟ་དུས་བཟང་བསྟོད་ཚིག་བརྗོད་པ་ཡིས།།⑭ ལྷ་མིའི་⑮སྙན་ཚིག་བཟང་པོ་དུ་མ···
བསྒྲགས། །རྒྱལ་མཚན་བ་དན་གཡོ་བ་རྣམ་མང་དག།⑯ སྤྱི་བོའི་གཙུག་ནས་སའུ་གའུ་གསེར་དམ···
འབུལ།།⑰ ཆོས་རྗེ་ཐམས་ཅད་བཀའ་དྲིན་རྗེས་སུ་དྲན། །དཔེར་ན་ཆོས་ཀྱི་སྒྲོན་མེ་སྟོང་ཕྲག···
སྦར། །འོད་ཟེར་ཕྱོགས་བཅུ་ནམ་མཁའ་⑱ཀུན་ཏུ་གང་། །སླར་ཡང་བདེ་གཤེགས་⑲གཙུག་ཏོར···
རིན་པོ་ཆེའི། །འོད་ཟེར་རྣམ་མང་ཀུན་ཏུ་མ་ཁྱབ་མེད། །རྫོགས་པའི་མཐར་ཕྱུག་རང་བཞིན་འོད···
གསལ་བ། །སྐད་ཅིག་གཉའི་བྱེ་སྙེད་མར་མེ་ལྟར། །སླར་ཡང་རིན་པོ་ཆེ་ཡི་འོད་ཟེར་མཆོག །

① 《色拉寺与大慈法王》88—91 页中写成:"ཤཱཀྱ་ཡེ་ཤེས་ལ། ད་ལྟ་ཉི་མ་བཟང་པོ།"
② 《色拉寺与大慈法王》88—91 页中写成:"ནན་ཏན་གྱིས་"
③ 《色拉寺与大慈法王》88—91 页中写成:"གསེར་ཐམ་དང་པའུ་གའུ་"
④ 《色拉寺与大慈法王》88—91 页中写成:"དེ་ཉིད་ལ་"
⑤ 《色拉寺与大慈法王》88—91 页中写成:"མཆོད་པ།"
⑥ 《色拉寺与大慈法王》88—91 页中写成:"མང་ཇའི་འགྱེད་"
⑦ 《色拉寺与大慈法王》88—91 页中写成:"གཡའ་དག་པ་ལ།"
⑧ 《色拉寺与大慈法王》88—91 页中写成:"ནམ་མཁའ་ཁྱབ་པ།"
⑨ 《色拉寺与大慈法王》88—91 页中写成:"ཕུན་སུམ་ཚོགས།"
⑩ 《色拉寺与大慈法王》88—91 页中写成:"བཀུར་བསྟི།"
⑪ 《色拉寺与大慈法王》88—91 页中写成:"བཀྲ་ཤིས་པའི་བསྟོད་པ་ཚིགས་བཅད་ཕུལ་བ་དེ་ནི་འདི་སྐད་དུ།"
⑫ 《色拉寺与大慈法王》88—91 页中写成:"ཧུང་ཚེ་"
⑬ 《色拉寺与大慈法王》88—91 页中写成:"ཟིན་ཐེན་བཛྲོ་ཙི་"
⑭ 《色拉寺与大慈法王》88—91 页中写成:"ད་ལྟར་དུས་བཟང་བསྟོད་ཚིག་བརྗོད་པ་ཡིན།"
⑮ 《色拉寺与大慈法王》88—91 页中写成:"ལྷ་མོས་"
⑯ 《色拉寺与大慈法王》88—91 页中写成:"རྣམ་མང་སྤྱོད།"
⑰ 《色拉寺与大慈法王》88—91 页中写成:"པའུ་གའུ་གསེར་ཐམ་ཕུལ།"
⑱ 《色拉寺与大慈法王》88—91 页中写成:"ཕྱོགས་བཅུའི་ནམ་མཁའ་"
⑲ 《色拉寺与大慈法王》88—91 页中写成:"བདེར་གཤེགས་"

སེམས་ཅན་མཐའ་ཡས་མྱུན་པ་ཀུན་ཀྱང་སེལ། །རང་བཞིན་གསལ་བའི་འོད་ནི་བགྲ་ཤེས་པ། །
སེམས་ཅན་གྱིས①དད་ཅིང་གུས་ཕྱག་འཚལ། །རང་བཞིན་འོད་ནི་གདོད་ནས་གསལ་བ་ལ། །
འགྲོ་བ་རྣམས་ཀྱི②ཡི་རངས་གུས་པས་འདུད། །ཆོས་འཁོར་བསྐོར་བའི་འོད་ནི③ས་སྟེང་ཁྱབ། །
སྐྱེ་རྒུ་རྣམ④ནི་རབ་མོས་གུས་ཕྱག་འཚལ། །རིན་ཆེན་ཁང་ན་ཡོད་ཀྱང⑤འོད་ཟེར་གསལ། །མ···
རིག་སེམས་ཅན་རྣམས་ལ⑥སྐྱབསུ（སྐྱབས་སུ）གསོལ། །ང་ཡི་སེམས་བསྐྱེད་ལྷག་པའི་བསམ་པ···
ལ། །སངས་རྒྱས་བསྟན་པ་རབ་ཏུ་དར་རྒྱས་མཆོག།⑦ ང་ཡི་ལྷག་བསམ་ཟླ་བ་རྒྱལ་མཚན་ལྟར། །
སེམས་ཅན་མ་སྨིན་དོན་ཀུན་འགྲུབ་པའི་ཕྱིར། །བདེ་གཤེགས⑧ཁྱེད་ཀྱིས་སྙིང་རྗེས་བརླན་པར···
མཛོད། །ལུས་ཀྱི་འོད་ཟེར་རབ་ཏུ་རྒྱས་པའི་མཆོག།⑨ འདིར་ཐེབས་བདག་གི་བསམ་པ་ཡོངསུ···
（ཡོངས་སུ）རྫོགས། །ཆོས་འཆད་སྨིན་གྲོལ་ལམ་ལ་བཀོད་པ་ཡིན། །བྱམས་དང་སྙིང་རྗེ⑩བྱིན···
རླབས་རྒྱ་ཆེ་བ། །འདི་ཡི་ཡོན་ཏན⑪རྒྱ་མཚོའི་གཏིང་བཞིན་ཟབ། །རྫོགས་པའི་མཐར་ཕྱིན་པ་ཡི···
མཐར་ཐུག་ན།།⑫ རྒྱལ་ཁམས་ཡོངས་ཀྱི་སེན（སེམས་ཅན）རྫོགས་སངས་རྒྱས། །མི་དབང་སྐུ···
རིམ་བསོད་ནམས་དཔག་ཏུ་མེད། །ཟོན་ཏེ་ལོ་བཞི་པའི་ཟླ་བ་བཅིུག（བཅུ་གཅིག）⑬ པའི་ཚེས···
བཅུ་གསུམ་གྱི་ཉིན།

༼བྱམས་ཆེན་ཆོས་རྗེའི་རྣམ་ཐར་ཕྱོགས་བསྒྲིགས། ཤོག་གྲངས་༡༠པའི་མདུན་ནས···
༡༡པའི་མདུན།༽

第十七件，宣德四年（公元1429年）十月十三日，皇帝给释迦也失的圣旨。

皇帝圣旨

① 《色拉寺与大慈法王》88—91页中写成：“སེམས་ཅན་ཀུན་གྱིས་”
② 《色拉寺与大慈法王》88—91页中写成：“རྣམས་ཀྱིས་”
③ 《色拉寺与大慈法王》88—91页中写成：“འོད་ཀྱིས་”
④ 《色拉寺与大慈法王》88—91页中写成：“རྣམས་”
⑤ 《色拉寺与大慈法王》88—91页中写成：“རིན་ཆེན་ཁང་ན་ཡོད་ཀྱང་”
⑥ 《色拉寺与大慈法王》88—91页中写成：“སེམས་ཅན་མཐའ་དག་”
⑦ 《色拉寺与大慈法王》88—91页中写成：“དར་རྒྱས་ཤོག”
⑧ 《色拉寺与大慈法王》88—91页中写成：“བདེར་གཤེགས་”
⑨ 《色拉寺与大慈法王》88—91页中写成：“རྒྱས་པ་མཆོག”
⑩ 《色拉寺与大慈法王》88—91页中写成：“སྙིང་རྗེའི་”
⑪ 《色拉寺与大慈法王》88—91页中写成：“ཕན་ཡོན་”
⑫ 《色拉寺与大慈法王》88—91页中写成：“མཐར་ཐུག་ནས།”
⑬ 《色拉寺与大慈法王》88—91页中写成：“ཟླ་བ་བཅུ་པའི་”

谕妙觉圆通慧慈普应辅国显教灌顶弘善西天佛子大国师

在此吉日，特赐予具有赞词法轮的金印和宝诰，这是因为大慈法王你在举行敬奉三宝、向僧众熬茶发放布施等大型活动时，天空清澈，阳光明媚，漫天五色彩虹，神人皆幸福快乐。朕也特意奉献吉祥赞词。曰：

妙觉圆通升善业，慧慈普应在佛界，
西天佛子大国师，观点圣洁行自在。
如今吉祥诵赞词，天女声声念颂词，
胜幢彩幡齐飘扬，恭敬赐予宝诰印。
心怀法师恩与德，如同点燃千盏灯，
光明照亮十方天。
如来宝髻放光芒，无不照耀诸万物，
圆满究竟自性光，霎那恒河沙灯般。
复如宝石放光芒，无数众生得光明，
自性明光正吉祥，芸芸众生齐朝拜，
自性明光原生明，众生信服皆敬仰。
弘转法轮大地皆光明，人人信服人人敬，
坐在大殿也见光，护佑无明的众生吧，
朕的发心清净意乐之心，使佛法得以更加弘扬，

朕的意乐发心如同月亮胜幢，使未成熟的众生圆满其一切成就，

靠如来你的慈悲之心使他们湿润，身体之光发出无限光芒，

你来到此处圆满了朕的心愿，说法使人引入了成熟解脱之道，

慈悲和怜悯的威力广大，其功德如同海底一样深沉，
圆满到最彻底的程度，使各地的众生皆得圆满成佛，

人寿福运皆无量。

宣德四年十月十三日。（试译）

བཅོ་བརྒྱད་པ། ཞོན་ཏེའི་ལོ་བཞི་པའི་（སྤྱི་ལོ1429）ཟླ་བ་བཅུ་གཅིག་པའི་ཚེས་བཅུ་གཉིས་ཉིན་གོང་མས་ཤཱཀྱ་ཡེ་ཤེས་ལ་གནང་བའི་ལུང་།

རྒྱལ་པོའི་ལུང་གིས། མེའུ་སྒྲོ། ཡོན་ཐུང་། ཏུས་ཙི། ཐུ་ཡིན། ཏུ་གོ། ཞིན་གྱུའུ། ཀོན་ཏིང་། ཏུང་ཤེན། ཟེ་ཐེན། བཙོ་ཙི། ཏཱ་གཽ་ཤྲཱི། ཤཱཀྱ་ཡེ་ཤེས་ཉིད་ཀྱི་ཤེས་རབ་ཤིན་ཏུ་རྒྱ་ཆེ་བ། ཡོན་ཏན་ཟབ་ཅིང་མཐོ་བ། འགྲོ་བ་ཀུན་ལ་བརྩེ་བས་ཕན་པར་མཛད་ཅིང་། གདུལ་བྱ་རྣམས་རང་བཞིན་འདུག་པའི་དོན་ལ།① ངེད་ཀྱི་②གདན་འདྲེན་བྱས་ནས། ཁྱེད་ཀྱིས་③ཐག་རིང་པོ་ནས་ཐུགས་མཉེས་ཤིང་བྱོན་པས། ངེད་④རབ་ཏུ་དགའ་བ་ཡིན། ད་ལྟ་ནན་གྱིས། ཏུད་ཐུང་།⑤ མེའོ་སྒྲོའི།⑥ ཐུ་ཏུའི། ཤིན་ཡིང་།⑦ ཏུ་གོ། ཆེན་གྱིའུ།⑧ ཚེ་ཙོན།⑨ ཏཱའི་གཽ་ཤྲཱི་དཔལ་ལྡན་བཀྲ་ཤིས་དང་། ཐེའི་གྱིན་ཡོན་ཁྲི་⑩ལྷན་གཅིག་ཏུ་བསྐུ་བར་མངགས་ནས། ངེད་ཀྱི་བསམ་པ་ལ། ཉིད་ས་ཐག་རིང་པོ་ནས་འོ་རྒྱལ་⑪ཞིང་སྐྱ་ཐང་ཆད་འདུག་པས། ཏཱ་གཽ་ཤྲི་གསེར་མཁར་དུ་ཕེབས་ནས་ཚོས་སེ་（སེར་）སྤྲོ་པོར་ཐུགས་མཛད་⑫དེ་བཞུགས་པར་མཛོད་དང་། ད་ཕྱིན་ཆད་ངེད་དང་ཕྲད་（འཕྲད་）⑬དུས་ཕྱག་འཚལ་མི་དགོས། ཏཱ་གཽ་ཤྲི་དགོངས་བཞུགས་མཛོད།⑭ ཟྭོན་ཏེ་ལོ་⑮བཞི་པའི་ཟླ་བ་བཅིག（བཅུ་གཅིག་）པའི་ཆེས་བཅིས（བཅུ་གཉིས་）ཉིན།

---

① 《色拉寺与大慈法王》88—91 页中写成："གདུལ་བྱ་རྣམས་འདུལ་བའི་དོན་ལ།"
② 《色拉寺与大慈法王》88—91 页中写成："ངེད་ཀྱིས་"
③ 《色拉寺与大慈法王》87—88 页中写成："ཁྱེད་ཉིད་"
④ 《色拉寺与大慈法王》87—88 页中写成："ངེད་ཀྱི་སེམས་"
⑤ 《色拉寺与大慈法王》87—88 页中写成："ཏུང་ཐུང་།"
⑥ 《色拉寺与大慈法王》87—88 页中写成："མི་སྒྲོ།"
⑦ 《色拉寺与大慈法王》87—88 页中写成："ཤིན་ཡིང་།"
⑧ 《色拉寺与大慈法王》87—88 页中写成："ཆོན་ཀྱིའུ།"
⑨ 《色拉寺与大慈法王》87—88 页中写成："ཚེ་ཙོན།"
⑩ 《色拉寺与大慈法王》87—88 页中写成："ཐེའི་གྱིན་ཡོན་ཏན་བཅས་"
⑪ 《色拉寺与大慈法王》87—88 页中写成："ས་ཐག་རིང་པོ་ནས་བྱོན་པས་འོ་བརྒྱལ་"
⑫ 《色拉寺与大慈法王》87—88 页中写成："ཐུགས་དམ་མཛད་"
⑬ 《色拉寺与大慈法王》87—88 页中写成："ངེད་དང་འཕྲད་"
⑭ 《色拉寺与大慈法王》87—88 页中写成："དགོངས་པར་མཛོད་"
⑮ 《色拉寺与大慈法王》87—88 页中写成："ཞོན་ཏེའི་ལོ་"

༼བྱམས་ཆེན་ཆོས་རྗེའི་རྣམ་ཐར་ཕྱོགས་བསྒྲིགས། ཤོག་གྲངས་༡༠བའི་མདུན།༽

第十八件，宣德四年（公元 1429 年）十一月十二日，皇帝给释迦也失的圣旨。

皇帝圣旨

谕妙觉圆通慧慈普应辅国显教灌顶弘善西天佛子大国师

你的智慧宏大，知识渊博，仁慈利众。为了利乐众生，朕特邀请了你。你从远方诚心前来，朕心甚喜。今特派遣洪通、祢觉、傅慧、沈尹、胡果、曾久、册怎、大国师班登扎西、太监云登（均译音）等一起，前往迎接。朕以为，你从远方来，路途劳顿，大国师你到皇城后，在庙内安心歇息。今后见朕，无须行礼，望大国师切记。

宣德四年十一月十二日。(试译)

བཅུ་དགུ་པ། ཞོན་དེ་ཁྲི་ལོ་དགུ་པར་(སྤྱི་ལོ1434) གོང་མས་ཤཱཀྱ་ཡེ་ཤེས་ལ་གནང་བའི་མཚན་གནས་དང་གོ་ས་ནི།

འཕྲིན་ལས་སྣ་ཚོགས་མཁས་ཤིང་གསལ་བ། ཆོས་ཉིད་དམ་པ། མཆོག་ཏུ་རྒྱལ་བ། ཤེས་རབ་རྣམ་དག་སྣང་བ་ཆེན་པོ། ཀུན་ལ་ཁྱབ་ཅིང་། རྒྱལ་ཁམས་བསྐྱབ་པ། བསྟན་པ་རྒྱས་མཛད། རབ་ཏུ་དགེ་བ། བྱམས་ཆེན་ཆོས་ཀྱི་རྒྱལ་པོ། ནུབ་ཀྱི་ཕྱོགས་སུ། རིག་པ་མཆོག་གྱུར། དེ་བཞིན་གཤེགས་པ། དབང་ཕྱུག་དང་ལྡན། ཀུན་མཁྱེན་རྫོགས་པའི་སངས་རྒྱས་ཆེན་པོ།

万行妙明真如上胜清静般若弘照普应辅国显教至善大慈法王西天正觉如来自在大圆通佛。

（朝华出版社 2000 年出版的《中国西藏历史文物——宝藏》第三册元朝时期、明朝时期 55 页）

གོང་མ་ཏཱ་མིང་རྒྱལ་པོས་འགྲན་ཟླ་མེད་པའི་བླ་མར་མངའ་གསོལ་ཏེ། འཕྲིན་ལས་སྣ་ཚོགས་ལ་མཁས་ཤིང་གསལ་བ་ཆོས་ཉིད་དམ་པ་མཆོག་ཏུ་རྒྱལ་བ། ཤེས་རབ་རྣམ་དག་སྣང་བ་ཆེན་པོ

ཀུན་ཏུ་ཁྱབ་ཅིང་རྒྱལ་ཁམས་སྐྱོང་བ། བསྟན་པ་རྒྱས་མཛད་རབ་ཏུ་དགེ་བ། བྱམས་ཆེན་ཆོས་ཀྱི་རྒྱལ་པོ་ཞེས་པའི་མཚན་དང་། འཇའ་ས་དང་།

༼ཀྲུང་གོའི་བོད་ས་གནས་ཀྱི་ལོ་རྒྱུས་ཡིག་ཚང་ཕྱོགས་བསྒྲིགས། ཤོག་གྲངས་༣༡༨ནས་༣༡༩༽

万行妙明镇如上胜清净般若弘照普慧［应］辅国显教至善大慈法王西天正觉如来自在大圆通佛。

（《元以来西藏地方与中央政府关系档案史料汇编》第一卷115—116页）

ཉི་ཤུ་པ། ཐོན་ཧྲེའི་ལོ་བཅུ་པའི（སྤྱི་ལོ1435）ཟླ་བ་བཅུ་གཉིས་པའི་ཚེས་བཅུ་དྲུག་ལ་གོང་མས་ཤཱཀྱ་ཡེ་ཤེས་ལ་གནང་བའི་ལུང་།

ཨེ་མའོ་①འདི་འདྲ་བའི་ངོ་མཚར་ཤིན་ཏུ་ཆེ་ཞེས་གསུངས་ནས་ཡང་བསྟོད་པ་ནི། སྨོན་ལམ་དབང་གིས་དབུསུ（དབུས་སུ）སྐུ་འཁྲུངས་པ། །བསླབ་པ་གསུམ་ལ་མཁས་ཤིང་མཁྱེན་པ་ཡང་།།② སྡེ་སྣོད་ཀུན་འཛིན་རྡོ་རྗེ་ཟ་མ་ཏོག །རང་བཞིན་རྣམ་དག་དཀའ་བ་དཔག་མེད་ཀྱིས། །ཤཱཀྱ་ཐུབ་པའི་སྤངས་རྟོགས་ཡོན་ཏན་མངའ། །ང་ཡི་ཡབ་མེས་རྒྱལ་རབས་རྣམ་པ་བཞིའི། །ཕྱི་བོ་ནས་ནི་དབང་བསྒྱུར་དྲིན་ཆེན་པོའི། །བླ་མ་སེམས་ཅན་ཡོངས་ལ་སྐུ་དྲིན་ཆེ། །དགེ་བ་རྣམ་དག་ཀུན་ལ་ཐུགས་བརྩེ་བ། །སྤྲིན་བྲལ་ཉི་ཟླའི་འོད་བཞིན་ཤིན་ཏུ་གསལ། །དགུང་ལོ་ཤིན་ཏུ་མཛོ་ནས་གཟུགས་སྐུ་ཡི། །བཀོད་པ་བསྡུས་ནས་ཡོངསུ（ཡོངས་སུ）མྱ་ངན་འདས། །ཡེ་ཤེས་མེ་ནི་སྟོན་དུ་སྤར་བ་③ལས། །འཇའ་མཚོན་སྣ་ལྔ་ནམ་མཁར་འཁྱིགས་པའི་དབུས། །གདུགས་དང་བ་དན་རྒྱལ་མཚན་དཔྱིབས་ཅན་གྱིས། །མཆོད་ཅིང་ལྷ་ཡི（ཡིས）མེ་ཏོག་ཆར་ཡང་ཕབ། །④ དེ་འདྲའི་ངོ་མཚར་ལྟས་བཟང་མང་བྱུང་ཡང་། །ང་དུང་སེམས་ལ་སྡུག་བསྔལ་ཁྱུར་གྱིས་མནན། །སྡུག་བསྔལ་བསལ་ནས་⑤ཚེ་ལོ་ཁྲི་ཚོའི་བར། །འཚོ་བར་སྨོན་ཞིང་⑥སྐྱེ་རྒ་ན་འཆི་ཡི། །མིང་ཡང་མི་གྲགས་ནམ་

① 《色拉寺与大慈法王》98—99 页中写成：“ཨེ་མ་ཧོ།”
② 《色拉寺与大慈法王》98—99 页中写成：“མཁྱེན་པ་ཡངས།”
③ 《色拉寺与大慈法王》98—99 页中写成：“འབར་བ་”
④ 《色拉寺与大慈法王》98—99 页中写成：“ལྷ་ཡིས་མེ་ཏོག་ཆར་བ་ཕབ།”
⑤ 《色拉寺与大慈法王》98—99 页中写成：“སེལ་ནས་”
⑥ 《色拉寺与大慈法王》98—99 页中写成：“སྨོན་ཅིང་”

མཁའ་ཇི་སྲིད་དུ། །རྒྱལ་སྲིད་གནས་པར་བྱིན་རློབས①བཀྲ་ཤིས་ཤོག །ཟོན་ཏེ②ལོ་བཅུ་པའི་ཟླ་བ་བཅིུས་(བཅུ་གཉིས་)པའི་ཚེས་བཅུ་དྲུག་གི་ཉིན།

༼བྱམས་ཆེན་ཆོས་རྗེའི་རྣམ་ཐར་ཕྱོགས་བསྒྲིགས། ཤོག་གྲངས་༡༢པའི་མདུན།༽

第二十件，宣德十年（公元1435年）十二月十六日，皇帝为释迦也失所作的御制赞词。

鸣呼！奇哉！曰：

由于祈愿而诞生于中土，精通三学而学识渊博，

诸藏皆持金刚匣，自性清净尽艰难，

你具有佛祖的断证功德，你对朕的祖辈四代皇帝，

授予了灌顶的恩赐，上师对所有众生恩重如山，

至善至美慈悲心，犹如无云的日月更明亮，

年老寿高体力衰，如今示寂竟涅槃，

智慧之火燃烧时，五色彩虹漫天际，

宝伞胜幢经幡尽展现，天神降下鲜花雨，

虽有如此壮观的诸景象，但在心中仍悲痛。

祈愿消除悲痛寿万年，生老病死无踪影，

朝政吉祥如天年。

宣德十年十二月十六日。(试译)

ཉེར་གཅིག་པ། གྲེང་ཐུང་ཁྲི་ལོ་བདུན་པའི་ཟླ་བ་བརྒྱད་པའི་ལྕགས་ཕག་ལོ་ལ། གོང་མས་ཧེ་ཀྲོའུ་དང་ཟི་ལིང་སོགས་ཀྱི་དཔོན་དམག་མི་སེར་ལ་གནང་བའི་བཀའ།

第二十一件，正统七年八月辛亥敕谕河洲、西宁等处官员军民人等的诏书

正统七年八月辛亥（1442年9月27日）

敕谕河洲、西宁等处官员军民人等曰：

① 《色拉寺与大慈法王》98—99页中写成："བྱིན་བརླབས་"

② 《色拉寺与大慈法王》98—99页中写成："ཟོན་ཏེའི་"

朕惟佛氏之道以空寂为（宗），以普度为用，西土之人久事崇信。今以黑城子厂房地赐大慈法王释迦也失盖造佛寺，赐名弘化，颁敕护特（持）。本寺田地、山场、园林、财产、孳畜之类，所在官军人等，不许侵占骚扰侮慢。若非本寺原有田地、山场等项，亦不许因而侵占扰害。军民敢有不遵命者，必论之以法。

（《明实录藏族史料》第一辑 422 页）

第三章　《大慈法王传汇编》词汇索引

ཀ

བཀའ་གདམས་ཆོས་འབྱུང་། 《噶当宗教源流》

བཀྲ་ལམ་བཞུགས། 赫然端坐

བཀྲ་ཤིས་རྟགས་བརྒྱད། 八吉祥图

བཀྲ་ཤིས་རྟགས་བརྒྱད་ཀྱི་རི་མོ་ཡོད་པའི་གོས་དམར་པོའི་རིང་འགག 八吉祥图案的红绸缎长坎肩

བཀྲ་ཤིས་ལྷུན་པོ། 扎什伦布寺 扎什伦布寺，建于1447年。

བཀྲ་ལམ་གྱིས་བཞུགས་པ། 显眼地端坐

སྐལ་བ་དང་འཚམ་པ། 根据各自的随缘

སྐུ་གདུང་ཞུགས་འབུལ་མཛད་པ། 火化了遗体

སྐུ་མཚམས་ལ་བཞུགས། 进入了闭关静修

སྐུ་མཚམས་ལ་བཞུགས་ཏེ་ཐུགས་དམ་མཛད་པ། 闭关静修

སྐུ་མཚམས་ཤིན་ཏུ་དམ་པར་མཛད་པ། 进行非常严密的闭关静修

སྐུ་གཞན་དུ་གཤེགས་ཚུལ་བསྟན། 示寂

སྐྱིད་ཤོད་གུང་ཐང་། 吉续贡塘 拉萨贡塘地方。

སྐྱེས་ཐོབ་བློ་གྲོས། 天资聪慧

སྐྱེས་བུ་དམ་པ། 贤哲

བསྐལ་བཟང་(ཚ)འཛིན་བདུད་རྩི། 《祥云的甘露》

བསྐྱེད་རྫོགས། 生起和圆满次第 《藏汉大词典》：生圆次第。生起次第和圆满次第之略，密乘中修习本尊三身为生起次第，修习风、脉等为圆满次第等。

ཁ

ཁ་དོག་སྣ་ལྔ། 五色彩虹

ཁམས་སྟོད་སྨད། 上下康区

ཁམས་ཕྱོགས་ལི་ཐང་། 康区里塘

ཁམས་གསུམ་ཆོས་ཀྱི་རྒྱལ་པོ་ཙོང་ཁ་པ། 三界法王宗喀巴大师

ཁོང་འཛུམ་གྱི་ཁ་སར། 内芯含笑而待放的花蕾

ཁྱིམ་པ། 在家人

ཁྱོད་སྐུའི་ཉི་མ་རབ་དྲངས། 你身体的太阳承载而去

ཁྲ་སའི་ཞེས་བྱ་བའི་ས་ཆ། 被称为茶塞的地方

ཁྲི་ཀྱེན་ཧུང་ཧྭ་ཟེ། 弘化寺城堡，本书“藏汉合璧历史文献”第21件称“黑城子厂房地方”

ཁྲིད། 传授，讲授

ཁྲིན་ཏུ་ཏུའི། 成都府

ཁྲིན་ཏུའི་མཁར། 成都城

ཁྲིན་ཤྲི། 禅师

ཁྲིན་ཤྲི་དཔལ་འབྱོར་ལྷུན་གྲུབ། 禅师班觉伦珠

མཁས་གྲུབ་རིན་པོ་ཆེ། 克珠杰

མཁས་པ་དར་བཟང་། 大学者塔桑

མཁྱེན་པའི་ལྟ་ལམ་ཀུན། 所有智慧的空间

འཁོར་ལོ། 法轮

འཁོར་ས་རིམ་པ་གསུམ་དང་ལྡན། 三道围墙

འཁོན་སྟོན་པའི་རྣམ་ཐར། 《昆·顿巴传》

ག

ག་ཅུ། 瓜州

གང་སྐུ་མིག་གི་བདུད་རྩི་ཆུ་ཁུར་ཅན། 眼中甘露般的肉体仿佛是云彩

གང་དག་གསུང་གི་བདུད་རྩིས་ཉེར་སྨིན་པ། 用甘露般教诲滋润了弟子

གངས་རིའི་འཕྲེང་ལྡན་ལྗོངས། 雪山连绵的区域里

གུང་བློན་ཆེན། 公爵和大臣们

གུང་རུ་རྒྱལ་མཚན་བཟང་པོ། 孔茹·坚赞桑布

གུས་པས་ལྷག་པར་མཆོད། 格外敬仰

གོང་མའི་ཕོ་བྲང་། 京城

གོང་མའི་རྒྱལ་ཁབ་མཁར། 皇帝所在京城

གོས་གྱུ་ཟེ་ས་བྱས་པའི་ཆོས་གོས། 绸缎丝类法衣

གོས་ཧྲ་ཧུང་མེ་ཏོག་རྟགས་བརྒྱད་ཀྱི་རི་མོ་ཡོད་པའི་མཆན་ཁྲུང་

མ་ཟེར་བའི་ལྷ། 带祥瑞花卉图案的绸缎毯子

གྲྭ་ས་གཞི་ཐིངས་པ། 基础牢靠的僧院

གྲངས་མེད་བསོད་ནམས་ཞིང་འགྱུར་སྐུ་ཡི་གདུང་། 成就无数福田的遗体

དགའ་ལྡན་གྱི་དངུལ་གདུང་། 甘丹寺银质灵塔

དགེ་བསྙེན། 居士戒

དགེ་སྙེན་ཧྭ་ཤང་། 和尚居士

དགེ་འདུན་སྡེ། 僧团

དགེ་བར། 顺利地

དགེ་བའི་བཤེས་གཉེན། 善知识

དགུང་ལོ་ཁྲི་ཚོ་ཁྲི་ཚོར་སྤེལ་བའི་ཕྱིར། 为了皇帝的延年益寿，万岁万万岁

དགོན་པ་ཕུན་སུམ་ཚོགས་པ། 壮美的寺庙

དགྱེས་རྡོར། 喜金刚

མགུལ་རྒྱན། 项链

འགོལ་མཚམས། 幽静处闭关 འགོལ་ནི་དབེན་གནས།

འགྱེད། 布施

འགྲན་ཟླ་བྲལ་བའི་བླ་མ། “无与伦比的上师”

འགྲོ་མགོན་འཕགས་པ། 怙主八思巴

འགྲོ་དོན་ཇི་ལྟར་བྱ་ཚུལ་གྱི་བསླབ་སྟོན། 如何为众生谋利

འགྲོ་བའི་མགོན་པོ་གཙུ་བྲག་པ། “怙主嘎吾查巴”

འགྲོ་བའི་མཆོད་སྡོང་མཆོག 神圣的灵塔

རྒྱ་ཆེན་སྲས། 多闻子天王

རྒྱ་ནག 汉族、汉族地区、内地

རྒྱ་ནག་རས་བྲིས་སུ་བཀོད་པ་མི་དབང་ངོ་མཚར་དགའ་བསྐྱེད་ལུང་གི་ངོ་སྤྲོད་འཇའ་ས་གསེར་ཡིག···

མང་པོ་མཐོང་བ་ལ་བརྟེན་ནས་བརྗོད་པ་ཉི་གཞོན་ཅེས་བྱ་བ། 书写在布面上的内地大记录、大量帝王惊喜之作——皇帝诏书所编写的《旭日》

རྒྱ་ནག་རྒྱལ་པོ་ཏའི་མིང་། 大明皇帝

རྒྱ་ནག་ཐེ་ཙུང་ཡུང་ལོ་རྒྱལ་པོ། 大明太宗永乐皇帝

རྒྱ་ནག་པོ་བྲང་། 内地皇城

རྒྱ་ནག་ཡིག་ཚང་། 汉文文献

རྒྱ་ནག་གོང་མ། 明朝永乐皇帝

རྒྱ་གུར། 汉式帐篷

རྒྱའི་མཐིང་བཟང་པོ་ཐུག་པ། 内地上等蓝靛色

རྒྱལ་ཀུན་མཁྱེན་པའི་གཏེར། 众佛智慧的宝藏

རྒྱལ་ཁམས་སྐྱབས་ཅིང་（སྐྱོབས་པ།） བསྟན་པ་རྒྱས་མཛད་རབ་ཏུ་དགེ་བ། བྱམས་ཆེན་ཆོས་ཀྱི… རྒྱལ་པོ།

辅国显教至善大慈法王

རྒྱལ་བསྟན་ཟླ་བའི་འོད། 明月般佛法的白光

རྒྱལ་པོ་ལ་གནང་བ་ཞུས། 经皇帝批准

རྒྱལ་པོའི་ཡབ་མེས་ཀྱི་ཐུགས་དགོངས་ཡོངས་སུ་རྫོགས་པའི་ཆེད། 为了完全满足皇帝祖辈们的心愿

རྒྱལ་པོའི་ལུང་། 皇帝诏书

རྒྱལ་པོའི་བླ་མཆོད། 国师

རྒྱལ་བ་བཞེས་པ་ཤིང་ཕོ་རྟའི་ལོ་སྟོན་ཟླའི་ཡར་ངོའི་ཚེས་གཅིག་གི་ཉིན། 被喻为胜者的木阳马年（甲午年）

རྒྱལ་བ་གཉིས་པ། 第二佛陀

རྒྱལ་བའི་ཉི་མ། 佛祖的太阳

རྒྱལ་བའི་ཏོག་ཏུ་གྱུར་པ། 佛陀头冠

རྒྱལ་མོའི་ལུགས་ཀྱི་ཚེ་དབང་། 佛母教法中的长寿灌顶

རྒྱལ་ཚབ། 代表

རྒྱལ་མཚན། 胜幢

རྒྱལ་རབས་བཞི། 四代皇帝

རྒྱལ་སྲས་འདབ་ལྡན་གཙོས་ཀྱང་གཞལ་ནུས་མིན། 佛子菩萨也无法比拟

རྒྱལ་སྲས་བཀྭང་གཱོ་ཤྲཱི། 佛子光国师

རྒྱུད་ཀྱི་གྲྭ་ཚང་ཞལ་བཀོད། 部署了续部寺院的创建计划

རྒྱུད་ཀྱི་རྒྱལ་པོ། 各续部王

རྒྱུད་ཀྱི་གཞི་རྟེན་ཕུལ། 奉献续部基本条件

རྒྱུད་སྡེ་བཞི། 四续

རྒྱུད་སྡེ་བཞིའི་དཀྱིལ་འཁོར་ཆེན་པོ། 四续部大坛城 事部、行部、瑜伽部和无上瑜伽部 བྱ་རྒྱུད། སྤྱོད་རྒྱུད། རྣལ་འབྱོར་རྒྱུད་དང་རྣལ་འབྱོར་བླ་མེད་རྒྱུད།

རྒྱུད་སྡེ་བཞི་ཀའི་དཀྱིལ་འཁོར་གྱི་ཞལ་ཕྱེ། 开启了四续部的坛城

རྒྱུད་སྡེ་བཞིའི་དཀྱིལ་འཁོར་གྱི་སྒྲུབ་མཆོད། 四续坛部城修供仪式

སྒར་པ། 大喇嘛仓

སྒོམ་སྡེ། 禅院

སྒྲུབ་ཁང་སྤྱོད་ལམ་བཞི་ཤོང་། 修行室——能容四威仪房 藏汉大词典注：比丘住房宽度，能容纳一人起不碍手、卧不碍屈伸、行能各方三步、坐能跏趺。

སྒོ་གསུམ་ཞི་དུལ། 三门清静

སྒྲུབ་མཆོད་རྒྱ་ཆེན་མཛད། 修供仪轨

ང

ངུར་སྨྲིག་གར་གྱི་ཟློལ་ལ་བརྟེན་ནས། 用赤褐色的装束

ངུར་སྨྲིག་ཅན། 赤黄色装束

ངུར་སྨྲིག་ན་བཟའ་གར་མཁན། 装扮赤黄色法衣

ངོ་བོ། 本性

ངོ་མཚར་བའི་ལྟས། 奇异的征兆

དངོས་སློབ་ཆོས་ཀྱི་རྗེ་དར་རྒྱས་བཟང་པོ། 亲传弟子法王塔杰桑布

མངོན་པར་རྟོགས་པའི་ཡོན་ཏན། 先知的天资，先知先觉之功德

ལྔ་མཆོད། 五供祭日

སྔགས་ཀྱི་རྒྱུད་སྡེ། 密宗续部经典

སྔགས་ཀྱི་འཆད་ཉན་རྣམ་པར་དག་པ། 密宗的纯洁讲修及其传承

སྔོན་གྱི་སྐྱེས་གནས་མང་པོ། 许多上辈子事情

སྔོན་གྱི་མིང་ཏེ་ཡིན་ནོ། 昔日被称为海印寺

སྔོན་གྱི་ཞལ་བཞེས་དམ་བཅའ་རྗེས་དྲན། 想起前世的承诺和誓言

སྔོན་རབས་ཆོས་རྒྱལ་ལོ་པཎ་རྣམས། 历辈法王大译师和班智达们

ཅ

ཅག་མོང་རྒྱ་ནག་རྣམས་སུ། 在夏蒙汉等地区，ཅག་ 应理解为夏，指原属西夏的北方民族；མདོ་ནི་མོང་གོལ་གྱི་མོང་ 蒙，即蒙古族；རྒྱ་ 就是汉族地区、内地

ཅི་གསུང་བཀའ་བཞིན་བསྒྲུབས། 言听计从

ཅོང་མྱུན་ཐི་ཏུ། 军民提督

གཅིག་སྒྲུར། 凝聚

བཅུ་སྨྲ་བ་དར་རྒྱས་བཟང་པོ། 十明学者塔杰桑布

ཆ

ཆབ་མདོ་བྱམས་པ་གླིང་། 昌都强巴林寺 昌都强巴林寺，建于 1437 年。

ཆུ་མདོ་བྱམས་པ་གླིང་། 倾多强巴林大寺 波密县倾多地方。

ཆོག་ཁྲ། 预备仪轨

ཆོས་ཀྱི་སྤྱན་དང་ལྡན་པ། 具有法眼的人物

ཆོས་ཀྱི་གདམས་པ་གོང་ནས་གོང་འཕེལ། 越来越深奥的宗教谏言

ཆོས་སྐུའི་འཆི་མེད་ལམ་གྱིས་དབྱིངས་སུ་བསྡུས། 法体被永恒的苍天所收藏

ཆོས་འཁོར་རྒྱ་ཆེན་པོ་བསྐོར། 宏转法轮

ཆོས་གོས་དང་ཆེལ་རྩེ། 袈裟禅衣

ཆོས་རྗེ་བཟང་པོ། 法王桑布

ཆོས་རྗེ་བསོད་ནམས་ཤེས་རབ། 法王索南西饶

ཆོས་རྗེ་ཨ་མོ་ག། 法王阿木葛

ཆོས་དཔོན་བསྐོས། 任命了却本

ཆོས་སྦྱིན་ཟད་པ་མེད་པ། 施舍不尽的佛法

ཚོས་སྡེ་བསྐྱངས། 主持了寺院
ཚོས་འབྱུང་ཡིད་ཀྱི་མཛེས་རྒྱན། 《宗教源流——心中的庄严》
ཆེན་པོ་གཉལ་ཆུང་དཔལ་འབྱོར་ལྷུན་གྲུབ། 钦布聂穷白觉伦珠
མཆོད་གནས། 供施对象
མཆོད་པའི་དཔལ་ཡོན་བླ་ན་མེད་པ་མཛད། 举办了吉祥无上的佛事活动
མཆོད་པའི་རིགས། 各种供养
མཆོད་མེ། 供灯
མཆོད་ཡོན་ཟུང་། 施主和上师二人
འཆད་ཉན་གཞི་འཛུགས། 建立讲听的根本道场
འཆད་ཉན། 讲听传承

ཇ

ཇོ་བོ་ཡབ་སྲས། 佛陀师徒
ཇོ་བོ་ཤཱཀྱ་མུ་ནེར་གསེར་འབུལ། 向释迦牟尼佛像敬献了（涂）黄金
འཇམ་མགོན་བླ་མ། 文殊怙主上师
འཇམ་མགོན་ཆོས་ཀྱི་རྒྱལ་པོ། 文殊怙主法王 这里指的是宗喀巴大师。
འཇམ་དབྱངས། 文殊菩萨
འཇམ་དབྱངས་ཆོས་རྗེ། 绛央曲杰
འཇམ་དབྱངས་དམར་སེར་སེང་གེ་ལ་ཞོན་（བཞོན་）པ། 以狮子为坐骑的赤黄色文殊
འཇིག་རྟེན་གསུམ། 三界
འཇིགས་བྱེད་ཀྱི་དབང་། 大威德灌顶
འཇིགས་བྱེད་བཞི་དགུ་མ། 大威德四十九
འཇིགས་མེད་གདོང་ལྔ། 无畏狮子
རྗེ་ངག་དབང་བྱམས་པ། 法王阿旺强巴
རྗེ་ཉིད་དང་ཁྱད་པར་མེད་པའི་སློབ་མ། 与大师本人无异的弟子
རྗེ་བཙུན་ཆོས་ཀྱི་རྒྱལ་མཚན། 吉尊确吉坚赞

རྗེ་རིན་པོ་ཆེའི་གསུང་འབུམ། 《宗喀巴大师全集》

རྗེ་རིན་པོ་ཆེའི་རིང་ལུགས། 宗喀巴大师的教法

རྗེས་གནང་། 加持

རྗེས་སུ་བཟུང་བ། 护持

ལྗོན་ཤིང་གི་གུར། 木架帐篷（汉式帐篷）

ཉ

ཉམས་ལེན་མཐིལ་དུ་མཛད་པས། 进行了彻底的修炼

ཉིན་མོར་མཛད། 使其如日中天

ཉིན་ཞག་བཞི་བཅུ་ཞེ་དགུ། 举行了四十九昼夜的善事

ཉེ་གནས། 近侍

ཉོན་མོངས། 愚昧

རྙིང་པ་བཅོས། 修缮

སྙན་གྱི་རྔ་ཆེན་སྐུལ། 耳根的大鼓敲响

སྙན་གྲགས་མཐའ་ཡས་པ་བྱུང་། 赢得了极大的声誉

སྙིགས་མའི་མགོན་པོ། 浊世怙主

སྙིང་སྟོབས་བརྒྱད་ཀྱི་རིགས་ལྡན། 具备八种勇气之种姓出身

སྨྱུང་གནས་ཀྱི་སྡོམ་བརྒྱུན་(རྒྱུན་)སོགས། 斋戒等

སྙེ་ཐང་པ་ཨ་མོ་གྷ། 聂塘人阿木葛

བསྙེན་རྫོགས། 比丘,出家

བསྙེན་རྫོགས་སྡོམ་པ། 比丘戒

བསྙེན་གནས། 近住

བསྙུན་གཞི་དྲག་པོས་ཟིན་པ། 患有严重疾病

བསྙུན་ལས་གྲོལ། 疾病痊愈

བསྙེན་གནས་བསྙུང་(བསྲུང་)གནས་ཀྱིས་སྡོམ་པ། 斋戒

ཏ

ཏཱ་མིང་རྒྱལ་པོ། 永乐皇帝

ཏ་ཚེ་ཧྥ་ཝང་། 大慈法王

ཏཱ་ཀོ་ཤྲཱི། 大国师

ཏཱ་ཀོ་ཤྲཱི་དཔལ་ལྡན། 大国师班丹

ཏཱ་ཞིང་། 大臣

ཏཱ་བཞིན་བཞི། 四位大臣

ཏཱ་ཤེན་ཏེན། 大善殿

ཏའི་བཙུ་ཧྥ་ཝང་། “大宝法王”

ཏའི་བསྟུའི་གསེར་མཁར། 大都皇城

ཏི་ཤྲཱི། 帝师

ཏི་ལོ་པའི་ལུགས། 大成就者迪洛巴教法

རྟགས་བརྒྱད་དང་སྤྲིན་རིས་ཡོད་པའི་ཏཱ་ཧྲུང་གོས་བེར་ཐུལ་སྒྱུར་པ། 祥瑞云图毛里大氅

རྟགས་བརྒྱད་ཀྱི་རི་མོ་ཡོད་པའི་སྣ་ཁའི་སྨད་གཡོགས། 带八吉祥图案的绫罗绸缎裙子

རྟེན་འབྲེལ་ཁྱད་པར་ཅན་སྒྲིག 为了图个玄妙的吉利

རྟེན་འབྲེལ་སྒྲིག་པ་ལ་རྟེན་ནས། 在各种祥和的气氛中

སྟངས་ཀ་མཛད། 做了点火的姿势

སྟོང་འཁུན་གཙུག་གི་ནོར་བུ། 东方君王的桂冠

སྟོང་འཁུན། 东方君王

སྟོད་རྒྱུད་སྨད་རྒྱུད་གྲྭ་ཚང་། 上下两个密院 上密院曾把小昭寺作为僧众聚会之地；下密院曾把木如寺作为僧众聚会的地方。

སྟོད་སྨད་རྒྱ་སྟོང་(འབྲོང་)སྙིང་སྟེ་གྲྭ་ཚང་བཞི། 上下汉仲四个扎仓 དུང་དཀར་ཚིག…མཛོད་ཁྲོད་ཀྱི་སེར་དགོན་པ་གཟིགས།

སྟོད་ལུང་ཆུ་ཚན། 堆龙温泉

བརྟུལ་ཞུགས། 勤息

བསྟོད་པའི་འཕྲེང་བས་བསྔགས།　赞扬之词所歌颂

ཐ

ཐའོ་ཅའུ།　洮州

ཐབས་ཤེས་ཉི་ཟླ་གཉིས།　智慧和方便的日月

ཐུགས་ཀྱི་དགོངས་པ་ཡོངས་སུ་རྫོགས་པ།　完全满足上师的心愿

ཐུགས་བསྐྱེད་སྨོན་བཏབ་བཞིན།　誓愿

ཐུགས་བསྐྱེད།　发心

ཐུགས་རྗེ་སྤྲིན་གྱིས་བཀང་།　布满了慈悲的祥云

ཐུགས་རྗེའི་བདུད་རྩི།　恩惠之甘露

ཐུགས་དད་ཚད་མེད་སྐྱེས།　产生了无限的信仰

ཐུན་མཚམས།　座间

ཐུན་རེ།　一座间

ཐུབ་དབང་གནས་བཅུས་བསྐོར་བ།　十尊者环绕的释迦牟尼佛像

ཐེ་ཙུང་རྒྱལ་པོ།　太宗皇帝

ཐེག་ཆེན་བཤད་སྒྲུབ་གླིང་།　大乘讲修洲

ཐེག་ཆེན་གླིང་གི་ཆོས་གྲྭ།　大乘洲道场

ཐེག་མཆོག་ཆོས།　妙乘佛法

ཐེམ་སྐས་ཅན་གདོང་ལ་གསེར་གྱི་ཡི་གེ་བྲིས་པ་ངོ་མཚར་ཅན།　阶梯式封面用金汁书写的神奇大藏经

ཐེས་(ཐེག་)སྙེ་ཤན་ཟིའི་ལམ་ཆེན།　太原陕西大通道

ཐོག་མར་བསྐྲུན།　首次印制

ཐོགས་མེད།　远古

མཐོ་ཚད་ལ་ཁྲུ་བཅོ་ལྔ་ཙམ་ཡོད་པ།　有十五肘长高度

མཐོང་སྨོན་གྲྭ་ཚང་།　通门扎仓　拉萨西南地区，这里是格鲁派僧徒夏季举行辩经法会的场所。

མཐར་ཐུག་འབྲས་བུ་བླ་མེད་བྱང་ཆུབ་ཆེ།　最终找到无上菩提之果

ད

དྭགས་པོ་བཀའ་བརྒྱུད་ཀྱི་གྲུབ་ཐོབ་ཆེན་པོ། 塔布噶举派的大成就者

དམ་ཆོས་ཟབ་མོའི་ཆར། 圣教之雨

དམ་པ་དེ་ཉིད། 这位尊者

དམ་པ་རིན་ཆེན་གྱིས་བྱིན་གྱིས་བརླབས། 由尊贵先哲加持

དམ་ཚིག 誓愿

དལ་འབྱོར། 暇满 获得连续的吉兆，

དུང་། 海螺

དུས་ཀྱི་མཆོད་པ། 祭日

དུས་འཁོར་གྱི་འགྲེལ་ཆེན་དྲི་མེད་འོད་ཀྱི་བཤད་པ་ཆེས་ཞིབ་པ། 《时轮详解无垢光释广严疏》

དུས་གསུམ་སངས་རྒྱས། 三时佛

དེ་སྔའི་སྨོན་ལམ། 前世的祈祷

དེ་སྲས་ཟེན་དེ་རྒྱལ་པོ། 他的太子宣德皇帝

དེའི་རྐྱེན་གྱིས་ཅག་མོང་རྒྱ་ནག་རྣམས་སུ། 在夏、蒙、汉族等地区

དོན་གཉེར་ཅན་འགའ་ཞིག 在一些有心人

དྲང་ངེས་རྣམ་འབྱེད། 辨了不了义

དྲང་ངེས་ལེགས་བཤད་སྙིང་པོ། 《辨了不了义论》

དྲི་བསུང་། 香味

དྲི་མ་མེད་པ། 原原本本

དྲི་མེད་བཀའ་འགྱུར། 完整无瑕的《甘珠尔》经卷

དྲི་གཙང་ཁང་། 内殿

དྲིན་བཟོའི་ཞབས་བརྟན་ཀུང་གསོལ་བ། 举行了报恩的诵经祈祷活动

གདན་སར་བསྐོས། 被委任为寺座

གདུགས། 宝伞

གདུགས་དཀར། 大白伞盖佛

གདུང་མཆོད་རྒྱ་ཆེན་པོ། 举行了盛大的祭奠活动

གདུང་ཁང་། 灵堂

གདུང་མཇལ། 朝拜遗体

བདག་རྐྱེན། 提供条件 敬献增上缘

བདག་རྐྱེན་གྱི་ཐུགས་ཁུར་རྒྱ་ཆེན་བཞེས། 担当起广泛出资的责任

བདག་ཉིད་འཇུག་ཅིང་། 本人跟随

བདེ་ཆེན་རྫེ། 德钦孜

བདུད་རྩིའི་སྨན། 甘露药

བདུད་རྩི་འཁོལ་བ། 甘露自行沸汤

བདུད་བཞི། 四魔

བདེ་མཆོག་འཁོར་ཆེན། 胜乐大轮

བདེ་མཆོག་འཆི་བ་མཐར་བྱེད་ཀྱི་དབང་། 胜乐度亡灌顶

བདེ་མཆོག་གི་རྩ་རྒྱུད། 胜乐根本续

བདེ་མཆོག་རྩ་བའི་རྒྱུད། 胜乐根本续

བདེ་གཤེགས་སྨན་ཆེན། 善逝的大药

མདུན་ལྕོག 茶几

མདོ་རྒྱུད་གཞུང་ལུགས་འབུམ། 上十万部的显密经论

མདོ་ཡི་འཆད་ཉན། 显宗的传授

འདབ་མ་དྲུག་པ། 六瓣花朵

འདས་མཆོད་རྒྱ་ཆེན་པོ། 悼念法事活动

འདུལ་བ་འཛིན་པ་དགེ་ལེགས་དཔལ། 持戒格勒白

འདུལ་བྱའི་རྟག་འཛིན། 人们的“持常”之见

འདུས་པའི་རྒྱུད་ཀྱི་བཤད་སྲོལ། 续部密集的传承地

འདོད་པའི་རེ་སྐོང་དཔལ་སྐྱེར་ཉི་མ། 如意呈祥的太阳

རྡོ་རྗེ། 金刚

རྡོ་རྗེ་འཆང་དང་ཐ་མི་དད་པ། 与持金刚毫无二致

རྡོ་རྗེ་འཛིན་པ། 持金刚师

རྡོ་རྗེ་གཞོན་ནུ་ཕུར་པུའི་སྒྲུབ་མཆོག 金刚童子橛修供法事 无上续本尊金刚橛

རྡོ་རྗེའི་གོ། 金刚利器

སྡེ་སྣོད་འཛིན་པ། 持藏师（授众）

སྡེ་སྣོད་གསུམ། 三藏

སྡོམ་པ། 戒律

ན

ན་མོ་གུ་རུ་བྷྱ། 南无古如！ 向上师顶礼！

ན་མོ་གུ་རུ་མཉྫུ་ཤྲཱིཿ་ཀུམ་རནཛིན་བཛཡ། 向文殊菩萨顶礼

ན་རོ་ཆོས་དྲུག 《纳若六法》

ནང་བཞུགས། 装藏

ནམ་གྱིན། 南京

ནུབ་ཕྱོགས་ལམ་ཆེན། 西路大道

གནས་བཅུའི་རྟགས་སྐུ། 十八罗汉丝织挂像

གནས་བཅུའི་ཐགས་སྐུ། 十八罗汉丝织唐卡

གནས་བཅུའི་སེའུ་ཐང་། 十八罗汉的丝织唐卡

གནས་བཅུའི་བསེ་ཐང་། 十八罗汉丝唐 由此形成了甘丹寺每年的丝唐节，即丝唐朝拜日。

གནས་བརྟན་བཅུ་དྲུག 十六罗汉

གནས་བརྟན་བཅུ་དྲུག་གི་ཞི་ཐང་། 十六尊者的刺绣唐卡

གནས་བརྟན་སངས་རྒྱས་གྲགས་པ། 尊者桑杰扎巴

གནས་ཆེན་རི་བོ་རྩེ་ལྔ། 胜地五台山

རྣ་བའི་བདུད་རྩི། 众生耳里敲响

རྣམ་རྒྱལ་མ། 尊胜佛母

རྣམ་ཐོས་སྲས། 多闻子

རྣམ་དག་འདུལ་ཁྲིམས་ནོར་འཛིན་ལ་བརྟེན། 依靠纯正的宝贝戒律

རྣམ་དག་འདུལ་ཁྲིམས་ལ་བརྟེན། 依靠清净的戒律

རྣམ་དག་འཆད་ཉན། 纯正传承

རྣམ་འདྲེན་བཞི་པ།　贤劫第四导师　释迦牟尼

རྣམ་པར་དག་པ།　清净

རྣམ་དཔྱོད་ཡངས་པ།　思维豁达

རྣམ་དཔྱོད་ཕུལ་བྱུང་།　杰出的思辨力

རྣམ་དཔྱོད་ལུས་བཟང་རྒྱས་པའི་སྟོབ་མའི་ཚོགས།　思辨能力高超而强壮

རྣམ་དཔྱོད་ཀྱི་གཤོག་རྩལ།　辨别力的翅膀

རྣམ་སྲས་མདུང་དམར་ཅན།　红予毗沙门　—财神

སྣྲོན་ཟླ།　心宿月

སྣེའུ།　乃吾

སྣེའུ་རྫོང་།　乃吾宗

པ

པད་མ།　莲花

པདྨའི་ངད་ལྡན།　莲花香

པཎ་ཆེན་བསོད་ནམས་གྲགས་པ།　班禅索南扎巴

པཎྜི་ཏ།　班智达

པར་ཕུད་མཚལ་པར།　朱印献新版

དཔལ་གསང་བ་འདུས་པ།　吉祥密集

དཔལ་གསང་བ་འདུས་པའི་འགྲེལ་པ་སྒྲོན་གསལ་མཆན་བུ།　《吉祥密集的阐释明灯注解》

དཔོན་རྒྱུད་ཀྱི་བཟུང་།　由命官管理

དཔོན་ནམ་མཁའ་བཟང་པོ་ཁུ་དཔོན།　地方官南喀桑布叔侄二人

དཔོན་རིགས་ཞིག　一户官宦之家

དཔྱིད་ཟླ་འབྲིང་པོའི་ཚེས་འགོ།　仲春初

སྤངས་རྟོགས་ཡོན་ཏན།　断证功德　སངས་རྒྱས་ཀྱི་ཆེ་བའི་ཡོན་ཏན་གཉིས་ཏེ། ཉོན་ཤེས་ཀྱི་སྒྲིབ་པ་མཐའ་དག་སྤངས་ཤིང་། ཇི་ལྟ་ཇི་སྙེད་ཀྱི་ཤེས་བྱ་ཐམས་ཅད་རྟོགས་པའོ། །如来所有殊胜功德：永断一切烦恼和所知障为断德；通达一切如所有行合尽有性为证德。

སྤོ་བོ། 波密

སྤོང་བདུན་འཁོར་བཅས། 断七及其从属 即身之三不善、语之四不善，以及所属一切所断身语之戒律。

སྤོས་མེའི་ཐེབས་སུ། 香火的依托

སྤྱིལ་བུ། 茅屋

སྤྲིན་རིས་ཡོད་པའི་གོས་དམར་པོའི་ཤམ་ཐབས། 云图红绸裙

ཕ

ཕུ་ཡིང་། 普应

ཕུ་ལུང་དགོན་པ། 普隆寺

ཕོ་བྲང་། 京城

ཕོ་བྲང་དབུས་མར་ཏཱ་ཤེན་ཏེན་ཅེས་ཁང་བཟང་དགེ་ཆེན་འཁྱིལ་བ། 皇宫中央大殿的“大善殿”即大善大殿

ཕྱི་ནང་གསང་བའི་མཆོད་པ། 用外内密三层盛大的敬供

ཕྱི་ནང་གི་དོ་དམ་མཛད། 实施了内外管理

ཕྱོགས་ཀྱི་འཁོར་ལོ་འགེང་(འགྱིང་)བ། 使四方轮子威严凛凛

ཕྱོགས་དེར། 彼处

ཕྱོགས་དེའི་རྒྱུད་པའི་རྨུག་རུམ་མ་ལུས་བཅོམ། 消除该处了所有不明的朦胧

ཕྱོགས་བཅུའི་སངས་རྒྱས་བྱང་སེམས། 十方佛菩萨

འཕགས་པ་ཤིང་སྐྱ། 帕巴辛股

འཕྲིན་ལས་སྣ་ཚོགས་(ལ་)མཁས་ཤིང་གསལ་བ། ཆོས་ཉིད་དམ་པ་མཆོག་ཏུ་རྒྱལ་བ། 万行妙明真如上胜

འཕྲིན་ལས་སྣ་ཚོགས་(ལ་)མཁས་ཤིང་གསལ་བ། ཆོས་ཉིད་དམ་པ་མཆོག་ཏུ་རྒྱལ་བ། ཤེས་རབ་རྣམ་དག་སྣང་བ་ཆེན་པོ། ཀུན་ལ་ཁྱབ་ཅིང་། རྒྱལ་ཁམས་སྐྱབས་ཅིང་(སྐྱོབས་པ།) བསྟན་པ་རྒྱས་མཛད་རབ་ཏུ་དགེ་བ། བྱམས་ཆེན་ཆོས་ཀྱི་རྒྱལ་པོ། 这是法王的封号:“万行妙明真如上胜清净般若弘照普慧辅国显教至善大慈法王”

བ

བ་དན། 飞幡

བར་ཁམ་། 巴尔康 བར་ཁམ་ 应为 བར་ཁམས། 指 དུང་དཀར་ཚིག་མཛོད་ལས། འབྲི་ཆུ་དང་རྫ་ཆུ་འབབ་ཡུལ། མི་ཉག་འབབ་ལི་ཐང་གསུམ། ཤོ་སྦར་ལྷོ་གསུམ། སྨར་བྲག་ཆབ་གསུམ། དཀར་བྲག་དར་གསུམ་སོགས། ཁམས་སྟོད། མཚོ་སྔོན་ཞིང་ཆེན་དང་ས་འབྲེལ་བྱང་རྒྱུད་ལ་ཁམས་སྟོད་ཟེར། ཁམས་སྨད་ནི། གསང་སྔགས་ཆོས་རྫོང་གི་ཤར་རྒྱུད་ནས་ཡུན་ནན་ཞིང་ཆེན་གྱི་ནུབ་རྒྱུད་བར་ཟེར། ཁམས་ཡུལ་ཆུ་བོ་མང་ཆེ་བ་བྱང་ནས་ལྷོ་ཕྱོགས་སུ་འབབ་པས། གསང་སྔགས་ཆོས་གླིང་ནི་རྫ་ཡུལ་གྱི་མིང་རྙིང་། 由于康区的江河大部分由北向南流去,所以,上部康区是指与青海省相连的西部藏区;中部康区是指长江和澜沧江流域的藏区;下部康区是指从西藏自治区的察隅县到云南西部的藏区。

བར་མ་ཕག་ལོ། 中间猪年

བཙ། 宝山(河北?)

བུམ་ཆུ་ལྦུར་བ། 瓶水外溢

བེ་ཅིན། 北京

བེ་སེར། 《黄琉璃·色拉大乘洲志》

བོད་ཡུལ་གྱི་སེ་ར། 藏地的色拉

བྱང་ཆུབ་ཆོས་འཁོར། 理塘强钦曲科(大慈法轮)

བྱང་ཆུབ་སེམས་དཔའ་སྙིང་སྟོབས་ཆེན་པོར་གྱུར། 成为了大勇士菩提萨陲

བྱང་སེམས་ཤེས་རབ་བཟང་པོ། 强森喜饶桑布

བྱང་ཆུབ་ལམ་རིམ། 菩提道次第

བྱམས་ཆེན་ཆོས་ཀྱི་རྒྱལ་པོ། 强钦曲吉杰布

བྱམས་སྙིང་རྗེའི་རང་བཞིན། 慈悲之性

བྱམས་བརྩེའི་བླ་སྤུན། 至亲至爱的亲友

བྱམས་ཆེན་འོད་དཀར། 大慈的月光

བྱིན་བརླབས་ཞུགས་པ། 获得加持

བྱིན་པ་ངག་དབང་འཇམ་དབྱངས་ཉི་མ། 金巴阿旺绛央尼玛

བྲིགས་པ། 尝一口

བླ་དཔོན་སྐྱེ་བོ་ཆེ་ཕྲ་ཐམས་ཅད། 大小上师官员

བླ་ཆེན་ཏཱ་སྲུའུ་(པའུ་)བཏ་ཕང་། 高僧大宝法王

བླ་མ་མཆོག་གི་ཡེ་ཤེས་ཀྱི་གཟིགས་པ་ནམ་དུ་ཡང་མ་འབྲལ་བ། 永远不离开上师慧眼的视线

བླ་མེད་བརྒྱུད་ཆེན། 无上续部

བླ་མ་ལྔ་བཅུ་པ། 上师五十颂

བླ་མ་ལྔ་བཅུ་པའི་རྣམ་བཤད་གཉིས། 上师五十颂的两个详论

བླུན་སྠོམ། 愚昧无知

བློ་གྲོས་ཀྱི་ལུས་ཡོངས་སུ་ཚིམ་པ། 使智慧之身得到满足

བློན་ཆེན། 大臣

བློན་པོ་ཧའུ་སོགས་ཏཱ་བཞིན། 侯显等大批金字使者

བཏུ་ཀོ། 辅国

བཏོ་ཙེ། 佛子

དབང་གིས་སྤྲུལ་པའི་སྐུ། 被灌顶的化身

དབང་པོའི་ཏོག 东方宝顶

དབང་ཕྱོགས། 东方

དབང་ཕྱོགས་གོང་མ། 东方皇帝

དབང་བླང་པ། 接受灌顶

དབང་ལུང་། 灌顶教诫

དབུ་མ་འཇུག་པ། 《入中观论》

དབུ་མ་རྩ་བ་ཤེས་རབ་ཀྱི་རྒྱ་ཆེར་འགྲེལ། 《中论根本般若广论》

དབུ་ཚད། 中观因明

དབུལ་སེལ་རྒྱུག་འཛིན་དབང་པོ། 济贫财神天王

དབུས་གཙང་། 卫藏

དབྱངས་ཅན་ཙུནྡ། 妙音尊达佛母

འབུལ་བ་ཞབས་ཏོག 敬献礼品

འབྲས་སྤུངས། 哲蚌

སྦག་པའི་ཚུལ་ཁྲིམས། 对于防沾染戒律 སྦག་པའི་ཚུལ་ཁྲིམས། སྦག་པ་ནི་དྲི་མས་སྦགས་པ།

ངན་གོམས་ཀྱིས་སྦགས་པ། བཙོག་པས་སྦགས་པ། 沾染污垢、沾染不良习气、犯了过失、弄脏。

སྦྱིན་བདག་མཛད་ནས། 做施主

སྦྱོར་བ་ཡན་ལག་དྲུག་པའི་ཁྲིད་རྒྱས་པ། 《六支加行》详解

མ

མ་རྒྱུད་དཔྱིད་ཀྱི་རྒྱལ་མོ། “母续杜鹃鸟”

མང་ཇ། 熬茶

མན་ངག 秘诀

མི་ཆེན། 大人

མི་སྣ་མདོར་སྡུས། 精干人员

མི་དཔོན། 官员

མི་དབང་། 人主

མིའི་དབང་པོ་ཡུང་ལོ་རྒྱལ་པོ། 人间君王永乐帝

མིའི་དབང་པོའི་ཟོལ་གྱི། 装扮成人间帝王

མིའི་ལག་པའི་ཚོན། 人的手掌大小

མིང་ཅའུ། 岷州

མུ་ཏིག་གི་རྡོག་པོ། 珍珠颗粒

མུ་ཏིག་གི་མདོག 颜色就像珍珠

མུན་སེལ། 启蒙

མེ་ཏོག་ལྡུམ་ར། 花园附近

མེ་ཏོག་ལྡུམ་རའི་དགོན་པ། 花园寺院

མེའུ་ཀྱོ། 妙觉

མེའུ་ཀྱོ། ཡོན་ཐུང་། ཧུའི་ཙི། ཕུ་ཡིང་། བཧུ་ཀོ། ཞེན་ཀྱའུ། ཀོན་ཏིང་། ཧོང་ཤེན། ཟི་ཐེན། བཧོ་ཙེ། ཏཱ་ཀོ་ཤི། ཤཱཀྱ་ཡེ་ཤེས། 妙觉圆通慧慈普应辅国显教灌顶弘善西天佛子大国师释迦也失。 此乃大国师封号

དམག་དཔོན། 将军

སྨན་སྐུ་ཁྱད་པར་ཅན།　殊胜的香泥佛像
སྨན་བླ།　药师佛
སྨིན་ཅིང་གྲོལ་བཞིན་པར་བཞུགས།　使其成熟和解脱
སྨོན་ལམ་རྒྱ་ཆེན་པོ་བཏབ་པས།　广泛祈祷
སྨོན་ལམ་ཐུགས་རྗེ།　祈祷和恩德

ཙ

ཙན་དན་དཀར་པོ།　白檀香木
ཙནྡན་དཀར་པོའི་གནས་བརྟན་བཅུ་དྲུག　白檀香的木十六罗汉
ཙོང་ཁ།　宗喀
ཙ་ལྟུང་།　根本堕罪
ཙ་ལྟུང་བཅུ་བཞི་པའི་རྣམ་བཤད་གཉིས།　《十四中根本堕罪》的两种阐释
ཙ་བའི་རིགས་པ་ཤིན་ཏུ་ཕྲ་བ།　根本智慧十分聪慧的人们
ཙ་ཤེའི་འགྲེལ་ཆེན་རིགས་པའི་རྒྱ་མཚོ།　《中论广释正理之海》宗喀巴大师对龙树所著《中论》的注释
ཙ་ཤེའི་རྣམ་བཤད་ཆེན་མོ།　中观根本广论
ཙ་ཤེ་ཙ་འགྲེལ།　中观根本论
ཙ་ཤེས་འགྲེལ་པ།　中论
རྩེ་(བརྩེ་)ཆེན།　大爱
གཙུག་རྒྱན།　顶饰
གཙུག་ཏུ་མི་ཕྱེད་དམ་བཅིངས།　誓言不变的衷肠
གཙུག་ན་ནོར་བཞིན།　视为顶珠
བཙུན་ཚུགས་པ་གཙོ་བོར་འདོན་ཞིང་།　十分注重守持僧伽德行　དུང་དཀར་ཚིག་མཛོད་… དུ་བཙུན་ཚུགས་མ་ནོར་བའམ་བཙུན་པའི་བྱ་སྤྱོད་མ་ནོར་བ་ལ་གོ།
གཙུག་ལག་ཁང་བཟང་བརྟེན་རྟེན་པ།　佛殿庙宇以及佛像

ཚ

ཚ་གདུང་། 烦热
ཚད་མ་རྣམ་འགྲེལ། 《释量论》
ཚེ་དཔག་མེད་ལྷ་དགུ། 九尊无量寿
ཚེ་རིལ། 长寿丸
ཚོགས་གཉིས། 二资粮
མཚམས་ཞུ། 请安(འཚམས་ཞུ།)
མཚུངས་མེད་ཤེས་རབ་སེང་གེ། 无比的西饶森格
མཚུངས་མེད་རྒྱལ་མཚན་བཟང་པོ། 无比坚赞桑布
མཚོ་ཁ། 青海湖

ཛ

ཛྷ་ལན་དྷ་ར། 杂兰达热
མཛད་པའི་ཆུ་གཏེར། 大海般的功业
མཛོ་མོ་མཁར། 佐莫喀(犏牛城) 释迦也失弟子在此建丹曲塔尔林寺,后发展为宏化寺,地在今青海民和县转导乡东北。
མཛོ་མོ་སྣར། 佐莫喀
འཛམ་གླིང་མཁས་པའི་བསྡི་གནས། 世界贤者聚集的道场
རྫུ་འཕྲུལ་གྱི་བཀོད་པ། 神变之能
རྫུ་འཕྲུལ་ནུས་པ། 神变的威力
རྫོང་བ་མཛད། 送行

ཝ

ཞ

ཞ་ལུ་བ་རབ་འབྱམས་པ་བཀྲ་ཤིས་རྒྱ་མཚོ། 夏鲁巴饶江巴扎西嘉错
ཞབས་ཏོག་རྒྱ་ཆེན། 盛情的供养
ཞབས་སྡེགས། 脚垫
ཞབས་དྲུང་བྱམས་པ་ཚུལ་ཁྲིམས་རྒྱ་མཚོ། 夏仲强巴楚成嘉措
ཞལ་བཞེས་མཛད། 答应
ཞི་རྒྱས་དབང་དྲག་བཞི་པོ། 四业
ཞི་མཚོག་རྒྱ་མཚོ། 静静的大海
ཞིང་ཆེན་ཟི་ཁྲོན། 四川省
ཞེན་གྱཱཙ། 显教
གཞན་དོན་མཁའ་ཁྱབ་ངང་ནས། 在无限的利他之中
གཞན་དོན་མཐའ་ཡས་པ་བྱུང་། 成就了无数利民之事
གཞན་དོན་དུ་གཤེགས། 圆寂
གཞན་དོན་འཕྲིན་ལས། 利他功业
གཞི་འདུལ་བའི་བསླབ་ཁྲིམས་རྣམ་པར་དག་པ་ལ་བརྟེན། 依靠熏陶根基的纯净守则
གཞོན་ནུ་དཔལ། 勋奴白
གཞོནུ་དཔལ་ལྡན། 勋奴班丹
བཞི་བརྒྱ་པ། 四百颂
བཞུགས་གདན། 坐垫

ཟ

ཟང་ཟིང་། 财宝
ཟན་ཟི། 山西(?)
ཟབ་རྒྱས་ཆོས་ཀྱི་ཆར་པ། 深奥佛法的雨露
ཟི་ངན། 西安

ཟི་ཐེན། 西天
ཟི་ལིང་། 西宁
ཟི་ལིང་ཝེ། 西宁卫
ཟོན་དེ་རྒྱལ་པོ། 宣德皇帝
ཟླ་བའི་སྲས་མོས། 月亮女神

འ

འོད་ཟེར་ཅན། 光明母

ཡ

ཡང་དག་ལམ། 正道
ཡར་ངོའི་ཚེས་གཅིག 初一日
ཡི་ཙེ། 椅子
ཡིད་ཅན་པདྨ་གཞོན་ནུའི་འདབ། 尚未开放的花蕾
ཡིད་ཅན་ལོ་ཏོག 有情的庄稼
ཡུང་ལོ་རྒྱལ་པོ། 永乐皇帝
ཡུངས་འབྲུ། 芥子粒
ཡུལ་གྲུ་ཚལ་པ། 蔡巴地方
ཡི་གེ་པ། 书记员
ཡེ་ཤེས་རྣམ་དཀར། 智慧的光辉
ཡོངས་ཀྱི་དགེ་བའི་བཤེས་གཉེན། 公众的善知识
ཡོངས་འདུ་རྒྱས་བྱེད་པ། 全面复兴
ཡོན་ཐུང་། 圆通
ཡོངས་འཛིན་ཐམས་ཅད་མཁྱེན་པ། 经师唐杰钦巴的

ར

ར་ཁ་བྲག་རི་ཁྲོད། 热喀查修行房　色拉东面的山上的修行房，详见《东嘎藏学大辞典》

རང་ཉིད་བྲན་དུ་འབུལ་བར་མཛད། 把自己视为敬献给大师的奴才

རང་འབར་དུ་སོང་། 自燃起来

རང་རེ་ཙི་ནའི་རྒྱལ་ཁམས་ཆེན་པོ། 我们支那大国度

རབ་གུས་སྐྲ་རྩེས་བླངས་པའི་ཐིག་མས་ཀྱང་། 用毛发恭敬地沾上一滴

རབ་ཏུ་བྱུང་བའི་མཚན། 出家时名

རབ་བྱུང་། 比丘戒，出家人

རབ་བྱུང་སྡོམ་པ། 出家戒

རབ་འབྱམས་པ་བསོད་ནམས་མཁས་མཆོག 饶江巴索南凯确

རས་བྲིས་བཀོད་པ་ཆེན་པོ། 书写在布面上的大记录

རཏྣ་ཨཪྻ་སེདྡྷེའོ། 热达纳阿尔哇森德

རི་བོ་དགེ་ལྡན། 甘丹山门

རི་བོ་དགེ་ལྡན་གྱིས་གཙོས་པའི་གྲྭ་ས་རྣམས། 以甘丹寺为主的各寺院

རི་བོ་དགེ་ལྡན་པ། 格鲁派道场

རི་དབང་། 山岳

རི་བོ་རྩེ་ལྔ། 五台山

རིང་བསྲེལ། 舍利子

རིམ་ལྔའི་ཁྲིད། 《五次第导释》

རིན་(རི་མོ་)མེད་པའི་གོས་དྷ་ཧུན་ཐང་པ། 无花绸缎短大氅

རིན་ཐང་གཞལ་དུ་མ་མཆིས་པའི་གསེར་གྱི་བཀའ་འགྱུར་རྣམ་འཕང་ཅན། 无价的金汁《甘珠尔》

རིན་པོ་ཆེ་དང་གསེར་དངུལ་གྱི་རིགས་བརྒྱན་པའི་བཞུགས་ཁྲི། 镶有各种珠宝金银的宝座

རིས་མེད་སྐྱེ་རྒུ། 不分种族

ལ

ལམ་རིམ། 次第

ལས་ཆེན་ཀུན་རྒྱལ་པ། 列钦贡杰巴

ལི་ཁྲི། 橘黄色

ལི་ཐང་བྱམས་ཆེན་ཆོས་འཁོར། 理塘大慈法轮(寺)

ལི་ཐམ་དྭག 黄丹印(响铜印)

ལིང་ཐའུ་ཐེའུ་མིང་གྲུའུ། 临洮(头?)岷州

ལུགས་ཟུང་། 政教二制

ལུགས་གཉིས་འཕྲིན་ལས། 政教两方面的功业

ལུང་རྟོགས། 教证

ལེགས་གསུང་འདབ་བརྒྱ། (教法的)箴言像百瓣花一样

ལེགས་བྱས། 一切善事

ལེགས་གསོལ་ཞུ་འབུལ་བྱས། 请安并朝贡

ཤ

ཤ་བ་རི། 大成就者夏哇日巴

ཤཱཀྱ་ཚུལ་ཁྲིམས། 释迦楚成

ཤཱཀྱའི་ལུང་རྟོགས། 释迦教法

ཤཱཀྱའི་བསྟན་པ། 释迦教法

ཤན་ཟིའི་ལམ་ཆེན། 山西大路

ཤར་ཕྱོགས་ས་དབང་། 东方君主

ཤར་ཕྱོགས་འགྲོ་བའི་བསོད་ནམས་ཀྱི་ཞིང་རྟ། 东方众生的福田之车

ཤར་ཕྱོགས་རྒྱ་མཚོའི་མཐའ། 东海之滨

ཤར་ཕྱོགས་རྒྱ་མཚོའི་རྒྱལ་ཁབ་ཆེན་པོ། 东海的大国

ཤར་ཕྱོགས་ཆུ་མཐོང་པ་མཐའ་ཀུན་བཀང་། 一直照亮到了东海岸边上

ཤིང་རྟ་ཆེ། 高大马车
ཤིང་སྒོ་ཐུན་ཀུན་མཁར། 雄关屯关
ཤེར་ཕྱིན་གྱི་ཡི་གེ་གསེར་ཞུན་གྱིས་བྲིས་པ་ལྟ་བུར་སྣང་ལ་གཟིགས། 显现并看到仿佛是用
金汁书写的般若的文字
ཤེས་རབ་རྣམ་དག་སྣང་བ་ཆེན་པོ། ཀུན་ལ་ཁྱབ་ཅིང་། 清净般若弘照普慧
ཤེས་རབ་ཀྱི་ཕ་རོལ་ཏུ་ཕྱིན་པའི་མདོའི་སྟོང་ཉིད་ཉི་ཤུའི་འགྲེལ་ཀ་ཁང་། 反复看到了用金汁
书写的般若波罗蜜多经二十空性的注释
གཤེད་དམར་ལྔ་ལྡ། 五红阎魔敌
བཤད་རྒྱུད་འགའ་ཞིག་གི་ལུང་། 部分《释续》的秘诀
བཤད་པ་རྣམ་པར་དག་པ། 正确的诠释

ས

ས་སྐྱོས་དཔོན་པོ་ཆེ་ཆུང་། 地方大小官员
ས་མོ་ཕག་ལོ། 土阴猪年
ས་དབང་མཚུངས་བྲལ། 无双君主
སཙྪ། 擦擦 印塑泥像
སངས་རྒྱས་ཀྱི་སྐུ་བཞི། 四身
སངས་རྒྱས་དངོས་ཀྱི་འདུ་ཤེས། 怀着佛陀真身般的敬仰
སུ་ཡིས་དཔག 谁能衡量
སེ་འབྲས་ཀྱི་དཀར་ཆག 《色拉哲蚌寺志》
སེ་ར་ཆོས་ལྡིངས། 色拉寺曲顶
སེ་ར་རྗེ། 色拉孜
སེ་རའི་དགོན་པ་བཟུང་། 住持色拉寺
སེ་རའི་རྒྱབ་རིའི་རྩེར། 在色拉后山顶上
སེ་རའི་ཐུབ་དབང་སྐུ་སྙན་བཀྲས་བཏགས་མ། 色拉寺的嵌花缎释尊像
སེམས་དཔའ་ཆེན་པོ་ཤེར་བཟང་། 大勇士喜饶桑布
སེམས་དཔའ་ཆེན་པོ་དར་མ་བཟང་། 大勇士塔玛桑

སོ་སོར་འབྲང་མ། 随行佛母

སྲས་ཐོན་ཤེ། 皇太子宣德

སྲི་ཞུའི་བསྙེན་བཀུར། 敬奉的供养

སྲིད་འདིར། 在这世间

གསང་སྔགས། 密咒

གསང་སྔགས་ལམ་རིམ། 密宗道次第

གསང་སྔགས་ལམ་རིམ་གྱི་ཁྲིད། 《密乘道次第导释》

གསང་ཆེན་སྔགས་ཀྱི་རྒྱུད་སྡེ། 大密续部

གསང་བདེ། 密乐 密集和胜乐

གསང་འདུས། 密集

གསང་འདུས་མི་སྐྱོད་པའི། 不踏入密集主坛城 ངང་དཀར་ཚིག་མཛོད་དུ། གསང་འདུས་མི…
སྐྱོད་པ་ནི་དཀྱིལ་འཁོར་གྱི་གཙོ་བོར་མི་བསྐྱོད་པ་བྱེད་པའི་གསང་འདུས་ལ་གསང་འདུས་མི་བསྐྱོད་པ་ཟེར་བ…
ཡིན།

གསང་འདུས་རིམ་ལྔ། “密集五次第”

གསང་སྔེ་འཆད་ཉན་ཚུགས་པའི་གཞི་རྟེན་ཕུལ། 敬献了创建密乘传承的基本条件

གསང་ཕུ། 桑普

གསང་གསུམ་མཛད་པ། 三密伟业

གསུང་ལམ་རིམ་བླ་མ་བརྒྱུད་པའི་རྣམ་ཐར། 《道次第说上师传承传》

གསེར་ཁང་། 金殿

གསེར་གྱི་འཁོར་ལོ་ཡོད་པའི་ཐམ་ཀ 金轮印

གསེར་དངུལ་གྱི་མཎྜལ་ལ་རིན་པོ་ཆེའི་ཚོམ་བུ་དང་བཅས། 镶满珠宝的金银曼陀罗

གསེར་དམ་སཙྪ་（པཙྪ་）གཙྪ་འབུལ་བ་གནང་། 颁赐了金印宝诰

གསེར་བཙོ་མ། 纯金

གསེར་ཡིག 圣旨

གསེར་ལས་བྱས་པའི་འཇིགས་བྱེད་ཀྱི་སྐུ་པདྨ་འདབ་བརྒྱད་པའི་གདན་དང་བཅས། 金质大威
德佛像连带八瓣莲座

གསོ་སྦྱོང་། 长净仪式

གསོལ་བ་འདྲེན་མཁན་མཛད། 饮食侍官

བསགས་པའི་དགེ་ཚོགས་ཀླུང་། 所积累的善业之江河

བསླབ་པ་གསུམ། 三学

གསར་བཞེངས། 新建

བསྲུབས་པ། 结合在一起 中国神话：女娲与伏羲兄妹结合，繁衍人类，成为中原人的始祖神。

གསུང་རབ་ཀྱི་དྲང་ངེས་རྣམ་པར་འབྱེད་པའི་བསྟན་བཅོས། 《辨了不了义论》

བསོད་ནམས་ཀྱི་ཞིང་། 福田

བསྲེ་འཕོའི་ཁྲིད། 和合往生的传授

བསྲེ་བ་སྐོར་དགུའི་མན་ངག 密集圆满次第的究竟要义——九类融合的秘法，ཧུང་དཀར་ཆོག་མཛོད་ལས། བསྲེ་བ་སྐོར་དགུ་ནི། གཞི་དུས་ཀྱི་བསྲེ་བ་གསུམ། ༡གཞི་འཆི་བ་ཆོས་སྐུ་དང་བསྲེ་བ། ༢བར་དོ་ལོངས་སྐུ་དང་བསྲེ་བ། ༣སྐྱེ་བ་སྤྲུལ་སྐུ་དང་བསྲེ་བ། གཉིད་དུས་ཀྱི་བསྲེ་བ་གསུམ། ༤གཉིད་ཆོས་སྐུ་དང་བསྲེ་བ། ༥རྨི་ལམ་ལོངས་སྐུ་དང་བསྲེ་བ། ༦གཉིད་སད་པ་སྤྲུལ་སྐུ་དང་བསྲེ་བ། སད་དུས་ཀྱི་བསྲེ་བ་གསུམ་ནི། ༧ལུགས་འབྱུང་གི་སྟོང་པ་བཞི་པར་སྦྱར་བ་འོད་གསལ་ཆོས་སྐུར་བསྲེ་བ། ༨ལུགས་ལྡོག་གི་སྟོང་པ་བཞི་པ་ལོངས་སྐུར་བསྲེ་བ། ༩ལོངས་སྐུ་ལས་ལྡང་བ་སྤྲུལ་སྐུ་བསྲེ་བ་བཅས་དགུའོ།།

སརྦ་མངྒ་ལཾ།། 萨尔瓦芒喀岚！一切吉祥 ！

ཧ

ཧ་ཡན་སི། 海印寺

ཧ་ཡན་བསི། 海印寺

ཧའུ་ཞེན། 侯显

ཧུ་ཐོག་ཐུ། 呼图克图

ཧུའི་ཙི། 慧慈

ཧུང་མུན། 鸿门 衙门？

ཧུང་ཞུ་(ཝུ་)རྒྱལ་པོ། 洪武皇帝

ཧེ་ཡིན་ཟི་བྱམས་ཆེན་སྦེ་ཆེན། 海印寺大慈恩院

ཧོ་ཤང་། 和尚

ཧོང་ཤན། 弘善

ལྷ་ཁང་།　佛殿

ལྷ་ཆེན།　大菩萨

ལྷ་ཡི་རྔ་བོ་ཆེ།　神仙之鼓

ལྷག་བསམ་ཤེལ་གྱི་ལྕུག་ཕྲན།　以水晶般虔诚透明的细枝

ལྷག་བསམ་དབྱར་གྱིས་དུས་དང་ཉེར་འགྲོགས་ཏེ།　与忠诚的夏季相伴随

ལྷམ་འབོབ།　靴袜

ལྷས་བུ་བླ་མ་པ།　莱普喇嘛巴

ལྷོ་ཁ།　山南

ཨ

ཨེར་ཏེ་ནི་ནོ་མོན་ཁན།　额尔德尼诺门罕

下篇

附录

1.《大慈法王传汇编》复印件

第 1 页正面

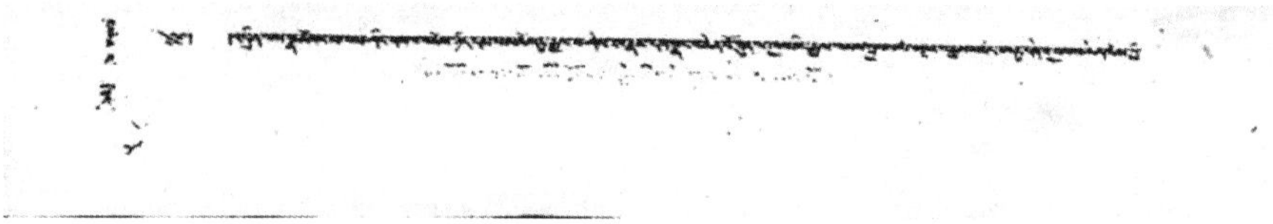

第 1 页背面

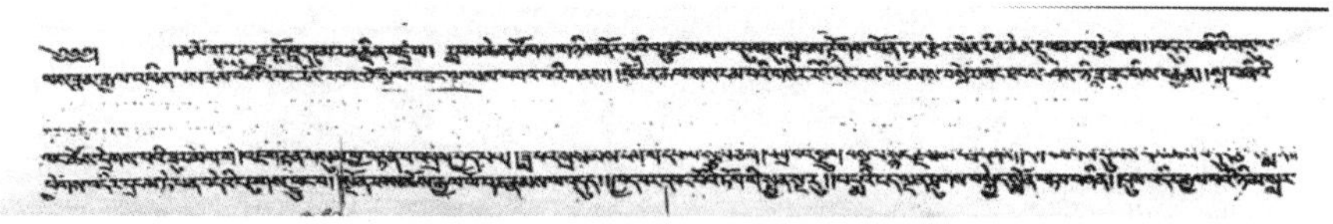

第 2 页正面

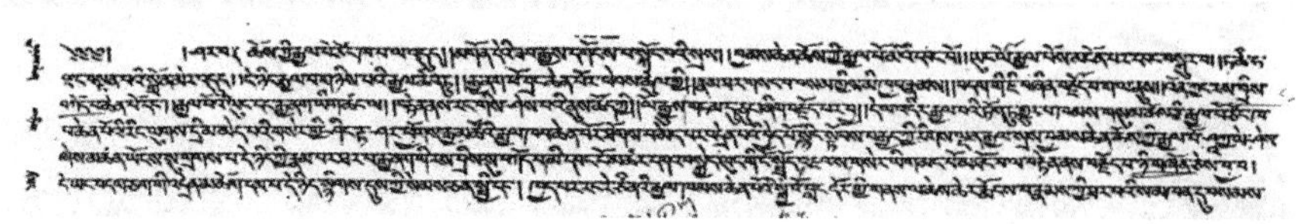

第 2 页背面

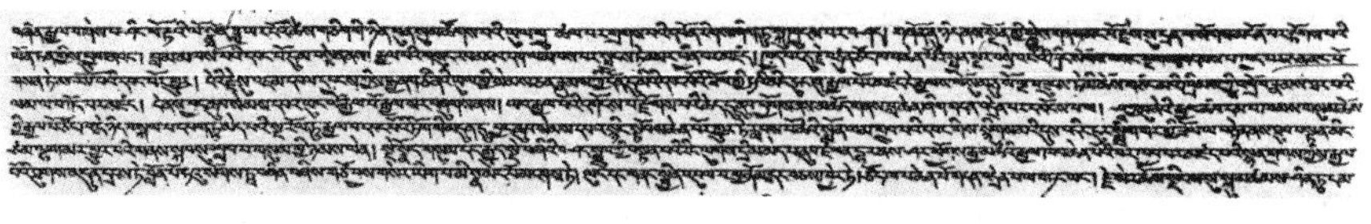

第 3 页正面

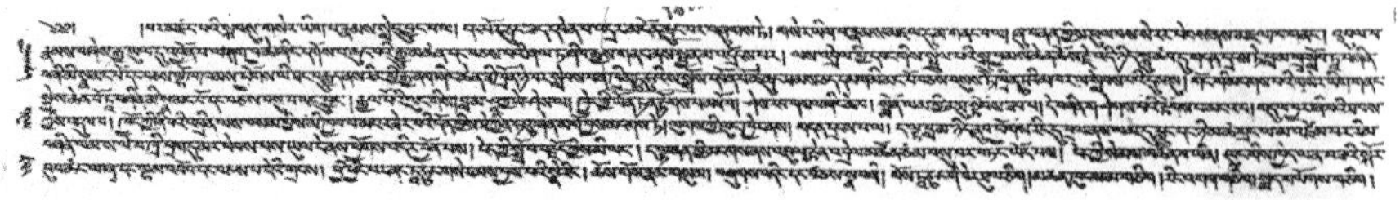

第 3 页背面

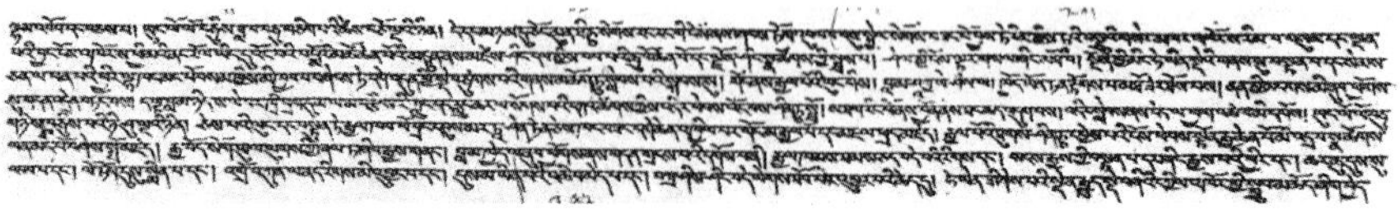

第 4 页正面

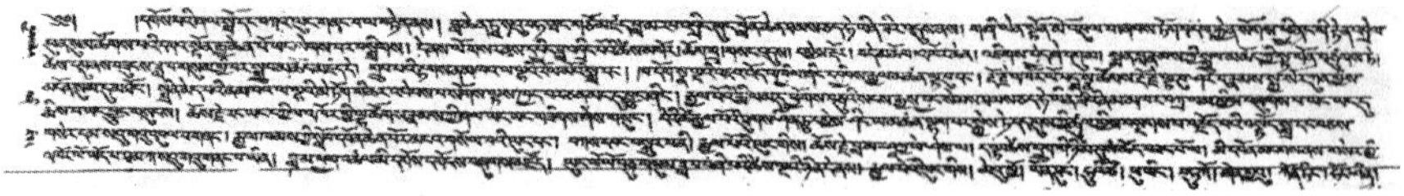

第 4 页背面

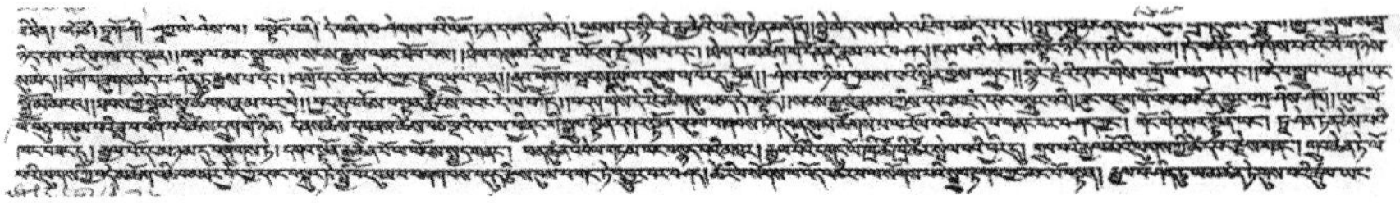

第 5 页正面

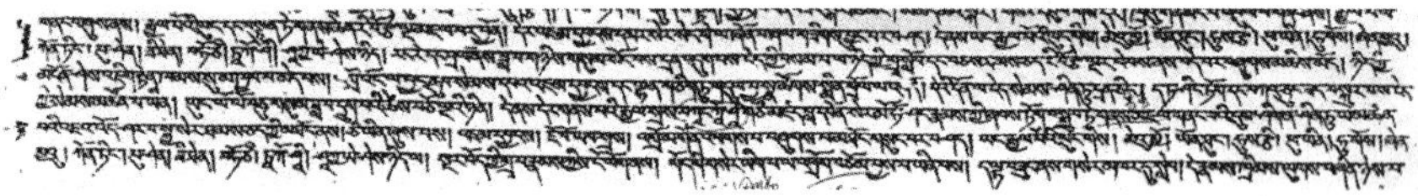

第 5 页背面

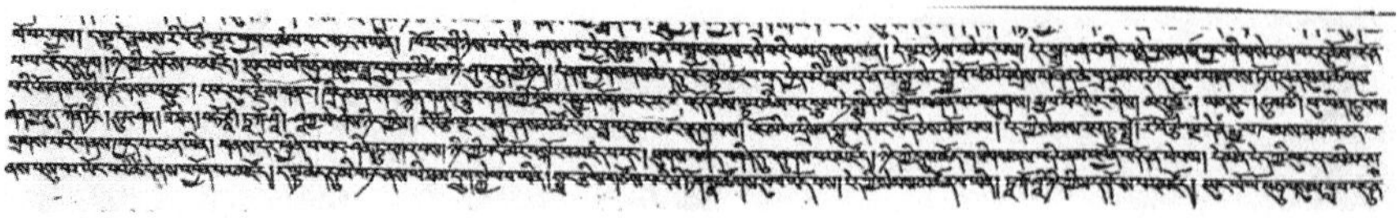

第 6 页正面

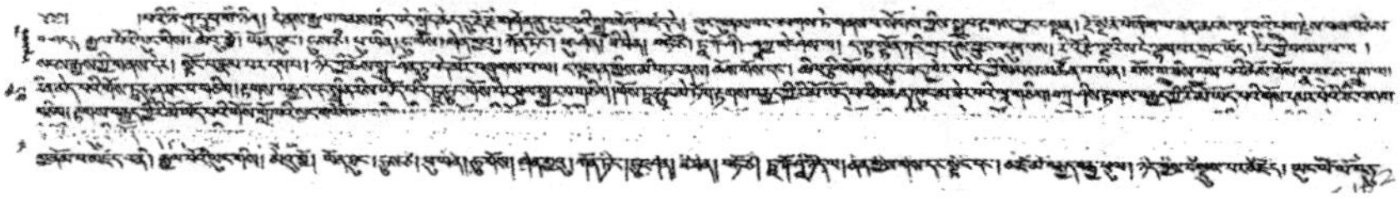

第 6 页背面

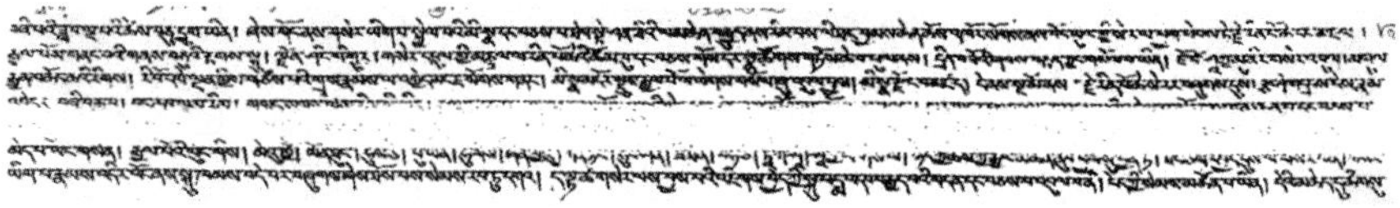

第 7 页正面

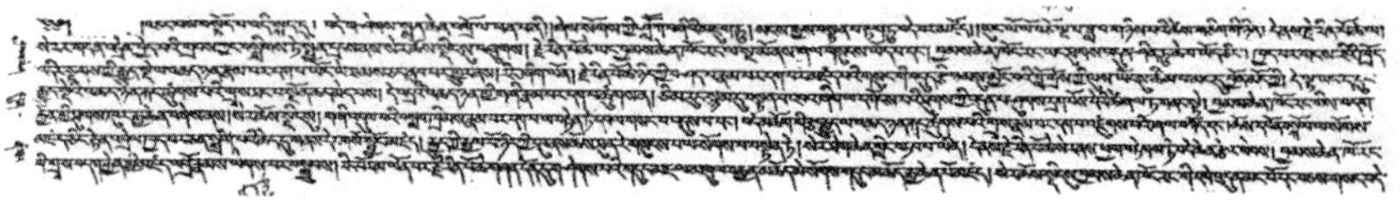

第 7 页背面

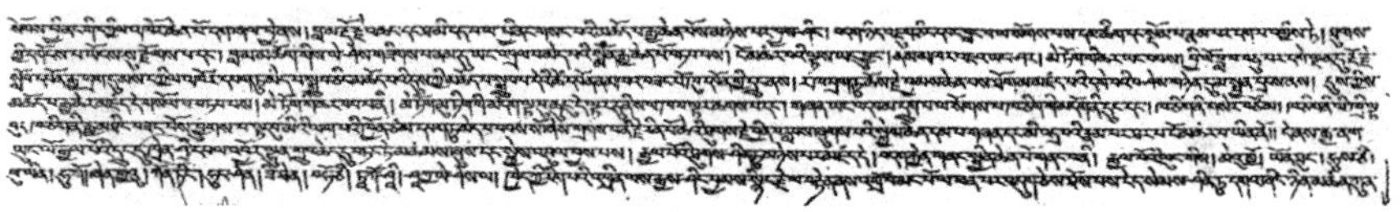

第 8 页正面

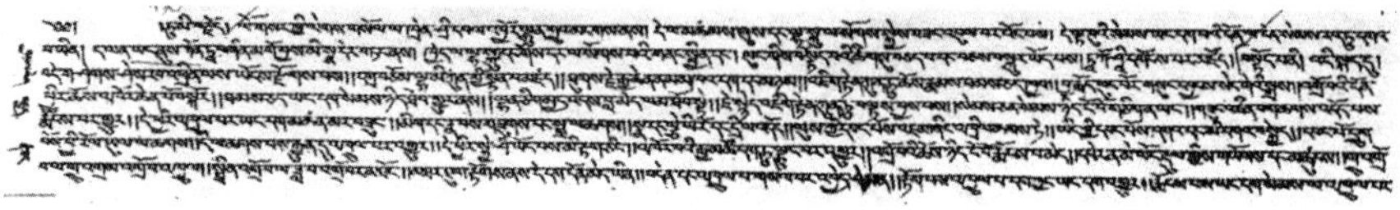

第 8 页背面

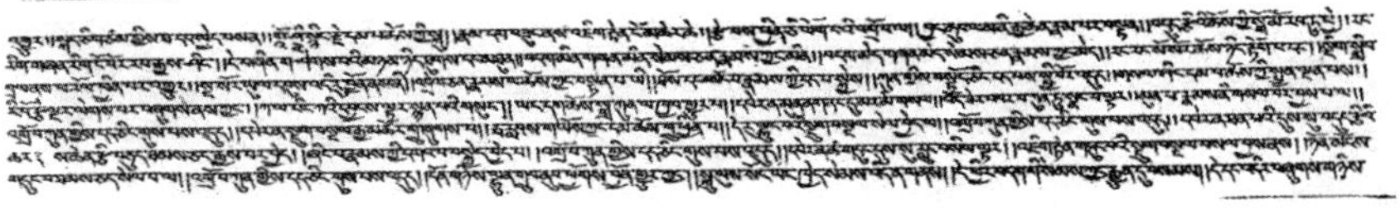

第 9 页正面

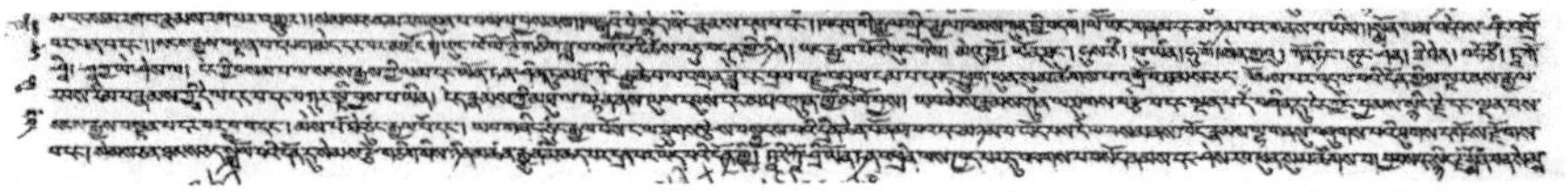

第 9 页背面

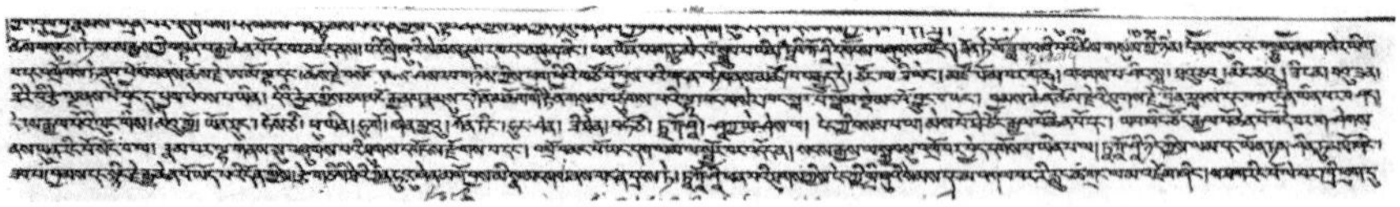

第 10 页正面

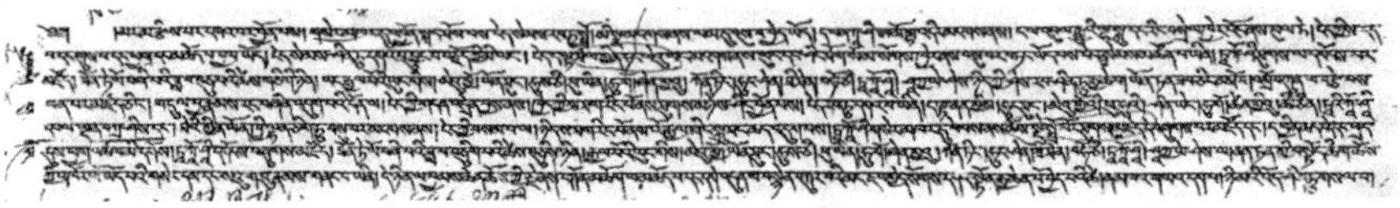

第 10 页背面

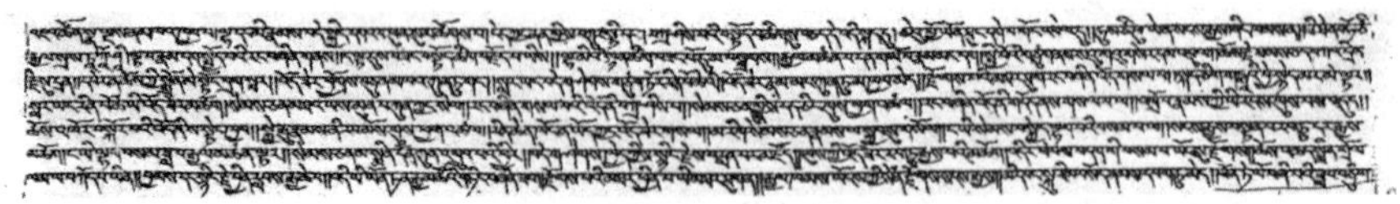

第 11 页正面

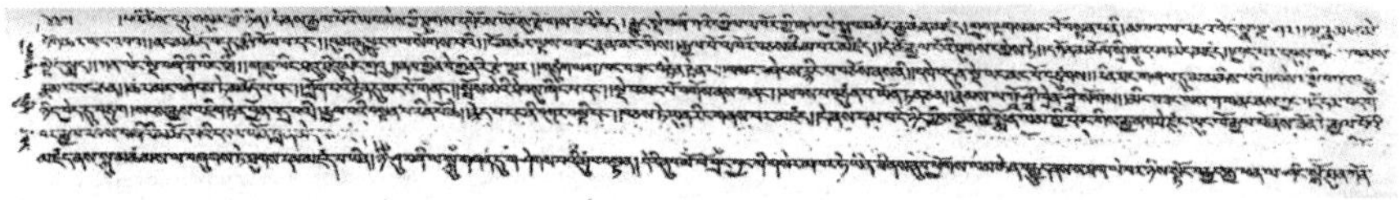

第 11 页背面

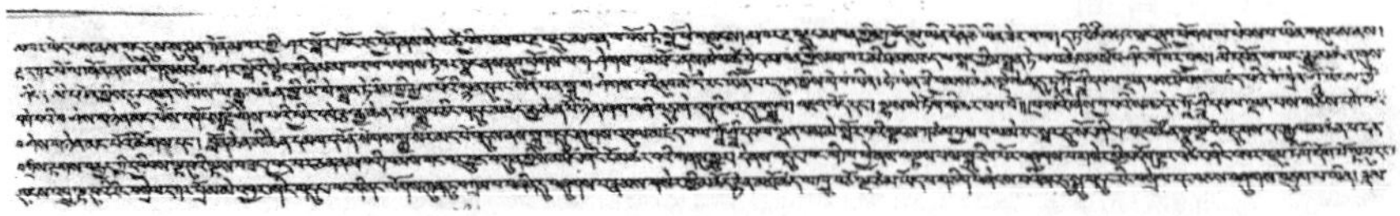

第 12 页正面

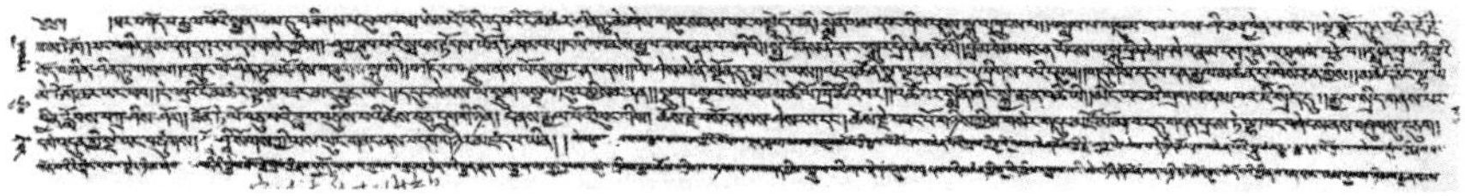

第 12 页背面

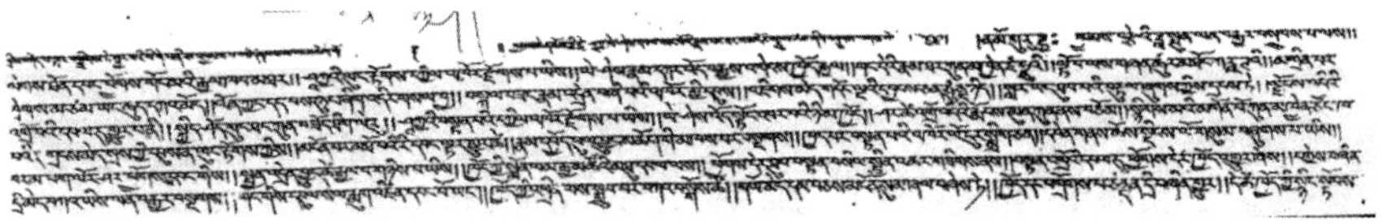

第 13 页正面

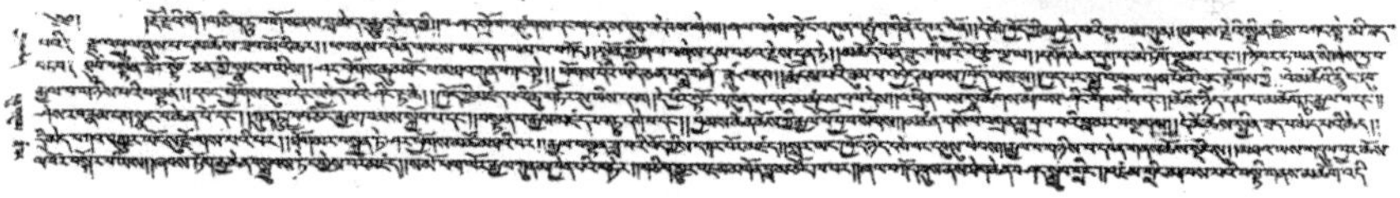

第 13 页背面

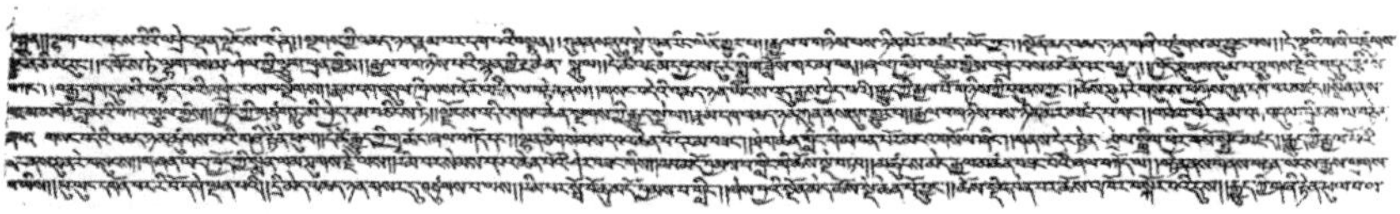

第 14 页正面

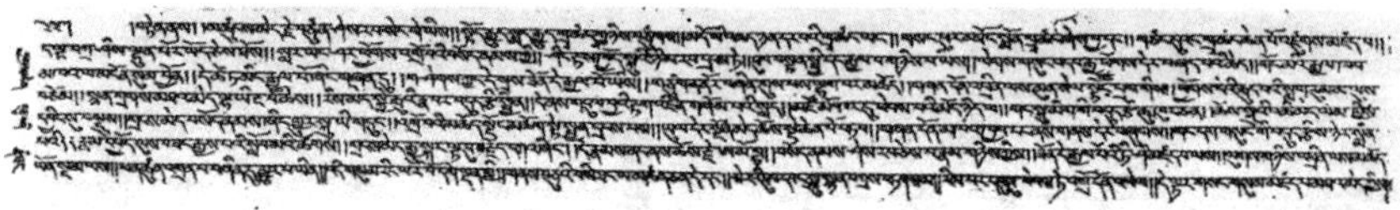

第 14 页背面

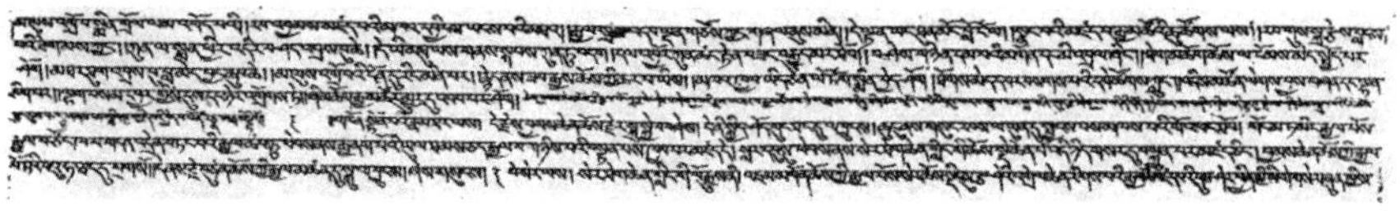

第 15 页正面

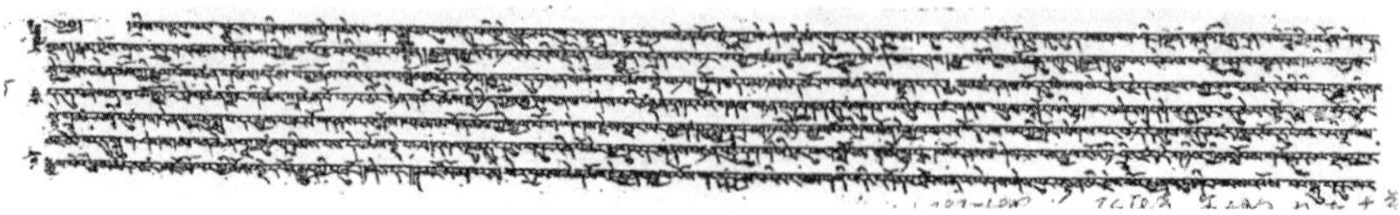

第 15 页背面

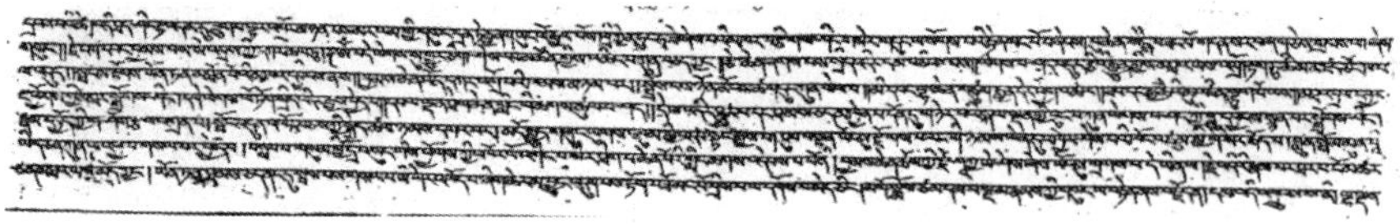

第 16 页正面

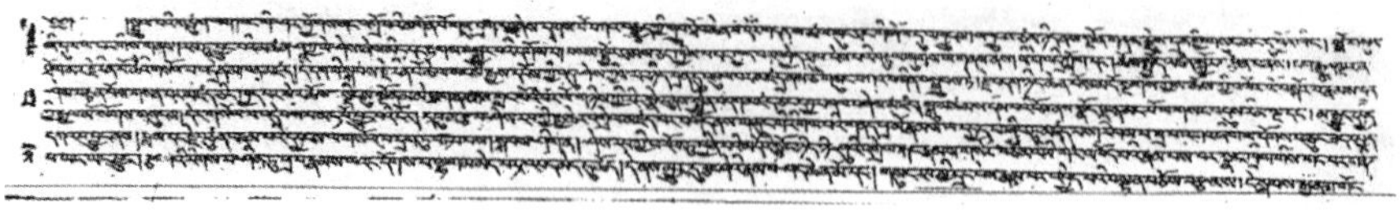

第 16 页背面

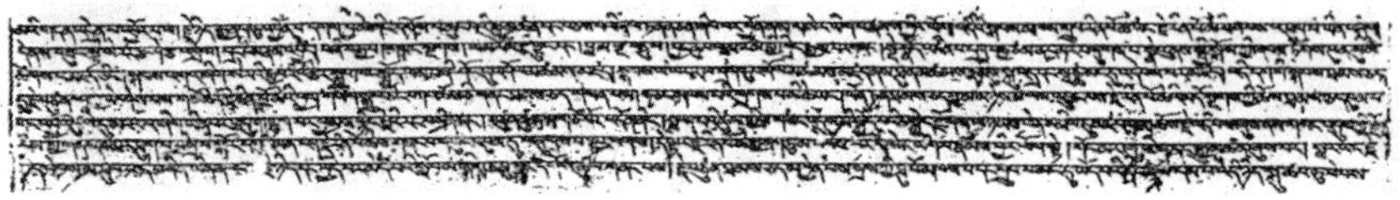

第 17 页正面

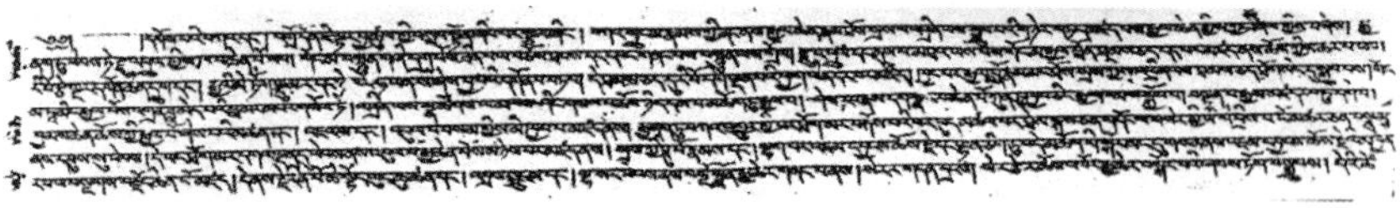

第 17 页背面

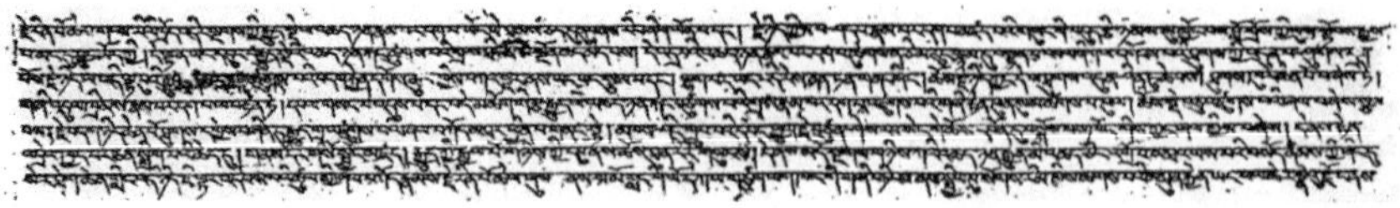

第 18 页正面

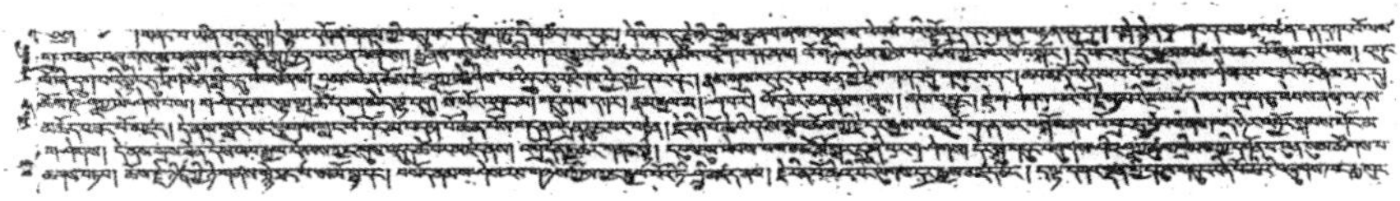

第 18 页背面

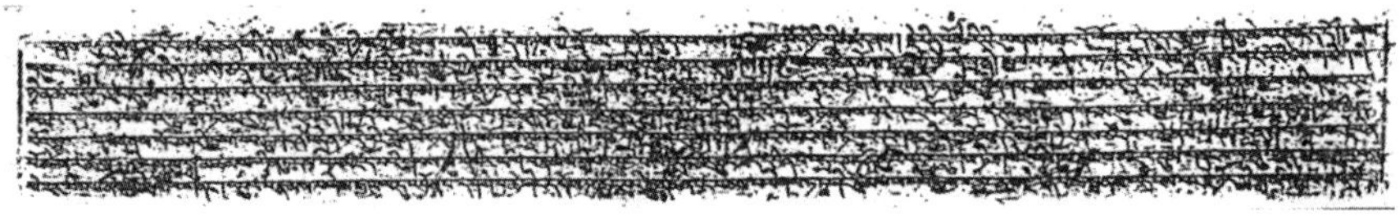

第 19 页正面

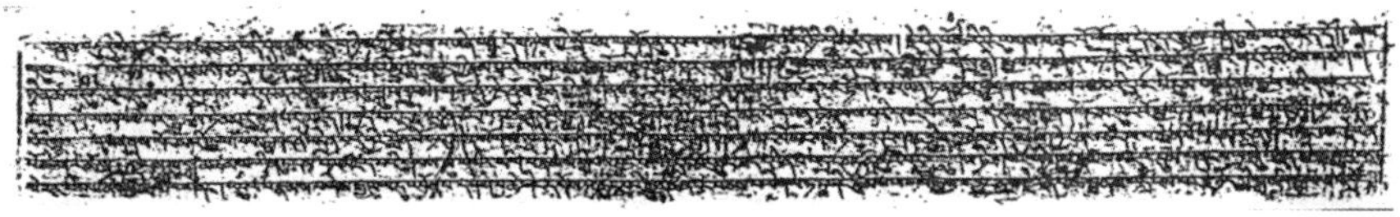

第 19 页背面

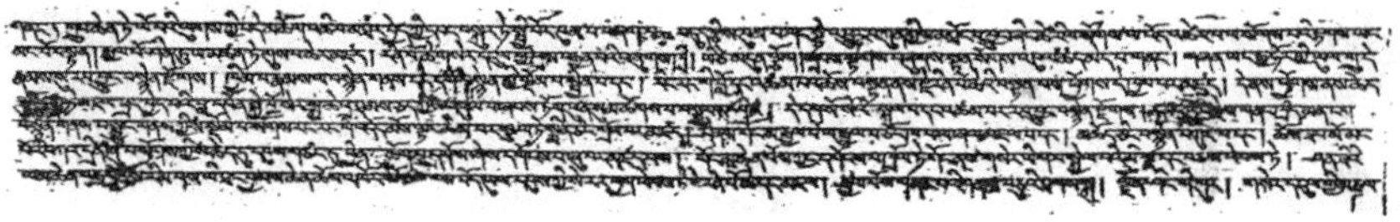

第 20 页正面

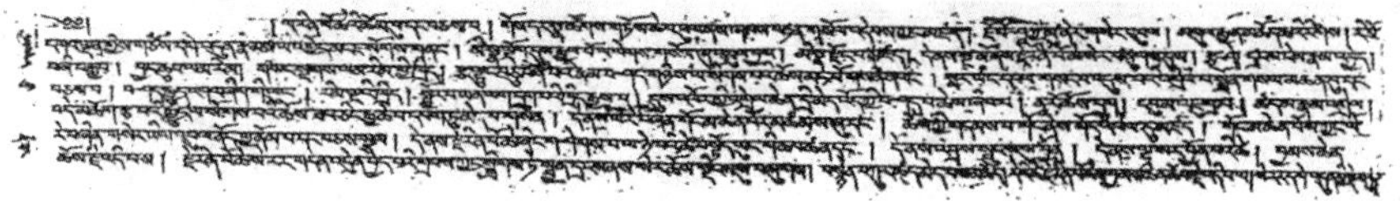

第 20 页背面

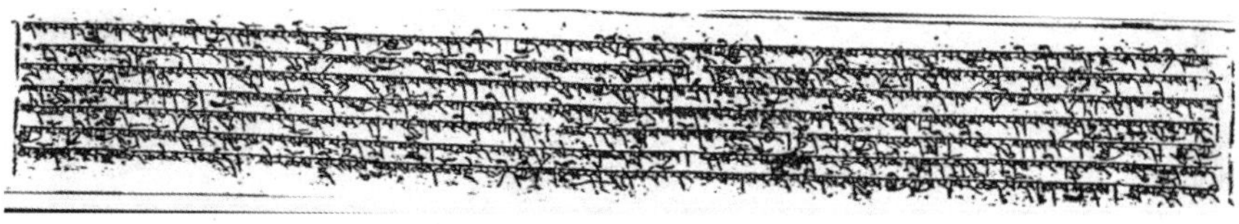

第 21 页正面

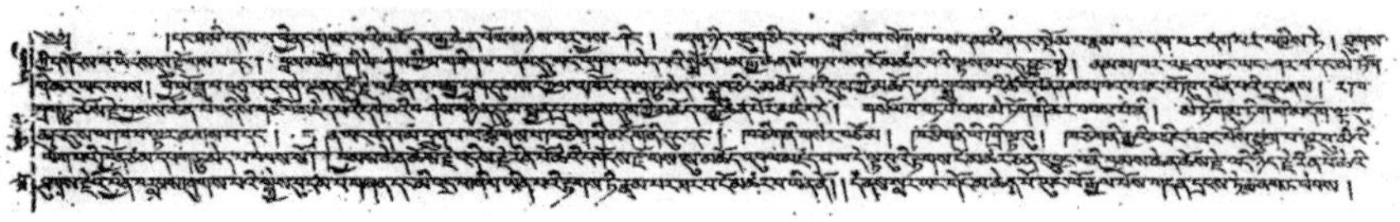

第 21 页背面

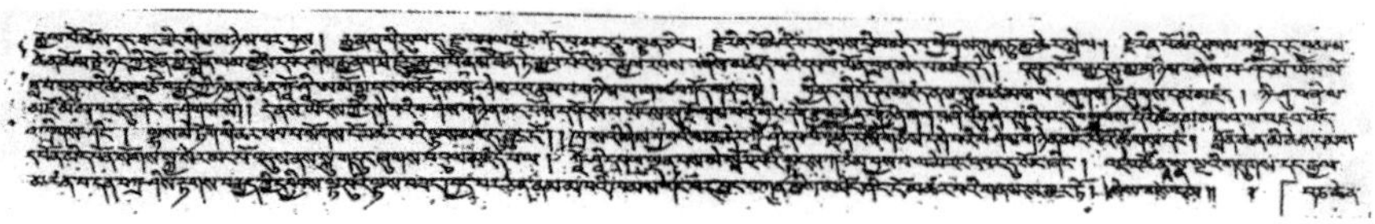

第 22 页正面

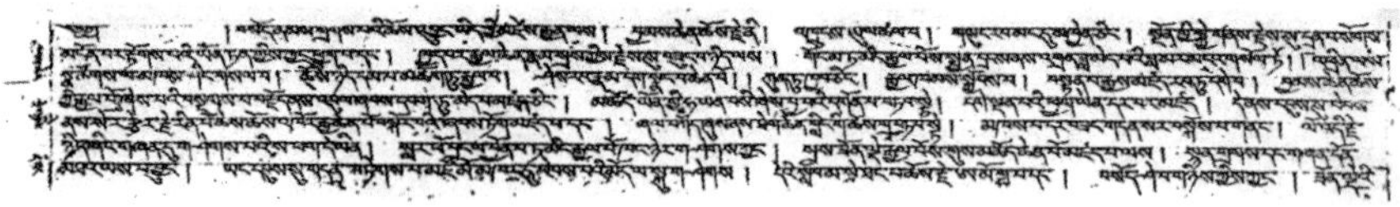

第 22 页背面

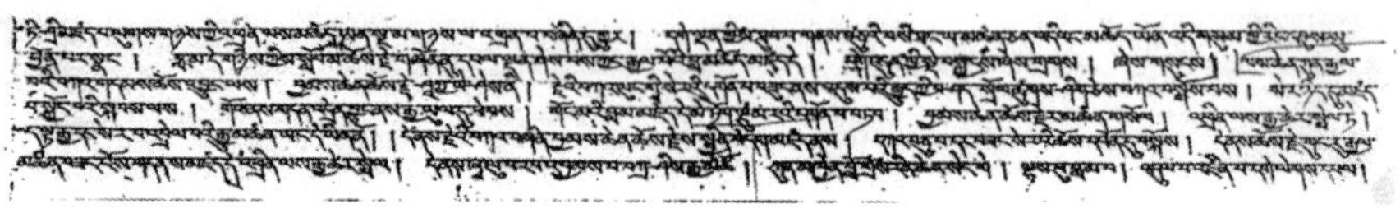

第 23 页正面

2.《大慈法王传汇编》藏文转录
(བྱམས་ཆེན་ཆོས་རྗེའི་རྣམ་ཐར་ཕྱོགས་བསྒྲིགས།)①

ཤོག་གྲངས་དང་པོའི་མདུན།

༡་ཀ་༡* འཕྲིན་ལས་སྣ་ཚོགས་མཁས་ཤིང་གསལ་བ་ཆོས་ཉིད་དམ་པ་མཆོག་ཏུ་རྒྱལ་བ་ཤེས་རབ་རྣམ་དག་སྣང་བ་ཆེན་པོ་ཀུན་ལ་ཁྱབ་ཅིང་རྒྱལ་ཁམས་སྐྱབས་ཅིང་བསྟན་པ་རྒྱས་མཛད་རབ་ཏུ་དགེ་བ་བྱམས་ཆེན་ཆོས་ཀྱི་

༡་ཀ་༢ [རྒྱལ་པོའི་②རྣམ་ཐར་འདོད་པའི་རེ་སྐོང་དཔལ་སྟེར་ཉི་མ་ཞེས་བྱ་བ་བཞུགས་སོ།།]③

ཤོག་གྲངས་དང་པོའི་རྒྱབ།

༡་ཁ་༡ ན་མོ་གུ་རུ་མཉྫུ་གྷོ་ཥ་ཀུམ་ར་རནྟྲིན་བཛྲ་ཡ། ཐབས་ཆེན་ཚོགས་གཉིས་ནོར་བུའི་འབྱུང་གནས་དཔུས་སུ་སྤངས་རྟོགས་ཡོན་ཏན་རྟེར་སོན་རིན་ཆེན་རྟུལ་མང་བརྟེགས། བདུད་བཞིའི་གཡུལ་

༡་ཁ་༢ ལས་རྣམ་རྒྱལ་འཕྲིན་ལས་རྣམ་བཞིའི་བང་རིམ་རབ་མཐོ་སྐྱིལ་བཟང་ལྷ་

---

① 根据本书边角名确定的。

* ༡་ཀ་༡ 分别表示页码、正面和行数，ཁ 表示背面。如：༡་ཀ་༡ 中第一个 ༡ 表示第 1 页，ཀ 表示正面，末尾数 ༡ 表示第 1 行，也就是第 1 页正面第 1 行的意思。

② 大慈法王的封号。

③ 本书所含第一本书的后记补缺。

ལས་དགའ་བའི་གནས། །བློ་ཆེན་རྒྱལ་སྲས་དམ་པའི་གསེར་རིའི་ཕྲེང་བས་ཡོངས་སུ···
བསྐོར་ཞིང་ཐབས་ཤེས་ཉི་ཟླ་ཟུང་གིས་བརྒྱན། །སྐུ་བཞིའི་

༡.ཁ.༣ ……

༡.ཁ.༤ ……

༡.ཁ.༥ ཡང་ཆོས་དྲིགས་པའི་ཟུར་མིག་གི །འཇིག་རྟེན་གསུམ་གྱི་བརྟན་པ···
འཕྲུལ་བྱེད་པའི། །ཟླ་བའི་སྲས་མོས་ངག་གི་དཔལ་སྟོལ་ཅིག །འགྲོ་བའི་སྡུག་བསྔལ···
སྙིང་རྗེས་མི་ཟླར་ནས། །དགེ་བསགས་དུ་མས་དམ་བཅས་བདུད་རྩིའི་སྨན། །

༡.ཁ.༦ ཕྱོགས་འདིར་དྲངས་ཏེ་ཕན་བདེའི་དབུགས་ཕྱུང་བ། །སྟོན་རབས···
ཆོས་རྒྱལ་ལོ་པཎ་རྣམས་ལ་འདུད། །ཁྱད་པར་དབང་པོའི་ཏོག་གི་སྤྱན་སྔ་རུ། །པདྨའི···
ངད་ལྡན་ཐུགས་བསྐྱེད་སྨོན་བཏབ་བཞིན། །དུས་འདིར་རྒྱལ་བའི་ཉི་མ་སླར་

ཐོག་གྲངས་གཉིས་པའི་མདུན།

༢.ཀ.༡ ཤར་བ། །ཆོས་ཀྱི་རྒྱལ་པོ་ཙོང་ཁ་པ་ལ་འདུད། །མགོན་དེའི་ཟབ་རྒྱས···
དགོངས་པ་སྐོང་བའི་སྲས། །བྱམས་ཆེན་ཆོས་ཀྱི་རྒྱལ་པོ་མིའི་དབང་པོ། །ཡུང་ལོ་རྒྱལ···
པོས་མངོན་པར་དབང་བསྐུར་བ། །ཏ་ཆེ་ཏ་

༢.ཀ.༢ ཤང་①བསྟན་པའི་སྒྲོན་མེར་འདུད། །དེ་ཉིད་རྒྱལ་བ་གཉིས་པའི་རྒྱལ···
ཚབ་ཏུ། །རྒྱ་ནག་ཕོ་བྲང་ཆེན་པོར་ཕེབས་ཚུལ་གྱི། །རྣམ་ཐར་གསང་བ་བསམ་གྱིས་མི···
ཁྱབ་རྣམས། །བདག་གི་(གིས་)ཇི་བཞིན་བརྗོད་པ་ག་ལ་ནུས། །འོན་ཀྱང་རས་བྲིས་

༢.ཀ.༣ བཀོད་པ་ཆེན་པོ་དང་། །རྒྱལ་པོའི་ལུང་དང་རྒྱ་ནག་ཡིག་ཚང་ལ། །
བརྟེན་ནས་རང་གིས་(གི་)ཤེས་པའི་ནུས་ཚོད་ཀྱི། །ལོ་རྒྱུས་གཏམ་དུ་ཅུང་ཞིག་བརྗོད···
པར་བྱ། དེ་ལ་འདིར་རྒྱལ་བའི་ཏོག་ཏུ་གྱུར་པ་ཁམས་གསུམ་ཆོས་ཀྱི་རྒྱལ་པོ་ཙོང་ཁ་

༢.ཀ.༤ པ་ཆེན་པོའི་རིང་ལུགས་དྲི་མ་མེད་པའི་གསེར་གྱི་ཤིང་རྟ་ཤར་ཕྱོགས་རྒྱ···
མཚོའི་རྒྱལ་ཁབ་ཆེན་པོར་ཐོགས་པ་མེད་པར་འདྲེན་པའི་བྱེད་པོ་སྙིང་སྟོབས་བརྒྱད་ཀྱི···
རིགས་ལྡན་རྒྱལ་སྲས་བྱམས་ཆེན་ཆོས་ཀྱི་རྒྱལ་པོ་ཤཱཀྱ་ཡེ་ཤེས་

---

① 译音大慈法王。

༢་ཀ་༥ ཞེས་མཚན་ཡོངས་སུ་གྲགས་པ་དེ་ཉིད་ཀྱི་རྣམ་པར་ཐར་པ་རྒྱ་ནག་གི་རས་བྲིས་སུ་བཀོད་པ་མི་དབང་ངོ་མཚར་དགའ་བསྐྱེད་ལུང་གི་ངོ་སྤྲོད་འཇའ་ས་གསེར་ཡིག་མང་པོ་མཐོང་བ་ལ་བརྟེན་ནས་བརྗོད་པ་ཉི་གཞོན་ཅེས་བྱ་བ།

༢་ཀ་༦ དེ་ཡང་བདག་ཅག་གི་འདྲེན་མཆོག་དམ་པ་དེ་ཉིད་སྙིགས་དུས་ཀྱི་སེམས་ཅན་སྤྱི་དང་། ཁྱད་པར་རང་རེ་ཙཱི་ནའི་རྒྱལ་ཁམས་ཆེན་པོའི་①སྐྱེ་བོ་བླང་དོར་གྱི་གནས་ལ་ཆེས་ཆེར་རྨོངས་པ་རྣམས་ཀྱི་ཐར་པའི་ས་མཁན་དུ་བསམས་

ཐོག་གྲངས་གཉིས་པའི་རྒྱབ།

༢་ཁ་༡ བཞིན་རྒྱལ་བ་ཞེས་པ་ཤིང་ཕོ་རྟའི་ལོ་སྟོན་ཟླ་ཡར་ངོའི་ཚེས་གཅིག་གི་ཉིན་②ཕུན་སུམ་ཚོགས་པའི་ཡུལ་གྲུ་ཚལ་པར་གྲགས་པའི་དཔོན་རིགས་ཞིག་ཏུ་སྐུ་ཁྲུངས་(འཁྲུངས་)པར་བཤད། གཞོན་ནུ་ཉིད་ནས་སྔོན་གྱི་སྐྱེས་གནས་མང་པོ་རྗེས་སུ་དྲན་པ་སོགས་མངོན་པར་རྟོགས་པའི་

༢་ཁ་༢ ཡོན་ཏན་གྱིས་ཕྱུག་ནའང་། བླ་མ་མཁས་པའི་དབང་པོ་དུ་མ་བསྟེན་ནས། རྒྱལ་བའི་གསུང་རབ་མཐའ་དག་ལ་མཁས་པར་སྦྱངས་ཏེ་མཐར་ཕྱིན་པར་མཛད། ཁྱད་པར་དུ་རྗེ་བཙུན་ཙོང་ཁ་པ་ཆེན་པོའི་སྙན་སྤར་བསྲེ་འཕོའི་ཁྲིད་③སོགས་གསང་སྔགས་གདམས་པ་ཁྱད་པར་ཅན་མང་པོ་

༢་ཁ་༣ གསན་ཏེ་མཁས་པའི་དབང་པོར་གྱུར། དེའི་རྗེས་སུ་འཇམ་དཔལ་དབྱངས་ཀྱིས་④རྒྱ་ནག་ཙཱི་ནའི་ཡུལ་གྱི་སེམས་ཅན་རྣམས་ཀྱི་དོན་དུ་མིའི་དབང་པོའི་ཟློལ་གྱི་ཏའི་མིང་ཧུང་ཞུ་(ཝུ་)རྒྱལ་པོར་མཛད་དེ་རྒྱལ་ས་ལོ་སུམ་ཅུ་སོ་ལྔ་བཟུང་སྟེ་མི་ཆོས་གཙང་མའི་ཁྲིམས་ཀྱིས་འགྲོ་བ་རྣམས་ཐར་པའི་

༢་ཁ་༤ ལམ་ལ་བཀོད་པར་མཛད། དེ་ནས་བྱང་ཆུབ་སེམས་དཔའ་ཡུང་ལོ་རྒྱལ་པོ་རྒྱལ་སར་བཞུགས་ནས། ཡབ་རྒྱལ་པོའི་དགོངས་པ་རྫོགས་པའི་ཆེད་དུ་ནུབ་ཕྱོགས་ནས་མཆོད་གནས་བླ་ཆེན་ཞིག་གདན་འདྲེན་པར་དགོངས་པ་ལ། ཤཱཀྱ་ཐུ་ནེའི་

---

① 我们支那大国,藏文书籍里把这一名称作为对中国的尊称。

② 大慈法王出生日期。

③ 和合往生的教授。

④ 文殊菩萨。

རྒྱལ་ཚབ་དམ་པ་ཁམས་གསུམ་ཆོས་

༢·ཁ·༥ ཀྱི་རྒྱལ་པོ་ཙོང་ཁ་པ་དེ་ཉིད་བསྐལ་པ་དཔག་ཏུ་མེད་པའི་སྔ་རོལ་ཏུ་རྒྱལ་བ་དབང་པོའི་ཏོག་གི་མདུན་དུ་བྱང་ཆུབ་སེམས་དཔའ་སྙིང་སྟོབས་ཆེན་པོར་གྱུར་ཏེ་རླབས་པོ་ཆེའི་སྨོན་ལམ་གྲུབ་པའི་དབང་གིས་སྙིགས་མའི་དུས་འདིར་དུར་སྒྲིག་གར་གྱི་ཐོལ་ལ་བརྟེན་ནས་ཐུབ་བསྟན་མེང་

༢·ཁ·༦ ཙམ་ལྷག་མར་གྱུར་བའི་གནས་སྐབས་སུ་བསླབ་པ་གསུམ་གྱི་ཉམས་ལེན། སྡེ་སྣོད་གསུམ་དང་རྒྱུད་སྡེ་བཞིའི་བཤད་སྒྲུབ་ཀྱི་བསྟན་པའི་རིང་ལུགས་དྲི་མ་མེད་པ་ཉུབ་ཛ་ཡན་ཧྲ་ར་ནས་ཤར་ཕྱོགས་རྒྱ་མཚོའི་རྒྱལ་ཁབ་ཆེན་པོའི་བར་ཁྱབ་པར་མཛད་པའི་སྙན་གྲགས་ཀྱིས་རྒྱལ་

༢·ཁ·༧ པོའི་ཐུགས་མདུན་(འདུན་) དྲངས་ཏེ་བློན་པོ་ཏའུ་སོགས་ཏྲ་བཞིན་བཞིས་གཙོ་བྱས་གསེར་ཡིག་པ་མི་སྣ་མང་པོ་མངགས་ཏེ། ལུང་དང་གནང་སྦྱིན་འབུལ་བ་ཀྱི་ནོམ་དང་བཅས་ཕྱིར་ཏེ། ཙོང་ཁ་པ་ཆེན་པོ་གདན་འདྲེན་པ་ལ་བཏང་ཡང་། རྗེ་སེར་ཆོས་སྡིངས་སུ་སྐུ་མཚམས་ཤིན་ཏུ་དམ་

ཐོག་གྲངས་གསུམ་པའི་མདུན།

༣·ཀ·༡ པར་མཛད་པའི་སྐབས་སུ་(སྐབས་སུ་) གསེར་ཡིག་པ་རྣམས་སླེབ་བྱུང་བ་ལ། དང་པོར་ཙུང་ཟད་དབེན་པ་འདྲར་མཐོན་ཆུང་བར་བཞུགས་ཏེ། གསེར་ཡིག་པ་རྣམས་མཇལ་དུ་མ་གནང་བ་ལ། ཞུ་བ་ནན་གྱིས་ཕུལ་ནས་མཇལ་ཁ་གནང་། འབུལ་བ་

༣·ཀ·༢ རྣམས་བཞེས་རྒྱ་ཡུལ་དུ་ཕྱིན་པ་འགག་བྱ་ཆེ་ཞིང་དགོས་པ་ཆུང་བའི་རྒྱུ་མཚན་དང་བཅས་པའི་ཞལ་ཏ་ཞིབ་རྒྱས་གནང་ནས་སྤྱན་མ་འདྲོངས་པར། ལས་འབྲེལ་གྱི་དབང་གིས་སྤྲུལ་པའི་སྐུ་བྱམས་ཆེན་ཆོས་རྗེ་འདི་ཉིད་སྐུ་ཚབ་དུ་གདན་དྲངས་ཏེ་བླ་མ་གྲྭ་སློབ་ཏྲ་བཞིན་

༣·ཀ·༣ བཞི①མི་སྣ་མང་པོ་དང་བཅས་སྟོ་ཁ་ཁམས་ཕྱོགས་ལི་ཐང་བརྒྱུད་ནས

① 四位大臣。

རིམ་གྱི་རྒྱ་ནག་ཞིང་ཆེན་ཟེ་ཁྲིན་ཉེ་བར་སླེབས་པ་ན་ཁྲིན་ཏུ་ཏུའི་①ས་སྐོས་དཔོན་པོ་ཆེ་ཆུང་②ཐམས་ཅད་དམག་མི་མང་པོ་བཅས་བསུས་ཏེ་ཁྲིན་ཏུའི་མཁར་③ལ་སླེབས་པའི་དུས་སུ། གོང་གི་མངགས་པའི་གསེར་ཡིག་གནང་

༣་ཀ་༤　སྐྱེས་ཆེན་པོ་དྲ་བཞིན་མི་སྣ་མང་པོ་དང་བཅས་བསུ་བ་ཡང་བྱུང་། རྒྱལ་པོའི་ལུང་གིས། བླ་མ་ཤཱཀྱ་ཡེ་ཤེས་ལ། ཁྱོད་ཀྱི་ཡོན་ཏན་རྟོགས་པ་མཐོ་བ། ཤེས་རབ་གསལ་ཞིང་ཆེ་བ། སྨོན་ལམ་གྱི་མཐུ་སྟོབས་ཟབ་པ། དེ་བཞིན་གཤེགས་པའི་རྟོགས་པ་མངའ་བ།④ གདུལ་བྱར་ཞི་བའི་ཐབས

༣་ཀ་༥　ཀྱིས་འདུལ་བ།⑤ ཁྱོད་ཀྱི་ཞི་བའི་⑥འཕྲིན་ལས་བསམ་གྱིས་མི་ཁྱབ་པ་མངའ་ཟེར་བའི་དོན་གྱིས་⑦ཐེ་ཀྱིན་ཏའུ་ཞིན་མགོ་བྱས་མངགས་ཏེ། ལུགས་ཀྱི་ལུང་ཕྱིར་ནས། གདན་དྲངས་པ་ལ། ད་ལྟ་བླ་མ་ཉིད་ནུབ་ཕྱོགས་⑧རིང་དུ་བྲལ་ནས་ལམ་དུ་⑨རླུང་དང་ཉི་མ་ཚ་གྲང་⑩ལ་མ་འཛེམ་པར་རིམ

༣་ཀ་༦　བཞིན་ལམ་ས་ལེ་བ་(བར་)⑪ཁྲི་ཐྲག་དུ་མར་ཕེབས་པས་ཡུལ་དེ་ནས་ཕྱོགས་འདིར་⑫ཕྱིན་པས། ངེད་ཀྱི་སྤྲོ་བ་བརྗོད་ཀྱིས་མི་ལང་།⑬ ད་ལྟ་ནན་གྱི་མངགས་ནས་འབུལ་བ་རྟེན་འབྲེལ་མཆོན་ཅམ་⑭བསྐུ་བར་བཏང་ཡོད་པས།⑮ ངེད་ཀྱི་སེམས་མཆོན་པ་ཡིན།⑯ ལུང་གིས་ཕྱིད་ལ་ན་བཟའི་སྐོར

---

① 成都府。

② 地方大小官吏。

③ 成都城。

④ 《色拉寺与大慈法王》中不见“དེ་བཞིན་གཤེགས་པའི་རྟོགས་པ་མངའ་བ།”这一句。

⑤ 《色拉寺与大慈法王》中把这句写成：“གདུལ་བྱ་ཐབས་ཀྱིས་གདུལ་བར་མཁས་པ་སོགས་”

⑥ 《色拉寺与大慈法王》中把这句写成：“ཁྱོད་ལ་ཞི་བའི་”

⑦ 《色拉寺与大慈法王》中把这句写成：“ཟེར་བའི་དོན་གྱི་ཞེས་བསྟགས་པ་དང་། ལས་འབྲས་ཀྱི་དབང་གིས་སྤྲུལ་པའི་སྐུ་ཤཱཀྱ་ཡེ་ཤེས་རྗེ་ཉིད་ཀྱི་སྐུ་ཚབ་ཏུ”

⑧ 《色拉寺与大慈法王》中把这句写成：“ནུབ་ཕྱོགས་དང་”

⑨ 《色拉寺与大慈法王》中把这句写成：“ལམ་བར་གྱི་”

⑩ 《色拉寺与大慈法王》中把这句写成：“ཉི་མའི་ཚ་གྲང་”

⑪ 《色拉寺与大慈法王》中把这句写成：“ལམ་ཐག་ས་ལེ་བར་”

⑫ 《色拉寺与大慈法王》中把这句写成：“ཡུལ་དེའི་ཕྱོགས་འདིར་”

⑬ 《色拉寺与大慈法王》中把这句写成：“བརྗོད་ཀྱིས་མི་ལངས་”

⑭ 《色拉寺与大慈法王》中把这句写成：“ཅམ་དང་བཅས་”

⑮ 《色拉寺与大慈法王》中把这句写成：“བཏང་བ་དེས་”

⑯ 《色拉寺与大慈法王》中把这句写成：“ཞེས་གསུངས་ནས་ན་བཟའི་སྐོར་བུབས་ཚང་”

༣་ཀ་༧ བུབ་ཚང་ལ་ཞྭ་དང་ལྷམ་འཐོབ་དང་བཅས་པ་དེའི་གྲངས།① ཕྱི་ཕྱིང་པ་ནང་ཏཱ་རུང་གསེར་མས་བྲིས་པའི་སྙེ་རིང་།② ཆོས་གོས་རྣམ་གསུམ། བཞུགས་འདིང་(འདང་)③དང་བཅས་སྣ་བཞི། གོས་ཏཱ་རུང་གི་པེར་ཐུལ་གཅིག④ མཚན་ཁྲུངས་མ་གཅིག རིང་འགག་གཅིག སྙད་གཡོགས་གཅིག

ཐོག་གྲངས་གསུམ་པའི་རྒྱབ།

༣་ཁ་༡ ལྷམ་འཐོབ་དང་བཅས་པ་། ཡུང་ལོ་⑤(ཁྲི་) ལོ་བཅུ་ཉིས་(བཅུ་གཉིས་)(པའི་)ཟླ་བ་བཅུ་གཅིག་པའི་(གི་)ཚེས་བཅོ་ལྔའི་ཉིན།⑥ དེ་དང་མཉམ་དུ་ཙོང་མྱུན་ཐེ་དུ་⑦སོགས་རང་རང་གི་ངོས་ནས་ཞབས་ཏོག་འབུལ་བ་བསྒྲུ་སྐྱེལ་བཟང་པོ་བྱས་ཏེ་རིམ་གྱིས་ཏཱའི་བསྟུའི་གསེར་མཁར་⑧འཁོར་ས་རིམ་པ་གསུམ་དང་ལྡན་⑨

༣་ཁ་༢ པའི་བྱང་ངོས་འཁོར་ས་ཕྱི་མའི་ནང་རོལ་ཡིད་དུ་འོང་བའི་པདྨའི་མཚོ་ཆེན་པོའི་མདུན་ནས་མཛེས་ཤིང་དལ་གྱིས་བབ་པའི་ཆུ་བོ་ཆེན་པོ་དང་ལྗོན་ཤིང་སྣ་ཚོགས་ཀྱི་(ཀྱིས་)སྤྲས་པ། ཤེལ་གྱི་ངོས་ལྟར་གསལ་ཞིང་མཛོ་བ། སྔོན་གྱི་མིང་ཏེ་ཡིན་སྲེའི་⑩གནས་སུ་བསྟན་པ་དང་སེམས་

༣་ཁ་༣ ཅན་ལ་ཕན་པའི་ཕྱིར་ལྷ་ཁང་མང་པོ་བསམ་གྱིས་མི་ཁྱབ་པ་བཞེངས་ཏེ་དགེ་འདུན་གྱི་སྡེ་བཙུགས་པའི་གནས་མཆོག་ཏུ་སླེབས་པའི་སྐབས་སུ། གོང་ནས་(གོང་མ་)༼༢༽རྒྱལ་པོའི་ལུང་གིས། བླ་མ་ཤཱཀྱ་ཡེ་ཤེས་ལ། ཁྱོད་ཡོན་ཏན་རྫོགས་པ་མཐོ་ཟེར་ཐོས་⑪པས། ནན་གྱི་མངགས་མི་ཐུབ་ཕྱོགས་

---

① 《色拉寺与大慈法王》中把这句写成："བཅས་པ་དང་།"
② 《色拉寺与大慈法王》中把这句写成："ཕྱི་ཕྱིང་པ་དང་ནང་ཏ་ཞུང་གསེར་མ་ཞེས་པའི་སྙེ་རིང་གཅིག"
③ 《色拉寺与大慈法王》中把这句写成："བཞུགས་སྙིགས་བཅས་སྣ་བཞི།"
④ 《色拉寺与大慈法王》中把这句写成："གོས་ཏ་ཞུང་གི་འཐོལ་ཐུང་གཅིག"
⑤ 《色拉寺与大慈法王》中把这句写成："ཡུང་ལོའི་"
⑥ 《色拉寺与大慈法王》中把这句写成："ཐུལ་ལོ།"
⑦ 军民提督。
⑧ 大都皇城。
⑨ 三道城墙。
⑩ 海印寺。
⑪ 《色拉寺与大慈法王》中把这句写成："མཐོ་ཟེར་བ་ཐོས་"

༣་ཁ་༤　སུ་གདན་འདྲེན་བཏང་བས།① ད་ཧྭ་བླ་མ་ཉིད་ས་ལེ་བར་ཁྲི་ཕྲག་དུ་མ…
ལ་མ་བརྩིས②རི་གླིང་དང་རླུང་ཆར་ལ་སོགས་པའི་དཀའ་ཚེགས་ཀྱིས③འདིར་ཕེབས…
འོང་བས་ཤིན་ཏུ་སྤྲོ། ས་ཐག་རིང་པོ་ནས་ཕྱིན་ནས་ཐང་ཆད་འདུག་པས། འདིར་སླེབས་
ནས་ངེད་ལ་ཕྱག་འཚལ་མི་དགོས། ཡུང་ལོ་ལོ་བཅུ་

༣་ཁ་༥　གཉིས་ཟླ་བ་བཅུས་(བཅུ་གཉིས་)པའི་ཉི་ཤུ་ལྔའི་ཉིན།④ ཅེས་པའི…
ལུང་དང་བསྟུན་ཏེ་རྒྱལ་ཁབ་ཕོ་བྲང་དབུས་མར་ཧྭ་ཤེན་ཏེན་ཅེས་ཁང་བཟང་དགེ་ཆེན…
འཁྲིལ་བར་⑤གོང་མ་རྒྱལ་པོ་དང་མཇལ་ཕྲད་མཛད། རྒྱལ་པོའི་ཐུགས་ཤིན་ཏུ་དགྱེས…
པའི་ཇོས་ཕེབས་སྟོན་རྒྱ་ཆེན་པོ་མི་འདྲ་བ་སྣ་ཚོགས་

༣་ཁ་༦　ལན་མང་པོ་བཞེས་སྒྲོ་མཛད། རྒྱ་བོད་སོག་ཡུལ་ལུགས་ཀྱི་ཞལ་ཏ་ཞིབ…
རྒྱས་གནང་། བླ་མ་ཁྲིད་ལ་ནུབ་ཕྱོགས་ནས་གདན་གྲངས་(དྲངས་)པའི་དགོས་པ་ནི།
རྒྱལ་ཁམས་ཐམས་ཅད་བདེ་བའི་རིགས་དང་། སངས་རྒྱས་ཀྱི་བསྟན་པ་དར་ཞིང་རྒྱས…
པའི་ཕྱིར་དང་། ཆར་ཆུ་དུས་སུ་

༣་ཁ་༧　འབབ་པ་དང་། ལོ་ཏོག་དུས་སུ་སྨིན་པ་དང་། འགྲོ་བ་ཀུན་ལ་ནད…
རིགས་མི་འབྱུང་བ་དང་། དུས་མ་ཡིན་པའི་འཆི་བ་མེད་པ་དང་། བཀྲ་ཤིས་ཤིང་བདེ…
ལེགས་ཐོབ་པར་འགྱུར་བའི་ཆེད་དུ། ཏེ་ཡིན་ཟེ་ཞེས་པའི་སྡེ་ན་རྒྱུད་སྡེ་བཞིའི་དཀྱིལ…
འཁོར་གྱི་སྒྲུབ་མཆོད་ཞིག་བྱེད་

ཚོག་གྲངས་བཞི་པའི་མདུན།

༤་ག་༡　དགོས་པའི་ཞལ་སྙི་དང་བཀའ་ལུང་གནང་བ་ལ་བརྟེན་ནས། བླ་ཆེན…
ཏ་སྭའུ་(པའུ་)བཏ་ཤང་⑥གཙོ་མཛད་བླ་མ་རབ་འབྱིང་ཀུང་སློན་ཆེན་ཐམས་ཅད་ཏེ…
ཡིན་ཟིར་འདུས་ནས། གཞི་ལེན་སྟོན་མོ་འབུལ་བ་ཞབས་ཏོག་བདག་རྐྱེན་སོགས་ཕྱི་ནང…

---

① 《色拉寺与大慈法王》中把这句写成："ངེད་ཀྱིས་ནུབ་ཕྱོགས་སུ་མི་མངགས་ཏེ་ནན་གྱིས་གདན་འདྲེན་ཞུས་པས་"

② 《色拉寺与大慈法王》中把这句写成："ས་ལེ་བར་ཁྲི་ཕྲག་དུ་མའི་ལམ་གྱི་རི་གླིང་དང་"

③ 《色拉寺与大慈法王》中把这句写成："དཀའ་སླུ་ཚེགས་ལ་མ་འཛེམ་པར་"

④ 《色拉寺与大慈法王》中把这句写成："ཚེས་ཉི་ཤུ་ལྔ་ཉིན།"

⑤ 皇宫中央大善殿。

⑥ 大宝法王。

གི་རྟེན་འབྲེལ་

༤་ཀ་༢　ཕུན་སུམ་ཚོགས་པའི་དགའ་སྟོན་རྒྱ་ཆེན་པོ་ཡང་ལེགས་པར་བསྒྲིགས། དེ་ནས་ལོ་གསར་ནས་དཔྱིད་ཟླ་འབྲིང་པོའི་ཚེས་མགོར། ཚོག་གྲྭ། གསང་འདུས།[1] དགྱེས་རྡོར།[2] བདེ་མཆོག་འཁོར་ཆེན།[3] འཇིགས་བྱེད་ཞེ་དགུ་མ།[4] སྨན་བླ་[5]རྣམས་ཀྱི་སྒྲུབ་མཆོད་ཀྱི་སྔ་གོན་བཙུགས་ཏེ།

༤་ཀ་༣　ཚེས་དགུ་ནས་བཟུངས་(བཟུང་) ཟླ་བ་གསུམ་གྱི་བར་སྒྲུབ་མཆོད་མཛད་དེ། གྲུབ་པའི་རྟགས་ནམ་མཁའ་ལ་ལྷའི་རོལ་མོའི་སྒྲ་དང་། ཁ་དོག་སྣ་ལྔའི་འཇའ་འོད་འཁྱིལ་ཞིང་དབྱིབས་རྒྱལ་མཚན་ལྟ་བུ་དང་། རྡོ་རྗེ་འཁོར་ལོ་པདྨ་སྣ་ཚོགས་རྡོ་རྗེ་ལྟ་བུ་ཤར་བ་རྣམས་སྐྱ་སེར་ཀུན་གྱིས་

༤་ཀ་༤　མངོན་སུམ་དུ་མཐོང་། སྤྲིན་མེད་པའི་ནམ་མཁའ་ལ་ལྷའི་མེ་ཏོག་གི་ཆར་འབེབས་པ་སོགས་ལྟས་ཁྱད་པར་ཅན་མང་དུ་བྱུང་ཞིང་། རྒྱལ་པོའི་རྨི་ལམ་དུ་ཕྱོགས་བཅུའི་སངས་རྒྱས་བྱང་སེམས་ཐམས་ཅད་ཏེ་ཡིན་ཟེའི་ནམ་མཁར་བཀྲ་ལམ་གྱིས་བཞུགས་པ་ཡང་ཡང་དུ་

༤་ཀ་༥　རྨིས་པ་ཡང་བྱུང་གསུངས། ཆོས་རྗེ་རང་ཡང་དཀྱིལ་འཁོར་གྱི་ལྷ་ཚོགས་རྣམས་ཀྱི་ཞལ་ཡང་ཡང་གཟིགས་ཞེས་གསུང་། དེའི་ཚེ་རྒྱལ་པོའི་ཐུགས་ཤིན་ཏུ་དགྱེས་ཤིང་ཡ་མཚན་ལྷག་པར་སྐྱེས་ཏེ་དད་གུས་ཀྱི་ཚུལ་གྱིས་བསྔགས་པ་བརྗོད་པའི་བསྟོད་སྒྲ་དང་བཅས་

༤་ཀ་༦　གསེར་དམ་སའུ་(པའུ་) གའུ་འབུལ་བ་གནང་། རྒྱལ་ཁམས་ཀྱི་སློབ་དཔོན་ཆེན་པོར་མངའ་གསོལ་བའི་ལུང་དང་། བཀས་དབང་བསྒྱུར་བ་ནི། རྒྱལ་པོའི་ལུང་གིས། བླ་མ་ཤཱཀྱ་ཡེ་ཤེས་ལ།[6] ད་ལྟ་ཆོས་དྲུག་གི་ཉི་མ་དུས་ཚོད་བཟང་པོ་ལ།[7] མི་དཔོན་མངགས་ནས་གསེར་གྱི་

---

① 密集。

② 喜金刚。

③ 胜乐大轮。

④ 大威德四十九。

⑤ 药师佛。

⑥ 《色拉寺与大慈法王》中把这句写成："རྒྱལ་པོའི་ལུང་ལས་ཆོས་རྗེ་བླ་མ་ཤཱཀྱ་ཡེ་ཤེས་ལ་"

⑦ 《色拉寺与大慈法王》中把这句写成："ད་ལྟ་ཆོས་དྲུག་གི་ཉིན་ནི་ཉི་མ་དུས་ཚོད་"

ང་ཀ་༧　འཁོར་ལོ་ཡོད་པ་ཐམ་ཀ་སཙུ་（པཙུ་）གཙུ་①གནང་བ་ཡིན། བླ་མ་ཕྲུག་འཚལ་མི་དགོས་དགོངས་བཞུགས་མཛོད།② ཡུང་ལོ་ལོ་བཅུ་གསུམ་③ཟླ་བ་བཞི་པའི་ཚེས་ལྔའི་ཉིན་དེ་ནས། ༄༅ རྒྱལ་པོའི་ལུང་གིས། མེཙུ་ཀྱོ།④ ཡོན་ཐུང་།⑤ ཧུའི་ཙི།⑥ ཕུ་ཡིང་།⑦ བཧུ་ཀོ།⑧ ཞེན་གྱཙུ།⑨ ཀོན་ཏིང་།⑩ ཧོང་ཤེན།⑪

ཐོག་གྲངས་བཞི་པའི་རྒྱབ།

ང་ཁ་༡　ཟི་ཐེན། བཧོ་ཙེ།⑫ ཏཱ་གོ་ཤི།⑬ ཤཱཀྱ་ཡེ་ཤེས་ལ། བསྟོད་པ་ནི།⑭

དེ་བཞིན་གཤེགས་པའི་ཡོན་ཏན་དཔག་ཏུ་མེད། །བྱམས་དང་སྙིང་རྗེ་རྒྱ་ཆེའི་⑮འཇིག་རྟེན་མགོན། །སྐྱེ་མེད་འགག་མེད་འཇིག་⑯པ་མེད་པ་དང་། །སྤྲུལ་སྐུ་མངོན་སུམ་འབུམ་ཕྲག་ཏུ་མར་སྤྲུལ། །རྒྱལ་སྲས་སེམས་

ང་ཁ་༢　ཉིད་དག་པའི་ཐུགས་དང་ལྡན། །བསྐལ་མང་སྒྲུབ་⑰ནས་སངས་རྒྱས་ལམ་ཐོབ་པས།།⑱ཐེག་གསུམ་རིམ་ལྔ་ཡོངས་སུ་རྫོགས་པ་དང་། །ཐེག་པ་མཆོག་གི་དོན་ནི་རྣམ་པར་བཤད། །དམ་པའི་ཤེས་རབ་སྟོང་ཉིད་དག་ཅིང་གསལ། །དེ་བཞིན་གཤེགས་པའི་ངོ་བོ་གཉིས་

---

① 《色拉寺与大慈法王》中把这句写成："ཡོད་པའི་ཐམ་ག་པཙུ་གཙུ་"
② 《色拉寺与大慈法王》中把这句写成："ཕྲུག་འཚལ་མི་དགོས། དགོངས་བཞུགས་མཛད་དོ་"
③ 《色拉寺与大慈法王》中把这句写成："ཡུང་ལོའི་ཁྲི་ལོ་བཅུ་གསུམ་པའི་ཟླ་བ་བཞི་པའི་"
④ 妙教。
⑤ 圆通。
⑥ 慧慈。《色拉寺与大慈法王》中写成："ཧུང་ཚེ།"
⑦ 普应。《色拉寺与大慈法王》中写成："ཕུ་ཡིན།"
⑧ 辅国。《色拉寺与大慈法王》中写成："བཧུ་གོ།"
⑨ 显教。
⑩ 灌顶。
⑪ 弘善。《色拉寺与大慈法王》中写成："ཧུང་ཤེན།"
⑫ 佛子。《色拉寺与大慈法王》中写成："བཧོ་ཙྀ།"
⑬ 大国师。《色拉寺与大慈法王》中写成："ཏཱ་གོ་ཤྲི་"
⑭ 《色拉寺与大慈法王》中写成："ཤཱཀྱ་ཡེ་ཤེས་བཅས་ལ་བསྟོད་པ་ནི། ཇི་སྐད་དུ།"
⑮ 《色拉寺与大慈法王》中写成："བྱམས་དང་སྙིང་རྗེའི་རྒྱ་ཆེན་"
⑯ 《色拉寺与大慈法王》中写成："འཇིགས་པ་མེད་པ་དང་།"
⑰ 《色拉寺与大慈法王》中写成："བསྒྲུབས་ནས་"
⑱ 《色拉寺与大慈法王》中写成："ལམ་ཐོབ་པའི།"

༤་ཁ་༣ སུ་མེད།།① ཐོག་གཟུགས་མེད་པ་②ཤིན་ཏུ་རྒྱས་པ་དང་། །འགྲོ་དང་འོང་བ་མེད་ཀྱང་རྫུ་འཕྲུལ་ལྡན། །ཐུབ་ཕྱོགས་སྤངས་ནས་ཡུལ་དབུས་འཁོར་དུ་ཕྱིན།།③ ཤེས་རབ་ཉི་མ་བྱམས་པའི་སྤྲིན་གྱིས་བསྲུང་། །སྙིང་རྗེའི་དབང་གིས་འགྲོ་ལ་ཕན་པ་དང་། །བདེ་བ་སྒྲུབ་ལ་ནམ་ཡང་

༤་ཁ་༤ སྐྱེ་མི་མངའ། །ཐབས་ཀྱི་སྒོ་མོ་སྣ་ཚོགས་རྣམ་པར་ཕྱེ། །བྱང་ཆུབ་ཆོས་བསྟན་སྐོངས་པའང་དེ་ལ་བཀོད།།④ བདག་གིས་དེ་རིང་ཚོགས་སུ་བཙད་དེ་བསྟོད། །སངས་རྒྱས་རྣམས་ཀྱིས་དཔང་མཛད་དབང་བསྐུར་བའི། །ཟུང་འཇུག་གོ་འཕང་མངོན་གྱུར་བཀྲ་ཤིས་ཤོག ཡུང་ལོ་

༤་ཁ་༥ ལོ་བཅུ་གསུམ་པའི་ཟླ་བ་བཞི་པའི་ཚེས་དྲུག་གི་ཉིན།⑤ དེ་ནས་ཆོས་དགུ་ནས་ཆོས་བཅོ་ལྔའི་བར་ལ་ཕྱི་ནང་གི་སྒྲུབ་སྟོན་དཀའ་སྟོན་འབུལ་བ་ཞབས་ཏོག་ཕུན་སུམ་ཚོགས་པ་རོལ་བའི་མཛད་པ་གནང་བར་བཤད་ཀྱང་། གོང་གི་དཀའ་སྟོན་ཡང་། ཏྲ་ཤིན་ཏེན་⑥ཅེས་པའི་

༤་ཁ་༦ ཁང་བཟང་དུ། རྒྱལ་པོ་མཉམ་དུ་བཞུགས་ཏེ། དཀའ་སྟོན་རྒྱ་ཆེན་པོ་ལ་ཡོངས་སྤྲོད་གནང་། ཕན་ཚུན་འབེལ་གཏམ་ཡང་བསྟོད་པའི་མཐར། རྒྱལ་པོའི་དགུང་ལོ་ཁྲི་ཚོ་ཁྲི་ཚོར་སྤེལ་བའི་ཕྱིར་དུ། གྲུབ་པའི་རྒྱལ་མོའི་ལུགས་ཀྱི་ཚེ་དབང་⑦རྗེས་གནང་། གྲུབ་ཆེན་ཏེ་ལོ་

༤་ཁ་༧ པའི་ལུགས་ཀྱི་བདེ་མཆོག་འཆི་བ་མཐར་བྱེད་ཀྱི་དབང་⑧བསྐུར་ཏེ་སྤྱི་བོར་བུམ་པ་བཞག་པས་བདུད་རྩིས་བུམ་པ་གང་ཏེ་འཕྱུར་བར་བཤད། ཚེ་རིལ་སོགས་ལ་འོད་འཚེར་བ་ལ་སོགས་པའི་སྒྲུབ་རྟགས་ཀྱང་མང་པོ་བསྟན། རྒྱལ་པོ་ཤིན་ཏུ་ཡ་མཚན་ཏེ་གུས་པའི་ཚུལ་ཡང་

① 《色拉寺与大慈法王》中写成："ལྷ་ཙ་མེད།"
② 《色拉寺与大慈法王》中写成："ཐོགས་གཟུགས་མེད་པར་ཤིན་ཏུ་"
③ 《色拉寺与大慈法王》中写成："འཁོར་བཅས་ཕྱིན།"
④ 《色拉寺与大慈法王》中写成："བྱང་ཆུབ་ཐུགས་ཀྱིས་སྐོངས་པའང་བདེ་ལ་བཀོད།"
⑤ 《色拉寺与大慈法王》中写成："ཡུང་ལོའི་ལོ་བཅུ་གསུམ་པའི་ཟླ་བ་བཞི་པའི་ཚེས་བཅོ་ལྔའི་ཉིན།"
⑥ 大善殿。
⑦ 佛母教法中的长寿灌顶。
⑧ 胜乐度亡灌顶。

ཐོག་གྲངས་ལྔ་པའི་མདུན།

༥·ཀ·༡ [མང་དུ་མཛད་དེ། རིན་པོ་ཆེ་དང་། གསེར་དངུལ་གྱིས་བརྒྱན་པའི་···
བཞུགས་ཁྲི། ཡི་ཙོ་མདུན་ལྟོག ཞབས་སྟེགས། བཞུགས་གདན། དབྱར་གྱི་ན་བཟའི་···
སྐོར་ཆ་ཚང་། མཆོད་ཆའི་སྐོར་]①གསེར་དངུལ་གོས་དར། [ཁྲིའུ་ཀོན་]②མང་པོ་···
འབུལ་བ་གནང་ནས། རྒྱལ་པོ་ལ་

༥·ཀ·༢ གནང་བ་ཞུས་ནས། རྒྱལ་པོའི་ལུང་དང་བསྟུན་ཏེ་གནས་ཆེན་རི་བོ་རྩེ་···
ལྔ་③མཇལ་བར་ཕྱིན། དེར་འཇམ་དབྱངས་དམར་སེར་སེང་གེ་ལ་ཞོན་(བཞོན་)
པ་④ཞལ་གཟིགས་བྱུང་བར་བཤད། དེ་ནས་ཡང་(༥)རྒྱལ་པོའི་ལུང་གིས། མེའུ་ཀྱོ།
ཡོན་ཐུང་། ཏུས་རྩེ།⑤ ཐུ་ཡིན། ཏུ་གོས།⑥ ཞིན་གྱིའུ།

༥·ཀ·༣ ཀོན་ཏིང་། ཐུ་ཤེན།⑦ ཟི་ཐེན།⑧ བཏོ་ཙོ།⑨ ཧྭ་ཀོ་ཤི།⑩ ཤཱཀྱ་ཡེ་ཤེས···
ཉིད། རང་རེ་དང་བྲལ་ནས་ཟླ་བ་གཉིས་གསུམ་སོང་བས་དྲན་འདུག་པས་⑪ངེད་ཀྱི···
བསམ་པ་ལ་ཉིད་ཀྱི་གྲྭ་སློབ་དང་བཅས་ཐམས་ཅད་རི་བོ་རྩེ་ལྔར་ཐེབས་⑫ནས་བདེ་བར···
བཞུགས་མཆིས་སོད། ཉིད་ཀྱི་

༥·ཀ·༤ མངོན་ཤེས་འཛིག་རྟེན་ཁམས་སུ་མ་ཁྱབ་པ་མེད་པས། འགྲོ་འོང་ལ···
བྱང་ཆུབ་སེམས་དཔའ་འཇམ་དབྱངས་དང་ལྷན་གཅིག་ཏུ་གདུལ་བྱ་སྣ་ཚོགས་སྨིན་གྲོལ···
ལ་འགོད།⑬ དེའི་དོན་ལ་ངེད་སེམས་ཤིན་ཏུ་དྲན་ཅིང་། ད་ཏ་(ལྟ་) ཤིང་ཏོག···
དང་⑭བཀའ་ཤུང་ཟད་བསྐུར་བས་ངེད་

---

① 从《色拉寺与大慈法王》47—48 页补遗。
② 从《色拉寺与大慈法王》48 页补遗。
③ 五台山、清凉山。
④ 桔黄色文殊菩萨骑上狮子。
⑤ 《色拉寺与大慈法王》中写成:"ཏུང་ཚེ།"
⑥ 《色拉寺与大慈法王》中写成:"བཏུ་གོ།"
⑦ 《色拉寺与大慈法王》中写成:"ཐུ་ཤེན།"
⑧ 《色拉寺与大慈法王》中写成:"ཟིན་ཐེན།"
⑨ 《色拉寺与大慈法王》中写成:"བཏོ་ཙྭོ།"
⑩ 《色拉寺与大慈法王》中写成:"ཧྭ་ཀོ་ཤྭི།"
⑪ 《色拉寺与大慈法王》中写成:"དྲན་གྱི་འདུག་པས་"
⑫ 《色拉寺与大慈法王》中写成:"རི་བོ་རྩེ་ཐེབས་ཏེ་"
⑬ 《色拉寺与大慈法王》中写成:"འགོད་པའི་དོན་ངེས་དེ་ལ་སེམས་པར་ཤིན་ཏུ་དྲན་"
⑭ 《色拉寺与大慈法王》中写成:"ད་ལྟ་ཤིང་ཏོག་དང་"

༥་ཀ་༥　ཀྱི་སེམས་པ་མཆོན་པ་ཡིན། ཡུང་ལོ་ལོ་བཅུ་གསུམ་①ཟླ་བ་དྲུག་པའི…
ཚེས་བཅོ་ལྔའི་ཉིན། དེ་ནས་དེར་གནས་པའི་རྒྱལ་སྲས་བཀྲང་གོ་ཤྲི་②གཙོ་མཛད་བླ…
དཔོན་སེར་མོ་ཧོ་ཤང་③རྣམས་ཀྱི་ཞབས་ཏོག་བསྒྲུབ་ཏེ་གནས་མཇལ་གནང་བའི་དུས…
ཤིག་ན་ཤིན་ཏུ་ཡ་མཚན་

༥་ཀ་༦　པའི་འཇའ་འོད་ཤར་བ་སྐྱེ་སེར་ཐམས་ཅད་ཀྱི་(ཀྱིས་)མཐོང་ནས།
ཅི་ཡིན་ཞུས་པས། འཇམ་དབྱངས།④ ཇོ་བོ་ཡབ་སྲས།⑤ འགྲོ་མགོན་འཕགས…
པ་⑥བཞུགས་པ་མཐོང་གསུང་བར་བཤད། ཡང་རྒྱལ་པོའི་ལུང་གིས། མེའུ་གྱི།
ཡོན་ཐུང་། ཏུས་ཏྲེ། ཐུ་ཡིན། ཏུ་གོས། ཞིན་ཀྲུའུ།

༥་ཀ་༧　ཀོན་ཏིང་། ཕུ་ཤེན། ཟི་ཐེན། བཏོ་ཙེ། ཀྵ་ཀོ་ཤྲི། ཤྲཱ་ཀྱ་ཡེ་ཤེས་ཉིད…
ལ། སྔར་བོད་ཀྱི་གྲྭ་པ་རྣམས་ཀྱིས་ངོ་ལོག་ནས། གོང་གི་གསེར་ཡིག་པ་ལ་འཁྲོག་བཅོམ…
བྱས་པ་ཡིན་པས། ད་ལྟ་བཟུང་ནས་གསེར་མཁར་དུ་སླེབ། དེ་རྣམས་ཁྲིམས་ལུགས…
བཞིན་ཉེས་པ་

སྙིག་གྲངས་ལྔ་པའི་རྒྱབ།

༥་ཁ་༡　……

༥་ཁ་༢　གོ་བར་བྱས། ད་ལྟ་དེ་རྣམས་རི་བོ་རྩེ་ལྔར་ཕྱུག་འཚལ་བར་བཏང་བ…
ཡིན། ཁོ་རང་གི་ཉེས་པ་དེར་བཤགས་པ་བྱེད་དུ་བཅུག ངན་པ་སྤངས་ནས་དགེ་བའི…
ལམ་དུ་ཞུགས་ན། དེ་ལྟར་ཉེས་པ་མེད་པས། དེར་སྐྲ་བཞར་ཞིང་བཞེ་⑦བྱས་ནས་བྱང…
གི་གསེར་མཁར་⑧དུ་ཚོས་འདོན་

༥་ཁ་༣　པ་ལ་དོང་དུ་ཆུག ཉིད་ཀྱི་(ཀྱིས་)དགོངས་པ་མཛོད། ཡུང་ལོ་ལོ…

---

① 《色拉寺与大慈法王》中写成：“ཡུང་ལོའི་ལོ་བཅུ་གསུམ་པའི་”

② 佛光国师。

③ 和尚。

④ 文殊。

⑤ 佛陀师徒。

⑥ 八思巴。

⑦ 出家人、僧人。

⑧ 北京城？

བཅུ་གསུམ་ཟླ་དྲུག་པའི་ཚེས་ཉི་ཤུ་བདུན་གྱི་ཉིན།[1] དེ་ནས་ཕྱོགས་ནས་ཆེད་དུ་འོང་སྟེ་མཇལ་འཕྲད་བྱེད་པའི་བླ་མ་དཔོན་པོ་སྐྱ་སེར་སྐྱེ་བོ་ཕོ་མོ་བཀྲེས་གཞོན་ཆེ་ཕྲ་ཐམས་ཅད་འབུལ་བ་ཞབས་ཏོག་ཕུན་སུམ་ཚོགས་

༥·ཁ·༤ པའི་ངོས་ནས་བསྙེན་ཛོགས་རབ་བྱུང་། དབང་ལུང་རྗེས་གནང་། ཁྲིད་མན་ངག་བསྙེན་གནས་སྨྱུང་གནས་ཀྱི་སྡོམ་བརྒྱུན་（རྒྱུན་）སོགས་རང་རང་གི་འདོད་མོས་ལྟར་ཚིམ་པར་སྩལ་ཏེ་སྨིན་ཅིང་གྲོལ་བཞིན་པར་བཞུགས།  རྒྱལ་པོའི་ལུང་གིས། མེའུ་ཕྱོ། ཡན་ཐུང་། ཧུས་ཅོ། ཧུ་ཡིན། ཧུ་ཀོས།

༥·ཁ·༥ ཞིན་གྱུའུ། ཀོན་ཧིང་། ཧུང་ཤེན། ཟེ་ཐེན། བཏོ་ཏྲོ། ཏྲ་ཀོ་ཤྲཱི། ཤཱཀྱ་ཡེ་ཤེས་ཉིད་ཀྱིས། རི་བོ་རྩེ་ལྔར་བཞུད་[2]ནས་མ་ཚོར་བར་ཟླ་བ་དུ་མར་སོང་འདུག་པས།[3] འོང་མི་ལ་དྲིས་ན་སྐུ་བདེ་བར་ཡོད་ཅེས་ཐོས་པས།[4] ངེད་ཀྱི་སེམས་རབ་ཏུ་སྤྲོ། རི་བོ་རྩེ་ལྔ་དེ་ནི་རྒྱལ་ཁམས་ཐམས་ཅད་ལ་

༥·ཁ·༦ གྲགས་པའི་གནས་ཁྱད་པར་ཅན་ཡིན། གནས་དེར་ཕྱིན་པ་ཡང་ཤིན་ཏུ་དཀའ་བས། ཉིད་ཀྱི་[5]བདེ་མོར་བསྐོར་བ་མཛད་པ་དང་། ཐུགས་བཞེད་བཞིན་དུ་བཞུགས་པར་མཛོད། ཉིད་ཀྱི་དུས་ཚོད་གཟིགས་ནས་[6]འདིར་ནམ་འབྱོན་འདོད་ན་ཕེབས།[7] དེ་མིན་ངེད་ཀྱི་ལུང་དང་མི་མངགས་

༥·ཁ·༧ ནས་བསྒུ་བར་ཡོང་བའི་ཚེ་དེ་ནས་འབྱོན་པར་མཛོད། ད་ལྟ་ཆེད་དུ་མི་བཏང་ནས་ལི་ཐམ་དྲུག་[8]སྐྱེལ་བ་ཡིན། སྦྲང་རྩིས་གསོས་པའི་ཟེ་ཏོག་[9]སྣ་ཚོགས་ཕུལ་ཡོད་པས་ངེད་ཀྱི་སེམས་[10]མཚོན་པ་ཡིན། ཏྲ་ཀོ་ཤྲཱི་ཉིད་ཀྱིས་དགོངས་པར་མཛོད། ཡུང་ལོ་ལོ་བཅུ་གསུམ་ཟླ་བ་བདུན་

---

① 《色拉寺与大慈法王》中，没有这道圣旨。
② 《色拉寺与大慈法王》中写成：“ཉིད་རི་བོ་རྩེ་ལྔར་བཞུགས་ནས་”
③ 《色拉寺与大慈法王》中写成：“ཟླ་བ་དུ་མ་སོང་འདུག”
④ 《色拉寺与大慈法王》中写成：“འོང་མི་རྣམས་ལ་དྲིས་པས་ཆོས་རྗེ་སྐུ་བདེ་བར་བཞུགས་ཞེས་ཐོས་”
⑤ 《色拉寺与大慈法王》中写成：“ཉིད་ཀྱིས་”
⑥ 《色拉寺与大慈法王》中写成：“ཉིད་ཀྱིས་”
⑦ 《色拉寺与大慈法王》中写成：“འདིར་ནམ་བྱུང་ལ་ཕེབས་”
⑧ 响铜印。《色拉寺与大慈法王》中写成：“ལི་ཁྲིའི་དམ་ཕྱག་”
⑨ ཟེ་ཏོག ཟེ་ཐོག《色拉寺与大慈法王》中写成：“སྐྱེལ་བའི་ཞོར་དུ་སྦྲང་རྩིས་གསོས་པའི་ཤིང་ཏོག”
⑩ 《色拉寺与大慈法王》中写成：“བསམ་པ་”

ཐོག་གྲངས་དྲུག་པའི་མདུན།

༦·ཀ·༡ པའི་ཉི་ཤུ་དྲུག་གི་ཉིན།① དེ་ནས་རྒྱལ་ཁམས་ཐམས་ཅད་བདེ་སྐྱིད་ཆེད་དུ་རྡོ་རྗེ་གཞོན་ནུ་ཕུར་བུའི་སྒྲུབ་ཆོག་མཛད་དེ། ཕུར་བུ་ནམ་མཁར་འཕགས་ཏེ་གནས་པ་སོགས་ཀྱིས་སྒྲུབ་རྟགས་ཀྱང་བསྟན། རྡོ་རྡོན་པོ་ཞིག་ལ་ཟན་ཚངས་ལྟ་བུའི་ཕྱག་རྗེས་བཞག་ཅེས་

༦·ཀ·༢ བཤད། རྒྱལ་པོའི་ལུང་གིས། མེའུ་རྒྱ། ཡོན་ཐུང་། རུས་ཅི། ཕུ་ཡིན། རུ་གོས། ཞིན་གུའུ། ཀོན་ཏིང་། ཕུ་ཤེན། ཟི་ཐེན། བཀྲ་ཅི། ཏཱ་ཀོ་ཤི། ཤཱཀྱ་ཡེ་ཤེས་②ལ། ད་ལྟ་སྟོན་ཀའི་གྲང་དུས་བྱུང་འདུག་པས། རི་བོ་རྩེ་ལྔའི་ས་དེ་ལྷག་པར་གྲང་ཡོད།③ ངེད་ཀྱི་བསམ་པ་ལ།

༦·ཀ·༣ སངས་རྒྱས་ཀྱི་གནས་དེར། སྟོང་པ་རྣམ་པར་དག་པ། ཉིད་ཀྱི་ཆོས་སྐུ་ཤིན་ཏུ་བདེ་མོར་བཞུགས་པ་ལ། ད་ལྟ་ནན་གྱིས་མི་བཏང་ནས། ཆོས་གོས་དང་། ཆིལ་རྩེ་སོགས་ཙུང་ཟད་ཁྱེར་བ་④ངེད་ཀྱི་སེམས་མཚོན་པ་ཡིན། གོས་གྱུ་ཟིས་⑤བྱས་པའི་ཆོས་གོས་སྣ་གྲངས་དྲུག་ལ།⑥

༦·ཀ·༤ རིན་(རི་མོ་)མེད་པའི་གོས་དྭ་ཧུན་ཐང་པ་གཅིག⑦ རྟགས་བརྒྱད་དང་སྤྲིན་རིས་ཡོད་པའི་དྭ་ཧུང་གོས་པེར་ཐུལ་སྤྱུར་པ་⑧གཅིག གོས་དྭ་ཧུང་མེ་ཏོག་⑨རྟགས་བརྒྱད་ཀྱི་རི་མོ་ཡོད་པའི་མཚན་ཁུང་མ་ཟེར་བའི་ལྭ་(ལྭ་)ལ་གཅིག⑩ བཀྲ་ཤིས་རྟགས་བརྒྱད་ཀྱི་རི་མོ་ཡོད་པའི་གོས་དམར་པོའི་རིང་འགག

༦·ཀ·༥ གཅིག རྟགས་བརྒྱད་ཀྱི་རི་མོ་ཡོད་པའི་སྔོ་ཁའི་སྨད་གཡོགས་གཅིག……

---

① 《色拉寺与大慈法王》中写成：“ཡུང་ལོའི་ལོ་བཅུ་གསུམ་པའི་”
② 《色拉寺与大慈法王》中写成：“ཉིད་ལ་”
③ 《色拉寺与大慈法王》中写成：“གྲང་མོ་ཡོད།”
④ ཆོལ་དང་རྩེ་ཐོག《色拉寺与大慈法王》中写成：“ཆིལ་རྩེ་ཙུང་ཟད་འཁྱེར་བས་ནི་”
⑤ 绸缎《色拉寺与大慈法王》中写成：“གོས་གྱུ་ཟིང་”
⑥ 《色拉寺与大慈法王》中写成：“སྣ་གྲངས་དྲུག་ལས་”
⑦ 《色拉寺与大慈法王》中写成：“གོས་ཏ་ཞུང་ཐུང་བ་གཅིག”
⑧ 《色拉寺与大慈法王》中写成：“ཏ་ཞུང་པེར་ཐུལ་སྤྱུར་མ་”
⑨ 《色拉寺与大慈法王》中写成：“ཏ་ཞུང་མེ་ཏོག་”
⑩ 《色拉寺与大慈法王》中写成：“ལྭ་བ་”

༦·ཀ·༦　[སྦྱིན་རིས་ཡོད་པའི་གོས་དམར་པོའི་ཤམ་ཐབས་གཅིག ལྷམ་འཐོབ་དང་བཅས་ཕུལ་ཡོད་པ་ཉིད་ཀྱིས་རྩིས་བཞེས་མཛད། ཡུང་ལོའི་ལོ་བཅུ་གསུམ་པའི་ཟླ་བ་བརྒྱད་པའི་ཚེས་ཉི་ཤུ་བདུན་ཉིན་ཞེས་སོ། །དེ་ནས་ཤན་ཟེའི་ཙོན་བཅུའི་ཡོན་བདག་རྣམས་ཀྱིས་གདན་འདྲེན་མཛད་ནས་ལྷ་ཆེན་བྱམས་པར་མཇལ། ཕྱོགས་དེའི་མི་རྣམས་དང་ཕྱོགས་གཞན་ནས་ལྷགས་པའི་མི་རྣམས་ལ་རང་རང་གི་འདོད་པ་ལྟར་ཆོས་དང་སྡོམ་པ་ལ་སོགས་པ་མཐའ་ཡས་པ་བསྩལ། དེ་ནས་༡༤༡༦མེ་སྤྲེལ་ཡུང་ལོའི་ལོ་བཅུ་བཞི་པར་རིམ་གྱིས་དབུས་གཙང་འགྲོན་པའི་གྲབས་བྱས་ཤིང་། རྒྱལ་པོ་ལ་དབུས་གཙང་དུ་ཕྱིན་ཆོག་པའི་དགོངས་པ་ཞུ་བར་མཛད་པས། རྒྱལ་པོས་ཀྱང་ཆོས་རྗེ་ཉིད་ཀྱི་དགོངས་པ་དང་བསྟུན་ནས་དགོངས་པ་ཁྲོལ་ཏེ་གནང་སྐྱེས་རྒྱ་ཆེན་པོ་འབུལ་བ་]①

༦·ཀ·༧　ཀྱུ་ནོམ་པ་མཛད་པ་ནི། རྒྱལ་པོའི་ལུང་གིས། མེའུ་ཀྲོ། ཡོན་ཐང་། ཏུས་ཙེ། ཐུ་ཡིན། ཏུ་གོས། ཞིན་ཀྲུའུ། ཀོན་ཏིང་། ཏུང་ཤེན། ཟེ་ཐེན། བཙོ་ཙེ། ཧྭ་ཀོ་ཤྲི་ཉིད་ལ། ནན་གྱིས་གོས་དར་སྟོང་དང་།② མཛོ་མོ་བརྒྱད་བརྒྱ་ཕུལ། ཉིད་ཀྱིས་བསྔུས་པར་མཛོད།③ ཡུང་ལོ་④ལོ་བཅུ་

ཤོག་གྲངས་དྲུག་པའི་རྒྱབ།

༦·ཁ·༡　བཞི་པའི་ཟླ་བ་ལྔ་པའི་ཚེས་བཅུ་དྲུག་ཡིན(ཉིན)། ཞེས་གོང་ནས་གསེར་ཡིག་པ་སྐྱེལ་བའི་མི་སྣ་དང་བཅས་པ་ཐེས(ཐེག)སྟེ་ཤན་ཟེའི་ལམ་ཆེན་བརྒྱུད་ནས་རིམ་པས་ལི་ཐང་བྱམས་ཆེན་ཆོས་འཁོར་སོགས་ནས་བོད་ཡུལ་གྱི་སེ་ར་ལ་ཕྱག་ཕེབས་ཏེ་རྗེ་རིན་པོ་ཆེ་དང་མཇལ།

༦·ཁ·༢　རྒྱལ་པོས་གནང་བའི་གནས་བཅུའི་རྟགས(ཐགས)སྐུ། སློན་ཤིང་གི་གུར། གསེར་དངུལ་གྱི་མཎྜལ་ལ་རིན་པོ་ཆེའི་ཚོམ་བུ་དང་བཅས་གོས་དར་སྣ་ཚོགས་གཏོས་ཆེ་བ་ཕུལ་ནས། དྲིན་བཟོའི་ཞབས་བརྟན་ཀྱང་གསོལ་བ་ཡིན། ཇོ་བོ་ཤཱཀྱ་ཡེ་ཤེས་ནི་ར་

① 《大慈法王传汇编》复印件 6 页 6 行显现不清，中括弧内内容从《色拉寺与大慈法王》书中补遗。

② 《色拉寺与大慈法王》中写成：“གོས་སྟོང་དང་”

③ 《色拉寺与大慈法王》中写成：“མཛོ་མོ་བརྒྱད་བརྒྱ་ཕུལ་བ་ཉིད་ཀྱིས་བཞེས་པར་མཛོད་”

④ 《色拉寺与大慈法王》中写成：“ལོའི་”

གསེར་འབུལ། མགུལ་

༨·ཁ·༣ རྒྱན་མཆོད་ཆའི་རིགས། རི་བོ་དགེ་ལྡན་གྱིས་གཙོས་པའི་གྲྭ་ས་རྣམས་ལ་འགྱེད་མང་ཇ་སོགས་གནང་། མི་སྣ་མདོར་སྡུས་རྒྱལ་པོ་ལ་ལེགས་གསོལ་ཞུ་འབུལ་བྱས། མི་སྣ་རྫོང་བ་མཛད། དེ་ནས་སྤྱི་མོ་ནས་རྗེ་རིན་པོ་ཆེ་སེ་རར་བཞུགས་དུས། རྩ་ཤེས་དྲངས་(དྲང་) ངེས་རྣམ་

༨·ཁ·༤ འབྱེད། བཞི་བརྒྱ་པ། བྱང་ཆུབ་ལམ་རིམ། གསང་སྔགས་ལམ་རིམ་[གྱི་ཁྲིད། རྩ་ལྟུང་བཅུ་བཞི་པ་དང་བླ་མ་ལྔ་བཅུ་པའི་རྣམ་བཤད་གཉིས་ལ་སོགས་པའི་ལེགས་བཤད་བཀའ་ཆོས་མང་པོ་གསན་ནའང་སྐར་ཡང་དཔལ་གསང་བ་འདུས་པའི་འགྲེལ་པ་སྒྲོན་གསལ་མཆན་བུ་དང་བཅས་པ།

༨·ཁ·༥ བཤད་རྒྱུད་འགའ་ཞིག་གི་ལུང་། རིམ་ལྔའི་ཁྲིད། སྦྱོར་བ་ཡན་ལག་དྲུག་པའི་ཁྲིད་རྒྱས་པ། དུས་འཁོར་གྱི་འགྲེལ་ཆེན་དྲི་མེད་འོད་ཀྱི་བཤད་པ་ཆེས་ཞིབ་པ། ན་རོ་ཆོས་དྲུག དབུ་ཚད། བདེ་མཆོག་རྩ་བའི་རྒྱུད་ལ་སོགས་པའི་ཆོས་ཟབ་ཅིང་རྒྱ་ཆེ་བ་དཔག་ཏུ་]①

༨·ཁ·༦ མེད་པ་ཡང་གསན། ༼༧༠༽རྒྱལ་པོའི་ལུང་གིས། མེའུ་གྲོ། ཡོན་ཐང་། ཏུས་ཙེ། ཐུ་ཡིན། ཏུ་གོས། ཞན་གྱུའུ། ཀོན་ཏིང་། ཏུང་ཤན། ཟི་ཐེན། བཙོ་ཙོ། ཐ་ཀོ་ཤྲི། ཤྲཀྱ་ཡེ་ཤེས་ལ། ཉིད་ཀྱི་ཆོས་ཀྱི་རྒྱལ་མཚན་ནུབ་ཕྱོགས་སུ་ཕྱིན་ཏེ།② [ཐེངས་ཤིག་] ③དཔྱིད་དུས་ལོ་གསར④གསེར་

༨·ཁ·༧ ཡིག་པ་རྣམས་འདིར་འོང་ནས⑤སྐུ་ཁམས་བདེ་བར་བཞུགས་ཞེས་ཐོས་པས་སེམས་རབ་ཏུ་དགའ། ད་ལྟ་ཚ་གསེར⑥ལས་བྱས་པའི་འཛིགས་བྱེད་ཀྱི་སྐུ་པདྨ་འདབ་བརྒྱད་པའི་གདན་དང་བཅས་འབུལ་བ་ནི།⑦ ངེད་ཀྱི་སེམས་མཚོན་པ་ཡིན། དེའི་མཆེད་(ཆེད་) དུ་ཚོགས་སུ་(ཚོགས་སུ་)

---

① 括弧内文字从《色拉寺与大慈法王》56—57 页中补遗。
② 《色拉寺与大慈法王》中写成:“ཆོས་ཀྱི་རྒྱལ་མཚན་ཉིད་ནུབ་ཕྱོགས་སུ་ཕྱིན་ཏེ། ཐེངས་ཤིག་”
③ 复印件显现不清。从《色拉寺与大慈法王》一书 57 页中补遗。
④ 《色拉寺与大慈法王》中写成:“ཀྱི་ལོ་སར་པ་ན་”
⑤ 《色拉寺与大慈法王》中写成:“འདིར་འོངས་ནས་ཆོས་རྗེ་ཉིད་”
⑥ 《色拉寺与大慈法王》中写成:“ཚག་གསེར་”
⑦ 《色拉寺与大慈法王》中写成:“གདན་དང་བཅས་པ་ཕུལ་བ་འདིས་”

བོད་ཡིག་ཁུངས་བཏུན་པའི་མདུན།

༧·ཀ·༡ བཅད་པས[1]བསྟོད་པ་འདི་སྐད་དུ། བདེ་གཤེགས་སྨན་ཆེན་འགྲོ་ལ་ཕན་པ་ནི། །ཞེས་སོགས་ཀྱི་ཤློག་བཞིའི་མཇུག་ཏུ། སངས་རྒྱས་བསྟན་པ་རྟག་ཏུ་བདེ་བར་མཛོད།[2] ཡུང་ལོ་ལོ་བཅོ་ལྔ་པ་ཟླ་བ་གཉིས་པའི་[3]ཚེས་གཅིག་ཉིན། དེ་ནས་རྗེ་རིན་པོ་ཆེ་ལ།

༧·ཀ·༢ སེ་རར་གདན་འདྲེན་བྱེད་པའི་གྲབས་ཀྱང་བསྒྲིགས་ཏེ་སྤྱན་དྲངས་ནས་སེ་ར་ཆོས་སྡིངསུ་(སྡིངས་སུ་) བཞུགས། རྗེ་རིན་པོ་ཆེ་ཡང་བྱམས་ཆེན་ཕོ་རང་ལ་སྤྱ་སོ་ནས་ཞལ་གསུངས་ཡོད་པ་དང་། བྱམས་ཆེན་ཕོ་རང་ཡང་ཐུགས་འདུན་ཤིན་ཏུ་ཆེ་བ་ཡོད་ཅིང་། ཁྱད་པར་གངས་རིའི་ཁྲོད་

༧·ཀ·༣ འདིར་སྔགས་ཀྱི་རྒྱུད་སྡེ་ལ་འཆད་ཉན་རྣམ་པར་དག་པ་ཡོད་ལེ་ཐམས་ཅད་ནུབ་པར་གྱུར་ནས། རིང་ཞིག་ལོན། རྗེ་རིན་པོ་ཆེ་ཉིད་ཀྱི་བཤད་པ་རྣམ་པར་དག་པར་མཛད་པའི་གསུང་གི་བདུད་རྩི་ཉམས་སུ་མྱོང་བའི་བློ་གྲོས་ཀྱི་ལུས་ཡོངསུ་(ཡོངས་སུ་) ཚིམ་པ་མང་དུ་ཐོན་མོད་ཀྱི། དེ་ལྟ་ཡང་ད་དུང་

༧·ཀ·༤ རྒྱུད་སྡེའི་འཆད་ཉན་རྐང་ཚུགས་པའི་གྲྭ་ས་ཐང་བ་སྟོན་ཆད་མེད་པས། དེ་འདྲའི་འཆད་ཉན་གྱི་གཞི་རྣམ་པར་དག་པ་ཚུགས་ན། ཅི་མ་རུང་སྙམ་དུ་བསྟན་པ་འབའ་ཞིག་ལ་དགོངས་པའི་ཐུགས་ཀྱི་འདུན་པ་ཤུགས་དྲག་པོས་དེའི་ཚེ་ཞལ་ཏ་གནང་སྟེ། བྱམས་ཆེན་ཕོ་རང་གིས་བདག་

༧·ཀ·༥ རྐྱེན་གྱི་ཐུགས་ཁུར་རྒྱ་ཆེན་བཞེས་ནས། སེ་ར་ཆོས་སྡིངསུ(སྡིངས་སུ)། གཞི་འདུལ་བའི་བསླབ་ཁྲིམས་རྣམ་པར་དག་པ་ལ་བརྟེན་ཏེ་དཔལ་གསང་བ་འདུས་པ་དང་། བདེ་མཆོག་གི་རྩ་རྒྱུད་ལ་འཆད་ཉན་རྐང་ཚུགས་པའི་གྲྭ་ས་རྣམ་པར་དག་པ་འཛུགས་པའི་ཞལ་བཀོད་དང་། ཆོས་དཔོན་བསྐོ་བ་ལ་སོགས་

༧·ཀ·༦ མཛད་ཅིང་རྟེན་འབྲེལ་ཁྱད་པར་ཅན་སྒྲིག་པའི་ཆེད་དུ་གནས་དེར་གསོ་

① 《色拉寺与大慈法王》中写成："ཚོགས་སུ་བཅད་པའི་བསྟོད་པ་"
② 《色拉寺与大慈法王》中写成："དར་བར་མཛོད་"
③ 《色拉寺与大慈法王》中写成："ཡུང་ལོའི་ལོ་བཅོ་ལྔ་པའི་ཟླ་གཉིས་པའི་"

སྦྱོང་མཛད། རྒྱུད་ཀྱི་རྒྱལ་པོ་ཉིད་ཀྱི་དབུ་ནས་ཆོས་ཐུན་རེ་གསུངས་པ་ལ་སོགས་པ···
བསྙེན་ཏེ། སེ་ར་ཐེག་ཆེན་གླིང་བཏབ་པ་ཡིན། དེ་ནས་རྗེ་རིན་པོ་ཆེ་སེ་ར་ནས་ཕྱག···
བཏེགས་ཏེ་བདེ་ཆེན་རྩེར་ཕེབས། བྱམས་ཆེན་ཁོ་རང་

༧·ཀ·༧ གི་གྲྭ་ས་བདག་རྐྱེན་གྱི་མཛད་འགྲོ་རྣམས་ལེགས་པར་བསྒྲུབས། རིང···
པོར་མ་ལོན་པར་རྗེ་རིན་པོ་ཆེ་གཞན་དོན་དུ་གཤེགས་པའི་གདུང་མཇལ་མགུལ་བརྒྱན···
མཆོད་མེ་སོགས་གདུང་མཆོད་རྒྱ་ཆེན་པོ་མཛད། སེ་ར་ཆོས་སྡིངས་སུ(སྡིངས་སུ་)བྱམས···
ཆེན་ཁོང་རང་གི་དགེ་འདུན་མང་པོ་དང་བཅས་གསང་བདེ་

ཐོག་གྲངས་བདུན་པའི་རྒྱབ།

༧·ཁ·༡ སོགས་ཕྱི་ནང་གི་དཀྱིལ་འཁོར་ཆེན་པོ་དག་ཞལ་ཕྱེ་ནས། བླ་མ་རྡོ་རྗེ···
འཆང་དང་ཐ་མི་དད་པ་ལ་ཕྱི་ནང་གསང་བའི་མཆོད་པ་རྒྱ་ཆེན་པོས་མཉེས་པར་བྱས···
ཤིང་། བདག་ཉིད་འཇུག་ཅིང་དབང་བླང་བ་ལ་སོགས་པས་དམ་ཚིག་དང་སྡོམ་པ་རྣམ···
པར་དག་པ་བགྱིས་ཏེ། ཐུགས་

༧·ཁ·༢ ཀྱི་དགོངས་པ་ཡོངས་སུ་རྫོགས་པ་དང་། བླ་མ་མཆོག་གིས་ཡེ་ཤེས···
གཟིགས་པ་ནམ་དུ་ཡང་འབྲལ་བ་མེད་པའི་སྨོན་ལམ་རྒྱ་ཆེན་པོ་བཏབ་པས། ངོ་མཚར···
བའི་ལྟས་ཡང་བྱུང་། ནམ་མཁར་འཇའ་ཡང་ཤར། མེ་ཏོག་གི་ཆར་ཡང་བབས། ཕྱི་ལོ···
ཟླ་བ་བཅུ་པར་དགེ་ལྡན་དུ་རྡོ་རྗེ་

༧·ཁ·༣ སློབ་དཔོན་རྒྱ(བརྒྱ་)ཕྲག་དུ་མས་དཀྱིལ་འཁོར་དཔག་ཏུ་མེད་པ་སྒྲུབ་
ཅིང་མཆོད་པའི་དུས་ཀྱི་མཆོད་པ་སྒྲུབ་པ་དེའི་ཚེ་དཔོན་ནམ་མཁའ་བཟང་པོ་ཁྲུ་དཔོན་གྱི་
དྲུང་ནས། ར་ཁ་བྲག་ཏུ་ཆོས་རྗེ་བྱམས་ཆེན་པས་ཐོག་མ་མཛད་པའི་དགེ་བའི་བཤེས···
གཉེན་དུ་མ་སྤྱན་དྲངས་ནས། དུས་ཀྱིས(ཀྱི་)

༧·ཁ·༤ མཆོད་པ་རྒྱ་ཆེར་མཛད་དེ་གསོལ་བ་བཏབ་པས། མེ་ཏོག་གི་ཆར་བབ···
པ་ནི། མེ་ཏོག་སྣ་ཏིག་གི་མདོག་ལྟ་བུ་ཆུང་དུ(ཆུང་དུ་)དེ་ལྟར་དུ་ནི་ས་ལ་ཁ་བ་ལྟར···
ཆགས་པ་དང་། གཞན་ཡང་འདབ་མ་དྲུག་པ་ལ་སོགས་པ་ཁ་ཅིག་གི་མདོག་ནི་དུང་དང་།
ཁ་ཅིག་ནི་གསེར་བཙོ་མ། ཁ་ཅིག་ནི་ལི་ཁྲི་ལྟ་

༧·ཁ·༥ བུ། ཁ་ཅིག་ནི་རྒྱ་མཐིང་བཟང་པོས་བྱུགས་པ་ལྟ་བུ་མིའི་ལག་པའི་ཁྱོན···

ཚམ་དཔག་ཏུ་མེད་པ་བབས་སོ་ཞེས་གྲགས་པ་ནི་རྗེ་རིན་པོ་ཆེའི་ཐུགས་རྗེ་བྱིན་བརླབས···
(རླབས་) ཞུགས་པའི་སྐྱེས་ཆེན་དམ་པ་གཞན་དང་མི་འདྲ་བའི་རྣམ་པར་ཐར་པ་ངོ···
མཚར་བ་ཡིན་ནོ། །དེ་ནས་རྒྱ་ནག

༧·ཁ·༦ ཡུང་ལོ་རྒྱལ་པོའི་དྲུང་དུ་ཁྲིན་ཕྲི་དཔལ་འབྱོར་ལྷུན་གྲུབ་ཆེད་དུ་བཏང···
ཏེ་མཚམས་ཞུས་དང་སྐྱེས་འབུལ་བྱས་པས། རྒྱལ་པོའི་ཐུགས་ཤིན་ཏུ་མཉེས་པར་མཛད···
དེ། བདག་རྐྱེན་གནང་སྦྱིན་ཆེན་པོ་གནང་བ་ནི། 《༡༡》རྒྱལ་པོའི་ལུང་གིས། མེའུ་ཀྲུ།
ཡོན་ཐུང་། ཏུས་ཙི།

༧·ཁ·༧ ཐུ་ཡིན། ཏུ་གོ། ཞིན་གྲུའུ། ཀོན་ཏིང་། ཏུང་ཤེན། ཐེ་ཐེན། བཏྲོ···
ཙི། ཏཱ་ཀོ་ཤྲཱི། ཤཱཀྱ་ཡེ་ཤེས་ལ། ཁྱེད་ཀྱི་རིག་པའི་①འཕྲིན་ལས་རྒྱས་ཤིང་བྱམས་སྙིང་རྗེ···
ལ་བརྟེན་ནས་འགྲོ་བ་མང་པོ་ལ་ཕན་པར་འདུག་ཅེས་ཐོས་པས་ངེད་②སེམས་ཤིན་ཏུ···
དགའ་ཞིང་ཉིན་མཚན་ཀུན་

ནོག་གྲངས་བརྒྱད་པའི་མདུན།

༨·ཀ·༡ ཏུ་མི་བརྗོད། ལོ་གསར་གྱི་ལེགས་གསོལ་ལ་ཁྲིན་ཕྲི་དཔལ་འབྱོར་ལྷུན···
གྲུབ་③མངགས་ནས། དེ་ལ་④མཚམས་ཞུས་དང་ལྷ་སྐུ་ལ་སོགས་སྐྱེས་བཟང་འབུལ་བར···
འོང་བས། དེ་ལྟ་བུའི་སེམས་ཡང་དག་པའི་དོན་ལ་ངེད་སེམས་རབ་ཏུ་དགའ་

༨·ཀ·༢ བ་ཡིན།⑤ ད་ལན་ཡང་ནུས་ཀོན་ཏཱ་བཞིན་མགོ་བྱས་མི་སྣ་དེར་བཏང···
ནས། ཁྱེད་ལ་ལྷ་སྐུ་དང་གོས་དར་ལ་སོགས་པའི་གནང་སྦྱིན་དང་། ལུང་གིས་བསྟོད···
པའི་ཚིགསུ་(ཚིགས་སུ་)བཅད་པ་དང་བཅས་བསྐུར་⑥ཡོད་པས། ཏཱ་ཀོ་ཤྲཱི་དགོངས···
པར་མཛོད། བསྟོད་པ་ནི། འདི་སྐད་དུ།

༨·ཀ·༣ བདེ་གཤེགས་ཤེས་རབ་འཕྲིན་ལས་ཡོངས་རྫོགས་པས། །དགྲ་བཅོམ···

---

① 《色拉寺与大慈法王》中写成:"ཁྱེད་རིག་པའི་འཕྲིན་ལས་"
② 《色拉寺与大慈法王》中写成:"ངའི་སེམས་"
③ 《色拉寺与大慈法王》中写成:"ཁྲིན་ཤི་དང་དཔལ་འབྱོར་ལྷུན་གྲུབ་"
④ 《色拉寺与大慈法王》中写成:"ངེད་ལ་"
⑤ 《色拉寺与大慈法王》中写成:"དགའ་བས་"
⑥ 《色拉寺与大慈法王》中写成:"ཚིགས་བཅད་བསྐུར་"

ལྷ་མི་ཀུན་གྱི་སྟོན་པ་མཛད། །ཐུགས་རྗེ་རྒྱ་ཆེན་[1]ནམ་མཁའ་དག་དང་མཉམ། །འཇིག་རྟེན་ཀུན་ཏུ་[2]ཆོས་རྣམས་ཐམས་ཅད་ཁྱབ། །བྱ་རྒོད་ཕུང་པོར་གསུང་དབྱངས་སེང་གེའི་སྒྲས། །འགྲོ་བའི་དོན་

༢་ཀ་༤ ཕྱིར་[3]ཆོས་འཁོར་ཆེན་པོ་བསྐོར། །ཐམས་ཅད་ཡང་དག་སེམས་ཉིད་ཐོབ་གྱུར་ནས། །ལྷན་ཅིག་མྱང་འདས་བླ་མེད་ལམ་ཐོབ་སྟེ། །ཇི་སྙིད་འཇིག་རྟེན་ཀུན་ཏུ་བསྔགས་བྱས་པས།།[4] སེམས་ཅན་སེམས་ཉིད་ངོ་བོ་གཅིག་ན་ཡང་། །གཟུང་འཛིན་བག་ཆགས་འདོད་པས

༢་ཀ་༥ སྟོངས་པར་གྱུར། །དེ་ཕྱིར་འཁྲུལ་པར་ཡང་དག་མཚན་མར་བཟུང་། །མིག་དང་རྣ་བས་གཟུགས་དང་སྒྲ་ལ་ཆགས། །སྣ་དང་ལྕེ་ཡི་(ཡིས་)རོ་དང་དྲི་ལ་འདོད། །ལུས་ཀྱི་དབང་པོ་འཇམ་ཞིང་འཁྲིལ་ཆགས་[5]ཏེ། །ཡིད་ཀྱི་དབང་པོས་དགའ་དང་མི་དགའ་བསྐྱེད། །དབང་པོ་དྲུག

༢་ཀ་༦ པོས་ཕྱི་རོལ་ཡུལ་ལ་ཆགས། །དེ་ལ་ཆགས་པས་རྒྱུན་དུ་འཁྲུལ་པར་འགྱུར། །དེ་ཕྱིར་སྐྱེ་ཤི་ཡོད་པས་མི་རྟག་ཅིང་། །འཁོར་བའི་རྒྱ་མཚོ་དག་ཏུ་ལྷུང་བར་འགྱུར།།[6] འགྲོ་བའི་ཆོས་ཉིད་ངོ་བོ་སྟོངས་པ་མེད། །དཔེར་ན་མེ་ལོང་རྡུལ་གྱིས་གཡོགས་དང་མཚུངས། །གྲུ་འགྲོ་

༢་ཀ་༧ བ་ལ་གྲུ་འགྲམ་འགྲོ་བ་[7]འཁྲུལ། །སྤྲིན་འགྲོ་བ་ལ་ཟླ་བ་འགྲོ་བར་མཐོང་། །མཐར་ཐུག་རྟོགས་ནས་[8]དེ་དག་དོན་མེད་ཡིན། །བདེན་དང་འཁྲུལ་བ་གསལ་བར་འབྱེད་ཤེས་ན། །རྟོག་པས་འཁྲུལ་བ་དག་ཀྱང་ཡང་དག་འགྱུར། །སྟོངས་པས་ཡང་དག་སེམས་ལ་[9]འཁྲུལ་པར་

---

① 《色拉寺与大慈法王》中写成："ཆེའི་"

② 《色拉寺与大慈法王》中写成："གྱི་"

③ 《色拉寺与大慈法王》中写成："དོན་ཆེན་"

④ 《色拉寺与大慈法王》中写成："བསྟོད་བྱེད་པས་"

⑤ 《色拉寺与大慈法王》中写成："འཁྲིག་པར་ཆགས་"

⑥ 《色拉寺与大慈法王》中写成："ལྷུང་བར་འགྱུར་"

⑦ 《色拉寺与大慈法王》中写成："ཆུ་འགྲོ་འགྲོ་བ་"

⑧ 《色拉寺与大慈法王》中写成："རྟོགས་ན་"

⑨ 《色拉寺与大慈法王》中写成："སེམས་ནི་"

ཐོག་གྲངས་བརྒྱད་པའི་རྒྱབ།

༨·ཁ·༡　འགྱུར། །སྐད་ཅིག་ཙམ་གྱིས་ཐ་དད་འབྱེད་པས་ན། །གླཱོ་བླཱོ་སྙིང་རྗེ་དམ་པ་ཆོས་ཀྱི་སྐུ། །རྣམ་དག་བཟུང་ནས་①འཇིག་རྟེན་ངོ་མཚར་ཆེ། །རྩེ་བས་②ཕྱིན་ཅི་ལོག་པའི་འགྲོ་བ་ལ། །བྱང་ཆུབ་ལམ་ནི་རྒྱ་ཆེན་③རྣམ་པར་བསྟན། །བདུད་རྩིའི་ཆོས་ཀྱི་སྒོ་མོ་རབ་ཏུ་ཕྱེ། །རང་

༨·ཁ·༢　རིག་གཞན་རིག་ངོ་བོར་རབ་རྒྱས་ཤིང་།།④ དེ་བཞིན་གཤེགས་པའི་མཉམ་ཉིད་ཐུགས་དང་མཐུན། །བདག་མེད་གཞན་མེད་སེམས་ཅན་རྣམས་ཀྱང་མེད། །བདག་མེད་གཞན་མེད་སེམས་ཅན་རྣམས་ཀྱང་མེད། །རང་རང་སོ་སོར་ཆོས་ཉིད་རྟོག་པ་⑤དང་། །སྡིག་སྒྲིབ་

༨·ཁ·༣　བྲལ་ནས་ཕ་རོལ་ཕྱིན་པར་འགྱུར། ། སྔ་སོར་ཡུལ་དབུས་འདི་རུ་བྱོན་ནས་ནི། །འབྲེལ་ཅན་⑥རྣམས་ལ་ཆོས་ཀྱང་བསྟན་པ་ཡི། །ཐོས་དང་མཐོང་བ་རྣམས་ཀྱི་⑦དད་པ་སྐྱེས། །ཀུན་གྱིས་བསྟོད་ཅིང་དད་པས་སྤྱི་བོར་འདུད།།⑧ གསལ་ཞིང་དམ་པ་ཆོས་⑨ཀྱི་སྤྱན་ལྡན་པས། །

༨·ཁ·༤　རི་བོ་རྩེ་ལྔར་ལེགས་པར་བཞུགས་ནས་ཀྱང་། །ཀ་ལ་པིང་ཀའི་དབྱངས་ལྟར་⑩སྙན་པའི་གསུང་། །ཡང་དག་ཆོས་སྒྲ་ཀུན་ལ་ཁྱབ་གྱུར་པ། །དཔེར་ན་ སྨུན་ནག་ནང་དུ་⑪མར་མེ་གསལ། །འོད་ཟེར་འཕར་བ་ཀུན་ཏུ་སྣང་བ་ལྟར། །སྨུན་པ་རྣམས་ནི་གསལ་བར་བྱས་པ་ལ། །

༨·ཁ·༥　འགྲོ་བ་ཀུན་གྱིས་དད་ཅིང་གུས་པས་འདུད། །དཔེར་ན་སྡུག་བསྔལ་རྒྱ་

---

① 《色拉寺与大慈法王》中写成："བཟུང་ན་"

② 《色拉寺与大慈法王》中写成："བརྩེ་བས་"

③ 《色拉寺与大慈法王》中写成："རྒྱལ་ཆེར་"

④ 《色拉寺与大慈法王》中写成："རང་རིག་གཞན་རིག་ངོ་བོ་རབ་དབྱེ་ཞིང་།"

⑤ 《色拉寺与大慈法王》中写成："རྟོགས་པ་"

⑥ 《色拉寺与大慈法王》中写成："འབྲེལ་ཆེན་"

⑦ 《色拉寺与大慈法王》中写成："ཀྱང་"

⑧ 《色拉寺与大慈法王》中写成："དད་པའི་སྤྱི་བོས་འདུད་"

⑨ 《色拉寺与大慈法王》中写成："དམ་པའི་ཆོས་"

⑩ 《色拉寺与大慈法王》中写成："དབྱངས་ལྡན་"

⑪ 《色拉寺与大慈法王》中写成："ཐང་དུ་"

མཆོར་གྱི་ཞུགས་པ། །ཐ་སྙབས་གཡོས་ཀྱང་དམ་ཆོས་ཀྱི་ཕྱིན་པ། །དེ་ཙ་ལྟུང་བའི་སྡུག་བསྔལ་སེལ་བྱེད་ལ། །འགྲོ་བ་ཀུན་གྱིས་དད་ཅིང་གུས་པས་འདུད། །དཔེར་ན་ཐན་པའི་དུས་སུ་བདུད་རྩིའི་

༢·ཁ·༨ ཆར། །ས་ཆེན་རྩི་བཅུད་ཐམས་ཅད་རྒྱས་པར་བྱེད། །ཞིང་པ་རྣམས་ཀྱི་དགའ་བ་བསྐྱེད་བྱེད་པ།།① འགྲོ་བ་ཀུན་གྱིས་དད་ཅིང་གུས་པས་འདུད། །དཔེར་ན་ཚ་གདུང་དུས་སུ་རླུང་བསིལ་ལྟར། །འཇིག་རྟེན་གདུང་པའི་སྡུག་བསྔལ་བསལ་②བྱས་ནས། །ཉོན་མོངས་

༢·ཁ·༩ གདུང་བ་ཐམས་ཅད་སེལ་བ་ལ། །འགྲོ་བ་ཀུན་གྱིས་དད་ཅིང་གུས་པས་འདུད། །དོན་ གཉིས་ ལྷུན་ གྲུབ་ ནུབ་ ཕྱོགས་ ཕྱིན་ གྱུར་ ཀྱང་། །སྐུ་ ལུས་ སོང་ ཡང་ཕྱིད་③སེམས་འདི་ན་གནས། །དེ་ཕྱིར་བདག་གི་སེམས་ཀྱང་རྒྱུན་དུ་བསམས།།④ དེ་དང་འདིར་བཞུགས་གཉིས་

ཐོག་གྲངས་དགུ་པའི་མདུན།

༣·ཀ·༡ [········རྣམས་ལ་ཁྱད་པར་མེད། །བདེན་པའི་བསྟོད་པ་ཚིགས་སུ་བཅད་པ་ཡིས། །ཡོན་ཏན་རྒྱ་ཆེ་བསམ་གྱིས་མི་ཁྱབ་པ། །རྒྱལ་སྲས་ཞིང་ཁམས་ཀུན་ལ་ཁྱབ་པ་དང་། །གསུང་དབྱངས་གྲགས་པ་ཀུན་གྱིས་རྟོགས་གྱུར་པ། །ད་ལྟ་རིག་པས་རྟོགས་པ་དེ་མ་ཟད།།]⑤

༣·ཀ·༢ མ་འོངས་མ་རིག་པ་རྣམས་རིག་པར་འགྱུར། །སེམས་ཅན་མ་རིག་མུན་པ་བསལ་བྱས་ནས།།⑥ གངྒའི་བྱེ་སྙེད་⑦ཞིང་རྣམས་དག་པ་དང་། །བདག་གི་རྒྱལ་སྲིད་རྒྱལ་ཁམས་ཀུན་གྱི་བདག ལོ་ཡང་གནམ་དང་མཉམ་པར་གནས་པ་ཡིས། །སྨོན་ལམ་

---

① 《色拉寺与大慈法王》中写成:"སྐྱེད་པར་བྱེད་"

② 《色拉寺与大慈法王》中写成:"བསིལ་"

③ 《色拉寺与大慈法王》中写成:"ཕྱོད་"

④ 《色拉寺与大慈法王》中写成:"རྒྱུན་པར་བསམ།"

⑤ 《大慈法王传汇编》9 页正面 1 行,显现不清。从《色拉寺与大慈法王》78 页中补遗。

⑥ 《色拉寺与大慈法王》中写成:"སེལ་བྱས་ནས་"

⑦ 《色拉寺与大慈法王》中写成:"བྱེ་རི་སྙེད་"

འདེབས་ཤིང་འགྲོ་

(·ཀ·༣ བར་ཕན་པ་དང་། །སངས་རྒྱས་བསྟན་པ་དཔག་མེད་དར་བར་མཛོད། །ཡུང་ལོ་ཉི་(ཉེར་)གཅིག①ཟླ་བ་བཞི་པའི་ཚེས་བཅུ་བདུན་གྱི་ཉིན། །ཡང་༼༡༢༽རྒྱལ་པོའི་ལུང་གིས། མེའུ་གྲོ། ཡོན་ཐུང་། ཏུས་ཅི། ཐུ་ཡིན། ཏུ་གོ། ཞིན་གྱིའུ། ཀོན་ཏིང་། ཏུང་ཤེན། ཐེ་ཐེན། བཙོ་ཅི། ཏྲ་ཀོ་

(·ཀ·༤ ཤྲཱི། ཤཱཀྱ་ཡེ་ཤེས་ལ། ངེད་ཀྱི་བསམ་པ་ལ་སངས་རྒྱས་ཀྱི་ལམ་དང་ཡོན་ཏན་ཤིན་ཏུ་མཐོ་ཞིང་རྒྱ་ཆེ་བ་ལ་འགྲན་ཟླ་དང་བྲལ་བ་རྫུ་འཕྲུལ②དམ་པ་དབང་ཕྱུག་ཕུན་སུམ་ཚོགས་པ་འགྲོ་བ་ཐམས་ཅད་སྨོམས་པར་འདུལ་བའི་དོན་གྱིས་སྤྱར་ནས་རྒྱལ་

(·ཀ·༥ རབས་རིམ་པ་རྣམས་ཀྱིས་དེ་ལ་དད་པ་དང་བཀུར་སྟི③བྱས་པ་ཡིན། ངེད་རྣམས་ཀྱི④མཐུ་ལ་བརྟེན་ནས་ཡུལ་དབུས་དང་མཐའ་ཀུན་གྱི་མགོ་བྱས། ཡབ་མེས་རྣམས་ཀུན་ལ་ཐུགས་བརྩེ་བ་དང་ལྡན་པ་དེ་བཞིན་དུ⑤ངེད་ཀྱང་བྱམས་སྙིང་རྗེ་དང་ལྡན་པས་

(·ཀ·༦ སངས་རྒྱས་བསྟན་པ་དར་བར་བྱ་བ་དང་། མེས་པོ་ཐེ་ཙུང་རྒྱལ་པོ་དང་། ཡབ་གཞིང་ཙུང⑥རྒྱལ་པོས་ང་ལ⑦ཐུགས་བརྩེས་བསྐྱངས་པའི་དྲིན་ཆེན་པོ་ནམ་མཁའ་དང་མཉམ་པ་ཡོད་པས་དེ་ལ་བསམ⑧ནས་ཁོང་རྣམས་ལྷ་གནས་སུ་(གནས་སུ་)བཞུགས་པའི⑨ཐུགས་དགོངས་རྫོགས་

(·ཀ·༧ པ་དང་། སེམས་ཅན་ཐམས་ཅད་སྒྲོལ་བའི་དོན་དུ་སེམས་རྗེ་གཅིག་གིས་ཉིན་མཚན་རྒྱུན་མི་ཆད་པར་དྲན་པར་ཡོད་པའི་དོན་གྱི།⑩ ཏྲའི་ཀློ་ཤྲི་ཡོན་ཏན་འཕྲིན་ལས་ཁྱད་པར་དུ་འཕགས་པ⑪བསོད་ནམས་དང་ཤེས་རབ་ཕུན་སུམ་ཚོགས་པ།

① 《色拉寺与大慈法王》中写成："ཅེས་ཡུང་ལོའི་ལོ་ཉེར་གཉིས་པ་"
② 《色拉寺与大慈法王》中写成："སྤྲུལ་སྐུ་དམ་པ།"
③ 《色拉寺与大慈法王》中写成："བསྐུར་བསྟི་"
④ 《色拉寺与大慈法王》中写成："གནམ་གྱི་མཐུ་"
⑤ 《色拉寺与大慈法王》中写成："ཐུགས་བརྩེ་བ་དང་ལྡན་པ་བཞིན་དུ་"
⑥ 《色拉寺与大慈法王》中写成："གཞི་རིན་ཙུང་"
⑦ 《色拉寺与大慈法王》中写成："ང་རང་ཐུགས་བརྩེས་བསྐྱངས་"
⑧ 《色拉寺与大慈法王》中写成："བསམས་"
⑨ 《色拉寺与大慈法王》中写成："ལྷན་དུ་བཞུགས་པའི་"
⑩ 《色拉寺与大慈法王》中写成："དྲན་བཞིན་ཡོད་པའི་དོན་གྱིས་"
⑪ 《色拉寺与大慈法王》中写成："ཁྱད་དུ་འཕགས་ཤིང་"

བྱམས་དང་སྙིང་རྗེ་སྨོནཾ་(སྨོན་ལམ་) ཕན་སེམྶ་(སེམས་)①

ཐོག་གྲངས་དགུ་པའི་རྒྱབ།

༩·ཁ·༡ ཀྱི་(ཀྱིས་) གདུལ་བྱ་རྣམས་འདྲེན་པར་འདུག་པས། ངེད… སེམས་②ཤིན་ཏུ་མོས་པའི་དོན་གྱིས་ད་ལྟར་ནན་གྱིས་ཐའི་ཀུན་ཏའུ་ཞན་③མགོ་བྱས… མངགས་ནས། [ལུང་དང་གོས་དར་སོགས་འཁྱེར་ནས་གདན་འདྲེན་ལ་བཏང་ཡོད… པས། ལུང་སླེབས་མ་ཐག་ཁྱེད་ཤར་ཕྱོགས་འདིར་ཕྱོན་ནས། དམ་པའི་]④

༩·ཁ·༢ ཆོས་གསུངས་ཏེ་⑤སངས་རྒྱས་ཀྱི་བསྟན་པ་རྒྱ་ཆེན་པོ་དར་བར་མཛད… ནས།⑥ ངའི་སྤྱི་ཞུའི་སེམས་རྣམ་དག་དང་མཐུན་ཞིང་། ཕན་ཡོན་དཔག་ཏུ་མེད་པ་སྒྲུབ… པ་ཡིན།⑦ ཧྭའི་ཀོ་ཤྲི་དགོངས་བཞུགས་མཛོད།⑧ ཐོན་ཏེ་ལོ་⑨ཟླ་བ་བཞི་པའི་ཚེས་གསུམ… གྱི་ཉིན། དེ་ནས་ལུང་དང་བསྟུན་ནས་གསེར་ཡིག

༩·ཁ·༣ པ་དང་འགྲོགས་ཏེ་ནུབ་ཕྱོགས་ནས་ཆོས་རྗེ་ཨ་མོ་ཀླ་དང་། ཆོས་རྗེ… བསོད་ནམས་ཤེས་རབ་གཉིས་ཀྱིས་ཕྱག་ཕྱིའི་གཙོ་བོ་བྱས་པའི་གདན་བཏེག་ནས་མཚོ་ཁ… བརྒྱུད་དེ། ཙོང་ཁ། ཟི་ལིང་། མཛོ་མོ་མཁར། ག་ཆུ། འཕགས་པ་ཤིང་སྐྱུ། ཐའུ་ཙའུ། མིང་ཙའུ། ཟི་ངན། བའུ་ཟན།

༩·ཁ·༤ ཟི་(བའུ། ཟན་ཟི།) རེ་པི་(རི་བོ་) རྩེ་ལྔ་ནས་པོ་བྲང་དུ་ཕྱག་ཕེབས་པ… ཡིན། དེའི་རྐྱེན་གྱིས་ཅག་མདོ་(སོང་) རྒྱ་ནག་རྣམས་སུ་དཀོན་མཆོག་གི་རྟེན་གསུམ… བཙུགས་པའི་ལྷ་ཁང་གསེར་ཁང་སྣར་པ་སྒོམ་སྡེ་མང་པོ་བྱུང་བ་ཡང་། བྱམས་ཆེན་ཆོས… རྗེའི་ཐུགས་རྗེ་བྱིན་རླབས་དང་བཀའ་དྲིན་ཡིན་པར་བཤད།

༩·ཁ·༥ དེ་ནས་༼༡༣༽རྒྱལ་པོའི་ལུང་གིས། མེའུ་གྲོ། ཡོན་ཐུང་། ཏོས་ཅོ།

---

① 《色拉寺与大慈法王》中写成："སྨོན་ལམ་དང་ཕན་སེམས་བཅས་ཀྱིས་"
② 《色拉寺与大慈法王》中写成："ངེད་ཀྱི་སེམས་"
③ 《色拉寺与大慈法王》中写成："ད་ལྟ་ནན་གྱིས་ཐེ་ཀྱོན་ཏེ་ཏུ་ཞེན་"
④ 《大慈法王传汇编》9 页 1 行部分显现不清，从《色拉寺与大慈法王》85 页中补遗。
⑤ 《色拉寺与大慈法王》中写成："དམ་པའི་ཆོས་སྟེ་"
⑥ 《色拉寺与大慈法王》中写成："མཛད་ནེ་"
⑦ 《色拉寺与大慈法王》中，此处多一句：ངེད་ཀྱི་ཁྱེད་ལ་བསམས་པར་ཡོད་པས་"
⑧ 《色拉寺与大慈法王》中写成："ཧྭ་གོ་ཤྲིས་དགོངས་གཞིགས་མཛོད།"
⑨ 《色拉寺与大慈法王》中写成："ཐོན་ཏེའི་ལོ་བཞི་པའི་"

ཐུ་ཡིན། ཏུ་གོ། ཞིན་གྱཱུ། ཀོན་ཏིང་། ཏུང་ཤེན། ཟེ་ཐེན། བཙོ་ཚོ། དྷ་ཀོ་ཤྲཱི། ཤྲཱི་ཀྱཱུ་ཡེ་ཤེས་ལ། ངེད་ཀྱི་བསམ་པ་ལ། མེས་པོ་ཐེ་ཙོང་རྒྱལ་པོ་ཆེན་པོ་དང་།① ཡབ་ཞིང་ཙོང་②རྒྱལ་པོ་ཆེན་པོ་བདེ་བར་གཤེགས་

༤་ཁ་༥　ནས་ཡུན་རིང་③སོང་བ་ལ། རྣམ་པར་ལྷ་གནས་སུ་བཞུགས་པའི་ཐུགས་དགོངས་རྫོགས་པ་དང་། འགྲོ་བ་མང་པོ་ཡང་དག་ལམ་④ལ་སྦྱོར་བར་འདོད་ན། སངས་རྒྱས་ལ་སྐྱབསུ་（སྐྱབས་སུ་）འགྲོ་བར་བྱེད་དགོས་པ་ཡིན་པ་ལ། དྷ་ཀྴཱི་ཤྲཱི་ཉིད་ཀྱིས་⑤ལམ་དང་ཡོན་ཏན་ཤིན་ཏུ་མཐོ་ཞིང་།

༤་ཁ་༦　ཟབ་པ། བྱམས་དང་སྙིང་རྗེ་རྒྱ་ཆེན་པོ་ཡོད་པའི་དོན་གྱིས། རྗེ་གཅིགི་（གཅིག་གི་）⑥ཐེའི་ཀྱིན་ཏཱུ་ཞིན་མགོ་བྱས་མི་སྣ་མངགས་ནས་གདན་དྲངས་ཏེ། དྷ་ཀྴཱི་ཤྲཱི་⑦ཕན་པའི་ཐུགས་ཀྱིས་ངེད་ཀྱི་སྲི་ཞུའི་སེམས་དང་མ་འགལ་བར་རི་རླུང་（སླུང་）ཚ་གྲང་ལ་མ་འཇེམ་ཞིང་། ས་ཐག་རིང་པོ་ལེ་བར་⑧ཁྲི་ཕྲག་ཏུ་

ཤོག་གྲངས་བཅུ་པའི་མདུན།

༡༠་ཀ་༡　མར་མ་རྗེས་པར་⑨དགའ་བར་ཕྱིན་པས། གསེར་མཁར་དུ་འཕྱིན་སྐད་ཐོས་པས་ངེད་སེམས་རབ་ཏུ་སྤྲོ།⑩ མི་སྣ་མངགས་ནས་ལམ་དུ་བསུ་བ་བྱེད་ཡོད།⑪ ད་ལན་ཀཱ་ཤི་⑫ཨ་མོ་ཧྲ་འདིར་མངགས་ནས། ང་ལ་འབུལ་རྒྱུའི་ལྷ་སྐུ་དང་རིང་བསྲེལ་ཁྱེར་འོང་ནས་ཕུལ་ཏེ།⑬ ངེད་ཀྱིས་དད་

---

① 《色拉寺与大慈法王》中写成："མེས་པོ་ཐེ་ཙུང་དང་། རྒྱལ་པོ་ཆེན་པོ།"

② 《色拉寺与大慈法王》中写成："ཡབ་རིན་ཙོང་"

③ 《色拉寺与大慈法王》中写成："ཡུན་རིང་པོ་"

④ 《色拉寺与大慈法王》中写成："ཡང་དག་པའི་ལམ་"

⑤ 《色拉寺与大慈法王》中写成："ཉིད་ནི་"

⑥ 《色拉寺与大慈法王》中写成："རྗེ་གཅིག་གིས་"

⑦ 《色拉寺与大慈法王》中写成："དྷ་ཀོ་ཤྲཱིའི་"

⑧ 《色拉寺与大慈法王》中写成："ལེ་དབར་"

⑨ 《色拉寺与大慈法王》中写成："སྐྱ་ཚོགས་ལ་མ་འཇེམ་པར་"

⑩ 《色拉寺与大慈法王》中写成："ངེད་ཀྱི་སེམས་རབ་ཏུ་སྤྲོ་བ་དང་"

⑪ 《色拉寺与大慈法王》中写成："མི་སྣ་ལམ་བར་དུ་བསུ་བར་མངགས་ཡོད།"

⑫ 《色拉寺与大慈法王》中写成："གོ་ཤྲཱི་"

⑬ 《色拉寺与大慈法王》中写成："འཁྱེར་འོངས་ནས་ཕུལ་ཞིང་།"

༡༠་ཀ་༢ པ་དང་གུས་པ་དང་ཕྱག་དང་མཆོད་པ་བྱས་ཡོད། ངེད་སེམས་ཤིན་ཏུ་དགའ་བ་བྱུང་བ་①བརྗོད་ཀྱི་(ཀྱིས་)མི་ལང་། ངེད་ད་ལྟ་ཐེལ་ཕྱིན་ཏང་ལེའུ་ཡང་②མངགས་ནས་ལུང་དང་ཤིང་ཐོག་སོ་མ་③སོགས་ཕྱིར་ནས་བསྐུ་བར་བཏང་ཡོད་པས་ངེད་(ཀྱི་)སེམས་མཆོན་པ་ཡིན། ཏཱ་ཀོ་ཤི་ཐུགས་ལ་དགོངས་པར་

༡༠་ཀ་༣ མཛོད།④ ཟོན་ཏེ་⑤སོ་བཞི་པའི་ཟླ་བ་བཅུ་པའི་ཚེས་གཅིག་(གཅིག་གི་)ཉིན། ཡང་༼༡༤༽རྒྱལ་པོའི་ལུང་གིས། མེའུ་སྒྲོ། ཡོན་ཐུང་། ཧུས་ཙི། ཕུ་ཡིན། ཧུ་ཧོ། ཞིན་ཀྲུའུ། ཀོན་ཏིང་། ཧུང་ཤེན། ཟེ་ཐེན། བཙོ་ཙི། ཏཱ་ཀོ་ཤྲཱི། ཤཱཀྱ་ཡེ་ཤེས་ཉིད་ཀྱི་ཤེས་རབ་ཤིན་ཏུ་རྒྱ་ཆེ་བ། ཡོན་ཏན་ཟབ་ཅིང་མཐོ་བ། འགྲོ་བ་ཀུན་ལ་བརྩེ་བས་

༡༠་ཀ་༤ ཕན་པར་མཛད་ཅིང་། གདུལ་བྱ་རྣམས་རང་བཞིན་འདུག་པའི་དོན་ལ།⑥ ངེད་ཀྱི་⑦གདན་འདྲེན་བྱས་ནས། ཁྱེད་ཀྱིས་⑧ཐག་རིང་པོ་ནས་ཐུགས་མཉེས་ཤིང་བྱོན་པས། ངེད་⑨རབ་ཏུ་དགའ་བ་ཡིན། ད་ལྟ་ནན་གྱིས། ཧུད་ཐུང་།⑩ མེའོ་སྒྲོའི།⑪ ཕུ་ཧུའི། ཤིན་ཡིང་།⑫ ཧུ་ཧོ། ཆེན་ཀྱིའུ།⑬ ཚེ་ཙོན།⑭ ཏཱའི་ཀོ་ཤྲཱི་

༡༠་ཀ་༥ དཔལ་ལྡན་བཀྲ་ཤིས་དང་། ཐེའི་ཕྱིན་ཡོན་ཁྱི་⑮ལྷན་གཅིག་ཏུ་བསྐུ་བར་མངགས་ནས། ངེད་ཀྱི་བསམ་པ་ལ། ཉིད་ས་ཐག་རིང་པོ་ནས་འོ་རྒྱལ་⑯ཞིང་སྐྱ་ཐང་ཆད་འདུག་པས། ཏཱ་ཀོ་ཤི་གསེར་མཁར་དུ་ཕེབས་ནས་ཆོས་སྡེ་(སྡེར་)སྒྲོ་པོར

---

① 《色拉寺与大慈法王》中写成:"ངེད་ཀྱི་དད་པ་དང་གུས་པ་བྱུང་བ་བརྗོད་ཀྱིས་མི་ལངས།"其中少了"དང་ཕྱག་དང་མཆོད་པ་བྱས་ཡོད། ངེད་སེམས་ཤིན་ཏུ་དགའ་བ་"

② 《色拉寺与大慈法王》中写成:"ཐེའི་ཕྱིན་ཤང་ལེའུ་ཡང་"

③ 《色拉寺与大慈法王》中写成:"ཤིང་ཐོག་པོ་མ་"

④ 《色拉寺与大慈法王》中写成:"ཏཱ་ཀོ་ཤྲིས་དགོངས་པར་མཛོད།"

⑤ 《色拉寺与大慈法王》中写成:"ཟོན་ཏེའི་"

⑥ 《色拉寺与大慈法王》中写成:"གདུལ་བྱ་རྣམས་འདུལ་བའི་དོན་ལ།"

⑦ 《色拉寺与大慈法王》中写成:"ངེད་ཀྱིས་"

⑧ 《色拉寺与大慈法王》中写成:"ཁྱེད་ཉིད་"

⑨ 《色拉寺与大慈法王》中写成:"ངེད་ཀྱི་སེམས་"

⑩ 《色拉寺与大慈法王》中写成:"ཧུང་ཐུང་།"

⑪ 《色拉寺与大慈法王》中写成:"མི་སྒྲོ།"

⑫ 《色拉寺与大慈法王》中写成:"ཤེན་ཡིང་།"

⑬ 《色拉寺与大慈法王》中写成:"ཆོན་ཀྱིའུ།"

⑭ 《色拉寺与大慈法王》中写成:"ཚེ་ཙོན།"

⑮ 《色拉寺与大慈法王》中写成:"ཐེའི་ཕྱིན་ཡོན་ཏན་བཅས་"

⑯ 《色拉寺与大慈法王》中写成:"ས་ཐག་རིང་པོ་ནས་བྱོན་པས་འོ་བརྒྱལ་"

ཐུགས་མཛད་①དེ་བཞུགས་པར་མཛོད་དང་། ད་ཕྱིན་ཆད་ངེད་དང་ཕྲད་(འཕྲད་)②

༡༠·ཀ·༤ དུས་ཕྱག་འཚལ་མི་དགོས། ཏཱ་གཽ་ཤྲཱི་དགོངས་བཞུགས་མཛོད།③ ཟོན་ཏེ་ལོ་④བཞི་པའི་ཟླ་བ་བཅུ་ཅིག་(བཅུ་གཅིག་)པའི་ཚེས་བཅུ་ཉིས་(བཅུ་གཉིས་)ཉིན། (༡༥)རྒྱལ་པོའི་ལུང་གིས། མེའུ་གྲོ། ཡོན་ཐུང་། ཧུས་ཅི། ཐུ་ཡིན། ཧུ་གོ། ཞེན་ཀྱའུ། ཀོན་ཏིང་། ཧུང་ཤེན། ཟེ་ཐེན། བཙོ་ཅི། ཏཱ་གཽ་ཤྲཱི། ཤཱཀྱ་ཡེ་ཤེས་ལ།⑤ ནན་ཏན་གྱི་⑥བསྟོད་ཚིག་ཆོས་

༡༠·ཀ·༧ ཀྱི་འཁོར་ལོ་ཡོད་པའི་གསེར་དམ་དང་སའུ་གའུ་⑦རྣམས་གནང་བ་ཡིན། དེ་ཉིན་ལ་⑧བྱམས་ཆེན་ཆོས་ཀྱི་རྗེ་ནས། དཀོན་མཆོག་ལ་མཆོད་པ་དང་⑨དགེ་འདུན་ལ་བསྙེན་བཀུར་བའི་མང་ཇ་འགྱེད་⑩སོགས་དགའ་སྟོན་རྒྱ་ཆེན་པོ་བྱེད་པའི་ཚེ། ནམ་མཁའ་གཡའ་དག་པ།⑪ ཉི་མའི་འོད་ཤེན་ཏུ་གསལ་བ།

ཐོག་བྲངས་བཅུ་པའི་རྒྱབ།

༡༠·ཁ·༡ འཇའ་ཚོན་སྣ་ལྔས་ནམ་མཁའ་ཁྱབ་པ།⑫ ལྷ་དང་མི་རྣམས་བདེ་སྐྱིད་དགའ་བ་ཕུན་སུམ་ཚོགས་པ།⑬ ངེད་ཀྱང་ནན་གྱིས་བསྐུར་སྟི་⑭དང་། བཀྲ་ཤིས་པའི་བསྟོད་པ་ཚིགསུ་(ཚིགས་སུ་)བཅད་དེ་འདི་སྐད་དུ།⑮ མེའུ་གྲོ་ཡོན་ཐུང་དགེ་བ་གོང་

① 《色拉寺与大慈法王》中写成："ཐུགས་དམ་མཛད་"
② 《色拉寺与大慈法王》中写成："ངེད་དང་འཕྲད་"
③ 《色拉寺与大慈法王》中写成："དགོངས་པར་མཛོད་"
④ 《色拉寺与大慈法王》中写成："ཟོན་ཏེའི་ལོ་"
⑤ 《色拉寺与大慈法王》中写成："ཤཱཀྱ་ཡེ་ཤེས་ལ། ད་ལྟ་ཉི་མ་བཟང་པོ།"
⑥ 《色拉寺与大慈法王》中写成："ནན་ཏན་གྱིས་"
⑦ 《色拉寺与大慈法王》中写成："གསེར་ཐམ་དང་པའུ་གའུ་"
⑧ 《色拉寺与大慈法王》中写成："དེ་ཉིད་ལ་"
⑨ 《色拉寺与大慈法王》中写成："མཆོད་པ།"
⑩ 《色拉寺与大慈法王》中写成："མང་ཇའི་འགྱེད་"
⑪ 《色拉寺与大慈法王》中写成："གཡའ་དག་པ་ལ།"
⑫ 《色拉寺与大慈法王》中写成："ནམ་མཁའ་ཁྱབ་པ།"
⑬ 《色拉寺与大慈法王》中写成："ཕུན་སུམ་ཚོགས།"
⑭ 《色拉寺与大慈法王》中写成："བཀུར་བསྟི།"
⑮ 《色拉寺与大慈法王》中写成："བཀྲ་ཤིས་པའི་བསྟོད་པ་ཚིགས་བཅད་ཕུལ་བ་དེ་ནི་འདི་སྐད་དུ།"

འཕེལ་དུ། །ཧུས་ཙོ་①ཐུ་ཡིན་སངས་རྒྱས་ཞིང་ཁམས་ན། །ཟི་ཐེན་བཏོ་ཙོ་②

༡༠་ཁ་༢ རྒྱལ་སྲས་ཏྲ་གོཾ་ཤྲཱི། །ལྟ་བ་རྣམ་དག་སྤྱོད་པའི་རང་བཞིན་གནས། ། ད་ལྟ་དུས་བཟང་བསྟོད་ཚིག་བརྗོད་པ་ཡིས།།③ ལྷ་མིའི་④སྙན་ཚིག་བཟང་པོ་དུ་མ་བསྒྲགས། །རྒྱལ་མཚན་བ་དན་གཡོ་བ་རྣམ་མང་དག⑤ སྤྱི་བོའི་གཙུག་ནས་སའུ་ཀའུ་གསེར་དམ་འབུལ།།⑥ ཆོས་རྗེ་ཐམས་ཅད་བཀའ་དྲིན་

༡༠་ཁ་༣ རྗེས་སུ་དྲན། །དཔེར་ན་ཆོས་ཀྱི་སྒྲོན་མེ་སྟོང་ཕྲག་སྦར། །འོད་ཟེར་ཕྱོགས་བཅུ་ནམ་མཁའ་⑦ཀུན་ཏུ་གང་། །སྔར་ཡང་བདེ་གཤེགས་⑧གཙུག་ཏོར་རིན་པོ་ཆེའི། །འོད་ཟེར་རྣམ་མང་ཀུན་ཏུ་མ་ཁྱབ་མེད། །རྫོགས་པའི་མཐར་ཐུག་རང་བཞིན་འོད་གསལ་བ། །སྐད་ཅིག་གཉའི་བྱེ་སྙེད་མར་མེ་ལྟར། །

༡༠་ཁ་༤ སྔར་ཡང་རིན་པོ་ཆེ་ཡི་འོད་ཟེར་མཆོག །སེམས་ཅན་མཐའ་ཡས་མུན་པ་ཀུན་ཀྱང་སེལ། །རང་བཞིན་གསལ་བའི་འོད་ནི་བགྲ་ཤེས་པ། །སེམས་ཅན་གྱིས་⑨དད་ཅིང་གུས་ཕྱག་འཚལ། །རང་བཞིན་འོད་ནི་གདོད་ནས་གསལ་བ་ལ། །འགྲོ་བ་རྣམས་ཀྱི་⑩ཡི་རངས་གུས་པས་འདུད། །

༡༠་ཁ་༥ ཆོས་འཁོར་བསྐོར་བའི་འོད་ནི་⑪ས་སྟེང་ཁྱབ། །སྐྱེ་རྒུ་རྣམ་⑫ནི་རབ་མོས་གུས་ཕྱག་འཚལ། །རིན་ཆེན་ཁང་ན་ཡོད་ཀྱང་⑬འོད་ཟེར་གསལ། །མ་རིག་སེམས་ཅན་རྣམས་ལ་⑭སྐྱབ་སུ་(སྐྱབས་སུ་) གསོལ། །ང་ཡི་སེམས་བསྐྱེད་ལྷག་པའི་བསམ་པ་ལ། །སངས་རྒྱས་བསྟན་པ་རབ་ཏུ་དར་རྒྱས་

---

① 《色拉寺与大慈法王》中写成:“ཧུང་ཚེ་”
② 《色拉寺与大慈法王》中写成:“ཟིན་ཐེན་བཏོ་ཙོ་”
③ 《色拉寺与大慈法王》中写成:“ད་ལྟར་དུས་བཟང་བསྟོད་ཚིག་བརྗོད་པ་ཡིན།”
④ 《色拉寺与大慈法王》中写成:“ལྷ་མོས་”
⑤ 《色拉寺与大慈法王》中写成:“རྣམ་མང་སྤྱོད།”
⑥ 《色拉寺与大慈法王》中写成:“པའུ་གའུ་གསེར་ཐམ་ཕུལ།”
⑦ 《色拉寺与大慈法王》中写成:“ཕྱོགས་བཅུའི་ནམ་མཁའ་”
⑧ 《色拉寺与大慈法王》中写成:“བདེར་གཤེགས་”
⑨ 《色拉寺与大慈法王》中写成:“སེམས་ཅན་ཀུན་གྱིས་”
⑩ 《色拉寺与大慈法王》中写成:“རྣམས་ཀྱིས་”
⑪ 《色拉寺与大慈法王》中写成:“འོད་ཀྱིས་”
⑫ 《色拉寺与大慈法王》中写成:“རྣམས་”
⑬ 《色拉寺与大慈法王》中写成:“རིན་ཆེན་ཁང་ན་ཡོད་ཀྱང་”
⑭ 《色拉寺与大慈法王》中写成:“སེམས་ཅན་མཐའ་དག་”

༡༠·ཁ·༦　མཆོག① ང་ཡི་ལྷག་བསམ་ཟླ་བ་རྒྱལ་མཚན་ལྟར། །སེམས་ཅན་མ···
སྨིན་དོན་ཀུན་འགྲུབ་པའི་ཕྱིར། །བདེ་གཤེགས་②བྱེད་ཀྱིས་སྙིང་རྗེས་བརླན་པར···
མཛོད། །ལུས་ཀྱི་འོད་ཟེར་རབ་ཏུ་རྒྱས་པའི་མཆོག③ འདིར་ཕེབས་བདག་གི་བསམ་པ···
ཡོངསུ་(ཡོངས་སུ་)རྫོགས། །ཆོས་འཆད་སྨིན་གྲོལ་

༡༠·ཁ·༧　ལམ་ལ་བཀོད་པ་ཡིན། །བྱམས་དང་སྙིང་རྗེ་④བྱིན་རླབས་རྒྱ་ཆེ···
བ། །འདི་ཡི་ཡོན་ཏན་⑤རྒྱ་མཚོའི་གཏིང་བཞིན་ཟབ། །རྫོགས་པའི་མཐར་ཕྱིན་པ་ཡི···
མཐར་ཐུག་ན།།⑥ རྒྱལ་ཁམས་ཡོངས་ཀྱི་སེན་(སེམས་ཅན་)རྫོགས་སངས་རྒྱས། །མི···
དབང་སྐུ་རིམ་བསོད་ནམས་དཔག་ཏུ་མེད། །ཟིན་ཏེ་ལོ་བཞི་པའི་ཟླ་བ་བཅིུག་(བཅུ···
གཅིག་)⑦

ཤོག་གྲངས་བཅུ་གཅིག་པའི་མདུན།

༡༡·ཀ·༡　པའི་ཚེས་བཅུ་གསུམ་གྱི་ཉིན། དེ་ནས་རྒྱལ་པོའི་ཡབ་མེས་ཀྱི་ཐུགས···
དགོངས་ཡོངསུ་(ཡོངས་སུ་)རྫོགས་པའི་ཆེད། རྒྱུད་སྡེ་བཞི་ཀའི་དཀྱིལ་འཁོར་གྱི་ཞལ···
ཕྱེ་སྒྲུབ་མཆོད་རྒྱ་ཆེན་མཛད། གྲུབ་རྟགས་མང་པོ་བསྟན་པ་ནི། མཁའ་ལ་འཇའ་འོད་སྣ་
ལྔ་ཤར། །ལྷ་རྣམས་མེ་

༡༡·ཀ·༢　ཏོག་ཆར་ཡང་འབབ། །ནང་མཆོད་བདུད་རྩི་ཁོལ་(འཁོལ་)བ···
དང་། །བུམ་ཆུ་ཕྱུར་བ་ལ་སོགས་པའི། །ངོ་མཚར་ལྟས་བཟང་རྣམ་མང་གིས། །རྒྱལ་པོ···
འཁོར་བཅས་ཆེམ་པར་མཛད། །དེའི་ཚེ་རྒྱལ་པོའི་ཐུགས་དགྱེས་ཏེ། །དཀོན་མཆོག་གྲི···
ཞུ་དཔག་མེད་མཛད། །ཁྱད་པར་དབུས་གཙང་ཁམས་

༡༡·ཀ·༣　སྟོད་སྨད། །ཀུན་ལེང་སྡེ་བཞི་ཟེ་ལེང་ཤི། །ཀ་ཆུ་ལིང་ཐའུ་ཐེའུ་མེང···
གྲའུ། །ནམ་གྱིན་པེ་གྱིན་རི་རྩེ་ལྷར། །གཙུག་ལག་ཁང་བཟང་བརྟེན་རྟེན་པ། །གསར···

① 《色拉寺与大慈法王》中写成："དར་རྒྱས་ནོག"
② 《色拉寺与大慈法王》中写成："བདེར་གཤེགས་"
③ 《色拉寺与大慈法王》中写成："རྒྱས་པ་མཆོག"
④ 《色拉寺与大慈法王》中写成："སྙིང་རྗེའི་"
⑤ 《色拉寺与大慈法王》中写成："ཕན་ཡོན་"
⑥ 《色拉寺与大慈法王》中写成："མཐར་ཐུག་ནས།"
⑦ 《色拉寺与大慈法王》中写成："ཟླ་བ་བཅུ་པའི་"

བཞེངས་རྙིང་པ་བཙོས་ནས་ནི། །དགེ་འདུན་སྡེ་ཡང་མང་པོ་བཙུགས། །རིན་ཐང་གཞལ་དུ་མ་མཆིས་པའི། །གསེར་གྱི་བཀའ་འགྱུར་

༡༡·ཀ·༤ རྣམ་འཕང་ཅན། །ཚར་མང་བཞེངས་ཏེ་མཆོད་པ་དང་། །ཀློག་པའི་རྗེན་དུ་མང་པོ་གནང་། །སྤོས་མེའི་ཐེབསུ་(ཐེབས་སུ་)ཞིང་པ་དང་། །སྡེ་པ་མང་པོ་བསྐོས་ནས་གནང་། །མཁས་པ་བཙུན་པ་ཡོན་ཏན་ཅན། །རྣམས་ལ་གཽ་ཤྲཱི་ཁྲིན་ཤྲཱི་སོགས། །མིང་བཟང་ལས་ཀ་གནང་ནས་ཀྱང་། །དོ་དམ་བདག

༡༡·ཀ·༥ ཉིད་(གཉེར་)བྱེད་དུ་བཙུག སངས་རྒྱས་འཇིག་རྟེན་སྤྱན་འདྲ་བའི། །རྒྱལ་བའི་བསྟན་པ་རིན་པོ་ཆེ། །རྙེད་པ་དང་ནི་བཀུར་བསྟི་དང་། །བཅས་ཏེ་ཡུན་རིང་གནས་པར་མཛད། །དེ་ནས་དམ་པ་དེ་ཉིད་ཀྱིས་སྔོན་གྱི་སྨོན་ལམ་གྱི་དབང་གིས་རྒྱ་ནག་ཐེ་ཇུང་ཡུང་ལོ་རྒྱལ་པོ་ནས་ཟློན་ཏེ་རྒྱལ་པོའི་

༡༡·ཀ·༦ བར་རྒྱལ་རབས་བཞིའི་མཆོད་པའི་དཔལ་ཡོན་བླ་ན་མེད་པ་མཛད་དེ……①

༡༡·ཀ·༧ མཛད་ནས་སྐུ་མཚམས་ལ་བཞུགས་ཏེ་ཐུགས་དམ་མཛད་པ་ཡིན། ཉེ་ཟླ་བཞི་ལ་སྐུ་གཞན་དུ་གཤེགས་ཚུལ་བསྟན། དེའི་ནུབ་མོ་ཕོ་བྲང་བྱང་གི་གསེར་མཁར་ཏེ་ཡིན་ཟེ་ནས་ནུབ་ཕྱོགས་ལམ་ཆེན་བརྒྱུད་ནས་ས་ཐག་ལི་དབར་ཉིས་སྟོང་བརྒྱད་བརྒྱ་ཕན་ལ་ཤིང་སྒོ་ཐུབ་ཀོན་

ཐོག་གྲངས་བཅུ་གཅིག་པའི་རྒྱབ།

༡༡·ཁ·༡ མཁར་ཡོད་པས་ནམ་གུང་དུས་སུ་ཐུབ་ཀོན་མཁར་གྱི་ཤར་སྒོར་ཁོང་རང་སྤྱན་ནས་མེལ་ཚེ་བྱེས་པ་མཁར་ཛ་བརྟུང་མཁན་ལ་པོས་ཏེ་སྒོ་ཕྱེ་གསུངས། མཁར་ཛ་བརྟུང་མཁན་གྱིས་ཁྱོད་སུ་ཡིན་དོན་ཅི་ཡིན་ཟེར་བ་ལ། ང་(ད་)ཏའི་ཚེ་བཏའ་ཕང་ནུབ་ཕྱོགས་ལ་ཕེབས་པ་ཡིན་གསུངས་ནས།

༡༡·ཁ·༢ རྟ་དཀར་པོ་ལ་ཞོན་(བཞོན་)ནས་མི་གསུམ་ཙམ་ཤར་སྒོའི་སྟེང་གི་ནམ་མཁའ་ལ་འཕགས་ཏེ་བར་སྣང་ནས་ནུབ་ཕྱོགས་ལ་གཤེགས་པ་མཐོང་ནས་མེལ་ཚེ

① 此处复印件11页正面6行显现不清，具体内容参阅《色拉寺与大慈法王》95—96页。

བྱེད་མཁན་གྱིས་མཁར་མི་ཐམས་ཅད་ལ་སྐད་ཀྱིས་སྙན་ཏེ་ཕལ་ཆེས་མཐོང་ཞིང་གོ་བར་བྱས། མི་དཔོན་ལ་ཡང་རྒྱུ་མཚན་ཞུས་

༡༡·ཁ·༣ ཞིང་། མི་དཔོན་གྱིས་ཧུང་མུན་སོགས་ལ་རྒྱུ་མཚན་གྱི་ཡི་གེ་སྙན་ཏེ་རིམ་གྱིས་རྒྱལ་པོའི་སྙན་དུ་འང་སོན་པ་ན་སྐུ་གཤེགས་པའི་ནུབ་མོ་དེ་རང་ཡིན་པར་ཀུན་གྱིས་གོ་བ་ཡིན། ཏེ་ཡིན་ཟི་བྱམས་ཆེན་སྡེ་ཆེན་དུ་དྷ་ཀཱི་ཤྲཱི་དཔལ་ལྡན་པས་ཐོག་མ་མཛད་པའི་ཀོ་ཁྲིན་ཤྲཱི་ཡོངས་ཀྱི་

༡༡·ཁ·༤ དགེ་བའི་བཤེས་གཉེན་མང་པོས་དགོངས་པ་རྫོགས་པའི་ཕྱིར་དགེ་རྩ་རྒྱ་ཆེན་པོ་བསྒྲུབ་ཅིང་གདུང་མཆོད་རྒྱ་ཆེན་པོ་ཉིན་ཞག་བཞི་བཅུ་ཞེ་དགུའི་བར་དུ་བསྒྲུབ། འཇའ་འོད་དང་། ལྷས་མེ་ཏོག་གི་ཆར་ཕབ་པོ། ཁྲ་སའི་ཞེས་བྱ་བའི་ས་ཆ་དེར་ཀཱུ་ཤྲཱི་དཔལ་ལྡན་པས་གཙོས་དགེ་བའི་

༡༡·ཁ·༥ བཤེས་གཉེན་མང་པོའི་ཚོགས་དང་། བློན་ཆེན་མི་ཆེན་དམག་དཔོན་སོགས་སྐྱ་སེར་མང་པོ་འདུས་ནས་སྐུ་གདུང་ཞུགས་འབུལ་མཛད་པ་ལ་ཀཱུ་ཤྲཱི་དཔལ་ལྡན་པས་མི་སྦྱོར་བའི་སྣང་བ་ཀ་ཙམ་བྱས་པ་ལ་མི་རང་སྤར་དུ་སོང་ཞིང་། འཇའ་ཚོན་སྣ་ལྔའི་གདུགས་དང་རྒྱལ་མཚན་བ་དན་

༡༡·ཁ·༦ བཀྲིས་(བཀྲ་ཤིས་)རྟགས་བརྒྱད་ཀྱི་དབྱིབས་ལྟ་བུའི་ལྟས་བཟང་ཁྱད་པར་ཅན་ནམ་མཁའི་ཁམས་གང་བར་བྱུང་བ་ཀུན་གྱིས་མཐོང་ཞིང་ངོ་མཚར་བའི་གནསུ་(གནས་སུ་)གྱུར། དེ་ནས་གདུང་ཁང་གི་ཁ་ཕྱེ་ནས་བལྟས་པས་སྐུ་རིལ་པོར་བཞུགས་པ་གསེར་གྱི་མདོག་ལྟར་འཚེར་ཞིང་འབར་བ་མུ་ཏིགི་(ཏིག་གི་)དོག་(རྡོག་)པོ་ལྟ་བུ་དང་།

༡༡·ཁ·༧ ཡུངས་འབྲུ་ལྟ་བུའི་རིང་བསྲེལ་དཀར་ཁྲོམ་མི་འབྱར་ཞིང་གདུང་ཁང་གི་ནང་སོགས་ཀུན་ཏུ་བཀྲམ་པ་བཞིན་དུ་བཞུགས་པ་རྣམས་གསེར་གྱི་མཆོད་རྟེན་མཐོ་ཚད་ལ་ཁྲུ་བཅོ་ལྔ་ཙམ་ཡོད་པ་གཅིག་བཞེངས་པའི་ནང་དུ་སྐུ་གདུང་རིང་བསྲེལ་དང་བཅས་བཞུགས་བཅུག་པ་ཡིན། རྣམ་

ཤོག་གྲངས་བཅུ་གཉིས་པའི་མདུན།

༡༢·ཀ·༡ ཐར་བཀོད་པ་རྒྱལ་པོའི་སྙུན་ལམ་དུ་གཟིགས་པ་ཐུལ་བས།

༼༡༦༽ ཨེ་མའོ་[1]འདི་འདྲ་བའི་ངོ་མཚར་ཤིན་ཏུ་ཆེ་ཞེས་གསུངས་ནས་ཡང་བསྟོད་པ་ནི། སྨོན་ལམ་དབང་གིས་དབུསུ་(དབུས་སུ་) སྐུ་འཁྲུངས་པ། །བསླབ་པ་གསུམ་ལ་མཁས་ཤིང་མཁྱེན་པ་ཡང༎[2] རྗེ་སྟོད་ཀུན་འཛིན་རྗེ་རྗེ་

༡༢་ཀ་༢ ཟ་མ་ཏོག རང་བཞིན་རྣམ་དག་དཀའ་བ་དཔག་མེད་ཀྱིས། །ལྷག་བསྒྲུབ་པའི་སྤྱངས་རྟོགས་ཡོན་ཏན་མངའ། །ང་ཡི་ཡབ་མེས་རྒྱལ་རབས་རྣམ་པ་བཞིའི། ། སྤྱི་བོ་ནས་ནི་དབང་བསྐུར་དྲིན་ཆེན་པོའི། །ལྷ་མ་སེམས་ཅན་ཡོངས་ལ་སྐུ་དྲིན་ཆེ། ། དགེ་བ་རྣམ་དག་ཀུན་ལ་ཐུགས་བརྩེ་བ། །ཕྲིན་བྲལ་ཉི་ཟླའི་

༡༢་ཀ་༣ འོད་བཞིན་ཤིན་ཏུ་གསལ། །དཀྱུང་ལོ་ཤིན་ཏུ་མཐོ་ནས་གཟུགས་སྐུ་ཡི། །བཀོད་པ་བསྟུས་ནས་ཡོངསུ་(ཡོངས་སུ་) མྱ་ངན་འདས། །ཡེ་ཤེས་མེ་ནི་སྟོན་དུ་སྤར་བ་[3]ལས། །འཇའ་མཚོན་སྣ་ལྔ་ནམ་མཁར་འཁྲིགས་པའི་དབུས། །གདུགས་དང་བ་དན་རྒྱལ་མཚན་དཔྱིབས་ཅན་གྱིས། །མཆོད་ཅིང་ལྷ་ཡི་(ཡིས་)

༡༢་ཀ་༤ མེ་ཏོག་ཆར་ཡང་ཕབ༎[4] དེ་འདྲའི་ངོ་མཚར་ལྟས་བཟང་མང་བྱུང་ཡང་། །ད་དུང་སེམས་ལ་སྡུག་བསྔལ་ཁུར་གྱིས་མནན། །སྡུག་བསྔལ་བསལ་ནས་[5]ཚེ་ལོ་ཁྲི་ཚོའི་བར། །འཚོ་བར་སྨོན་ཞིང་[6]སྐྱེ་ཀ་ན་འཆི་ཡི། །མིང་ཡང་མི་གྲགས་ནམ་མཁའ་ཇི་སྲིད་དུ། །རྒྱལ་སྲིད་གནས་པར་

༡༢་ཀ་༥ བྱིན་རླབས་[7]བཀྲ་ཤིས་ཤོག ཐོན་ཏེ་[8]ལོ་བཅུ་པའི་ཟླ་བ་བཅུས་(བཅུ་གཉིས་) པའི་ཚེས་བཅུ་དྲུག་གི་ཉིན། དེ་ནས་རྒྱལ་པོའི་ལུང་གིས། ཆོས་རྗེ་བསོད་ནམས་ཤེས་རབ་དང་། ཆོས་རྗེ་བཟང་པོ་གཉིས་ཀྱིས་གསེར་གདུང་མཛེ་མོ་མཁར་དུ་གདན་དྲངས་ཏེ་ལྷ་ཁང་བཞེངས་ནས་བཞུགསུ་(བཞུགས་སུ་) བཅུག

༡༢་ཀ་༦ དགེ་འདུན་གྱི་སྡེ་ཡང་བཙུགས། ཀློ་ཀླ་སོགས་ཀྱི་ལས་ལུང་གནང་

① 《色拉寺与大慈法王》中写成："ཨེ་མ་ཧོ།"
② 《色拉寺与大慈法王》中写成："མཁྱེན་པ་ཡངས།"
③ 《色拉寺与大慈法王》中写成："འབར་བ་"
④ 《色拉寺与大慈法王》中写成："ལྷ་ཡིས་མེ་ཏོག་ཆར་བ་ཕབ།"
⑤ 《色拉寺与大慈法王》中写成："སེལ་ནས་"
⑥ 《色拉寺与大慈法王》中写成："སྨོན་ཅིང་"
⑦ 《色拉寺与大慈法王》中写成："བྱིན་བརླབས་"
⑧ 《色拉寺与大慈法王》中写成："ཐོན་ཏེའི་"

ནས་བདག་གཉེར་མཛད་པ་ཡིན། ཞེས་དུས་གསུམ་སངས་རྒྱས་ཐམས་ཅད་ཀྱི་ངོ་བོ་དཔལ་ལྡན་བླ་མ་ཁམས་གསུམ་ཆོས་ཀྱི་རྒྱལ་པོ་ཙོང་ཁ་པ་ཆེན་པོའི་སྲས་ཀྱི་ཐུ་བོ་བྱམས་ཆེན་ཆོས་ཀྱི་རྗེ་ཤཱཀྱ་ཡེ་ཤེས་པ་དེ་ཉིད་ཙོང་ཁ་པ་ཆེན་པོའི་སྐུ་ཚབ་ཏུ་རྒྱ་ནག་པོ་བྲང་ལ་ཕེབས་ཚུལ་གྱི་རྣམ་ཐར་

༡༢་ཀ་༧ འདོད་པའི་རེ་སྐོང་དཔལ་སྟེར་ཉི་མ་ཞེས་བྱ་བ་འདི་ནི་སྐྱེས་ཐོབ་བློ་གྲོས་ཀྱི་རྣམ་དཔྱོད་ཡངས་པ་ལུགས་བཟུང་（ཟུང་）མཁྱེན་པའི་སྤྱན་ལྡན་ཡང་སྐྱ་ཞ་ས་དང་（ཞབས་དྲུང་）བྱམས་པ་ཚུལ་ཁྲིམས་རྒྱ་མཚོས་བགྲིས་（བགྲ་ཤིས་）ཁ་བཏགས་དང་བཅས་ནན་གྱིས་བསྐུལ་བའི་བཀའ་ཤོག་མ་ཐུས་པར། དམ་པ་རིན་ཆེན་གྱིས་བྱིན་གྱིས་བརླབས་པའི་ཨེར་ཏེནི་（ཏེ་ནི་）ནོ་མོན་ཁན་པཎྜི་ཏ་ཧོ་ཐོག་ཐུར་འབོད་པའི་བྱིན་པ་ངག་དབང་འཇམ་དབྱངས་ཉི་མས་རྒྱ་ནག་རས་

ཐོག་གྲངས་བཅུ་གཉིས་པའི་རྒྱབ།

༡༢་ཁ་༡ བྲིས་བཀོད་པ་ལྟར་བསྒྲིགས་ཏེ་སྦྱར་བའི་ཡི་གེ་པ་ནི་རབ་བྱམས་པ་བསོད་ནམས་མཁས་མཆོག་གོ། བྱམས་ཆེན་ཆོས་ཀྱི་རྗེ་ཤཱཀྱ་ཡེ་ཤེས་དཔལ་བཟང་པོའི་རྣམ་པར་ཐར་པ་མདོར་བསྡུས་ཙམ་ཞིག་བཞུགས་ལགས་སོ། ན་མོ་གུ་རུ་ཧྲུ། བྱམས་བརྩེའི་ཟླ་སྤྲུལ་ལན་བརྒྱར་བསྒྲུབས་པ་ལས།།

༡༢་ཁ་༢ ལེགས་ཐོན་དབང་ཕྱུགས་གོང་མའི་རྒྱལ་ཁབ་མཐར། །ཤཱཀྱའི་ལུང་རྟོགས་དཀྱིལ་འཁོར་རྫོགས་པ་ཡིས། །ཡེ་ཤེས་རྣམ་དཀར་འོད་བརྒྱས་འགེངས་བྱེད་རྒྱལ། །གང་དེའི་རྣམ་ཐར་ཀུན་མཁྱེན་ཛ་རླུའི། །སྟོ་བ་ལས་གཞན་ཚུར་མཐོང་ཀར་ཏའི（ཀརྟ་ཏ། སྤལ་པ།）། །མགྲིན་པར་

༡༢་ཁ་༣ བྲེགས་པ་ཙམ་ཡང་ཆུད་དཀའ་མོད། །འོན་ཀྱང་དད་པས་ཞུང་ཞིག་འདིར་གསལ་བྱ། །བསྐལ་བཟང་རྣམ་འདྲེན་བཞི་པའི་འཁོར་གྱི་དབུས། །འཇིགས་མེད་གདོང་ལྔའི་དབྱངས་ཅན་ཙནྡྲ་ཉིད། །སླར་ཡང་ཐུབ་པའི་བརྟུལ་ཞུགས་ཀྱིས་དྲངས་ཏེ། །ལྗོངས་འདིའི་

༡༢་ཁ་༤ འགྲོ་བའི་དཔལ་དུ་གྱུར་པ་ནི། །སྐྱིད་ཤོད་གུང་ཐང་ཀུན་བཟོད་ཐེག་ལེ་ཏུ། །ཤཱཀྱའི་བསྟན་པའི་དཀྱིལ་འཁོར་རྫོགས་པ་ཡིས། །ཡེ་ཤེས་འོད་སྟོང་འབར་བའི་

ཉི་མ་ཁྱོད། །ཤར་ཆེ་འགྲོ་འདིའི་རྫོངས་མུན་ཀུན་ནས་བཅོམ། །སླིགས་མའི་མགོན་པོ་
ཀུན་མཁྱེན་ཚོང་ཁ་

༡༢་ཁ་༥ པའི། །གྲངས་མེད་སྲས་ཀྱི་དབུས་ན་ལྷུང་རྟོགས་ཀྱིས། །མངོན་པར་
མཐོ་བའི་ རི་ དབང་ ལྟར་ གྱུར་ ཆེ། །རྣམ་ དཔྱོད་ ཕུལ་ བྱུང་ མཆོག་ གི་ མཁས་ པར་
བསྔགས། །ཁྱད་པར་བསྟན་པའི་འཁོར་ལོ་དུར་སླིག་ཅན། །དབེན་གནས་ཆོས་སྡིངས་
ལོ་གསུམ་བཞུགས་པ་ཡིས། །

༡༢་ཁ་༦ བར་མ་ཕག་ལོར་ཤར་ཕྱོགས་ས་དབང་གིས། །སྤྱན་འདྲེན་བྱུང་ཚེ་
རྒྱལ་བ་གཉིས་པ་ཡིས། །ཁྱོད་ཀྱི་སློན་ལམ་རྒྱ་མཚོའི་མཐུ་དཔལ་ལས། །ཕྱོགས་དེར་ཐུབ་
བསྟན་ བསིལ་ སྦྲིན་ འཆར་ གཟིགས་ ནས། །བསྟན་ འགྲོའི་ དཔལ་ དུ་ ཕྱོགས་ དེར་ ཁྱོད་
འགྱུར་ཞེས། །དགྱེས་བཞིན་

༡༢་ཁ་༧ དྲི་མེད་བཀའ་ཡིས་ལན་བརྒྱར་བསྔགས། །གང་གིས་དབུལ་སེལ་
རྒྱུག་འཛིན་དབང་པོ་ཡང་། །ཁྱོད་ཀྱི་འཕྲིན་ལས་སྐྲུབ་པར་བཀའ་བསྐོས་ཆེ། །གཡོ་མེད་
དམ་བཅས་མངོན་སུམ་ཞལ་བཞེས་ཏེ། །ཁྱོད་དང་འགྲོགས་པ་ཙཱྀན་དྲི་བཞིན་གྱུར། །
དེ་ཚེ་ཁྱོད་ཀྱི་སྙིང་སྟོབས་

ཉོག་གྲངས་བཅུ་གསུམ་པའི་མདུན།

༡༣་ཀ་༡ རྡོ་རྗེའི་གོ། །གཅིག་ཏུ་བགོས་ནས་བླ་མེད་བརྒྱུད་ཆེན་གྱི། །བཤད་
སྒྲུབ་འཛུགས་དང་གདན་ས་བཅུ་འདེབས་ཞེས། །ཞལ་བཞེས་སྟོང་འཁྱུན་གཙུག་གི་ནོར་
བུར་སྤྲོན། །དེ་ཚེ་ཁྱོད་ཀྱི་མཁྱེན་པའི་ལྷ་ལམ་ཀུན། །ཐུགས་རྗེ་སྤྲིན་གྱིས་བཀང་སྟེ་མི་
ཟད་

༡༣་ཀ་༢ པའི། །རྫུ་འཕྲུལ་ཉུས་པ་དམ་ཆོས་ཟབ་མོའི་ཆར། །ཕབ་ནས་དཔོན་
འབངས་ཡང་དག་ལམ་ལ་བཀོད། །སྔོན་ གྱི་ ཞལ་ བཞེས་ དམ་ བཅའ་ རྗེས་ དྲན་ ཏེ། །
མཆོད་ཡོན་ཟུང་གིས་རི་བོ་རྩེ་ལྔ་ལ། །དགོན་ཆེན་དྲུག་དང་མེ་ཏོག་ལྷུམ་ར་དང་། །ཉིས་
བར་ཏ་ཡན་སི་ཞེས་བྱ་བ་

༡༣་ཀ་༣ བཏབ། །ཐུབ་བསྟན་ཟེར་སྟོང་ཅན་གྱི་སྣང་བ་ཡིས། །ཤར་ཕྱོགས་རྒྱ་
མཐོང་ཕ་མཐའ་ཀུན་བཀང་སྟེ། །ཕྱོགས་ དེའི་ ཡིད་ ཅན་ པདྨ་ གཞོན་ ནུའི་ འདབ། །

རྫོངས་པའི་ཟུམ་པ་འབྱེད་མཁས་ཁྲོད་ལས་སུ། །ཁྱད་པར་སྤྱི་འཕྲུལ་སྲས་པོའི་ལུང་རྟོགས་ཀྱི། །འོ་མཚོའི་སྙིང་(ཉིང་)ཁུ

༡༣་ཀ་༤ རྒྱལ་བ་གཉིས་པའི་བསྟན། །དབང་ཕྱོགས་ཡུལ་དེར་འབྱེད་པའི་ཤིང་རྟ་ཆེ། །ཁྱོད་ཀྱི་མཛད་པའི་ཆུ་གཏེར་སུ་ཡིས་དཔག དེ་ཕྱིར་སྟོང་འཁྲུན་ས་དབང་མཚུངས་བྲལ་དེས། །འཕྲིན་ལས་སྣ་ཚོགས་མཁས་ཤིང་གསལ་བ་དང་། །ཆོས་ཉིད་དམ་པ་མཆོག་ཏུ་རྒྱལ་བ་དང་། །

༡༣་ཀ་༥ ཤེས་རབ་རྣམ་དག་སྣང་བ་ཆེན་པོ་དང་། །ཀུན་ཏུ་ཁྱབ་ཅིང་རྒྱལ་ཁམས་སྐྱོབ་པ་དང་། །བསྟན་པ་རྒྱས་མཛད་རབ་ཏུ་དགེ་བ་དང་། །བྱམས་ཆེན་ཆོས་ཀྱི་རྒྱལ་པོ་བྱ་བ་སོགས། །མཚན་གསོལ་འགྲན་ཟླ་བྲལ་བའི་བླ་མར་བསྟགས། །དེ་ཚེ་ཆོས་སྦྱིན་ཟད་པ་མེད་པའི་ཆེད། །

༡༣་ཀ་༦ དྲི་མེད་བཀའ་འགྱུར་ཡོངས་སུ་རྫོགས་པའི་པར། །ཐོག་མར་བསྐྲུན་ཏེ་ཤར་ཕྱོགས་རྒྱ་མཚོའི་བར། །རྒྱལ་བསྟན་ཟླ་བའི་འོད་ཀྱིས་དཀར་པོར་མཛད། །སླར་ཡང་ཁྱོད་ཉིད་དགེ་བར་དབུས་སུ་ཕེབས། །རྒྱལ་བ་གཉིས་པ་དབེན་གནས་ཆོས་སྡིངསུ(སྡིངས་སུ)། །མཐའ་ཡས་གདུལ་བྱར་ཆོས

༡༣་ཀ་༧ འཁོར་བསྐོར་བ་ཡིས། །ཞབས་ཏོག་རྒྱ་ཆེན་བསྒྲུབས་ཏེ་དགྱེས་པར་མཛད། །ས་མི་ཕག་མོར་རྒྱལ་ཀུན་མཁྱེན་པའི་གཏེར། །གཅིག་གྱུར་འཇམ་དགོན་བླ་མ་ཚོང་ཁ་པར། །ཞལ་བཀོད་ཞུས་ནས་ཐེག་ཆེན་བཤད་སྒྲུབ་གླིང་། །འཛམ་གླིང་མཁས་པའི་བསྟི་གནས་མཆོག་འདི

ཐོག་གྲངས་བཅུ་གསུམ་པའི་རྒྱབ།

༡༣་ཁ་༡ བསྐྲུན། །ལྷག་པར་གངས་རིའི་འཕྲེང་ལྡན་ལྗོངས་འདི་ན། །ཐུགས་ཀྱི་འཆད་ཉན་རྣམ་པར་དག་པའི་བསྟན། །ཀུན་ནས་ཉུབ་སྟེ་ཡུན་རིང་ལོན་གྱུར་པ། །རྒྱལ་བ་གཉིས་པས་ཉིན་མོར་མཛད་མོས་ཀྱང་། །སྔོན་ཆད་འཆད་ཉན་གཞི་འཛུགས་མ་བྱུང་བས། །དེ་ལྟའི་གཞི་འཛུགས

༡༣་ཁ་༢ བྱུང་ན་ཅི་མ་རུང་། །དགོངས་ཏེ་ལྷག་བསམ་ཤེལ་གྱི་ལྷུག་ཕྲན་གྱིས། །རྒྱལ་བ་གཉིས་པའི་སྐན་གྱི་ཇ་ཆེན་སྐྱལ། །དེ་ཚེ་འཇམ་དབྱངས་ངུར་སྨྲིག་ཟློས

གར་མཁན། །ཞལ་ཁྲིམ་འཛུམ་གྱིས་འཕྲེང་བས་མངོན་པར་བརྒྱན། །ཁྱོད་ཐུགས་དབུམ་པ་ཐུགས་རྗེའི་བདུད་རྩིས་

༡༣་ཁ་༣ བཀང་། །བརྒྱ་ཕྲག་དུ་མའི་བསྟོད་པའི་འཕྲེང་བས་བསྟགས། །རྣམ་དག་འདུལ་ཁྲིམས་ནོར་འཛིན་ལ་བརྟེན་ནས། །གསང་བདེའི་འཆད་ཉན་ཡོངས་འདུ་རྒྱས་བྱེད་པའི། །རྒྱུད་ཀྱི་རྒྱལ་པོ་གཉིས་ཀྱི་དབུ་ནས་ཀྱང་། །ཆོས་ཐུན་རེ་གསུངས་ཕྱོགས་ཀུན་དག་པར་མཛད། །སྔོན་ནས་

༡༣་ཁ་༤ འཇམ་མགོན་བླ་མའི་བཀའ་སྐུལ་གྱིས། །ཁྱོད་ཀྱི་གཙུག་ཏུ་མི་ཕྱེད་དམ་བཅིངས་ཏེ། །ལྗོངས་འདིར་གསང་ཆེན་སྔགས་ཀྱི་རྒྱུད་སྡེ་ལ། །རྣམ་དག་འཆད་ཉན་ཀུན་ནས་ནུབ་གྱུར་པ། །རྒྱལ་བ་གཉིས་པས་ཉིན་མོར་མཛད་པ་གང་། །འཕེལ་ཕྱིར་རྣམ་དག་འདུལ་ཁྲིམས་ལ་བརྟེན་

༡༣་ཁ་༥ ནས། །གསང་སྡེའི་འཆད་ཉན་ཚུགས་པའི་གཞི་རྟེན་ཕུལ། །དེ་ཚེ་རྒྱུད་ཀྱི་གྲྭ་ཚང་ཞལ་བཀོད་དང་། །ལྷན་ཅིག་སེམས་དཔའ་ཆེན་པོ་དར་མ་བཟང་། །ཐེག་ཆེན་གླིང་གི་མཁན་པོར་མངའ་གསོལ་ཞིང་། །གནས་དེར་རྟེན་འབྲེལ་སྒྲིག་ཕྱིར་གསོ་སྐྱོང་མཛད། །རྒྱུད་ཀྱི་རྒྱལ་པོའི་

༡༣་ཁ་༦ ནང་ནས་ཐུན་རེ་གསུངས། །གཞན་ཡང་ཁྱོད་ཀྱི་སྨོན་ལམ་ཐུགས་རྗེ་ལས། །རིམ་པར་སེམས་དཔའ་ཆེན་པོ་ཤེར་བཟང་གིས། །ཆབ་མདོ་བྱམས་པ་གླིང་གི་ཆོས་སྡེ་བཏབ། །མཚུངས་མེད་རྒྱལ་མཚན་བཟང་པོའི་ཞལ་བཀོད་ལ། །བརྟེན་ནས་གནས་བརྟན་སངས་རྒྱས་གྲགས་

༡༣་ཁ་༧ པ་ཡིས། །སྨ་ལུང་དགོན་པར་རི་བོ་དགེ་ལྡན་པའི། །དྲི་མེད་འཆད་ཉན་གསར་དུ་བཙུགས་པ་ལས། །རིམ་པར་སྤྱི་བོ་ཆུ་མདོ་བྱམས་པ་གླིང་། །ཞེས་བྱའི་སྟོན་མེད་ཆོས་སྡེ་ཆེན་པོ་བྱུང་། །ཆོས་སྡེ་(སྡིངས་)དབེན་པར་ཆོས་འཁོར་བསྐོར་བའི་དུས། །རྒྱུད་ཀྱི་གཞི་རྟེན་ཕུལ་བ་ལ་

རྟོག་གྲངས་བཅུ་བཞིའི་མདུན།

༡༤་ཀ་༡ བརྟེན་ནས། །མཚུངས་མེད་ཤེས་རབ་སེང་གེ་ཡིས། །སྟོད་རྒྱུད་སྨད་རྒྱུད་གྲྭ་ཚང་(རྣམ་)གཉིས་བཙུགས། །མདོ་ཡི་འཆད་ཉན་དར་བའི་གྲྭ་ཚང་ཡང་། །

གསང་ཕུར་མཐོང་སྨོན་གྲྭ་ཚང་ཞེས་བྱ་དང་། །གཙང་དུའང་གྲྭ་ཚང་ཆེན་པོ་འཛུགས་མཛད་པ། །

༡༩ཀ་༢ ད་ལྟ་བཀྲ་ཤིས་ལྷུན་པོར་ཡོད་ཅེས་ཐོས། །སླར་ཡང་ཤར་ཕྱོགས་འགྲོ་བའི་བསོད་ནམས་ཀྱི། །ཤིང་རྟས་ཁྱོད་སྐུའི་ཉི་མ་རབ་དྲངས་ཏེ། །ཐུབ་བསྟན་སྤྱི་དང་རྒྱལ་བ་གཉིས་པ་ཡིས། །ལེགས་གསུང་འདབ་རྒྱ་ཕྱོགས་དེར་བཞད་པའི་ཆེད། །གོང་མའི་རྒྱལ་ཁབ་

༡༩ཀ་༣ མཁའ་(མཁར་)ལ་མངོན་སུམ་ཕྱིན། །དེ་ཚེ་ཏ་མིང་རྒྱལ་པོ་ཞིང་གཞན་དུ། །གཤེགས་ཀྱང་དེ་སྲས་ཐོན་དེ་རྒྱལ་པོ་ཡིས། །གཙུག་ན་ནོར་བཞིན་གུས་པས་ལྷག་པར་མཆོད། །གཞན་དོན་འཕྲིན་ལས་མུན་སེལ་སྟོང་ཕྲག་གིས། །ཕྱོགས་དེའི་རྒྱུད་པའི་སྨག་རུམ་མ་ལུས་

༡༩ཀ་༤ བཅོམ། །སྔོན་གྲགས་མཐའ་མེད་ལྷ་ཡི་ཇ་པོ་ཆེས། །རིས་མེད་སྐྱེ་རྒུའི་ཉ་བར་བདུད་རྩི་སྦྱིན། །དེ་ནས་གདུལ་བྱའི་རྟག་འཛིན་གཞོམ་པའི་སླད། །མཛོ་མོ་མཁར་དུ་ཕེབས་པའི་མོད་ཉིད་ལ། །གང་སྐུ་མིག་གི་བདུད་རྩི་ཆུ་ཁུར་ཅན། །ཆོས་སྐུའི་འཆི་མེད་ལམ་གྱིས་

༡༩ཀ་༥ དབྱིངས་སུ་བསྡུས། །གྲངས་མེད་བསོད་ནམས་ཞིང་གྱུར་སྐུ་ཡི་གདུང་། །འགྲོ་བའི་མཆོད་སྡོང་མཆོག་སྟེ་(དེ་)སྤྱན་དྲངས་པས། །ཡུལ་དེར་སྟོན་མེད་ཆོས་སྡེ་ཆེན་པོ་བཏབ། །གཞན་དོན་མཁའ་ཁྱབ་ངང་ནས་གནས་དེར་བཞུགས། །གང་དག་གསུང་གི་བདུད་རྩིས་ཉེར་སྨིན་

༡༩ཀ་༦ པའི། །རྣམ་དཔྱོད་ལུས་བཟང་རྒྱས་པའི་སློབ་མའི་ཚོགས། །གྲངས་མེད་རྒྱུ་སྐར་ལྟ་བུ་བརྗོད་དཀའ་ཞིང་། །དེ་རྣམས་ནང་ནས་ཆོས་རྗེ་ཨ་མོ་གྷ། །བསོད་ནམས་ཤེས་རབ་ཅེས་པ་རྣམ་གཉིས་ཀྱིས། །ཐོན་དེ་རྒྱལ་པོའི་ཏི་ཤི་མཛད་པ་ལས། །ལུགས་གཉིས་འཕྲིན་ལས་མཆོད་

༡༩ཀ་༧ ཡོན་སྟ་མ་ལས། །ཕན་ཚུན་འགྲན་པ་བཞིན་དུ་གྱུར་པ་ཡིན། །འདི་གསུམ་རིང་ལ་རི་བོ་དགེ་ལྡན་གྱི། །གནས་བཅུའི་བསི་ཐང་ཡ་མཚན་ཅན་དེ་དང་། །སེ་རའི་ཐུབ་དབང་སྐུ་སྔན་(བརྙན་)བགྲས་བཏགས་མ། །རིམ་པར་དབུས་སུ་ཕེབས་ཏེ་འགྲོ་དོན་འཕེལ། །དེ་ལྟར་གསང་གསུམ་མཛད་པ་མཐའ་མེད་ཀྱིས། །

ཐོག་གྲངས་བཅུ་བཞིའི་རྒྱབ།

༡༤ཁ་༡ མ་ལུས་འགྲོ་བ་སྨིན་གྲོལ་ལམ་འགོད་པའི། །རབ་འབྱམས་མཛད་པའི་མཁའ་དབྱིངས་ཡངས་པའི་མཐའ། །རྒྱལ་སྲས་འདབ་ལྡན་གཙོས་ཀྱང་གཞལ་ནུས་མིན། །དེ་ལྟ་ན་ཡང་ཐུན་མོང་བློ་ངོ་ལ། །སྣང་བའི་མཛད་པ་རྒྱ་མཚོའི་ཆུ་ཚོགས་ལས། །རབ་གྲུས་སྐྲ་རྩེས་བླངས་

༡༤ཁ་༢ པའི་ཟེག་མས་ཀྱང་། །ཀུན་ལ་སྨན་ཕྱིར་འདིར་བཤད་འབྲས་བུ་ཆེ། །དེ་ཡི་མཐུ་ལས་གནས་སྐབས་ཀུན་ཏུ་བདག །དལ་འབྱོར་ཀུན་ཚང་རྟེན་བཟང་བརྒྱུད་མར་ཐོབ། །བཤེས་གཉེན་དམ་པའི་མགོན་དང་མི་འབྲལ་ཞིང་། །ཐེག་མཆོག་ཆོས་ལ་ངོམས་མེད་སྤྱོད་པར་

༡༤ཁ་༣ ཤོག །མཐར་ཐུག་འབྲས་བུ་བླ་མེད་བྱང་ཆུབ་ཆེ། །མ་ལུས་འགྲོ་བའི་དོན་དུ་རིང་མིན་པར། །རྙེད་ནས་ཟབ་རྒྱས་ཆོས་ཀྱི་ཆར་པ་ཡིས། །མཁའ་ཁྱབ་ཡིད་ཅན་ལོ་ཏོག་སྨིན་བྱེད་ཤོག ཐོགས་མེད་ད་བར་བསགས་པའི་དགེ་ཚོགས་སླུང་། །འདིས་མཚོན་ལེགས་བྱས་གཞན་དང་ལྡན་

༡༤ཁ་༤ ཅིག་པར། །ལྷག་བསམ་དབྱར་གྱིས་དུས་དང་ཉེར་འགྲོགས་ཏེ། །ཞི་མཆོག་རྒྱ་མཚོར་མྱུར་དུ་འབབ་པར་ཤོག །ཅེས་བྱམས་ཆེན་ཆོས་ཀྱི་རྒྱལ་པོ་ཤཱཀྱ་ཡེ་ཤེས་པ་ཞེས་བྱ་བའི་རྣམ་པར་ཐར་པ་རྒྱ་མཚོ་ལས་ཉེ་བར་བླངས་པའི་ཆུ་ཐིག་(ཐིགས་)ཙམ་བརྗོད་པའི་ཚིགས་སུ་བཅད་པ་བསྐལ་བཟང་(ཆུ་)འཛིན་བདུད་རྩི་ཞེས་བྱ་བ་འདི་ནི་དོན་གཉེར་ཅན་འགའ་ཞིག་གིས་འདི་ལྟ་བུ་སྙེམས་(ཕྲིས་)ཤིག་ཅེས་བསྐུལ་བའོ་ངོར་ཆོས་

༡༤ཁ་༥① ……དུམ་དང་བསྟུན་ནས་དག་བསྒྲིགས་བགྱིད་པའི་བྱེད་པ་པོ་ནི་རཏྣ ཨཏསེཧྣེའོ། འཕོན་སྟོན་པའི་རྣམ་ཐར་ལས། དེ་རྗེས་བྱམས་ཆེན་ཆོས་རྗེར་སྐུ་སྐྱེ་བ་བཞེས། དེ་ནི་སྐྱིད་ཤོད་གུང་ཐང་དུ་འཁྲུངས། ཆུངུ་(ཆུང་ངུ་)ནས་གསུངས་རབ་ལ་ཡུན་དུ་སྦྱངས་བས་མཁས་པའི་གོ་འཕང་ཐོབ། གོང་མ་ཏ་མིང་རྒྱལ་པོས་

༡༤ཁ་༦ རྒྱལ་བ་ཙོང་ཁ་པ་གདན་འདྲེན་བཏང་བའི་རྒྱལ་ཚབ་ཏུ་ཕེབས་ནས

① 复印件原文显现不清。

རྒྱ་ནག་པོའི་ཡུལ་ཐམས་ཅད་རྒྱལ་བ་གཉིས་པའི་བསྟན་པས་ཁྱབ་པར་མཛད་དེ། སླར…
དབུས་སུ་ཕེབས་ནས་སེ་ར་ཐེག་ཆེན་གླིང་གི་ཆོས་སྡེ་ཆེན་པོ་འདི་ཉིད་གསར་དུ་བསྐྲུན…
པར་མཛད་ཅིང་། བྱམས་ཆེན་ཆོས་ཀྱི་རྒྱལ་

༡༤་ཁ་༧ པོ་ཏའི་བའུ་ཏ་ཞང་དུ་གྲགསོ(གྲགས་སོ)། །དེ་ནས་རྗེ་བཙུན་ཆོས…
ཀྱི་རྒྱལ་མཚན་དུ་སྐུ་འཁྲུངས། ཞེས་གསུངས། བེ་སེར་ལས། སེ་ར་ཐེག་ཆེན་གླིང་གི་ལོ…
རྒྱུས་ནི། འཇམ་མགོན་ཆོས་ཀྱི་རྒྱལ་པོས་སེ་ར་ཆོས་སྡིངསུ(སྡིངས་སུ)རྩ་ཤེའི་འགྲེལ…
ཆེན་རིགས་པའི་རྒྱ་མཚོ་མཛད་པའི་དུས་ཤེར་ཕྱིན་གྱི་ཡི་གེ་གསེར་ཞུན་གྱིས

ཐོག་གྲངས་བཅོ་ལྔའི་མདུན།

༡༥་ཀ་༡ ཁྲིས་པ་ལྷ་བུར་སྣང་ལ་གཟིགས་པས་ཐེག་ཆེན་བཤད་སྒྲུབ་མ་ལུས…
འདུ་བའི་སྡེ་འབྱུང་བར་ལུང་བསྟན་པ་ལྟར་བྱམས་ཆེན་ཆོས་རྗེ་ཤཱཀྱ་ཡེ་ཤེས་དེ་ཚལ་གུང…
ཐང་དུ་འཁྲུངས། གསུང་རབ་མང་པོའི་དོན་ཐུགསུ(ཐུགས་སུ)ཆུད་པས་མཁས་ཤིང་།
སྔོན(མའི)གནས(ཚུལ)རྗེསུ(རྗེས་སུ)དྲན་པ་བསོད(ནམས)ཀྱི་མངོན་ཤེས…
དང་

༡༥་ཀ་༢ ལྷན། རྣམ་ཐོས་སྲས་འགྲུབ། འཇམ་མགོན་ཆོས་ཀྱི་རྒྱལ་པོ་རྩ་བའི…
བླ་མར་བསྟེན། རྒྱ་ནག་རྒྱལ་པོ་ཏའི་མིང་གིས་རྗེ་རིན་པོ་ཆེ་སྤྱན་འདྲེན་པར་བཏང་བའི…
རྒྱལ་ཚབ་ཏུ་ཆོས་རྗེ་ཤཱཀྱ་ཡེ་ཤེས་མངགས། རྒྱལ་པོའི་བླ་མཆོད་དུ་བཀུར། རྒྱ་ནག་ཏུ་ཁ…
བ་འཕེབས་པའི་རྫུ་འཕྲུལ་བསྟན་པས། ཏའི་བའུ་ཏ་ཞང་

༡༥་ཀ་༣ སྟེ་བྱམས་ཆེན་ཆོས་ཀྱི་རྒྱལ་པོ་མཚན་གསོལ། དངོས་པོ་གྲུ་ནོམ་པའི…
འབུལ་བ་སྟོམ་མཐོར་བཏེག རྒྱ་ཡུལ་དུ་ཏ་ཡན་སེ་ཞེས་པའི་ཆོས་སྡེ་བཏབ། ཕྱོགས་དེར…
མཉམ་མེད་ཙོང་ཁ་པ་ཆེན་པོའི་བསྟན་པ་དར་རྒྱསུ(རྒྱས་སུ)མཛད་ནས་བོད་དུ་ཕེབས།
སེ་ར་རྗེར་རྗེ་དང་མཇལ་བཀྲ་འབུལ་མཛད་དེ་མི་རིང་བར་བླ་མའི་བཀའ

༡༥་ཀ་༤ དང་དུ་བཞེས་ནས་སེ་ར་ཐེག་ཆེན་གླིང་གི་ཆོས་གྲྭ་ཆེན་པོ་བཏབ་ཅིང…
རྟེན་གཙོར་ཆོས་རྗེ་ཉིད་ཀྱིས་རྒྱ་ཡུལ་ནས་བཞེས་པའི་ཙནྡན་དཀར་པོའི་གནས་བརྟན…
བཅུ་དྲུག་ནང་དུ་བཞུགས་པའི་ཐུབ་དབང་གནས་བཅུས་བསྐོར་བའི་ལྷ་ཁང་བཞེངས།

དགེ་འདུན་ཡང་འདུ་ཆེ་བར་སྟོད་སྨད་རྒྱ་ཐྲོང་①སྟེང་

༡༥་ཀ་༥ སྟེ་གྲྭ་ཚང་བཞི་བཙུགས། དེ་ནས་བཅུ་སྨྲ་བ་དར་རྒྱས་བཟང་པོ་གདན་སར་བསྐོས། འཇམ་མགོན་ཆོས་ཀྱི་རྒྱལ་པོ་གཤེགས་རྗེས་སླར་ཡང་རྒྱ་ནག་ཏུ་སྤྱན་དྲངས། ཏའི་མིང་རྒྱལ་པོའི་སྲས་ཅོན་ཏེ་རྒྱལ་སར་འཁོད་པས་ཡབ་ཀྱི་སྲོལ་ལེགས་པར་གཏོད་དེ་གུས་འདུད་མཛད། སླར་བོད་དུ་ཕེབས་པའི་བར་ཁམ་

༡༥་ཀ་༦ མཛོ་མོ་ཁར་(མཛོ་མོ་མཁར་)དུ་སྐུ་གཤེགས། མཁན་ཆེན་ཤཱཀྱ་ཚུལ་ཁྲིམས་པས་དེར་ཆོས་སྡེ་བཏབ། དགའ་ལྡན་དུ་དདུལ་གདུང་རིན་པོ་ཆེར་རྒྱ་གུར་དང་གནས་བརྟན་བཅུ་དྲུག་གི་ཤི་ཐང་ཕུལ། སློབ་མ་ཨ་མོ་ཀྵ་དང་། བསོད་ནམས་ཤེས་རབ་པས་རྒྱལ་པོའི་ཏི་ཤྲཱི་མཛད། དེ་གཉིས་ཀྱིས་སློབ་མ་གཞོན་ནུ་(གཞོན་ནུ་)དཔལ་ལྡན་ཀྱང་

༡༥་ཀ་༧ རྒྱལ་པོའི་བླ་མཆོད་མཛད། མཛོ་མོ་ཁར་(མཛོ་མོ་མཁར་)གྱི་ཆོས་སྡེ་དཔོན་རྒྱུད་ཀྱི་བཟུང་ངོ་(བཟུང་ངོ་)། །ཞེས་དང་། མཛོ་མོ་མཁར་ནི་སེ་ར་བྱམས་ཆེན་ཆོས་རྗེ་རྒྱ་ནག་རྒྱལ་པོས་གདན་དྲངས་པའི་མར་ལམ་གཞི་འདིར་དགོན་པ་ཐེབས་(བཏབས་)ན་ལ་ལེགས་ཞེས་ལུང་བསྟན་ཅིང་རྗེས་སོར་རྒྱ་ནག་ཏུ་ཞིང་ཁམས་འཕོས་པའི་སྐུ་གདུང་ཡར་

ཐོག་གྲངས་བཅོ་ལྔའི་རྒྱབ།

༡༥་ཁ་༡ དྲངས་པའི་ཚེ། འདི་ཐད་ཤིང་རྟ་འདམ་དུ་ཟུག་པ་ལྟར་འགྲོར་མ་ཉན་པས་མར་ལམ་གྱི་གསུང་དྲན་ཏེ་རྒྱ་ནག་ཡུང་ལོ་རྒྱལ་པོས་ཁྲི་ཀྱིན་ཧུང་ཧྭ་ཟེ་ཞེས་པའི་མཁར་བརྩིགས་ཤིང་གསེར་གདུང་ལ་སོགས་པའི་རྟེན་མང་པོ་བཞེངས། བྲུ་ཆེན་སེངྒེ་བཟང་པོ་གདན་སར་བཞག་ཅེས་གྲགས་ལ། ཞེས་

༡༥་ཁ་༢ གསུངས། རྗེ་ངག་དབང་བྱམས་པས་སེ་འབྲས་ཀྱི་དཀར་ཆག་ཏུ། ༈ཨོཾ་བདེ་ལེགས་སུ་གྱུར་ཅིག ཤེས་རབ་མཆོག་གྱིས་འཆིང་བ་ཀུན་བཅད་ཀྱང་། །རྩེ་(བརྩེ་)ཆེན་ཞགས་པས་སྲིད་འདིར་དམ་བཅིངས་པས། །ལེགས་བཤད་བདུད་རྩིའི་རྒྱུན་གྱིས་མཐའ་ཡས་འགྲོ། །རྟག་ཏུ་ཚིམ་མཛད་ཙོང་ཁ་པ་

---

① 《东噶藏学大辞典》中的色拉寺条写作："འཐྲོང་"

༡༥་ཁ་༣ ལ་འདུད། །སྤངས་རྟོགས་ཡོན་ཏན་མཐོན་པོའི་མཁའ་དབྱིངས་ནས། །བྱམས་ཆེན་འོད་དཀར་འགྲོ་བའི་ཁམས་མཉམ་པར། །སྙོམས་ངལ་(བྲལ་)ཉོན་མོངས་ཉོན་མོངས་ཀུན་སེལ་བ། །མི་དབང་ལྷ་ཆེན་གཙུག་རྒྱན་དེར་ཕྱག་འཚལ། །ཟབ་དང་རྒྱ་ཆེའི་ཆུ་འཛིན་ལྷུན་པོ་ལས། །མཐའ་བྲལ་དབྱར་

༡༥་ཁ་༤ ཛ་ཕྱོགས་ཀྱི་མཐར་སྒྲོགས་ཤིང་། །དགེ་ལེགས་ལོ་ཏོག་སྨིད་འདིར་རྒྱས་བྱེད་པ། །དཔལ་ལྡན་ཐེག་ཆེན་གླིང་གི་ཆགས་ཚུལ་བཤད། །དེ་ལ་འདིར་(ཐར་)པ་དང་ཐམས་ཅད་མཁྱེན་པ་དོན་དུ་གཉེར་བའི་སྐལ་ལྡན་གྱི་བུང་བ་ཀུན་ལེགས་བཤད་ཀྱི་སྦྲུ་དབྱངས་སྙན་པར་སྒྲོགས་ཤིང་།

༡༥་ཁ་༥ རྣམ་དཔྱོད་ཀྱི་གཤོག་རྩལ་འགྲན་པ། སྟོང་བདུན་འཁོར་བཅས་ཀྱི་སྐྱིད་ཚལ་ཉམས་དགར་བར། མདོ་རྒྱུད་གཞུང་ལུགས་འབུམ་གྱི་འདབ་སྟོང་རྒྱས་པ། ཐུབ་བསྟན་ཡོངས་སུ་(ཡོངས་སུ་)རྫོགས་པ་རང་གི་ཉམས་ལེན་དུ་འཁྱེར་ཤེས་པའི་ཁོང་འཛུམ་གྱི་གེ་སར་གྲོད་པ། བླུན་སྦོམ་སྨུན་པོ་(པའི་)

༡༥་ཁ་༦ ཡིད་ཅན་ཀུན་ལ་འཕྲུ་བ་གསལ་བར་བྱེད་པ། བསླབ་པ་གསུམ་གྱི་དྲི་བསུང་གིས་ཕྱོགས་ཀྱི་འཁོར་ལོ་འགེང་(འགྱིང་)བ་སེ་ར་ཐེག་པ་ཆེན་པོའི་གླིང་ཆགས་འདེབས་པ་པོ་ནི། བྱམས་ཆེན་ཆོས་ཀྱི་རྗེ་ཤཱཀྱ་ཡེ་ཤེས་ཞེས་ཡོངས་སུ་(ཡོངས་སུ་)གྲགས་པ་དེ་ཡིན་ལ། རྗེ་འདིའི་རྣམ་པར་ཐར་པ་ངོ་མཚར་

༡༥་ཁ་༧ ཅན་མཐའ་ལས་(འདས་)མོད་ཀྱང་། ཡོན་ཏན་ཐམས་ཅད་ནང་དུ་སྦས་པས་གསལ་བར་ཡི་གེར་འཀོད་པ་ནི་ཆེར་མ་བྱུང་འདུག་པས་རྟོག་བཟོ་མང་པོ་བྲིས་པ་ལ་དགོས་པ་མེད་ཅིང་། མགོ་སྨོས་ཙམ་དམ་པ་སྔ་མ་རྣམས་ཀྱི་གསུང་ལ་བརྟེན་ནས་བརྗོད་ན། དམ་(པ་)འདི་འཁྲུངས་ས་ནི། ལྷ་ལྡན་

ཐོག་གྲངས་བཅུ་དྲུག་གི་མདུན།

༡༦་ཀ་༡ སྤྱིལ་པའི་གཙུག་ལག་ཁང་གི་ཤར་ཕྱོགས་གང་འགྲོ་བའི་མགོན་པོ་གཙུ་བྲག་པ་ཞེས་དྭགས་པོ་བཀའ་བརྒྱུད་ཀྱི་གྲུབ་ཐོབ་ཆེན་པོ་དེའི་གདན་ས་ཚལ་གུང་ཐང་གི་ཉེལ་དུ་འཁྲུངས་ཙམ་ཉིད་ནས་སྟོན་གནས་རྗེས་དྲན་གྱི་གསུང་མང་དུ་ཕྱུང་ཞིང་། སྒོ་གསུམ་

༡༦་ཀ་༢ ཞི་དུལ་ལ་དང་གིས་གནས། རབ་ཏུ་བྱུང་བའི་མཚན་ཤཱཀྱ་ཡེ་ཤེས···
ཞེས་མིང་དང་རྟགས་བསྒྱུར་བའི་དགོས་པ། བསམ་སྦྱོར་ཐམས་ཅད་ཁྲིམས་པ་དང་ཁྲད···
པར་འབྱེད་ཐུབ་ངེས་པའི་བརྟུལ་ཞུགས་ལ་གནས་ནས། ཡི་གེ་འདྲི་ཀློག་དང་། ཆོས་སྤྱོད་
འདོན་སྐྱོར་བརྩོན་པ་ནས། ངག་རྒྱུན་ལྟར་ན་

༡༦་ཀ་༣ ཐོག་མར་རྗེ་རིན་པོ་ཆེའི་གསོལ་བ་འདྲེན་མཁན་མཛད། དེ་དག་གི···
སྐབས་རྗེ་རིན་པོ་ཆེ་ལ་སངས་རྒྱས་དངོས་ཀྱི་འདུ་ཤེས་ཀྱིས་རང་ཉིད་ཐྲན་དུ་འབུལ་བར···
མཛད་ནས་ཅི་གསུང་བཀའ་བཞིན་བསྒྲུབས་ཏེ། རྗེ་བདག་ཉིད་ཆེན་པོས་མདོ་སྔགས···
ཀྱིས་(ཀྱི་)ཆོས་འཁོར་ལོ་བསྐོར་བ་རྣམས་དྲན་

༡༦་ཀ་༤ ཤེས་བརྟན་པོས་གསན་པར་མཛད་ཅིང་། ཁྲིད་པར་སེ་ར་ཆོས···
སྡིངསུ་(སྡིངས་སུ་)སྔོན་མ་མེ་ཕག་ནས་ས་གླང་བར་ལོ་གཉིས་ཀྱི་རིང་སྒྲིལ་ནས་སྦྱིན···
བདག་མཛད་ཅིང་དབྱར་ཞལ་བཞེས་མཛད། སྐུ་མཚམས་དམ་པའི་ངོས་ནས་སྟོད་ལྷན···
མང་པོ་ལ་གསང་འདུས་རིམ་ལྔ་དང་། མ་རྒྱུད་དཔྱིད་

༡༦་ཀ་༥ ཀྱི་རྒྱལ་མོ་སོགས་གསུངས། དེར་གསོལ་བ་འདེབས་མ་མང་པོ་བྱུང···
བའི་ངོར། དབུ་མ་རྩ་བ་ཤེས་རབ་ཀྱི་རྒྱ་ཆེར་འགྲེལ་མཛད་པར་བཞེད་ནས་གཞུང་གི···
རིགས་པའི་གནད་ཕྲ་མོ་རྣམས་ལ་དཔྱད་པ། ཞིབ་ཏུ་མཛད་པས། རིགས་པ་སྨྲ་བ་འགའ་
ཞིག་ལ་དོགས་པ་ཙུང་ཟད་དཔྱད་

༡༦་ཀ་༦ དཀའ་བྱུང་ནས། བླ་མ་དང་རྗེ་བཙུན་འཇམ་པའི་དབྱངས་ལ་གསོལ་
བ་དྲག་ཏུ་བཏབ་པས། སྐབས་ཤིག་ན། ཤེས་རབ་ཀྱི་ཕ་རོལ་ཏུ་ཕྱིན་པའི་མདོའི་སྟོང···
ཉིད་ཉི་ཤུའི་འགྲེལ་རྐང་རྣམས་གསེར་བཙོ་མའི་ཡི་གེར་འཁོད་པའི་རྣམ་པས་བར་སྣང···
ཁྲིག་གིས་གང་བར་གཟིགས་

༡༦་ཀ་༧ པ་ཡང་ཡང་བྱུང་། རྩ་བའི་རིགས་པ་ཤིན་ཏུ་ཕྲ་བ་རྣམས་ལའང···
རྟོགས་པ་ལྷག་མ་མེད་པར་འབད་མེད་དུ་ཆོད། དེ་ནས་མྱུར་དུ་རྩ་ཤེའི་རྣམ་བཤད་ཆེན···
མོ་དང་། གསུང་རབ་ཀྱི་དྲང་ངེས་རྣམ་པར་འབྱེད་པའི་བསྟན་བཅོས་བརྩམས། དེ···
སྐབས་རྒྱ་ནག་གོང་

ཤོག་གྲངས་བཅོ་དྲུག་གི་རྒྱབ།

༡༦་ཁ་༡ མའི་གདན་འདྲེན་པ་འཁྱོར་པ་ལ། རྗེ་དེ་ཉིད་རྒྱ་ནག་ཏུ་འབྱོན་པ་དགག་བྱ་ཆེ་ཞིང་དགོས་པ་ཆུང་བའི་རྒྱུ་མཚན་དང་བཅས་ཞལ་ཏ་ནན་ཅན་ཞིབ་པར་ཕྱོན་ནས་གསེར་ཡིག་པ་རྣམས་ཕྱིར་ལོག འདིའི་སྐབས་མཁས་གྲུབ་རིན་པོ་ཆེ་ཡང་རྗེ་རིན་པོ་ཆེའི་ཞབས་པད་ཐུག་པ་ཡིན་འདུག

༡༦་ཁ་༢ དེ་ནས་བཟུང་སྡེ་སེ་རར་རྩ་ཤེ་རྩ་འགྲེལ། དྲང་ངེས་རྣམ་འབྱེད། བཞི་བརྒྱ་པ། གསང་སྔགས། ལམ་རིམ་རྩ་ལྟུང་དང་། བླ་མ་ལྔ་བཅུ་པ། བྱང་ཆུབ་ལམ་རིམ་གྱི་ཁྲིད་རྒྱས་པར་གནང་། སྡེ་སྣོད་འཛིན་པ་དྲུག་བརྒྱ་ཙམ་ནར་མར་བཞུགས་པ་སྡེའུ་ནས་སྤྱི་སྒོས་ཀྱི་ཞབས་ཏོགས་(ཏོག)ཕུན་སུམ་

༡༦་ཁ་༣ ཚོགས་པ་མཛད་ཅིང་། སྐབས་འགའ་ཞིག་སེ་རའི་རྒྱབ་རིའི་རྩེར་སྒྲུབ་ཁང་སྤྱོད་ལམ་བཞི་ཤོང་དུ་འཁོལ་མཚམས་མཛད། སྐབས་ལེ་ཡ་ང་ར་ཁ་བྲག་ཏུ་འཁོལ་མཚམས་མཛད་ནས་ཐུན་མཚམས་རྣམསུ་(རྣམས་སུ་)སྐུ་འདྲ་དང་སྣ་ཚྭ་མང་དུ་འདེབས་པར་མཛད། འདི་དག་གི་སྐབས་ཐམས་ཅད་

༡༦་ཁ་༤ དུ་རྗེ་བཙུན་ཤཱཀྱ་ཡེ་ཤེས་པས་གཙོ་ཆེར་རྗེ་རིན་པོ་ཆེའི་ཕྱག་གཡོག་སྒྲུབ་ཅིང་བཀའ་ཆོས་ཅི་གནང་ཐམས་ཅད་གསན་པས། ཏ་ཙང་མཁས་པའི་གྲགས་པ་མི་ཆེ་ཡང་། ཡོན་ཏན་ཐམས་ཅད་བླ་མ་མཉེས་པ་ལས་འབྱུང་བས་རྗེ་རིན་པོ་ཆེའི་མདོ་སྔགས་ཀྱི་ཆོས་ཐམས་ཅད་བུམ་པ་

༡༦་ཁ་༥ གང་འཁྱོར་བཞིན་དུ་མ་དོར་བ་ཞིག་ཡིན་པར་འདུག ལྷག་པར་བྱམས་སྙིང་རྗེའི་རང་བཞིན་དང་། བརྩོན་ཚུགས་པ་①གཙོ་བོར་འདོན་ཞིང་། སྔག་པའི་ཚུལ་ཁྲིམས་གསང་འདུས་མི་སྐྱོད་པའི་བསྐྱེད་རྫོགས་ལ་ཉམས་ལེན་མཐིལ་དུ་མཛད་པས། ཆོས་རྗེ་འདི་པས་ཞུས་ནས་གསང་འདུས་ཀྱི་རྫོགས་

༡༦་ཁ་༦ རིམ་གྱི་གནད་མཐར་ཐུག་པ་བསྲེ་པ་སྐོར་དགུའི་མན་ངག་རྗེ་རིན་པོ་ཆེས་གནང་བ་གསུང་འབུམ་དུ་བཞུགས་པ་ལྟར་ལགས། དེ་ལྟར་རྗེ་རིན་པོ་ཆེ་རྒྱ་ནག་ཏུ་མ་ཕེབས་པར་གསེར་ཡིག་པ་རྣམས་ཕྱིར་ལོག་སྟེ། གོང་མར་ཞུ་ཡིག་ནང་རྒྱུ་མཚན་ཞུས་

① 《དུང་དཀར་ཚིག་མཛོད་》ལས་བརྩོན་ཚུགས་མ་དོར་བ་དང་བརྩོན་པའི་བྱ་སྤྱོད་མ་དོར་བ་ལ་གོ།

པར། སྣར་ཡང་རྗེ་

༡༦·ཁ·༧ རང་ཕེབས་མ་ཐུབ་པ་དེ་བཞིན་ཡིན་པའང་། རྗེ་ཉིད་དང་ཁྱད་པར་མེད་པའི་སློབ་མ་ཞིག་དབུ་བླར་དགོས་ཚུལ་གནང་བས། རྗེ་བཙུན་ཐམས་ཅད་མཁྱེན་པས་སྲས་ཀྱི་ཐུ་བོ་མཁས་པ་དང་གྲུབ་པ་མང་དུ་ཡོད་པའི་ (སྲས་) དམ་པ་འདི་ཉིད་སྐུ་ཚབ་ཏུ་ཕེབས་

ཐོག་གྲངས་བཅུ་བདུན་གྱི་མདུན།

༡༧·ཀ·༡ དགོས་པའི་བཀའ་དང་། འགྲོ་དོན་ཇི་ལྟར་བྱ་ཚུལ་གྱི་བསླབ་སྟོན་ཞིབ་པར་སྩལ་ཞིང་། བཀའ་གྲུབ་ (སྒྲུངས། སྒྲུང་མ།) རྣམས་ཀྱི་ནང་ནས་རྒྱལ་ཆེན་རྣམ་ཐོས་སྲས་ལ་འཕྲིན་ལས་སྒྲུབ་པའི་གཉེར་གཏད་མཛད་པས་རྒྱལ་ཆེན་གྱིས་ཀྱང་ཞལ་གྱིས་བཞེས། རྒྱ་

༡༧·ཀ·༢ ནག་ཏུ་ཕེབས་ཏེ་རྫུ་འཕྲུལ་གྱིས་ཁ་བ་ཆེན་པོ་ཕབ། གོང་མ་བསྙེན་གཞི་དྲག་པོས་ཟིན་པ་ལ་བཅོས་ཐབས་དང་དབང་གནང་བས་བསྙུན་ལས་གྲོལ། རྫུ་འཕྲུལ་དང་ནུས་པ་མཐའ་ཡས་པས་གོང་མ་རྒྱལ་བློན་ཐམས་ཅད་དད་པར་མཛད་ནས་ཆོས་ཀྱི་ཆར་པ་ཕབ།

༡༧·ཀ·༣ རི་བོ་རྩེ་ལྔར་དགོན་ཆེན་དྲུག་དང་། རྒྱའི་མི་ཧོག་ལྷུམ་ར་དང་ཉེ་བར་ཏ་ཡན་སི་ཞེས་བྱ་བའི་དགོན་པ་བཏབ། དེ་ཐམས་ཅད་དུ་རི་བོ་དགེ་ལྡན་པའི་ཕྱག་ལེན་དར་བར་མཛད། ཁྱད་པར་རྒྱལ་བློན་མང་ཐོས་སྲས་ཀྱིས་འཕྲིན་ལས་ཐམས་ཅད་ཐོག་མེད་སྒྲུབ་པས། གོང་

༡༧·ཀ·༤ མ་ཏཱ་མིང་རྒྱལ་པོས་འགྲན་ཟླ་མེད་པའི་བླ་མར་མངའ་གསོལ་ཏེ། འཕྲིན་ལས་སྣ་ཚོགས་ལ་མཁས་ཤིང་གསལ་བ་ཆོས་ཉིད་དམ་པ་མཆོག་ཏུ་རྒྱལ་བ། ཤེས་རབ་རྣམ་དག་སྣང་བ་ཆེན་པོ་ཀུན་ཏུ་ཁྱབ་ཅིང་རྒྱལ་ཁམས་སྐྱོབ་པ། བསྟན་པ་རྒྱས་མཛད་རབ་ཏུ་དགེ་བ།

༡༧·ཀ·༥ བྱམས་ཆེན་ཆོས་ཀྱི་རྒྱལ་པོ་ཞེས་པའི་མཚན་དང་། འཇའ་ས་དང་། འབུལ་བ་བསམ་གྱིས་མི་ཁྱབ་པ་མཛད་ནས། རྒྱ་ནག་ཏུ་བཀའ་འགྱུར་གྱི་པར་ཐོག་མར་བརྐོས་པའི་པར་ཕུད་མཚལ་པར་ཐེམ་སྐས་ཅན་གདོང་ལ་གསེར་གྱི་ཡི་གེ་བྲིས་པ་ངོ་མཚར་

ཅན་བསྣམས་

༡༧·ཀ·༦　ནས་དབུས་སུ་ཕེབས། དེ་ཡང་ཐོག་མར་དགའ་ལྡན་དུ་ཕེབས་ནས་འབུལ་བ་རྒྱ་ཆེན་པོས་མཉེས་པར་མཛད་ནས། སྲས་ཀྱི་ཐུ་བོ་རྣམས་དང་། ལྷག་པར་འཇམ་དབྱངས་ཆོས་རྗེ་དང་ལྷན་ཅིག་ཏུ་བདེ་མཆོག་གི་སྐོར་མང་དུ་གསན་ནས་འཇམ་དབྱངས་ཆོས་རྗེའི་མཁྱེན་

༡༧·ཀ·༧　རབ་ལ་བསྟུགས་བརྗོད་ཆེན་པོ་མཛད། དེ་ནས་རྗེ་རིན་པོ་ཆེ་སྟོད་ལུང་ཚུ་མཚན་དང་། འབྲས་སྤུངས། ལྷ་སར་ཕེབས་ནས་བསྔོ་སྨོན་རྒྱ་ཆེར་གནང་བ་ནས། སེ་རར་གདན་དྲངས། སེ་ར་རྗེར་ཆོས་འཁོར་རྒྱ་ཆེར་བསྐོར་བའི་ཞབས་ཏོག་བསྒྲུབས། དེའི་ཚེ་

རྟོག་གྲངས་བཅུ་བདུན་གྱི་རྒྱབ།

༡༧·ཁ·༡　རྗེ་རིན་པོ་ཆེར་གངས་རིའི་ཁྲོད་འདིར་སྔགས་ཀྱི་རྒྱུད་སྡེ་ལ་འཆད་ཉན་རྣམ་པར་དག་པ་ཡོད་ཡེ་ཐམས་ཅད་དུ་ནུབ་ནས་རིང་ཞིག་ལོན་པ་དང་། རྗེ་ཉིད་ཀྱིས་བཤད་པ་རྣམ་པར་དག་པ་མཛད་པའི་གསུང་གི་བདུད་རྩི་ཉམས་སུ་མྱོང་བས་བློ་གྲོས་ཀྱི་སྟོབས་རྒྱས་

༡༧·ཁ·༢　པ་མང་དུ་བྱུང་མོད་ཀྱི། དེ་ལྟ་ན་ཡང་ད་དུང་བརྒྱུད་སྡེའི་འཆད་ཉན་ཁང་ཚུགས་པའི་གྲ་(གྲྭ་)ས་སྔོན་ཆད་མེད་པས། དེ་འདྲའི་འཆད་ཉན་རྣམ་པར་དག་པ་ཚུགས་ན་ཅི་མ་རུང་སྙམ་དུ་བསམ་པ་འབའ་ཞིག་ལ་དགོངས་པའི་ཐུགས་ཀྱི་འདུན་པ་ཤུགས་དྲག་

༡༧·ཁ·༣　པོས་རྗེ་ཉིད་ལ་འདི་ལྟ་བུའི་རྒྱུ་(མཚན་དང་དེ་འདྲ་བ་འཛུགས་)པའི་བདག་རྐྱེན་དགོས་ཚུལ་གྱིས་བཀའ་སྩལ་ནས་ཡང་ཡང་བསྐུལ་བ་དང་། ལྷག་པར་ཡང་འདི་རེས་ནན་ཏན་གནང་ཞིང་། ཆོས་རྗེ་ཉིད་ཀྱང་དེ་ལ་ཐུགས་འདུན་ཤིན་ཏུ་ཆེ་བས། ཐུགས་ཁུར་ཆེན་པོ་བཞེས་ཏེ།

༡༧·ཁ·༤　གཞི་འདུལ་ཁྲིམས་རྣམ་པར་དག་པ་ལ་བརྟེན་ཏེ། དཔལ་གསང་བ་འདུས་པ་དང་བདེ་མཆོག་གི་རྩ་རྒྱུད་ལ་འཆད་ཉན་ཁང་བཙུགས་པའི་གྲྭ་ས་རྣམ་པར་དག་པ་འཛུགས་པའི་གཞི་རྟེན་ཕུན་སུམ་ཚོགས་པ་ཕུལ། ཆོས་སྡེ་བཙུ་འཛུགས་པའི་ཞལ་

བཞེས་སྐྱུལ་

༡༧་ཁ་༥ བས། རྗེ་བདག་ཉིད་ཆེན་པོ་ཐུགས་དགྱེས་བཞིན་དུ་རྒྱུད་གྲྭ་འཛུགས་
པའི་ཞལ་བཀོད་མཐར་ཕྱིན་པ་གནང་སྟེ། མཁས་ཤིང་གྲུབ་པའི་དབང་ཕྱུག་རྗེ་བཙུན···
ཤེས་རབ་སེང་གེ་ཆོས་དཔོན་དུ་བསྐོས་པས་ཁོང་གིས་ཀྱང་ཞལ་གྱིས་བཞེས། དེ་ནས་ཧེན་

༡༧་ཁ་༦ འབྲིལ་ཕྱུད་པར་ཙན་སྒྲིག་པའི་ཆེད་དུ། གནས་དེར་གསོ་སྦྱོང་མཛད།
རྒྱུད་ཀྱི་རྒྱལ་པོ་གཉིས་ཀྱི་དབུ་ནས་ཆོས་ཐུན་རེ་རེ་གསུངས། དེ་ནས་མདོ་སྔགས་གཉིས···
ཀའི་འཆད་ཉན་རྒྱུན་མི་འཆད་ཅིང་འགྲོ་བ་མཐའ་ཡས་པའི་བསོད་ནམས་ཀྱི་ཞིང་དུ་

༡༧་ཁ་༧ སེ་ར་ཐེག་ཆེན་གླིང་འདི་ཉིད་ཇི་ལྟར་འདེབས་པའི་ཚུལ་གྱི་ཞལ···
བཀོད་རྣམས་རྗེ་རིན་པོ་ཆེ་ལ་ཞུས་ནས་ས་མོ་གླང་གི་ལོ་དེ་ཀ་ལ་གཙུག་ལག་ཁང་གི་གཞི···
བཏིང་ནས་སྤྱིལ་བུ་སོགས་རིམ་གྱིས་ཆགས་པའི་མཐུན་རྐྱེན་ཡང་ཕལ་ཆེར་སྣེའུ་རྫོང་ནས་

ཤོག་གྲངས་བཅོ་བརྒྱད་ཀྱི་མདུན།

༡༨་ཀ་༡ གནང་བ་ཡིན་འདུག དེ་ལྟར་དགོན་གནས་ཀྱི་འདུ་ཁང་དང་ཕྲུག་ཏུ་
ཏྲི་གཙང་ཁང་། དེའི་ནང་དུ་རྗེ་ཉིད་ཀྱིས་རྒྱ་ནག་ནས་བསྣམས་ཕེབས་པའི་སྟོན་པ་དང···
གནས་བརྟན་བཅུ་དྲུག དགེ་སྙེན་(བསྙེན་)ཧྭ་ཤང་དང་བཅས་པ་ཙན་དན་དཀར་པོ···
ལས་

༡༨་ཀ་༢ གྲུབ་པ་ནང་བཞུགས་སུ་བཞུགས་པའི་སྨན་སྐུ་ཕྱུད་པར་ཙན་བཞེངས།
རྒྱ་ནས་བསྣམས་པའི་བཀའ་འགྱུར་ངོ་མཚར་ཅན་རྣམས་འཇོག་པ་གནང་ནས། ལོ···
གཉིས་ཙམ་གྱི་བར་ཆོས་ཀྱི་འཁོར་ལོ་བསྐོར། དེ་ཡང་གུང་ཐང་རྒྱལ་མཚན་བཟང་པོའི་རྣམ་
ཐར་ལས། དགུང་

༡༨་ཀ་༣ ལོ་ཞི་(ཞེ་)དྲུག་པའི་སྟེང་དུ་ཐེག་ཆེན་གླིང་དུ་ཕེབས་ནས། བྱམས···
ཆེན་ཆོས་རྗེ་ཤཱཀྱ་ཡེ་ཤེས་པའི་དྲུང་དུ་འཇིགས་བྱེད་ཀྱི་དབང་དང་། རྣམ་སྲས་མདུང···
དམར་ཅན་གྱི་རྗེས་གནང་ཞུ་གསུང་པ་དང་། ཆབ་མདོ་འདེབས་པ་པོ་བྱང་སེམས་ཤེས···
རབ་བཟང་པོའི་རྣམ་ཐར་དུ།

༡༨་ཀ་༤ ཆོས་རྗེ་ཤཱཀྱ་ཡེ་ཤེས་པ་ལ། གཤེད་དམར་ལྷ་ལྔ། ཚེ་དཔག་མེད་ལྷ···
དགུ། སོ་སོར་འབྲང་མདུང་། གདུགས་དཀར། རྣམ་རྒྱལ་མ། ཤ་བ་རི། འོད་ཟེར···

ཅན་རྣམས་ཞུས། ཞེས་འབྱུང་（བྱུང་）། རྗེ་གཤེགས་པའི་ལོ་རྗེས་མའི་ལྷ་མཆོད་ལ་ར་ཁ་བྲག་ཏུ་ཕེབས་ནས་འདས་

༡༨་ཀ་༥ མཆོད་བཟང་པོ་མཛད། དེ་ནས་སླར་ལྷུགས་སྣང་ལོ་གོང་མ་བདག་པོ་ཆེན་པོས་གདན་འདྲེན་བྱུང་བར་བརྟེན། རྗེ་རིན་པོ་ཆེའི་དངོས་སློབ་ཆོས་ཀྱི་རྗེ་དར་རྒྱས་བཟང་པོ་གདན་སར་བསྐོས་ནས་ཕོ་བྲང་དུ་ཕེབས་ནས་ཁད་ཉེར་འགྱུར་སྐབས་གོང་མ་

༡༨་ཀ་༦ གཤེགས། དེ་ནས་སྲས་ཐོན་དེས་ཡབ་རྒྱལ་པོ་ལས་ཀྱང་གུས་འདུད་ཆེ་བར་མཛད་ནས། འགྲོ་དོན་རྒྱ་ཆེར་གནང་སྐྱེ་དབུས་སུ་ཕེབས་པས་མཛོ་མོ་སྣར་དུ་ཞི་བར་གཤེགས། དེར་སྐུ་གདུང་བཞུགས་ཤིང་ཤཱཀྱ་ཚུལ་ཁྲིམས་ཀྱི་དགོན་པ་ཕུན་སུམ་ཚོགས་པ་

༡༨་ཀ་༧ ཆགས་བཏབ། ཆོས་རྗེ་ཉིད་ཀྱི་ཉེ་གནས་སྐྱེ་ཐང་པ་ཨ་མོ་གྷ་དང་། བསོད་ནམས་ཤེས་རབ་གཉིས་ཀྱིས་ཀྱང་རྒྱལ་པོའི་ཏི་ཤྲཱི་མཛད་ནས། རྗེ་རིན་པོ་ཆེའི་རིང་ལུགས་དར་རྒྱས་མཛད་ཅིང་། ད་ལྟ་དགའ་ལྡན་གྱི་དངུལ་གདུང་རིན་པོ་ཆེའི་བཞུགས་ཁང་རྒྱ་གུར་

ཐོག་ཁྲངས་བཅོ་བརྒྱད་ཀྱི་རྒྱབ།

༡༨་ཁ་༡ དང་གནས་བཅུའི་སེའུ་ཐང་ངོ་མཚར་ཅན་འདི་དག་བླ་མ་འདི་གཉིས་ཀྱིས་ཕྱུལ་བ་ཡིན་ལ། དེ་གཉིས་ཀྱི་སློབ་མ་གཞོན་ནུ་དཔལ་བས་ཀྱང་རྒྱལ་པོའི་ཏི་ཤྲཱི་མཛད་ནས། རྗེ་རིན་པོ་ཆེའི་རིང་ལུགས་བཟང་པོ་ཕྱོགས་དེར་དར་རྒྱས་ཤིན་ཏུ་ཆེ་བར་མཛད་དོ། །ཞེས་

༡༨་ཁ་༢ གསུངས། ཡོངས་འཛིན་ཐམས་ཅད་མཁྱེན་པའི་གསུང་ལམ་རིམ་བླ་མ་བརྒྱུད་པའི་རྣམ་ཐར་ལས། བྱམས་ཆེན་ཆོས་རྗེའི་རྣམ་ཐར་བཞུགས། བྱམས་ཆེན་ཆོས་རྗེ་ཤཱཀྱ་ཡེ་ཤེས་ནི། རྒྱལ་བ་བཞེས་པ་ཤིང་ཕོ་རྟའི་ལོ་སྟོན་ཟླའི་ཡར་ངོའི་ཚེས་གཅིག་གི་

༡༨་ཁ་༣ ཉིན་ཚལ་གུང་ཐང་དུ་རྩེས་པར་གྲགས་པའི་དཔོན་རིགས་རྒྱུད་ཤིག་ཏུ་སྐུ་འཁྲུངས། གཞོན་ནུ་ཉིད་ནས་སྟོན་གྱི་སྐྱེ་གནས་མང་པོ་རྗེས་སུ་དྲན་（པ་སོགས་）

མངོན་པར་རྟོགས་པའི་ཡོན་ཏན་གྱིས་ཕྱུག་ནའང་བླ་མ་མཁས་པའི་དབང་པོ་དུ་མ་བསྟེན་ནས་རྒྱལ་བའི་གསུང་རབ་

༡༨་ཁ་༤ མཐའ་དག་ལ་མཁས་པར་སྦྱངས་ཏེ་པར་མཛད། ཁྱད་པར་དུ་རྗེ་བཙུན་ཙོང་ཁ་པ་ཆེན་པོའི་སྤྱན་སྔ་ཁྲིད་མང་པོ་གསན་ཏེ་མཁས་པའི་དབང་པོར་གྱུར། དེ་དུས་སུ་རྒྱ་ནག་གོང་མ་ཡུང་ལོ་རྒྱལ་པོས་ཆོས་ཀྱི་(……མ་ཡིག་མི་གསལ)

༡༨་ཁ་༥ པོའི་(……མ་ཡིག་མི་གསལ)ནས་གོང་མའི་རྒྱལ་ཁབ་ཏུ་གདན་འདྲེན་པའི་ཕྱིར་བློན་པོ་ཏཧུ་ཞེན་སོགས་ཏཱ་ཞིང་བཞིས་གཙོ་བྱས་གསེར་ཡིག་པ་མི་སྣ་མང་པོ་མངགས་ཏེ་ལུང་དང་གནང་སྦྱིན་གྱི་དངོས་དང་བཅས་ཁྱེར་ནས་ཙོང་ཁ་པ་ཆེན་པོ་གདན་འདྲེན་དུ་བཏང་ཡང་རྗེ་རིན་

༡༨་ཁ་༦ པོ་ཆེ་སེ་ར་ཆོས་སྡིངས་སུ་སྐུ་མཚམས་ཤིན་ཏུ་དམ་པར་མཛད་པའི་སྐབས་སུ་གསེར་ཡིག་པ་རྣམས་སླེབས་བྱུང་བའི་(……མ་ཡིག་མི་གསལ)

༡༨་ཁ་༧ སེ་རར་ཕེབས་ནས་(……མ་ཡིག་མི་གསལ) གནང་། འབུལ་བ་རྣམས་བཞེས་རྒྱ་ཡུལ་དུ་འབྱོན་པ་དགག་བྱ་ཆེ་ཞིང་དགོས་པ་ཆུང་བའི་རྒྱུ་མཚན་དང་བཅས་པའི་ཞལ་ཏ་ཏཱ་ཞིང་རྣམས་ལ་ཞིབ་རྒྱས་གནང་ནས་རྗེ་རིན་པོ་ཆེ་སྤྱན་མ་འདྲོངས་པར་རྗེ་ཉིད་ཀྱི་སྐུ་ཚབ་ཏུ(……མ་ཡིག་མི་གསལ)

ཤོག་གྲངས་བཅུ་དགུའི་མདུན།

༡༩་ཀ་༡ གྱི་དབང་གིས་སྤྲུལ་པའི་སྐུ་བྱམས་ཆེན་ཆོས་རྗེ་མངགས་པ་གདན་དྲངས་ཏེ་བླ་མ་གྲྭ་སློབ་ཏཱ་ཞིང་མི་བཞི་མི་མང་པོ་བཅས་སྔོ་ཁ་ཁམས་ཕྱོགས་ལི་ཐང་བརྒྱུད་རིམ་གྱིས་རྒྱ་ནག་གོང་མའི་ཕོ་བྲང་དུ་ཕེབས་ཏེ་ཡུང་ལོ་རྒྱལ་པོ་

༡༩་ཀ་༢ མཇལ། གོང་མ་ཆེན་མོས་ཀྱང་སྲི་ཞུའི་བསྙེན་བཀུར་ཕུན་སུམ་ཚོགས་པ་མཛད། དེ་ནས་གོང་མ་རྒྱལ་པོས་བྱམས་ཆེན་ཆོས་རྗེ་ལ་རྒྱལ་ཁབ་འདིར་རྒྱལ་བ་ཙོང་ཁ་པའི་བསྟན་པའི་སྙིང་པོ་རྣམས་དར་བ་ཞིག་བྱ་འདོད་པས་མདོ་སྔགས་ཀྱི་ཆོས་སྒོ་དང་ཁྱད་པར་

༡༩་ཀ་༣ རྒྱུད་སྡེ་བཞིའི་དཀྱིལ་འཁོར་ཆེན་པོ་རྣམས་བསྒྲུབ་ཅིང་མཆོད་པ་བྱེད་དགོས་པའི་བཀའ་ལུང་གནང་། དེ་ནས་བྱམས་ཆེན་ཆོས་རྗེས་ལོ་གསར་ནས་དཔྱིད་ཟླ་

འབྲིང་པོའི་ཚེས་འགོར་ཚོག་གྲྭ་གསང་འདུས་དགྱེས་རྡོར་བདེ་མཆོག་འཁོར་ཆེན་འཇིགས་བྱེད་ཞི་

༡༩་ཀ་༤ དགུ་མ་སྨན་བླ་རྣམས་ཀྱི་སྒྲུབ་མཆོད་ཀྱི་སྟ་གོན་བཙུགས་ཏེ་ཚེས་དགུ་ནས་བཟུང་ཟླ་བ་གསུམ་གྱི་བར་དུ་སྒྲུབ་མཆོད་མཛད་དོ། །གྲུབ་པའི་རྟགས་ནམ་མཁའ་ལ་ལྷའི་རོལ་མོའི་སྒྲ་དང་། ཁ་དོག་སྣ་ལྔའི་འཇའ་འོད་འཁྱིལ་ཞིང་དབྱིབས་རྒྱལ་མཚན་

༡༩་ཀ་༥ ལྷ་བུ་དང་། རྡོ་རྗེ་འཁོར་ལོ་པདྨ་སྣ་ཚོགས་རྡོ་རྗེ་ལྷ་བུ་ཤར་བ་རྣམས་སྐྱ་སེར་ཀུན་གྱིས་མངོན་སུམ་དུ་མཐོང་། སྤྲིན་མེད་པའི་ནམ་མཁའ་ལས་ལྷས་མེ་ཏོག་གི་ཆར་འབེབས་པ་སོགས་ལྟས་ཁྱད་པར་ཅན་མང་དུ་བྱུང་ཞིང་། རྒྱལ་པོའི་རྨི་ལམ་དུ་ཕྱོགས་

༡༩་ཀ་༦ བཅུའི་སངས་རྒྱས་བྱང་སེམས་ཐམས་ཅད་ཏེ་ཡིན་ཟེའི་ནམ་མཁར་བཀྲ་ལམ་མེར་བཞུགས་པ་ཡང་ཡང་རྨིས་པ་ཡང་བྱུང་གསུངས། ཆོས་རྗེ་རང་ཉིད་ཀྱིས་ཀྱང་དཀྱིལ་འཁོར་ལྷ་ཚོགས་རྣམས་ཀྱིས་ཞལ་ཡང་ཡང་གཟིགས། དེ་ནས་གོང་མ་ཆེན་པོ་ཐུགས་

༡༩་ཀ་༧ དད་ཚད་མེད་པ་སྐྱེས་ཏེ། གསེར་གྱི་འཁོར་ལོ་ཡོད་པའི་ཐམ་ཀ་འབུལ་བ་ཚད་མེད་པ་དང་བཅས་གནང་སྟེ་བསྟགས་བརྗོད་གཟེངས་སྟོད་མཛད། དེ་ནས་རྒྱལ་པོའི་དགུང་ལོ་ཁྲི་ཆོར་སྤྱིལ་བའི་ཕྱིར་དུ་གྲུབ་པའི་རྒྱལ་མོའི་ལུགས་ཀྱི་ཚེ་དབང་རྗེས་

ཐོག་གྲངས་བཅོ་དགུའི་རྒྱབ།

༡༩་ཁ་༡ གནང་། གྲུབ་ཆེན་ཏི་ལོ་པའི་ལུགས་ཀྱི་བདེ་མཆོག་འཆི་བ་མཐར་དབང་བསྐུར་ཏེ་སྤྱི་བོར་བུམ་པ་བཞག་པའི་བདུད་རྩིས་བུམ་པ་གང་སྟེ་འཁྱུར་(འཕྱུར་)བ་ཀུན་གྱིས་མཐོང་བ་བྱུང་ཞིང་ཚེ་རིལ་སོགས་ལ་འོད་འཚེར་བ་ལ་སོགས་པའི་རྟགས་ཡང་

༡༩་ཁ་༢ མང་པོ་བསྟན། རྒྱལ་པོ་ཤིན་ཏུ་ཡ་མཚན་ཏེ་གུས་པ་ཆེར་མཛད། རིན་པོ་ཆེ་གསེར་དངུལ་གྱི་རིགས་བརྒྱན་པའི་བཞུགས་ཁྲི། ཡི་ཅི་མདུན་ཕྱོག ཞབས་སྟེགས་བཞུགས་སྟན་སོགས་འབུལ་(བ་)ཚད་མེད་པ་གནང་། གཞན་ཡང་རྒྱ་ཧོར་གྱི་ཡུལ་གྲུ་དེ་

༡༩·ཁ·༣ རྣམས་སུ་རབ་བྱུང་བསྙེན་རྫོགས། ཁྱིམ་པ་རྣམས་ལ་བསྙེན་གནས···
དང་དགེ་བསྙེན་གྱི་སྡོམ་པ་སྦྱིན་པ་དང་། རང་རང་གི་བློ་དང་འཚམ་པའི་ཆོས་བསྟན···
ནས་རྗེ་རིན་པོ་ཆེའི་བསྟན་པས་ཕྱོགས་དེ་ཁྱབ་པ་མཛད། དེ་ནས་ཕྱོགས་ནས་ཆེད་

༡༩·ཁ·༤ (······མ་ཡིག་མི་གསལ) མཇལ་ཕྲད་བྱེད་པའི་བླ་དཔོན་སྐྱེ་བོ་ཆེ་ཕྲ···
ཐམས་ཅད་ཀྱིས་འབུལ་བ་ཞབས་ཏོག་ཕུན་སུམ་ཚོགས་པ་བསྒྲུབས་ཤིང་། དེ་དག་སོ་སོར་
སྐལ་བ་དང་འཚམ་པར་རབ་བྱུང་བསྙེན་རྫོགས། (དབང་དང་) རྗེས་གནང་ཁྲིད་མན···
ངག་

༡༩·ཁ·༥ བསྙེན་གནས་བསྟུང་(བསྲུང་) གནས་ཀྱིས་སྡོམ་པ་སོགས་རང་རང···
གི་འདོད་མོས་ལྟར་ཚིམ་པར་སྩལ་ཏེ་སྨིན་ཅིང་གྲོལ་བར་མཛད། དེ་ནས་གོང་མ་རྒྱལ་པོ···
ལ་རྒྱལ་བ་ཙོང་ཁ་པ་ལ་ཞལ་མཇལ་བ་དང་། མཆོད་ཅིང་བསྙེན་བཀུར་དང་། ཆོས་ཟབ···
སོ་མང་

༡༩·ཁ·༦ པོའི་བཀའ་དྲིན་ཞུ་བ་སོགས་ཀྱི་ཆེད་དུ་དབུས་གཙང་དུ་ཕྱིན་ཆོག་པ···
དགོས་ཞེས་དགོངས་པ་ཞུ་བར་མཛད་པས། གོང་མ་ཆེན་པོས་ཀྱང་དགོངས་པ་ཁྲོལ་ཏེ···
གོང་ནས་གསེར་ཡིག་པ་སྐྱེལ་བའི་མི་སྣ་དང་བཅས་ཕེབས་ཏེ། ཤན་ཞིའི་

༡༩·ཁ·༧ ལམ་ཆེན་བརྒྱུད་(······མ་ཡིག་མི་གསལ) རིམ་པས་ལི་ཐང་བྱམས་ཆེན་
ཆོས་འཁོར་(······མ་ཡིག་མི་གསལ) བོད་ཡུལ་དབུས་ཀྱི་སེ་རར་ཕྱག་ཕེབས་ཏེ་རྗེ་རིན་པོ···
ཆེ་དང་མཇལ། རྒྱལ་པོས་གནང་བའི་གནས་བཅུའི་ཐགས་སྐུ། སྟོན་ཤིང་གི་གུར།
གསེར་དངུལ་གྱི་མཎྜལ་

ཆོག་གྲངས་ཉི་ཤུའི་མདུན།

༢༠·ཀ·༡ ལ་རིན་པོ་ཆེའི་ཆོམ་བུ་དང་བཅས་པ། གོས་དར་སྣ་ཚོགས་གཏོས་ཆེ···
བ་ཕུལ་ནས་ཞབས་བརྟན་གསོལ་འདེབས་ཀྱང་མཛད། ཇོ་བོ་ཤཱཀྱ་མུ་ནེར་གསེར་འབུལ།
མགུལ་རྒྱན་མཆོད་པའི་རིགས། རི་བོ་

༢༠·ཀ·༢ དགའ་ལྡན་གྱིས་གཙོས་དགེ་འདུན་རྣམས་ལ་འགྱེད་མང་ཇ་སོགས···
གནང་། མི་སྣ་ཕྱོག་དུས་རྒྱལ་པོ་ལ་ལེགས་གསོལ་ཞུ་འབུལ་བྱས། མི་སྣ་རྫོང་བ་མཛད།
དེ་ནས་སྤྲ་མོ་ནས་རྗེ་རིན་པོ་ཆེ་སེ་ར་(རར) བཞུགས་དུས། ཙ་ཤེ། དྲང་ངེས་རྣམ···

འབྱེད།

༢༠་ཀ་༣ བཞི་བརྒྱ་པ། བྱང་ཆུབ་ལམ་རིམ། གསང་སྔགས་ལམ་རིམ་གྱི་ཁྲིད། རྩ་ལྟུང་བཅུ་བཞི་པའི་རྣམ་བཤད་གཉིས་ལ་སོགས་པའི་ཆོས་མང་པོ་གསན་ནའང་། སླར་ཡང་དཔལ་ལྡན་གསང་འདུས་པའི་འགྲེལ་པ་སྒྲོན་གསལ་མཆན་བུ་དང་

༢༠་ཀ་༤ བཅས་པ། བཤད་རྒྱུད་འགའ་ཞིག་གི་ལུང་། རིམ་ལྔའི་ཁྲིད། སྦྱོར་བ་ཡན་ལག་དྲུག་པའི་ཁྲིད་རྒྱས་པ། དུས་འཁོར་གྱི་འགྲེལ་ཆེན་དྲི་མེད་འོད་ཀྱི་བཤད་པ་ཆེས་ཞིབ་པ། ན་རོ་ཆོས་དྲུག དབུ་མ་འཇུག་པ། ཚད་མ་རྣམ་འགྲེལ།

༢༠་ཀ་༥ བདེ་མཆོག་རྩ་བའི་རྒྱུད་ལ་སོགས་པའི་ཆོས་ཟབ་ཅིང་རྒྱ་ཆེ་བ་དཔག་ཏུ་མེད་པ་གསན། དེ་ནས་ལོ་རེ་བཞིན་གོང་མ་ཆེན་པོར་མཚམས་ཞུ་དང་། ཆོས་ཀྱི་གདམས་པ་གོང་ནས་གོང་འཕེལ་དུ་མཛད། གོང་མ་ཆེན་པོས་ཀྱང་ལོ་

༢༠་ཀ་༦ རེ་བཞིན་གསེར་ཡིག་འབུལ་ནོད་(ནོར་)གྱི་ནོམ་དང་བཅས་སྩལ། དེ་ནས་རྗེ་རིན་པོ་ཆེ་ཞིང་གཤེགས་པ་ལ་ཉེ་བའི་ཚེ་བསྐོད་(སྐོད་)ལུང་གི་ཆབ་ཚན་དང་། དེ་ནས་འབྲས་སྤུངས་ལ་ཕྱིན། དེ་ནས་ལྷ་སར་ཕྱིན་པའི་ཚེ། བྱམས་ཆེན་

༢༠་ཀ་༧ ཆོས་རྗེ་འདི་པས། རྗེ་རིན་པོ་ཆེ་སེ་རར་གདན་འདྲེན་བྱེད་པའི་གྲབས་ཀྱང་སྒྲིགས་ཏེ་སྤྱན་དྲངས་ནས་སེ་ར་ཆོས་སྡིངས་སུ་བཞུགས། བསྙེན་བཀུར་ཚད་མེད་པས་མཆོད། དེའི་ཚེ་བྱམས་ཆེན་ཆོས་རྗེ་འདི་པ་ལ། སེ་རར་དགེ་འདུན་གྱི་སྡེ་བཙུགས་

ཐོག་གྲངས་ཉི་ཤུའི་རྒྱབ།

༢༠་ཁ་༡ ནས་བཤད་སྒྲུབ་རྐང་ཚུགས་པ་ཞིག་བྱེད་དགོས་པའི་བསླབ་སྟོན་ཞལ་ཏ་རྒྱས་པ་གནང་ཞིང་། ཁྱད་པར་གངས་རིའི་ཁྲོད་འདིར་སྔགས་ཀྱི་རྒྱུད་སྡེ་ལ་འཆད་ཉན་རྣམ་པར་དག་པ་ནུབ་པར་གྱུར་ནས་རིང་ཞིག་ལོན། རྗེ་རིན་པོ་ཆེ་ཉིད་ཀྱིས་

༢༠་ཁ་༢ བཤད་པ་རྣམ་པར་དག་པ་མཛད་པའི་གསུང་གིས་བདུད་རྩི་ཉམས་སུ་མྱོང་བའི་བློ་གྲོས་ཀྱི་ལུས་ཡོངས་སུ་ཚིམ་པ་མང་དུ་ཕྱིན་མོད་ཀྱི། དེ་ལྟ་ན་ཡང་ད་དུང་རྒྱུད་སྡེའི་འཆད་ཉན་རྐང་ཚུགས་པའི་གྲྭ་ས་གཞི་ཐིངས་པ་སྟོན་ཆད་མེད་པས། དེ་

༢༠་ཁ་༣ འདྲ་བའི་འཆད་ཉན་གྱི་གཞི་རྣམ་པར་དག་པ་ཚུགས་ན་ཅི་མ་རུང་

སྣམ་དུ་བསྣན་པ་འབའ་ཞིག་ལ་དགོངས་པའི་ཐུགས་ཀྱི་འདུན་པ་ཤུགས་དྲག་པོས་དེའི་ཚེ་བྱམས་ཆེན་ཆོས་རྗེ་འདི་པ་ལ་བདེ་གསང་གཉིས་ཀྱི་འཆད་ཉན་ཀྲང་ཚུགས་པའི་ཐུགས་གྲྭ

༢༠་ཁ་༤ ཞིག་འཛུགས་པའི་ཞལ་ཏ་གནང་སྟེ། བྱམས་ཆེན་ཆོས་རྗེ་འདི་པས་ཀུང་རྗེ་རིན་པོ་ཆེའི་བཀའ་བཞིན་སྒྲུབ་པའི་ཐུགས་ཁུར་རྒྱ་ཆེར་བཞེས་ནས་སེ་ར་ཆོས་སྡིངས་སུ་གཞི་འདུལ་བའི་བསླབ་ཁྲིམས་རྣམ་པར་དག་པ་ལ་བརྟེན་ཏེ་དཔལ་(གསང་)བ་འདུས་པ་དང་།

༢༠་ཁ་༥ བདེ་མཆོག་གི་རྩ་རྒྱུད་ལ་འཆད་ཉན་ཀྲང་ཚུགས་པའི་གྲྭ་ས་འཛུགས་པའི་ཞལ་བཀོད་དང་། མཆོད་དཔོན་བསྐོ་བ་ལ་སོགས་པ་མཛད་ཅིང་། རྟེན་འབྲེལ་ཁྱད་པར་ཅན་སྒྲིག་པའི་ཆེད་དུ་དེར་གསོ་སྐྱོང་མཛད། རྒྱུད་ཀྱི་

༢༠་ཁ་༦ རྒྱལ་པོ་གཉིས་ཀྱི་དབུ་ནས་ཆོས་ཐུན་རེ་གསུངས་པ་ལ་སོགས་པ་རྟེན་འབྲེལ་བསྒྲིག་པར་མཛད་པ་ལ་རྟེན་ཏེ་སེ་ར་ཐེག་ཆེན་གླིང་བཏབ། དེ་ནས་རིང་པོར་མ་སོན་པར་རྗེ་རིན་པོ་ཆེ་གཞན་དོན་དུ་གཤེགས་པའི་གདུང་མཇལ་མགུལ་རྒྱན་མཆོད་

༢༠་ཁ་༧ མི་སོགས་འདས་མཆོད་རྒྱ་ཆེན་པོ་མཛད། སེ་ར་ཆོས་སྡིངས་སུ་བྱམས་ཆེན་ཆོས་རྗེ་རང་ཉིད་ཀྱིས་གཙོས་དགེ་འདུན་མང་པོ་དང་བཅས་གསང་བདེ་འཇིགས་གསུམ་གྱི་དཀྱིལ་འཁོར་ཆེན་པོ་དག་ཞལ་ཕྱེ་ནས། བླ་མ་རྡོ་རྗེ་འཆང་

ཤོག་གྲངས་ཉེར་གཅིག་གི་མདུན།

༢༡་ཀ་༡ དང་ཐ་མི་དད་པ་ལ་ཕྱི་ནང་གསང་བའི་མཆོད་པ་རྒྱ་ཆེན་པོས་མཉེས་པར་བྱས་ཤིང་། བདག་ཉིད་འཇུག་ཅིང་དབང་བླང་བ་ལ་སོགས་པས་དམ་ཚིག་སྡོམ་པ་རྣམ་པར་དག་པར་བསྐྱེས་ཏེ། ཐུགས་

༢༡་ཀ་༢ ཀྱི་དགོངས་པ་ཡོངས་སུ་རྫོགས་པ་དང་། བླ་མ་མཆོག་གི་ཡེ་ཤེས་ཀྱིས་གཟིགས་པ་ནམ་དུ་ཡང་འབྲལ་བ་མེད་པའི་སྨོན་ལམ་རྒྱ་ཆེན་པོ་བཏབ་པས་ངོ་མཚར་བའི་ལྟས་མང་དུ་བྱུང་སྟེ། ནམ་མཁར་འཇའ་ཡང་ཡང་ཤར་བ་དང་མེ་ཏོག་

༢༡་ཀ་༣ གི་ཆར་ཡང་བབས། བྱ་ལོ་ཟླ་བ་བཅུ་པར་དགེ་ལྡན་དུ་རྡོ་རྗེ་འཛིན་པ་བརྒྱ་ཕྲག་དུ་མས་དཀྱིལ་འཁོར་དཔག་ཏུ་མེད་པ་སྒྲུབ་ཅིང་མཆོད་པའི་དུས་ཀྱི་མཆོད་པ་བསྒྲུབས་པའི་ཚེ་དཔོན་ནམ་མཁའ་བཟང་པོ་ཁུ་དཔོན་པའི་དྲུང་ནས། ར་ཁ་

༢༡་ཀ་༤　ཐག་ཏུ་ཆོས་རྗེ་བྱམས་ཆེན་པ་འདིས་གཙོ་བོ་མཛད་པའི་དགེ་བའི་བཤེས་གཉེན་དུ་མ་སྤྱན་དྲངས་ནས་དུས་ཀྱི་མཆོད་པ་རྒྱ་ཆེན་པོ་མཛད་དེ། གསོལ་བ་བཏབ་པས་མེ་ཏོག་གི་ཆར་བབས་པ་ནི། མེ་ཏོག་མུ་ཏིག་གི་མདོག་ལྟ་བུ་

༢༡་ཀ་༥　ཚུང་དུ་ས་ལ་ཁ་བ་ལྟར་ཆགས་པ་དང་། གཞན་ཡང་འདབ་མ་དྲུག་པ་ལ་སོགས་པ་ཁ་ཅིག་གི་མདོག་ནི་དུང་དང་། ཁ་ཅིག་ནི་གསེར་བཙོ་མ། ཁ་ཅིག་ནི་ལི་ཁྲི་ལྟ་བུ། ཁ་ཅིག་ནི་རྒྱའི་མཐིང་བཟང་པོས་བྱུག་པ་ལྟ་བུ་མིའི་

༢༡་ཀ་༦　ལག་པའི་ཁྲོན་ཙམ་དཔག་ཏུ་མེད་པ་བབས་སོ། །བྱམས་ཆེན་ཆོས་རྗེ་འདིས་རྗེ་རིན་པོ་ཆེའི་དགོངས་རྫོགས་སུ་མཆོད་འབུལ་མཛད་པ་ལ་དེ་ལྟ་བུའི་རྟགས་ངོ་མཚར་ཅན་བྱུང་བ་ནི་བྱམས་ཆེན་ཆོས་རྗེ་འདི་ཉིད་རིན་པོ་ཆེའི་

༢༡་ཀ་༧　ཐུགས་རྗེའི་བྱིན་བརླབས་ཞུགས་པའི་སྐྱེས་བུ་དམ་པ་གཞན་དང་མི་འདྲ་བ་ཞིག་ཡིན་པའི་རྟགས་ཏེ་རྣམ་པར་ཐར་པ་ངོ་མཚར་བ་ཡིན་ནོ། །དེ་ནས་སླར་ཡང་གོང་མ་ཡུང་ལོ་རྒྱལ་པོས་གདན་དྲངས་ཏེ་ཕེབས།

ཤོག་གྲངས་ཉེར་གཅིག་གི་རྒྱབ།

༢༡་ཁ་༡　རྒྱལ་པོ་ཆོས་དང་ཟང་ཟིང་གིས་མཉེས་པར་བྱས། རྒྱ་ནག་གི་ཡུལ་དུ་རྫུ་འཕྲུལ་གྱི་བཀོད་པ་མང་དུ་བསྟན་ཅིང་། རྗེ་རིན་པོ་ཆེའི་རིང་ལུགས་དྲི་མ་མེད་པ་ཕྱོགས་ཀུན་ཏུ་རྒྱ་ཆེར་སྤེལ། རྗེ་རིན་པོ་ཆེའི་ཐུགས་བསྐྱེད་དང་བྱམས་

༢༡་ཁ་༢　ཆེན་ཆོས་རྗེ་ཉིད་ཀྱི་སྔོན་གྱི་སྨོན་ལམ་གྱིས་(གྱི་) དབང་གིས་རྒྱ་ནག་ཐེ་ཛུང་རྒྱལ་པོ་ནས་ཟིན་ཏེ་རྒྱལ་པོའི་བར་རྒྱལ་རབས་བཞིས་མཆོད་པའི་དཔལ་ཡོན་བླ་ན་མེད་པ་མཛད་དེ། དགུང་ལོ་བརྒྱད་ཅུ་རྩ་གཉིས་བཞེས་པ་ཤིང་མོ་ཡོས་ལོ་

༢༡་ཁ་༣　ཟླ་བ་བཅུ་པའི་ཚེས་བཅོ་བརྒྱད་ཀྱི་ཉིན་བུ་ཆེན་གཱུ་ཤྲཱི་ཨ་མོ་གྷ་དང་བསོད་ནམས་ཤེས་རབ་རྣམ་པ་གཉིས་ལ་ཞལ་བཀོད་གནང་སྟེ། ཕྱི་ནང་གི་དོ་དམ་མཛད་ནས་སྐུ་མཚམས་ལ་བཞུགས་ཏེ་ཐུགས་དམ་མཛད། ཉེ་ཤུ་བཞི་ལ་

༢༡་ཁ་༤　མཛོ་མོ་མཁར་དུ་ཞིང་གཤེགས་སོ། དེ་ནས་ཡོངས་ཀྱི་དགེ་བའི་བཤེས་གཉེན་མང་པོས་དགོངས་པ་ཡོངས་སུ་རྫོགས་པའི་ཕྱིར་དགེ་རྩ་རྒྱ་ཆེན་པོ་ཉིན་ཞག་བཞི་བཅུ་ཞེ་དགུའི་བར་དུ་བསྒྲུབས་(།) དེའི་ཚེ་ནམ་མཁའ་ལ་འཇའ་འོད་

༢༡.ཁ.༥ འཁྲིགས་ཤིང་། ལྷས་མེ་ཏོག་གི་ཆར་ཕབ་པ་སོགས་ངོ་མཚར་བའི་ལྟས་མང་དུ་བྱུང་ངོ་། ཁྲ་སའི་ཞེས་བྱ་བའི་ས་ཆ་དེར་ཀློ་བློ་དཔལ་ལྡན་པས་གཙོས་དགེ་བའི་བཤེས་གཉེན་མང་པོའི་ཚོགས་དང་། སློན་ཆེན་མི་ཆེན་དམག

༢༡.ཁ.༦ དཔོན་མི་དཔོན་སོགས་སྐྱ་སེར་མང་པོ་འདུས་ནས་སྐུ་གདུང་ཞུགས་འབུལ་མཛད་པ་ལ། ཀློ་བློ་དཔལ་ལྡན་པས་མེ་སྤོར་བའི་སྐབས་ཀ་ཙམ་བྱས་པ་ལ་རང་འབར་དུ་སོང་ཞིང་། འཇའ་མཚོན་སྣ་ལྔའི་གདུགས་དང་རྒྱལ

༢༡.ཁ.༧ མཚན་བ་དན་བཀྲ་ཤིས་རྟགས་བརྒྱད་ཀྱི་དབྱིབས་ལྷ་བུའི་ལྟས་བཟང་ཁྱད་པར་ཅན་ནམ་མཁའི་ཁམས་གང་བར་བྱུང་བ་ཀུན་གྱིས་མཐོང་ཞིང་ངོ་མཚར་བའི་གནས་སུ་གྱུར་ཏོ། །ཞེས་གསུངས། །པཎ་ཆེན

ཐོག་གྲངས་ཉེར་གཉིས་ཀྱི་མདུན།

༢༢.ཀ.༡ བསོད་ནམས་གྲགས་པའི་ཆོས་འབྱུང་ཡིད་ཀྱི་མཛེས་རྒྱན་ལས། བྱམས་ཆེན་ཆོས་རྗེ་ནི། འབྲུངས་ཡུལ་ཚལ་པ། གསུང་རབ་མང་དུ་མཁྱེན། སྔོན་གྱི་སྐྱེ་གནས་རྗེས་སུ་དྲན་པ་སོགས

༢༢.ཀ.༢ མངོན་པར་རྟོགས་པའི་ཡོན་ཏན་གྱིས་ཀྱང་ཕྱུག་པ་དང་། ཁྱད་པར་རྒྱ་ཆེན་རྣམ་ཐྲས་ཀྱིས་རྗེས་སུ་བཟུང་བ་ཉིད་ལས། གོང་མ་ཏ་མིང་རྒྱལ་པོས་སྤྱན་དྲངས་ནས་འགྲན་ཟླ་མེད་པའི་བླ་མར་མངའ་གསོལ་ཏོ། འཕྲིན་ལས

༢༢.ཀ.༣ སྣ་ཚོགས་ལ་མཁས་ཤིང་གསལ་བ། ཆོས་ཉིད་དམ་པ་མཆོག་ཏུ་རྒྱལ་བ། ཤེས་རབ་རྣམ་དག་སྣང་བ་ཆེན་པོ། ཀུན་ཏུ་ཁྱབ་ཅིང་། རྒྱལ་ཁམས་སྐྱོབས་པ། བསྟན་པ་རྒྱས་མཛད་རབ་ཏུ་དགེ་བ། བྱམས་ཆེན་ཆོས

༢༢.ཀ.༤ ཀྱི་རྒྱལ་པོ་ཞེས་པའི་བསྟགས་པ་བརྗོད་ནས་འབུལ་ཞབས་དཔག་ཏུ་མེད་པ་མཛད་ཅིང་། མཆོད་ཡོན་གྱི་(གྱིས་)ཏ་ཡན་བསི་ཞེས་བྱ་བའི་དགོན་པ་བཏབ་སྟེ། དགེ་ལྡན་པའི་ཕྱག་ལེན་དར་བར་མཛད། དེ་ནས་དབུས་སུ་ཕེབས

༢༢.ཀ.༥ ནས་སེ་ར་རྩེར་རྗེ་རིན་པོ་ཆེས་ཆོས་འཁོར་རྒྱ་ཆེན་པོ་བསྐོར་བའི་ཞབས་ཏོག་མཛད་པ་དང་། ཞལ་བཀོད་ཞུས་ནས་ཐེག་ཆེན་གླིང་གི་ཆོས་གྲྭ་བཏབ་སྟེ། མཁས་པ་དར་བཟང་གདན་སར་བསྐོས་པ་གནང་། ལོ་འདི་རྗེ

༢༢·ཀ·༦ ཉིད་ཞིང་གཞན་དུ་གཤེགས་པའི་ས་ཕག་དེ་ཡིན། སྣར་ཐོ་བྲང་ལ···
ཐྱོན་པ་ཏ་མིང་རྒྱལ་པོ་ཁང་ཉེར་གཤེགས་ཀྱང་། སྲས་ཐྲོན་ལྡེ་རྒྱལ་པོས་གུས་མཆོད་ཆེན···
པོ་མཛད་པ་ལས། སྣན་གྲགས་དང་གཞན་དོན་

༢༢·ཀ·༧ མཐའ་ཡས་པ་བྱུང་། ཡང་དབུས་སུ་གདན་བཏེགས་པ་མཛོ་མོ···
མཁར་དུ་ཕེབས་པའི་མོད་ལ་སྐུ་གཤེགས། དེའི་སློབ་མ་སྐྱེ་ཐང་པ་ཆོས་རྗེ་ཨ་མོ་གྷ་པ་དང་།
བསོད་ཤེབ་(ཤེས་རབ་)གཉིས་ཀྱིས་ཀྱང་། ཐྲོན་ལྡེའི་

ཐོག་གྲངས་ཉེར་གཉིས་ཀྱི་རྒྱབ།

༢༢·ཁ·༡ ཏི་ཤྲི་མཛད་པ་ལུགས་གཉིས་ཀྱི་འཕྲིན་ལས་མཆོད་ཡོན་ཐུ་མ་གཉིས···
ལ་འགྲན་པ་བཞིན་དུ་གྱུར། དགེ་ལྡན་གྱིས་(ཀྱི་)ཐུབ་པ་གནས་བརྟུའི་བསེ་ཐང་ཡ···
མཚན་ཅན་འདིའང་མཆོད་ཡོན་འདི་གསུམ་གྱི་རིང་དབུས་སུ་

༢༢·ཁ·༢ ཐོན་པར་སྣང་། བླ་མ་དེ་གཉིས་ཀྱིས་སློབ་མ་ཆོས་རྗེ་གཞོན་ནུ་དཔལ···
ལྡན་ཞེས་པས་ཀྱང་རྒྱལ་པོའི་བླ་མཆོད་མཛད་དེ་དགེ་འདུན་གྱི་སྡེ་བསྐྱངས་ཞེས་གྲགས།
ཞེས་གསུངས། ལས་ཆེན་ཀུན་རྒྱལ་

༢༢·ཁ·༣ པའི་བཀའ་གདམས་ཆོས་འབྱུང་ལས། བྱམས་ཆེན་ཆོས་རྗེ་ཤཱཀྱ་ཡེ···
ཤེས་ནི། རྗེའི་བཀའ་ལུང་གིས་སེ་རའི་དགོན་པ་བཟུང་ནས་འདུས་པའི་རྒྱུད་ཀྱི་བཤད···
སྲོལ་ཚུགས་ཤིག་ཅེས་བཀའ་བསྐོས་པས། སེ་ར་ཉིད་དུ་མཛད་

༢༢·ཁ·༤ པ་སྐྱོང་བའི་སྐབས་ལས། གོང་ནས་གདན་འདྲེན་བྱུང་ནས་རྒྱ་ཡུལ···
དུ་ཕེབས། གོང་མའི་བླ་མ་མཛད་དེ་མེ་ཏོག་ལྷུམ་རའི་དགོན་པ་བཏབ། བྱམས་ཆེན་ཆོས་
རྗེར་མཚན་གསོལ། འཕྲིན་ལས་རྒྱ་ཆེར་སྤེལ་ཏེ།

༢༢·ཁ·༥ ད་ལྟ་རྒྱ་དང་སེ་ར་བ་འབྲེལ་བའི་རྒྱུ་མཚན་ཡང་དེ་ཡིན་ནོ། དེ་ནས···
རྗེའི་བཀའ་བཞིན་བྱམས་ཆེན་ཆོས་རྗེས་སྤྱིན་བདག་མཛད་ནས། དཀའ་བཅུ་པ་དར···
བཟང་སེ་རའི་ཆོས་དཔོན་དུ་བསྐོས། དེ་ནས་རྗེ་གུང་ཟུ་རྒྱལ་

༢༢·ཁ·༦ མཚན་བཟང་པོས་གདན་ས་མཛད་དེ་འཕྲིན་ལས་རྒྱ་ཆེར་སྤེལ། དེ···
ནས་ཞ་ལུ་བ་རབ་འབྱམས་པ་བཀྲ་ཤིས་རྒྱ་མཚོ། ཀུན་མཁྱེན་བློ་གྲོས་རིན་ཆེན་སེང་གེ།
ལྷས་བུ་བླ་མ་པ། འདུལ་བ་འཛིན་པ་དགེ་ལེགས་དཔལ།

ཤོག་གྲངས་ཉེར་གསུམ་པ།

༢༣་ཀ་༡ ད་ལྟ་ན་ཆེན་པོ་གཉལ་ཆུང་དཔལ་འབྱོར་ལྷུན་གྲུབ་ཅེས་པ་ཆོས་ཀྱི་… སྤྱན་དང་ལྡན་པ་གཅིག་བཞུགས་ལགས། ཞེས་གསུངས་སོ།།

༢༣་ཀ་༢ མེའུ་སྒྲོ། (དམ་པའི་…) ཡོན་ཐུང་། (ཐམས་ཅད་མཁྱེན་པ།) ཧོས་ཅོ། (རྒྱལ་སྲས།) ཐུ་ཡིན། (ཡོང(ས)་པན།) ཧུས་ཀོས། (ཡུལ་སྐྱོངས།) ཞེན་ཀྲུའུ། ཀོན་ཏིང་། (དབང་བསྐྱུར།) ཧོང་ཤེན། ཐེ་ཐེན། (ནུབ་ཕྱོགས…)

བཙོ་ཅོ། ཏཱ་ཀོ་ཤྲི། (དབུ་བླ་ཆེན་པོ།) ཤཱཀྱ་ཡེ་ཤེས་ལ། སན་མཀྲ་ལོ།།

3.《大慈法王传汇编》拉丁文转写

Shog grangs 1 povi mdun ngos

1A1 vphrin las sna tshogs mkhas shing gsal ba chos nyid dam pa mchog tu rgyal ba shes rab rnam dag snang ba chen po kun la khyab cing rgyal khams skyabs cing bstan pa rgays mdzad rab tu dge ba byams chen chos kyi

1A2 [Rgyal povi rnam thar vdod pavi re skong dpal ster nyi ma zhes bya ba bzhugs so /]

Shog grangs 1 povi rgyab ngos

1B1 Na mo gu ru manydzu ghoshav kum ranndin badzrya / rlabs chen tshogs gnyis nor buvi vbyung gnas dbus su spangs rtogs yon tan rtser son rin chen rdul mang brtsegs / bdud bzhivi g •yul

1B2 las rnam rgyal vphrin las rnam bzhivi bang rim rab mtho skal bzang lha las dgav bavi gnas / blo chen rgyal sras dam pavi gser rivi phreng bas yongs su bskor zhing thabs shes nyi zla zung gis brgyan / sku bzhivi

1B3 ……

1B4 ……

1B5 lang tshos dregs pavi zur mig gi / vjig rten gsum gyi brtan pa vphral byed pavi / zla bavi sras mos ngag gi dpal stsol cig / vgro bavi sdug bsngal snying rjes me spar nas / dge bsags du mas dam bcas bdud rtsivi sman /

1B6 phyogs vdir drangs te phan bdevi dbugs phyung ba / sngon rabs chos rgyal lo pan rnams la vdud / khyad par dbang povi tog gi spyan snga ru / padmavi ngad ldan thugs bskyed smon btab bzhin / dus vdir rgyal bavi nyi ma slar

Shog grangs 2 pavi mdun ngos

2A1 shar ba / chos kyi rgyal po tsong kha pa la vdud / mgon devi zab rgyas dgongs pa skong bavi sras / byams chen chos kyi rgyal po mivi dbang po / yung lo rgyal pos mngon par dbang bskur ba / ta tshe ha

2A2 wang bstan pavi sgron mer vdud / de nyid rgyal ba gnyis pavi rgyal tshab tu / rgya nag pho brang chen por phebs tshul gyi / rnam thar gsang ba bsam gyis mi khyab rnams / bdag gi(gis) ji bzhin brjod pa ga la nus / von kyang ras bris

2A3 bkod pa chen po dang / rgyal povi lung dang rgya nag yig tshang la / brten nas rang gis (gi) shes pavi nus tshod kyi / lo rgyus gtam du cung zhig brjod par bya // de la vdir rgyal bavi tog tu gyur pa khams gsum chos kyi rgyal po tsong kha

2A4 pa chen povi ring lugs dri ma med pavi gser gyi shing rta shar phyogs rgya mtshovi rgyal khab chen por thogs pa med par vdren pavi byed po snying stobs brgyad kyi rigs ldan rgyal sras byams chen chos kyi rgyal po shvakya ye shes

2A5 zhes mtshan yongs su grags pa de nyid kyi rnam par thar pa rgya nag ras bris su bkod pa mi dbang ngo mtshar dgav bskyed lung gi ngo sprod vjav sa gser yig mang po mthong ba la brten nas brjod pa nyi gzhon ces bya ba

2A6 de yang bdag cag gi vdren mchog dam pa de nyid snyigs dus kyi sems can spyi dang / khyad par rang re tsi navi rgyal khams chen povi skye bo blang dor gyi gnas la ches cher rmongs pa rnams kyi thar pavi sa mkhan du bsams

Shog grangs 2 pavi rgyab ngos

2B1 bzhin rgyal pa zhis pa shing pho rtavi lo snron zla yar ngovi tshes gcig gi nyin phun sum tshogs pavi yul gru tshal par grags pavi dpon rigs zhig tu sku khrungs (vkhrungs) par bshad // gzhon nu nyid nas sngon gyi skyes gnas mang po rjes su dran pa sogs mngon par rtogs pavi

2B2 yon tan gyis phyug navng / bla ma mkhas pavi dbang po du ma bsten nas / rgyal bavi gsung rab mthav dag la mkhas par sbyangs te mthar phyin par mdzad / khyad par du rje btsun tsong kha pa chen povi spyan sngar bsre vphovi khrid sogs gsang sngags gdams pa khyad par can mang po

2B3 gsan te mkhas pavi dbang por gyur / devi rjes su vjam dpal dbyangs kyis rgya nag tsi navi yul gyi sems can rnams kyi don du mivi dbang povi zol gyi tavi ming hung zhu rgyal por mdzad de rgyal sa lo sum cu so lnga bzungs te mi chos gtsang mavi khrims kyis vgro ba rnams thar pavi

2B4 lam la bkod par mdzad / De nas byang chub sems dpav yung lo rgyal po rgyal sar bzhugs nas / yab rgyal povi dgongs pa rdzogs pavi ched du nub phyogs nas mchod gnas bla chen zhig gdan vdren par dgongs pa la / shvakya mu nevi rgyal tshab dam pa khams gsum chos

2B5 kyi rgyal po tsong kha pa de nyid bskal pa dpag tu med pavi snga rol tu rgyal ba dbang povi tog gi mdun du byang chub sems dpav snying stobs chen por gyur te rlabs po chevi smon lam grub pavi dbang gis snyigs mavi dus vdir ngur smrig gar gyi zol la brten nas thub bstan ming

2B6 tsam lhag mar gyur bavi gnas skabs su bslab pa gsum gyi nyams len / sde snod gsum dang rgyud sde bzhivi bshad sgrub kyi bstan pavi ring lugs dri ma med pa nub dza yan dha ra nas shar phyogs rgya mtshovi rgyal khab chen povi bar khyab par mdzad pavi snyan grags kyis rgyal

2B7 povi thugs mdun drngs te blon po havu sogs tva bzhin bzhis gtso byas gser yig pa mi sna mang po mngags te / lung dang gnang sbyin vbul ba gya nom dang bcas khyer te / tsong kha pa chen po gdan vdren pa la btang yang / rje se ra chos sdings su sku mtshams shin tu dam

Shog grangs 3 pavi mdun ngos

3A1 par mdzad pavi skabsu (skabs su) gser yig pa rnams sleb byung ba la / dang por cung zad dben pa vdrar mngon chung bar bzhugs te / gser yig pa rnams mjal du ma gnang ba la / zhu ba nan gyis phul nas mjal kha gnang / vbul ba

3A2 rnams bzhes(/) rgya yul du byon pa vgag bya che zhing dgos pa chung bavi rgyu mtshan dang bcas pavi zhal ta zhib rgyas gnang nas spyan ma vdrongs par / las vbrel gyi dbang gis sprul pavi sku byams chen chos rje vdi nyid sku tshab du gdan drangs te bla ma grav slob tav bzhin

3A3 bzhi mi sna mang po dang bcas lho kha khams phyogs li thang brgyud nas rim gyi rgya nag zhing chen zi khron nye bar slebs pa na khrin tu huvi sa sgos dpon po che chung thams cad dmag mi mang po bcas bsus te khrin tuvi mkhar la slebs pavi dus su / gong gi mngags pavi gser yig gnang

3A4 skyes chen po tav bzhin mi sna mang po dang bcas bsu ba yang byung /(1) Rgayl povi lung gis / bla ma shvakya ye shes la / khyod kyi yon tan rtogs pa mtho ba / shes rab gsal zhing che ba / smon lam gyi mthu stobs zab pa / de bzhin gshegs pavi rtogs pa mngav ba / gdul byar zhi bavi thabs

3A5 kyis vdul ba / khyod kyi zhi bavi vphrin las bsam gyis mi khyab pa mngav zer bavi don gyis the kyin havu zhen mgo byas mngags te / lugs kyi lung khyer nas / gdan drangs pa la / da lta bla ma nyid nub phyogs ring du bral nas lam du rlung dang nyi ma tsha grang la ma vdzem par rim

3A6 bzhin lam sa le ba(bar) khri phrag du mar phebs pas yul de nas phyogs vdir byon pas / nged kyi spro ba brjod kyis mi lang / da lta nan gyi mngags nas vbul ba rten vbrel mtshon tsam bsu bar btang yod pas / nged kyi sems mtshon pa yin / Lung gis khyod la na bzavi skor

3A7 bub tshang la zhav dang lham vbob dang bcas pa devi grangs / phyi phying pa nang tav hung gser mas byas pai sne ring / chos gos rnam gsum / bzhugs vding (vdang) dang bcas sna bzhi / gos tav hung gi ber thul gcig / mchan khungs ma gcig / ring vgag gcig / smad gyogs gcig /

Shog grangs 3 pavi rgyab ngos

3B1 lham vbob dang bcas pa / yung lo (khri) lo bcu gnyis (pavi) zla ba bcu gcig pavi tshes bco lngavi nyin / De dang mnyam du cong mun thi tu sogs rang rang gi ngos nas zhabs tog vbul ba bsu skyel bzang po byas te rim gyis tvavi bsduvi gser mkhar vkhor sa rim pa gsum dang ldan

3B2 pavi byang ngos vkhor sa phyi mavi nang rol yid du vong bavi pad movi mtsho chen povi mdun nas mdzes shing dal gyis bab pavi chu bo chen po dang ljon shing sna tshogs kyi (kyis) spras pa / shel gyi ngos ltar gsal zhing mtho ba / sngon gyi ming he yin sdevi gnas su bstan pa dang sems

3B3 can la phan pavi phyir lha khang mang po bsam gyis mi khyab pa bzhengs te dge vdun gyi sde btsugs pavi gnas mchog tu slebs pavi skabs su / gong ns (2) (gong ma) rgyal povi lung gis / bla ma shvakya ye shes la / khyod yon tan rtogs pa mtho zer thos bas / nan gyi mngags mi nub phyogs

3B4 su gdan vdren btang bas / da lta bla ma nyid sa le bar khri phrag du ma la ma brtsis ri klung dang rlung char la sogs pavi dkav tshegs kyis vdir phebs vong bas shin tu spro / Sa thag ring po nas byon nas thang chad vdug pas / vdir slebs nas nged la phyag vtshal mi dgos / Yung lo lo bcu

3B5 gnyis zla ba bcu gnyis pavi nyi shu lngavi nyin / Ces pavi lung dang bstun te rgyal khab pho brang dbus mar tva shen ten ces khang bzang dge chen vkhyil bar gong ma rgyal po dang mjal vphrad mdzad / Rgyal povi thugs shin tu dgyes pavi ngos phebs ston rgya chen po mi vdra ba sna tshogs

3B6 lan mang po bzhes spro mdzad / rgya bod sog yul lugs kyi zhal ta zhib rgyas gnang / Bla ma khyed la nub phyogs nas gdan grangs (drangs) pavi dgos pa ni / rgyal khams thams cad bde bavi rigs dang / sangs rgyas kyi bstan pa dar zhing rgyas bavi phyir dang / char chu dus su

3B7 vbab pa dang / lo tog dus su smin pa dang / vgro ba kun la nad rigs mi vbyung ba dang / dus ma yin pavi vchi ba med pa dang / bkra shis shing bde legs thob par vgyur bavi ched du / he yin zi zhes pavi sde na rgyud sde bzhivi dkyil vkhor gyi sgrub mchod zhig byed

Shog grangs 4 pavi mdun ngos

4A1 dgos pavi zhal sgo dang bkav lung gnang ba la brten nas / bla chen ta swavu (pavu) baha wang gtso mdzad bla ma rab vbring gung blon chen thams cad he yin zir vdus nas / gzhi len ston mo vbul ba zhabs tog bdag rkyen sogs phyi nang gi rten vbrel

4A2 phun sum tshogs pavi dgav ston rgya chen po yang legs par bsgrigs / De nas lo gsar nas dpyid zla vbring povi tshes mgor / chog grwa / gsang vdus / dgyes rdor / bde mchog vkhor chen / vjigs byed zhe dgu ma / sman bla rnams kyi sgrub mchod kyi sta gon btsugs te /

4A3 tshes dgu nas bzungs（bzung） zla ba gsum gyi bar sgrub mchod mdzad de / grub pavi rtags nam mkhav la lhavi rol movi sgra dang / kha dog sna lngavi vjav vod vkhyil zhing dbyibs rgyal mtshan lta bu dang / rdo rje vkhor lo Padma sna tshogs rdo rje lta bu shar ba rnams skya ser kun gyis

4A4 mngon sum du mthong / Sprin med pavi nam mkhav la lhavi me tog char vbebs pa sogs ltas khyad par can mang du byung zhing / rgyal povi rmi lam du phyogs bcuvi sangs rgyas byang sems thams cad he yin zivi nam mkhavr bkra lam gyis bzhugs pa yang yang du

4A5 rmis pa yang byung gsungs / chos rje rang yang dkyil vkhor gyi lha tshogs rnams kyi zhal yang yang gzigs zhes gsung / Devi tshe rgyal povi thugs shin tu dgyes shing ya mtshan lhag par skyes te dad gus kyi tshul gyis bsngags pa brjod pavi bstod sgra dang bcas

4A6 gser dam savu（pavu） gavu vbul ba gnang / Rgyal khams kyi slob dpon chen por mngav gsol bavi lung dang / bkas dbang bskur ba ni /（3） rgyal povi lung gis / bla ma shvakya ye shes la / da lta tshes drug gi nyi ma dus tshod bzang po la / mi dpon mngags nas gser gyi

4A7 vkhor lo yod pa tham ka savu（pavu） gavu gnang ba yin / bla ma phyag vtshal mi dgos dgongs bzhugs mdzod / Yung lo lo bcu gsum zla ba bzhi pavi tshes lngavi nyin / De nas（4） rgyal povi lung gis / mevu gyo / yon thung / huvi tsi / phu ying / bahu ko / zhen gyavu / kon ting / hong shin /

Shog grangs 4 pavi rgyab ngos

4B1 zi then / baho tse / tva ko shi / shvakya ye shes la / bstod pa ni / de bzhin gshegs pavi yon tan dpag tu med // byams dang snying rje rgya chevi vjig rten mgon // skye med vgag med vjig pa med pa dang // sprul sku mngon sum vbum phrag du mar sprul // rgyal sras sems

4B2 nyid dag pavi thugs dang ldan // bskal mang sgrub nas sangs rgyas lam thob pas // theg gsum rim lnga yongs su rdzogs pa dang // theg pa mchog gi don ni rnam par bshad // dam pavi shes rab stong nyid dag cing gsal // de bzhin gshegs pavi ngo bo gnyis

4B3 su med // thog gzugs med pa shin tu rgyas pa dang // vgro dang vong ba med kyang rdzu vphrul ldan // nub phyogs spangs nas yul dbus vkhor du byon // shes rab nyi ma byams pavi sprin gyis bsrung // snying rjevi dbang gis vgro la phan pa dang // bde ba sgrub la nam yang

4B4 skyo mi mngav // thabs kyi sgo mo sna tshogs rnam par phye // byang chub chos bstan rmongs pavng de la bkod // bdag gis de ring tshigs su bcad de bstod // sangs rgyas rnams kyis dpang mdzad dbang bskur bavi // zung vjug go vphang mngon gyur bkra shis shog // yung lo

4B5 lo bcu gsum pavi zla ba bzhi pavi tshes drug gi nyin / De nas tshes dgu nas tshes bco lngavi bar la phyi nang gi sgrub ston dgav ston vbul ba zhabs tog phun sum tshogs pa rol bavi mdzad pa gnang bar bshad kyang / gong gi dgav ston yang / tva shen ten ces pavi

4B6 khang bzang du / rgyal po mnyam du bzhugs te / dgav ston rgya chen po la longs sbyad gnang / phan tshun vbel gtam yang bsnyad pavi mthar / rgyal povi dgung lo khri tsho khri tshor spel bavi phyir du / grub pavi rgyal movi lugs kyi tshe dbang rjes gnang / grub chen te lo

4B7 pavi lugs kyi bde mchog vchi ba mthar byed kyi dbang bskur te spyi bor bum pa bzhag pas bdud rtsis bum pa gang te vphyur bar bshad / tshe ril sogs la vod vtsher ba la sogs pavi sgrub rtags kyang mang po bstan / rgyal po shin tu ya mtshan te gus pavi tshul yang

Shog grangs 5 pavi mdun ngos

5A1 (mang du mdzad de /rin po che dang /gser dngul gyis brgyan pavi bzhugs khri /yi tsi mdun lcog / zhabs stegs / bzugs gdan /dbyar gyi na bzavi skor cha tshang mchod chavi skor) gser dngul gos dar / (khruvu kon) mang po vbul ba gnang nas / rgayl po la

5A2 gnang ba zhus nas / rgyal povi lung dang bstun te gnas chen ri bo rtse lnga mjal bar byon / Der vjam dbyangs dmar ser seng ge la zhon (bzhon) pa zhal gzigs byung bar bshad / De nas yang (5) rgyal povi lung gis / mevu gyo / yon thung / hus rtse / phu yin / hu gos / zhen gyavu /

5A3 kon ting / bu shen / zi then / baho tsi / tva ko shi / shvaky ye shes nyid / rang re dang bral nas zla ba gnyis gsum song bas dran vdug pas nged kyi bsam pa la nyid kyi grwa slob dang bcas thams cad ri bo rtse lngar phebs nas bde bar bzhugs mchis mod / nyid kyi

5A4 mngon shes vjig rten khams su ma khyab pa med pas / vgro vong la byang chub sems dpav vjam dbyangs dang lhan gcig tu gdul bya sna tshogs smin grol la vgod / Devi don la nged sems shin tu dran cing / da ta (lta) shing tog dang bkav cung zad bskur bas nged

5A5 kyi sems pa mtshon pa yin / Yung lo lo bcu gsum zla ba drug pavi tshes bco lngavi nyin / De nas der gnas pavi rgyal sras bkwang kvo shvi gtso mdzad bla dpon ser mo ho shang rnams kyi zhabs tog bsgrub te gnas mjal gnang pavi dus shig na shin tu ya mtshan

5A6 pavi vjav vod shar ba skya ser thams cad kyi (kyis) mthong nas / ci yin zhus pas / vjam dbyangs / jo bo yab sras / vgro mgon vphags pa bzhugs pa mthong gsung bar bshad / Yang (6) rgyal povi lung gis / mevu gyo / yon thung / hus rtsi / phu yin / hu gos / zhen gyvu /

5A7 kon ting / pu shin / zi then / baho tsi / tav ko shvi / sh-vakya ye shes nyid la / sngar bod kyi graw pa rams kyis ngo log nas / gong gi gser yig ba la vphrog bcom byas pa yin pas / da lta bzung nas gser mkhar du sleb / de rnams khrims lugs bzhin nyes pa

Shog grangs 5 pavi rgyab ngos

5B1

5B2 go bar byas / da lta de rnams ri bo rtse lngar phyag vtshal bar btang ba yin / Kho rang gi nyes pa der bshags pa byed du bcug / Ngan pa spangs nas dge bavi lam du zhugs na / de ltar nyes pa med bas / der skra bzhar zhing bande byas nas byang gi gser mkhar du chos vdon

5B3 la dong du chug / Nyid kyi (kyis) dgongs pa mdzod / Yung lo lo bcu gsum zla drug pavi tshes nyi shu bdun gyi nyin / De nas phyogs nas ched du vong ste mjal vphrad byed pavi bla ma dpon po skya ser skye bo pho mo bgres gzhon che phra thams cad vbul ba zhabs tog phun sum tshogs

5B4 pavi ngos nas bsnyen rdzogs rab byung / dbang lung rjes gnang / khrid man ngag bsnyen gnas snyung gnas kyi sdom brgyun (rgyun) sogs rang rang gi vdod mos ltar tshim par stsal te smin cing grol bzhin par bzhugs / (7) rgyal povi lung gis / mevu gyo / yan thung / hus tsi / phu yin / hu gos /

5B5 zhen gyavu / kon ting / hung shen / zi then / baho tsev / tav ko shvi / shvakya ye shes nyid kyis / ri bo rtse lngar bzhud nas ma tshor bar zla ba du mar song vdug bas /vong mi la dris na sku bde bar yod ces thos pas / nged kyi sems rab tu spro / ri bo rtse lnga de ni rgyal khams thams cad la

5B6 grags pavi gnas khyad par can yin / Gnas der phyin pa yang shin tu dkav bas / nyid kyi bde mor bskor ba mdzad pa dang / thugs bzhed bzhin du bzhugs par mdzod / Nyid kyi dus tshod gzigs nas vdir nam vbyon vdod na phebs / De min nged kyi lung dang mi mngags

5B7 nas bsu bar yong bavi tshe de nas vbyon par mdzod / Da lta ched du mi btang nas li tham drug skyel ba yin / Sbrang rtsis gtsos pavi zi tog sna tshogs phul yod pas nged kyi sems mtshon pa yin / Tva ko shvi nyid kyis dgongs par mdzod / Yung lo lo bcu gsum zla ba bdun

Shog grangs 6 pavi mdun ngos

6A1 pavi nyi shu drug gi nyin / De nas rgyal khams thams cad bde skyid ched du rdo rje gzhon nu phur buvi sgrub chog mdzad de / phur bu nan mkhar vphags te gnas pa sogs kyis sgrub rtags kyang bstan / Rdo sngon po zhig la zan changs lta buvi phyag rjes bzhag ces

6A2 bshad / (8) rgyal povi lung gis / mevu gyo / yon thung / hus tsi / phu yin / hu gos / zhen gyavu / kon ting / phu shen / zi then / baho tsi / tva ko shvi / shvakya ye shes la / da lta ston kavi grang dus byung vdug pas / ri bo rtse lngavi sa de lhag par grang yod / Nged kyi bsam pa la /

6A3 sangs rgyas kyi gnas der / stong pa rnam par dag pa / nyid kyi chos sku shin tu bde mor bzhugs pa la / da lta nan gyis mi btang nas / chos gos dang / chil rtsi sogs cung zad khyer ba nged kyi sems mtshon pa yin / Gos gru zis byas pavi chos gos sna grangs drug la /

6A4 rin(ri mo) med pavi gos tva hun thang pa gcig / rtags brgyad dang sprin ris yod pavi tva hung gos ber thul sbyar pa gcig / gos tva hung me tog rtags brgyad kyi ri mo yod pavi mchan khung ma zer bavi lva gcig / bkra shis rtags brgyad kyi ri mo yod pavi gos dmar povi ring vgag

6A5 gcig / rtags brgyad kyi ri mo yod pavi glo khavi smad gyogs gcig /

6A6 [sprin ris yod pavi sham thabs gcig / lham vbob dang bcas phul yod pa nyid kyis rtsis bzhes mdzod / Yung lovi lo bcu gsum pavi zla ba brgyad pavi tshes nyi shu bdun nyin zhes so / De nas shan zivi tsin bahuvi yon bdag rnams kyis gdan vdren mdzad nas lha chen byams par mjal / Phyogs devi mi rnams dang phyogs gzhan nas lhags bavi mi rnams la rang rang gi vdod pa ltar chos dang sdom pa la sogs pa mthav yas pa bstsal / De nas 1416 me sprel yung lovi lo bcu bzhi par rim gyis dbus gtsang abyon pavi grabs byas shing / rgyal bo la dbus gtsang phyin chog pavi dgongs pa zhu bar mdzad pas / rgyal pos kyang chos rje nyid kyi dgongs pa dang bstun nas dgongs pa khrol te gnang skyes rgya chen po vbul ba][①]

6A7 gya nom pa mdzad pa ni / (9) rgyal povi lung gis / mevu gyo / yon thung / hus tse / phu yin / hu gos / zhen gyavu / kon ting / hung shen / zi then / baho tse / tva ko shvi nyid la / nan gyis gos dar stong dang / mdzo mo brgyad brgya phul / nyid kyis bsdus par mdzod / Yong lo lo bcu

Shog grangs 6 pavi rgyab ngos

6B1 bzhi pavi zla ba lnga pavi tshes bcu drug yin (nyin) / zhes gong nas gser yig pa skyel bavi mi sna dang bcas pa thes (theg) ste shan zivi lam chen brgyud nas rim pas li thang byams chen

① 《大慈法王汇编》复印件第 6 页第 6 行显现不清，中括号内的内容是格西阿旺达扎所著《色拉寺与大慈法王》(藏文)一书的第 54 页至第 55 页中补遗。民族出版社，2006 年。

chos vkhor sogs nas bod yul gyi se ra la phyag phebs te rje rin po che dang mjal /

6B2 rgyal pos gnang bavi gnas bcuvi rtags (thags) sku / ljon s-hing gi gur / gser dngul gyi mantal la rin po chevi tshom bu dang bcas gos dar sna tshogs gtos che ba phul nas / drin bzovi zhabs brtan kyang gsol ba yin / Jo bo shvakya mu nir gser vbul / mgul

6B3 rgyan mchod chavi rigs / ri bo dge ldan gyis gtsos pavi grva sa rnams la vgyed mang ja sogs gnang / mi sna mdor sdus rgyal po la legs gsol zhu vbul byas / mi sna rdzong ba mdzad / De nas snga mo nas rje rin po che se rar bzhugs dus su / rtsa shes drangs(drang) nges rnam

6B4 vbyed / bzhi brgya pa / byang chub lam rim / gsang sngags lam rim [gyi khrid / rtsa ltung bcu bzhi pa dang bla ma lnga bcu pavi rnam bshad gnyis la sogs pavi legs bshad bkav chos mang po gsan navang slar yang dpal gsang ba vdus pavi vgrel pa sgron gsal mchan bu dang bcas pa /

6B5 bshad rgyud vgav zhig gi lung / rim lngavi khrid / sbyor ba yan lag drug pavi khrid rgyas pa /dus vkhor gyi vgrel chen dri med vod kyi bshad pa ches zhib pa / nva ro chos drug / dbu tshad / bde mchog rtsa bavi rgyud la sogs pavi chos zab cing rgya che ba dpag tu][1]

6B6 med pa yang gsan / (10) rgyal povi lung gis / mevu gyo / yon thung / hus tse / phu yin / hu gos / zhan gyavu / kon ting

① 复印件显现不清，从格西阿旺达扎所著《色拉寺与大慈法王》（藏文）一书的第56页至第57页中补遗，民族出版社，2006年。

/ hung shan / zi then / baho tsi / tva ko shvi / shvakya ye shes la / nyid kyi chos kyi rgyal mtshan nub phyogs su byon te / [thengs shig] dpyid dus lo gsar (pa na) gser

6B7 yig pa rnams vdir vong nas sku khams bde bar bzhugs zhes thos pas sems rab tu dgav / da lta tsha gser las byas pavi vjigs byed kyi sku Padma vdab brgyad pavi gdan dang bcas vbul ba ni / nged kyi sems mtshon pa yin / Devi mched (ched) du tshigsu (tshigs su)

Shog grangs 7 pavi mdun ngos

7A1 bcad pas bstod pa vdi skad du / bde gshegs sman chen vgro la phan pa ni // zhes sogs kyi sholoka bzhivi mjug tu / sangs rgyas bstan pa rtag tu bde bar mdzod / yong lo lo bco lnga pa zla ba gnyis pavi tshes gcig nyin / De nas rje rin po che la /

7A2 se rar gdan vdren byed pavi grabs kyang bsgrigs te spyan drangs nas se ra chos sdingsu (sdings su) bzhugs / Rje rin bo che yang byams chen khong rang la snga mo nas zhal gsungs yod pa dang / byams chen khong rang yang thugs vdun shin tu che ba yod cing / khyad par gangs rivi khrod

7A3 vdir sngags kyi rgyud sde la vchad nyan rnam par dag pa yod le thams cad nub par gyur nas / ring zhig lon / Rje rin po che nyid kyi bshad pa rnam par dag par mdzad pavi gsung gi bdud rtsi nyams su myong bavi blo gros kyi lus yongsu (yogs su) tshim pa mang du byon mod kyi / de ltar yang da dung

7A4 rgyud sdevi vchad nyan rkang tshugs pavi grwa sa thang ba sngon chad med pas / de vdravi vchad nyan gyi gzhi rnam par dag pa tshugs na / ci ma rung snyam du bstan pa vbav zhig la dgongs pavi thugs kyi vdun pa shugs drag pos devi tshe zhal ta gnang ste / byams chen kho rang gis bdag

7A5 rkyen gyi thugs khur rgya chen bzhes nas / se ra chos sdingsu (sdings su) gzhi vdul bavi bslab khrims rnam par dag pa la brten te dpal gsang ba vdus pa dang / bde mchog gi rtsa rgyud la vchad nyan rkang tshugs pavi grwa sa rnam par dag pa vdzugs pavi zhal bkod dang / chos dpon bsko ba la sogs

7A6 mdzad cing rten vbrel khyad par can sgrig pavi ched du gnas der gso sbyong mdzad / rgyud kyi rgyal bo nyid kyi dbu nas chos thun re gsungs pa la sogs pa bsten te / se ra theg chen gling btab pa yin / De nas rje rin po che se ra nas phyag btegs te bde chen rtser phebs / Byams chen kho rang

7A7 gi grwa sa bdag rkyen gyi mdzad vphro rnams legs par bsgrubs / Ring por ma lon par rje rin po che gzhan don du gshegs pavi gdung mjal mgul brgyan mchod me sogs gdung mchod rgya chen po mdzad / Se ra chos sdingsu (sdings su) byams chen khong rang gi dge vdun mang po dang bcas gsang bde

Shog grangs 7 pavi rgyab ngos

7B1 sogs phyi nang gi dkyil vkhor chen po dag zhal phye nas / bla ma rdo rje vchang dang tha mi dad pa la phyi nang gsang bavi mchod pa rgya chen pos mnyes par byas shing / bdag nyid vjug cing dbang blang ba la sogs pas dam tshig dang sdom pa rnam par dag pa bgyis te / thugs

7B2 kyi dgongs pa yongs su rdzogs pa dang / bla ma mchog gis ye shes gzigs pa nam du yang vbral ba med pavi smon lam rgya chen po btab pas / ngo mtshar bavi ltas yang byung / Nam mkhar vjav yang shar / me tog gi char yang babs / byi lo zla ba bcu bar dge ldan du rdo rje

7B3 slob dpon rgya (brgya) phrag du mas dkyil vkhor dpag tu med pa sgrub cing mchod pavi dus kyi mchod pa sgrub pa devi tshe dpon nam mkhav bzang po khu dbon gyi drung nas / ra kha brag tu chos rje byams chen pas thog ma mdzad pavi dge bavi bshes gnyen du ma spyan drangs nas / dus kyis (kyi)

7B4 mchod pa rgya cher mdzad de gsol ba btab pas / me tog gi char bab pa ni / me tog mu tig gi mdog lta bu chungu (chung ngu) de ltar du ni sa la kha ba ltar chags pa dang / gzhan yang vdab ma drug pa la sogs pa kha cig gi mdog ni dung dang / kha cig ni gser btso ma / kha cig ni li khri lta

7B5 bu / kha cig ni rgya mthing bzang pos byugs pa lta bu mivi lag pavi khyon tsam dpag tu med pa babs so zhes grags pa ni rje rin po chevi thugs rjevi byin brlabs (rlabs) zhugs pavi skyes chen dam pa gzhan dang mi vdra bavi rnam par thar pa ngo mtshar ba yin no // de nas rgya nag

7B6 yung lo rgyal povi drung du khrin shri dpal vbyor lhun grub ched du btang te mtshams zhus dang skyes vbul byas pas / rgyal povi thugs shin tu mnyes par mdzad de / bdag rkyen gnang sbyin chen po gnang ba ni / (11) rgyal povi lung gis / mevu gyo / yon thung / hus tsi /

7B7 phu yin / hu go / zhen gyavu / kon ting / hung shen / zi then / baho tsi / tva ko shvi / shvakya ye shes la / khyed kyi rig bavi vphrin las rgyas shing byams snying rje la brten nas vgro ba mang po la phan bar vdug ces thos pas nged sems shin tu dgav zhing nyin mtshan kun

Shog grangs 8 pavi mdun ngos

8A1 tu mi brjed / Lo gsar gyi legs gsol la khren shri dpal vbyor lhun grub mngags nas / de la mtshms zhus dang lha sku la sogs skyes bzang vbul bar vong bas / de lta buvi sems yang dag pavi don la nged sems rab tu dgav

8A2 ba yin / Da lan yang nus kon tva bzhin mgo byas mi sna der btang nas / khyed la lha sku dang gos dar la sogs pavi gnang sbyin dang / lung gis bstod pavi tshigsu (tshigs su) bcad pa dang bcas bskur yod bas / tva ko shvi dgongs par mdzod / Bstod pa ni / vdi skad du /

8A3 bde gshegs shes rab vphrin las yongs rdzogs pas // dgra bcom lha mi kun gyi ston pa mdzad //Thugs rje rgya chen nam mkhav dag dang mnyam // vjig rten kun tu chos rnams thams cad khyab // Bya rgod phung bor gsung dbyangs seng gevi sgras // vgro bavi don

8A4 phyir chos vkhor chen po bskor // thams cad yang dag sems nyid thob gyur nas // lhan cig myang vdas bla med lam thob ste // je snyid vjig rten kun tu bltas byas pas // sems can sems nyid ngo bo gcig na yang // gzung vdzin bag chags vdod pas

8A5 rmongs par gyur // De phyir vkhrul par yang dag mtshan mar bzung // mig dang rna bas gzugs dang sgra la chags // sna dang lce yi (yis) ro dang dri la vdod // lus kyi dbang po vjam zhing vkhril chags te // yid kyi dbang pos dgav dang mi dgav bskyed // dbang po drug

8A6 pos phyi rol yul la chags // de la chags pas rgyun du vkhrul par vgyur // De phyir skye shi yod bas mi rtag cing // vkhor bavi rgya mtsho dag tu ltung bar gyur // Vgro bavi chos nyid ngo bo rmongs pa med // dper na me long rdul gyis gyogs dang mthsungs // Gru vgro

8A7 ba la gru vgram vgro ba vkhrul // sprin vgro ba la zla ba vgro bar mthong // Mthar thug rtogs nas de dag don med yin // Bden dang vkhrul pa gsal bar vbyed shes na // rtog pas vkhrul ba dag kyang yang dag vgyur // rmongs pas yang dag sems la vkhrul par

Shog grangs 8 pavi rgyab ngos

8B1 vgyur // skad cig tsam gyis tha dad vbyed pas na // gvo shrvi snying rje dam pa chos kyi sku // rnam dag bzung nas vjig rten ngo mtshar che // rtse（brtse）bas phyin ci log pavi vgro ba la // byang chub lam ni rgya chen rnam par bstan // bdud rtsivi chos kyi sgo mo rab tu phye // rang

8B2 rig gzhan rig ngo bor rab rgyas shing // de bzhin gshegs pavi mnyam nyid thugs dang mthun // Bdag min gzhan min sems can rnams kyang min // bdag med gzhan me（med）sems can rnams kyang med // Rang rang so sor chos nyid rtog pa dang // sdig sgrib

8B3 bral nas pha rol phyin par vgyur // Snga sor yul dbus vdi ru byon nas ni // vbrel can rnams la chos kyang bstan pa yi // thos dang mthong ba rnams kyi dad pa skyes // kun gyis bstod cing dad pas spyi bor vdud // gsal zhing dam pa chos kyi spyan ldan pas //

8B4 ri bo rtse lngar legs par bzhugs nas kyang // ka la ping kavi dbyangs ltar snyan pavi gsung // yang dag chos sgra kun la khyab gyur pa // dber na mun nag nang du mar me gsal // vod zer vbar ba kun tu snang ba ltar // mun pa rnams ni gsal bar byas pa la //

8B5 vgro ba kun gyis dad cing gus pas vdud // dper na sdug bsngal rgya mtshor gru zhugs pa // rba rlabs gyos kyang dam chos gru phyin pa // de ru lhung bavi sdug bsngal sel byed la // vgro ba kun gyis dad cing gus pas vdud // dper na than pavi dus su bdud rtsivi

8B6 char // sa chen rtsi bcud thams cad rgyas par byed // zhing pa rnams kyi dgav ba bskyed byed pa // vgro ba kun gyis dad cing gus pas vdud // dper na tsha gdung dus su rlung bsil ltar // vjig rten gdung bavi sdug bsngal bsal byas nas // nyon mongs

8B7 gdung ba thams cad sel ba la // vgro ba kun gyis dad cing gus pas vdud // don gnyis lhun grub nub phyogs byon gyur kyang // sku lus song yang khyed sems vdi na gnas // de phyir bdag gi sems kyang rgyun du bsams // de dang vdir bzhugs gnyis

Shog grangs 9 pavi mdun ngos

9A1 [rnams la khyad par med // bden pavi bstod pa tshigs su bcad pa yis // yon tan rgya che bsam gyis mi khyab pa // rdul phran zhing khams kun la khyab pa dang // gsung dbyangs grags pa kun gyis rtogs gyur pa // da lta rig pas rtogs pa de ma zad //][1]

9A2 ma vongs ma rig pa rnams rig par vgyur // sems can ma rig mun pa bsal byas nas // ganggvi bye snyed zhing rnams dag pa dang // bdag gi rgyal srid rgyal khams kun gyi bdag // lo yang gnam dang mnyam par gnas pa yis // smon lam vdebs shing vgro

9A3 bar phan pa dang // sangs rgyas bstan pa dpag med dar bar mdzod // Yung lo nyre (nyi shu rtsa) gcig zla ba bzhi pavi tshes bcu bdun gyi nyin / Yang (12) rgyal povi lung gis / mevu gyo / yon thung / hus tsi / phu yin / hu go / zhen gyavu / kon ting / hung shen / zi then / baho tsi / tva ko

9A4 shvi / shvakya ye shes la / nged kyi bsam pa la sangs rgyas kyi lam dang yon tan shin tu mtho zhing rgya che ba la vgran zla bral ba rdzu vphrul dam pa dbang phyug phun sum tshogs pa vgro ba thams cad snyoms par vdul bavi don gyis sngar nas rgyal

9A5 rabs rim pa rnams kyis de la dad pa dang bkur sti byas pa yin / Nged rnams kyi mthu la brten nas yul dbus dang mthav kun gyi mgo byas / yab mes rnams kun la thugs brtse ba dang ldan pa de bzhin du nged kyang byams snying rje dang ldan pas

9A6 sangs rgyas bstan pa dar bar bya ba dang / mes po the tsung rgyal po dang / yab gzhing tsung rgyal pos nga la thugs brtses bskyangs pavi drin chen po nam mkhav dang mnyam pa yod pas

---

① 从格西阿旺达扎所著《色拉寺与大慈法王》(藏文)一书第 78 页中补遗。民族出版社,2006 年。

de la bsam nas khong rnams lha gnasu (gnas su) bzhugs pavi thugs dgongs rdzogs

9A7 pa dang / sems can thams cad sgrol pavi don du sems rtse gcig gis nyin mtshan rgyun mi chad par dran par yod pavi don gyi / tvavi kvo shri (tva ko shvi) yon tan vphrin las khyad par du vphags pa bsod nams dang shes rab phun sum tshogs pa / byams dang snying rje smonm (smon lam) phan sems

Shog grangs 9 pavi rgyab ngos

9B1 kyi (kyis) gdul bya rnams vdren par vdug pas / nged sems shin tu mos pavi don gyis da ltar nan gyis thavi kyan havu zhan mgo byas mngags nas / [lung dang gos dar sogs vkhyer nas gdan vdren la btang yod pas / lung slebs ma thag khyed shar phyogs vdir byon nas / dam pavi][①]

9B2 chos gsungs te sangs rgyas kyi bstan pa rgya chen po dar bar mdzad nas / ngavi sri zhuvi sems rnam dag dang mthun zhing / phan yon dpag tu med pa sgrub pa yin / Tvavi ko shvi dgongs bzhugs mdzod / Zon te lo zla ba bzhi pavi tshes gsum gyi nyin / De nas lung dang bstun nas gser yig

9B3 pa dang vgrogs te nub phyogs nas chos rje a mo gha dang / chos rje bsod nams shes rab gnyis kyis phyag phyivi gtso bo byas pavi gdan bteg nas mtsho kha brgyud de / tsong kha / zi ling / mdzo mo mkhar ga chu / vphags pa shing sku / thavu cavu /

---

① 从格西阿旺达扎所著《色拉寺与大慈法王》(藏文)一书第 85 页中补遗。民族出版社,2006 年。

ming cavu / zi ngan / bavu zan /

9B4 zi re bi rtse lnga nas pho brang du phyag phebs pa yin / Devi rkyen gyis cag mdo (mong) rgya nag rnams su dkon mchog gi rten gsum btsugs pavi lha khang gser khang sgar pa sgom sde mang po byung ba yang / byams chen chos rjevi thugs rje byin rlabs dang bkav drin yin par bshad /

9B5 de nas (13) rgyal povi lung gis / mevu gyo / yon thung / hos tsi / phu yin / hu go / zhen gyavu / kon ting / hung shen / zi then / baho tsi / tva ko shvi / shvakya ye shes la / nged kyi bsam pa la / mes po the tsong rgyal po chen po dang / yab zhing tsong rgyal po chen po bde bar gshegs

9B6 nas yun ring song ba la / rnam par lha gnas su bzhugs pavi thugs dgongs rdzogs pa dang / vgro ba mang po yang dag lam la sbyor bar vdod na / sangs rgyas skyabsu (skyabs su) vgro bar byed dgos pa yin pa la / tva kov shvi nyid kyis lam dang yon tan shin tu mtho zhing /

9B7 zab pa / byams dang snying rje rgya chen po yod pavi don gyis / rtse gcigi (gcig gis) thevi kyin huvu zhen mgo byas mi sna mngags nas gdan drangs te / tva kov shvi phan pavi thugs kyis nged kyi sri zhuvi sems dang ma vgal bar ri rlung (klung) tsha grang la ma vdzem zhing / sa thag ring po le bar (dbar) khri phrag du

Shog grangs 10 pavi mdun ngos

10A1 mar ma rtsis par dgav bar byon pas / gser mkhar du vbyon skad thos pas nged sems rab tu spro / Mi sna mngags nas lam du bsu ba byed yod / Da lan kva shi（kvo shri）a mo gha vdir mngags nas / nga la vbul rgyuvi lha sku dang ring bsrel khyer vong nas phul te / nged kyis dad

10A2 pa dang gus pa dang phyag dang mchod pa byas yod / Nged sems shin tu dgav ba byung ba brjod kyi（kyis）mi lang / nged da lta thel gyin hang levu yang mngags nas lung dang shing thog so ma sogs khyer nas bsu bar btang yod pas nged（kyi）sems mtshon pa yin / Tav ko shi thugs la dgongs par

10A3 mdzod / Zon te lo bzhi pavi zla ba bcu pavi tshes gcigi（gcig gi）nyin / Yang（14）rgyal povi lung gis / mevu gyo / yon thung / hus tsi / phu yin / hu go / zhen gyavu / kon ting / hung shen / zi then / baho tsi / tva kov shvi / shvakya ye shes nyid kyi shes rab shin tu rgya che ba / yon tan zab cing mtho ba / vgro ba kun la brtse bas

10A4 phan par mdzad cing / gdul bya rnams rang bzhin vdug（adul）pavi don la / ngde kyi（kyis）Gdan vdren byas nas / khyed kyis thag ring po nas thugs mnyes shing byon bas / nged rab tu dgav ba yin / Da lta nan gyis / hud thung / mevo gyovi / phu huvi / shin ying / hu go / tshen gyevu / tshi tsin / tvavi（tva）kvo shvi

10A5 dpal ldan bkra shis dang / thevi gyin yon khyi lhan gcig tu bsu bar mngags nas / nged kyi bsam pa la / nyid sa thag ring po nas vo rgyal zhing sku thang chad vdug pas / tva kvo shi gser mkhar du phebs nas chos sde（sder）spro por thugs mdzad de bzhugs par mdzod dang / da phyin chad nged dang phrad（vphrad）

10A6 dus phyag vtshal mi dgos / Tva kov shvi dgongs bzhugs mdzod / Zon te lo bzhi pavi zla ba bcuig (bcu gcig) pavi tshes bcuis (bcu gnyis) nyin / (15) rgyal povi lung gis / mevu gyo / yon thung / hus tsi / phu yin / hu go / zhen gyavu / kon ting / hung shen / zi then / baho tsi / tva kov shvi / shvakya ye shes la / nan tan gyi bstod tshig chos
10A7 kyi vkhor lo yod pavi gser dam dang savu (pavu) gavu rnams gnang ba yin / De nyid la byams chen chos kyi rje nas / dkon mchog la mchod pa dang dge vdun la bsnyen bkur bavi mang ja vgyed sogs dgav ston rgya chen po byed pavi tshe / nam mkhav g •yav dag pa / nyi mavi vod shin tu gsal ba /

Shog grangs 10 pavi rgyab ngos

10B1 vjav tshon sna lngas nam mkhav khyab pa / lha dang mi rnams bde skyid dgav ba phun sum tshogs pa / nged kyang nan gyis bskur sti dang / bkra shis pavi bstod pa tshigsu (tshigs su) bcad de vdi skad du / mevu gyo yon thung dge ba gong vphel du // hus tsi phu yin sangs rgyas zhing khams na // zi then baho tsi
10B2 rgyal sras tva kov shvi // lta ba rnam dag spyod pavi rang bzhin gnas // da lta dus bzang bstod tshig brjod pa yis // lha mivi snyan tshig bzang po du ma bsgrags // rgyal mtshn ba dan gyo ba rnam mang dag // spyi bovi gtsug nas savu (pavu) kavu gser dam vbul // chos rje thams cad bkav drin
10B3 rjes su dran // dper na chos kyi sgron me stong phrag spar (sbar) // vod zer phyogs bcu nam mkhav kun tu gang // slar yang bde gshegs gtsug tor rin po chevi // vod zer rnam mang kun

tu ma khyab med // rdzogs pavi mthar thug rang bzhin vod gsal ba // skad cig ganggvi bye snyed mar me ltar //

10B4 slar yang rin bo che yi vod zer mchog // sems can mthav yas mun pa kun kyang sel // rang bzhin gsal bavi vod ni bkra shis pa // sems can (kun) gyis dad cing gus phyag vtshal // rang bzhin vod ni gdod nas gsal ba la // vgro ba rnams kyi yi rangs gus pas vdud //

10B5 chos vkhor bskor bavi vod ni sa steng khyab // skye rgu rman (rnams) ni rab mos gus phyag vtshal // rin chen khong na yod kyang vod zer gsal // ma rig sems can rnams la skyabsu (skyabs su) gsol // nga yi sems bskyed lhag pavi bsam pa la // sangs rgys bstan pa rab tu dar rgys

10B6 mchog // nga yi lhag bsam zla ba rgayl mtshan ltar // sems can ma smin don kun vgrub pavi phyir // bde gshegs khyed kyis snying rjes brlan par mdzod // lus kyi vod zer rab tu rgyas pavi mchog // vdir phebs bdag gi bsam pa yongsu (yongs su) rdzogs // chos vchad smin grol

10B7 lam la bkod pa yin // byams dang snying rje byin rlabs rgya che ba // vdi yi yon tan rgya mtshovi gting bzhin zab // rdzogs pavi mthar phyin pa yi mthar thug na // rgyal khams yongs kyi sen (sems can) rdzogs sangs rgyas // mi dbang sku rim bsod nams dpag tu med // Zon te lo bzhi pavi zla ba bcuig (bcu gcig)

Shog grangs 11 pavi mdun ngos

11A1 pavi tshes bcu gsum gyi nyin / De nas rgyal povi yab mes kyi thugs dgongs yongsu (yongs su) rdzogs pavi ched / rgyud sde bzhi kavi dkyil vkhor gyi zhal phye sgrub mchod rgya chen mdzad / Grub rtags mang po bstan pa ni // mkhav la vjav vod sna lnga shar // lha rnams me

11A2 tog char yang vbab // nang mchod bdud rtsi khol (vkhol) ba dang // bum chu phyur ba la sogs pavi // ngo mtshar ltas bzang rnam mang gis // rgyal po vkhor bcas tshim par mdzad // Devi tshe rgyal povi thugs dgyes te // dkon mchog sri zhu dpag med mdzad // Khyad par dbus gtsang khams

11A3 stod smad // kan leng sde bzhi zi ling wi // ga chu ling thavu thivu ming gravu // nam gyin be gyin ri rtse lngar // gtsug lag khang bzang brten rten pa // gsar bzhengs rnying pa bcos nas ni // dge vdun sde yang mang po btsugs // rin thang gzhal du ma mchis pavi gser gyi bkav vgyur

11A4 rnam vphang can // tshar mang bzhengs te mchod pa dang // klog pavi rten du mang po gnang // Spos mevi thebsu (thebs su) zhing pa dang // sde pa mang po bgos nas gnang // Mkhas pa btsun pa yon tan can // rnams la kov shiv khren shiv sogs // ming bzang las ka gnang nas kyang // do dam bdag

11A5 nyid (gnyer) byed du bcug // Sangs rgyas vjig rten byon vdra bvi // rgyal bavi bstan pa rin bo che // rnyed pa dang ni bkur bsti dang // bcas te yun ring gnas par mdzad // De nas dam pa de nyid kyis sngon gyi smon lam gyi dbang gis rgya nag the dzung yung lo rgyal po nas zon te rgyal povi

11A6 bar rgyal rabs bzhivi mchod pavi dpal yon bla na med pa mdzad di[①]……

11A7 mdzad nas sku mtshams la bzhugs te thugs dam mdzad pa yin / Nyi shu bzhi la sku gzhan du gshegs tshul bstan / Devi nub mo pho brang byang gi gser mkhar he yin zi nas nub phyogs lam chen brgyud nas sa thag le dbar nyis stong brgyad brgya phan la shing sgo thun kon

Shog grangs 11 pavi rgyab ngos

11B1 mkhar yod pas nam gung dus su thun kon mkhar gyi shar sgor khong rang byon nas mel tshe byis pa mkhar rnga brdung mkhan la bos te sgo phye gsungs / Mkhar rnga brdung mkhan gyis khyod su yin don ci yin zer ba la / nga (da) tavi tshe bahav wang nub phyogs la phebs pa yin gsungs nas /

11B2 rta dkar po la zhon (bzhon) nas mi gsum tsam shar sgovi steng gi nam mkhav la vphags te bar snang nas nub phyogs la gshegs pa mthong nas mel tshe byed mkhan gyis mkhar mi thams cad la skad kyis sbran te phal ches mthong shing go bar byas / Mi dpon la yang rgyu mtshan zhus

11B3 shing / mi dpon gyis hung mun sogs la rgyu mtshan gyi yi ge sbran te rim gyis rgyal povi snyan duvang son pa na sku gshegs pavi nub mo de rang yin par kun gyis go ba yin / He yin zi byams chen sde chen du tva kvo shrvi dpal ldan pas thog ma mdzad pavi ko khren shrvi yongs kyi

① 此处复印件11页正面6行显现不清,具体内容参阅格西阿旺达扎所著《色拉寺与大慈法王》(藏文)一书第95页至96页。民族出版社,2006年。

11B4 dge bavi bshes gnyen mang pos dgongs pa rdzogs pavi phyir dge rtsa rgya chen po bsgrub cing gdung mchod rgya chen po nyin zhag bzhi bcu zhe dguvi bar du bsgrub / Vjav vod dang / lhas me tog gi char phab bo / Khra savi zhes bya bavi sa cha der kvo shrvi dpal ldan pas gtsos dge bavi
11B5 bshe gnyen mang povi tshogs dang / blon chen mi chen dmag dpon sogs skya ser mang po vdus nas sku gdung zhugs vbul mdzad pa la kvo shrvi dpal ldan pas me spor bavi stangs ka tsam byas pa la me rang spar du song zhing / vjav tshon sna lngavi gdugs dang rgyal mtshan ba dan
11B6 bkris (bakra shis) rtags brgyad kyi dbyibs lta buvi ltas bzang khyad par can nam mkhavi khams gang bar byung ba kun gyis mthong zhing ngo mtshar bavi gnasu (gnas su) gyur / De nas gdung khang gi kha phye nas bltas pas sku ril por bzhugs pa gser gyi mdog ltar vtsher zhing vbar ba mu tigi (tig gi) dog (rdog) po lta bu dang /
11B7 yungs vbru lta buvi ring bsrel dkar phrom me vbyar zhing gdung khang gi nang logs kun tu bkram pa bzhin du bzhugs pa rnams gser gyi mchod rten mtho tshad la khru bco lnga tsam yod pa gcig bzhengs pavi nang du sku gdung ring bsrel dang bcas bzhugs bcug pa yin / Rnam

Shog grangs 12 pavi mdun ngos

12A1 thar bkod pa rgyal povi spyan lam du gzigs pa phul bas / (16) e mavo vdi vdra bavi ngo mtshar shin tu che zhes gsungs nas yang bstod pa ni / smon lam dbang gis dbusu (dbus su) sku vkhrungs pa // bslab pa gsum la mkhas shing mkhyen pa yang // sde snod kun vdzin rdo rje

12A2 za ma tog // rang bzhin rnam dag dkav ba dpag med kyis // shvakya thub pavi spangs rtogs yon tan mngav // nga yi yab mes rgyal rabs rnam pa bzhivi // spyi bo nas ni dbang bskur drin chen povi // bla ma sems can yongs la sku drin che // dge ba rnam dag kun la thugs brtse ba // sprin bral nyi zlavi

12A3 vod bzhin shin tu gsal // dgung lo shin tu mtho nas gzugs sku yi // bkod pa bsdus nas yongsu (yongs su) mya ngan vdas // ye shis me ni sngon du sbar ba las // vjav mtshon sna lnga nam mkhar vkhrigs pavi dbus // gdugs dang ba dan rgyal mtshan dbyibs can gyis // mchod cing lha yi (yis)

12A4 me tog char yang phab // de vdravi ngo mtshar ltas bzang mang byung yang // da dung sems la sdug bsngal khur gyis mnan // sdug bsngal bsal nas tshe lo khri tshovi bar // vtsho bar smon zhing skye rga na vchi yi // ming yang mi grags nam mkhav ji srid du // rgyal srid gnas par

12A5 byin rlobs bkra shis shog // Zon te lo bcu
pavi zla ba bcuis (bcu gnyis) pavi tshes bcu drug gi nyin // De nas rgyal povi lung gis // chos rje bsod nams shes rab dang // chos rje bzang po gnyis kyis gser gdung mdzo mo mkhar du gdan drangs te lha khang bzhengs nas bzhugsu (bzhugs su) bcug //

12A6 dge vdun gyi sde yang btsugs / Kvo shvi sogs kyi las lung gnang nas bdag gnyer mdzad pa yin / zhes dus gsum sangs rgyas thams cad kyi ngo bo dbal ldan bla ma khams gsum chos kyi rgy-al po tsong kha pa chen povi sras kyi thu bo byams chen chos kyi rje shvakya ye shes pa de nyid tsong kha pa chen povi sku tshab tu rgya nag pho brang la phebs tshul gyi rnam thar

12A7 vdod pavi re skong dpal ster nyi ma zhes bya ba vdi ni skyes thob blo gros kyi rnam dpyod yangs pa lugs bzung (zung) mkhyen pavi spyan ldan yang skya zha sa dang (zhabs drung) byams pa tshul khrims rgya mtshos bkris (bkra shis) kha btags dang bcas nan gyis bskul bavi bkav ldog ma nus par / dam pa rin chen gyis byin gyis brlabs pavi er teni (ti ni) no mon khan pandi ta ho thog thur vbod pavi byin pa ngag dbang vjam dbyangs nyi mas rgya nag ras

Shog grangs 12 pavi rgyab ngos

12B1 bris bkod pa ltar bsgrigs te sbyar bavi yi ge pa ni rab byams pa bsod nams mkhas mchog go / Byams chen chos kyi rje shvakya ye shes dpal bzang povi rnam par thar pa mdor bsdus tsam zhig bzhugs lags so / Na mo gu ru bhu / Byams brtsevi zla spun lan brgyar bsrubs pa las //

12B2 legs thon dbang phyogs gong mavi rgyal khab mthar // shvakyavi lung rtogs dkyil vkhor rdzogs pa yis // ye shes rnam dkar vod brgyas vgengs khyod rgyal // gang devi rnam thar kun mkhyen dza hnuvi // lto ba las gzhan tshur mthong kar tavi // mgrin par

12B3 bregs pa tsam yang chud dkav mod // von kyang dad pas nyung zhig vdir gsal bya // Bskal bzang rnam vdren bzhi pavi vkhor gyi dbus // vjigs med gdong lngavi dbyangs can tsunda nyid // slar yang thub pavi brtul zhugs kyis drangs te // ljongs vdivi

12B4 vgro bavi dpal du gyur pa ni // skyid shod gung thang kun bzod thig le ru // shvakyavi bstan pavi dkyil vkhor rdzogs pa yis // ye shes vod stong vbar bavi nyi ma khyod // shar tshe vgro vdivi rmongs mun kun nas bcom // snyigs mavi mgon po kun mkhyen tsong kha

12B5 pavi // grangs med sras kyi dbus na lung rtogs kyis // mngon par mtho bavi ri dbang ltar gyur tshe // rnam dpyod phul byung mchog gi mkhas par bsngags // khyad par bstan pavi vkhor lo ngur smrig can // dben gnas chos sdings lo gsum bzhugs pa yis //

12B6 bar ma phag lor shar phyogs sa dbang gis // spyan vdren byung tshe rgyal ba gnyis pa yis // khyod kyi smon lam rgya mtshovi mthu dpal las // phyogs der thub bstan bsil sbyin vchar gzigs nas //bstan vgrovi dpal du phyogs der khyod vgyur zhes // dgyes bzhin

12B7 dri med bkav yis lan brgyar bsngags // gang gis dbul sel rmug vdzin dbang po yang // khyod kyi vphrin las sgrub par bkav bsgos tshe // g •yo med dam bcas mngon sum zhal bzhes te // khyod dang vgrogs pa tsandan dri bzhin gyur // de tshe khyod kyi snying stobs

Shog grangs 13 pavi mdun ngos

13A1 rdo rjevi go // Gcig tu bgos nas bla med brgyud chen gyi // bshad srol vdzugs dang gdan sa bcu vdebs zhes // zhal bzhes stong vkhun gtsug gi nor bur byon // de tshe khyod kyi mkhyen pavi lha lam kun // thugs rje sprin gyis bkang ste mi zad

13A2 pavi // rdzu vphrul nus pa dam chos zab movi char // phab nas dpon vbangs yang dag lam la bkod // sngon gyi zhal bzhes dam bcav rjes dran te // mchod yon zung gis ri bo rtse lnga la // dgon chen drug dang me tog ldum ra dang // nyes (nye) bar ha yan si zhes bya ba

13A3 btab // thub bstan zer stong can gyi snang ba yis // shar phyogs chu mthong pha mthav kun bkang ste // phyogs devi yid can Padma gzhon nuvi vdab // rmongs pavi zum pa vbyed mkhas khyod las su // khyad par sgyu vphrul sras povi lung rtogs kyi // vo mtshovi rnying (nying) khu

13A4 rgyal pa gnyis pavi bstan // dbang phyogs yul der vbyed pavi shing rta che // khyod kyi mdzad pavi chu gter su yis dpag // de phyir stong vkhun sa dbang mtshungs bral des // vphrin las sna tshogs mkhas shing gsal pa dang // chos nyid dam pa mchog tu rgyal ba dang //

13A5 shes rab rnam dag snang ba chen po dang // kun tu khyab cing rgyal khams skyob pa dang // bstan pa rgyas mdzad rab tu dge ba dang // byams chen chos kyi rgyal po bya ba sogs // mtshan gsol vgran zla bral bavi bla mar bsngags // de tshe chos sbyin zad pa med pavi ched //

13A6 dri med bkav vgyur yongs su rdzogs pavi par // thog mar bskrun te shar phyogs rgya mtshovi bar // rgyal bstan zla bavi vod kyis dkar por mdzad // slar yang khyod nyid dge bar dbus su phebs // rgyal ba gnyis pa dben gnas chos sdingsu (sdings su) // mthav yas gdul byar chos

13A7 vkhor bskor ba yis // zhabs tog rgya chen bsgrubs te dgyes par mdzad // sa mo phag lor rgyal kun mkhyen pavi gter // gcig gyur vjam dgon bla ma tsong kha par // zhal bkod zhus nas theg chen bshad sgrub gling // vdzam gling mkhas pavi bsti gnas mchog vdi

Shog grangs 13 pavi rgyab ngos

13B1 bskrun // lhag par gangs rivi vphreng ldan ljongs vdi na // sngags kyi vchad nyan rnam par dag pavi bstan // kun nas nub ste yun ring lon gyur pa // rgyal ba gnyis pas nyin mor mdzad mos kyang // sngon chad vchad nyan gzhi vdzugs ma byung bas // de ltavi gzhi vdzugs

13B2 byung na ci ma rung // dgongs te lhag bsam shel gyi lcug phran gyis // rgyal ba gnyis pavi snyan gyi rnga chen skul // de tshe vjam dbyangs ngur smrig zlos gar mkhan // zhal khyim vd-zum gyis vphreng bas mngon par brgyan // khyod thugs bum pa thugs rjevi bdud rtsis

13B3 bkang // brgya phrag du mavi bstod pavi vphreng bas bsngags // rnam dag vdul khrims nor vdzin la brten nas // gsang bdevi vchad nyan yongs vdu rgyas byed pavi // rgyud kyi rgyal po gnyis kyi dbu nas kyang // chos thun re gsungs phyogs kun dag par mdzad // sngon nas

13B4 vjam mgon bla mavi bkav stsal gyis // khyod kyi gtsug tu mi phyed dam bcings te // ljong vdir gsang chen sngags kyi rgyud sde la // rnam dag vchad nyan kun nas nub gyur pa // rgyal ba gnyis pas nyin mor mdzad pa gang // vphel phyir rnam dag vdul khrims la brten

13B5 nas // gsang sdevi vchad nyan tshugs pavi gzhi rten phul // de tshe rgyud kyi gra tshang zhal bkod dang // lhan cig sems dpav chen po dar ma bzang // theg chen gling gi mkhan por mngav gsol zhing // gnas der rten vbrel sgrig phyir gso sbyong mdzad // rgyud kyi rgyal povi

13B6 nang nas thun re gsungs // gzhan yang khyod kyi smon lam thugs rje las // rim par sems dpav chen po sher bzang gis // chab mdo byams pa gling gi chos sdi btab // Mtshungs med rgyal mtshan bzang povi zhal bkod la // brten nas gnas brtan sangs rgyas grags

13B7 pa yis // phu lung dgon par ri bo dge ldan pavi // dri med vchad nyan gsar du btsugs pa las // rim par spo bo chu mdo byams pa gling // zhes byavi sngon med chos sde chen po byung // Chos sde (sdings) dben par chos vkhor bskor bavi dus // rgyud kyi gzhi rten phul ba la

Shog grangs 14 pavi mdun ngos

14A1 brten nas // mtshungs med shes rab seng gi yis // stod rgyud smad rgyud grwa tshang (rnam) gnyis btsugs // Mdo yi vchad nyan dar bavi grwa tshang yang // gsang phur mthong smon grwa tshang zhes bya dang // gtsang duvang grwa tshang chen po vdzugs mdzad pa //

14A2 da lta bkra shis lhun por yod ces tshos // Slar yang shar phyogs vgro bavi bsod nams kyi // shing rtas khyod skuvi nyi ma rab brangs te // thub bstan spyi dang rgyal ba gnyis pa yis //

legs gsung vdab rgya (brgya) phyogs der bzhad pavi ched // gong mavi rgyal khab

14A3 mkhav (mkhar) la mngon sum byon // De tshe ta ming rgyal po zhing gzhan du // gshegs kyang de sras zon de rgyal po yis // gtsug na nor bzhin gus pas lhag par mchod // gzhan don vphrin las mun sel stong phrag gis // phyogs devi rgud pavi rmag rum ma lus

14A4 bcom // Snyan grags mthav med lha yi rnga bo ches // ris med skye rguvi rna bar bdud rtsi sbyin // de nas gdul byavi rtag vdzin gzhom pavi slad // mdzo mo mkhar du phebs pavi mod nyid la // gang sku mig gi bdud rtsi chu khur can // chos skuvi vchi med lam gyis

14A5 dbyings su bsdus // grangs med bsod nams zhing gyur sku yi gdung // vgro bavi mchod sdong mchog ste (de) spyan drangs pas // yul der sngon med chos sde chen po btab // gzhan don mkhav khyab ngang nas gnas der bzhugs // gang dag gsung gi bdud rtsis nyer smin

14A6 pavi // rnam dpyod lus bzang rgyas pavi slob mavi tshogs // grangs med rgyu skar lta bu brjod dkav zhing // de rnams nang nas chos rje a mo gha // bsod nams shes rab ces pa rnam gnyis kyis // zon de rgyal povi ti shi mdzad pa las // lugs gnyis vphrin las mchod

14A7 yon snga ma las // phan tshun vgran pa bzhin du gyur pa yin // vdi gsum ring la ri bo dge ldan gyi // gnas bcuvi bsi thang ya mtshan can de dang // se ravi thub dbang sku snyan (brnyan) bkras btags ma // rim par dbus su phebs te vgro don vphel // de ltar gsang gsum mdzad pa mthav med kyis //

Shog grangs 14 pavi rgyab ngos

14B1 ma lus vgro ba smin grol lam vgod pavi // rab vbyams mdzad pavi mkhav dbyings yangs pavi mthav // rgyal sras ydab ldan gtsos kyang gzhal nus men // de lta na yang thun mong blo ngo la // snang bavi mdzad pa rgya mtshovi chu tshogs las // rab gus skra rtses blangs

14B2 pavi zeg mas kyang // kun la sman pyir vdir bshad vbras bu che // de yi mthu las gnas skabs kun tu bdag // dal vbyor kun tshang rten bzang brgyud mar thob // bshes gnyen dam pavi mgon dang mi vbral zhing // theg mchog chos la ngoms med spyod par

14B3 shog // Mthar thug vbras bu bla med byang chub che // ma lus vgro bavi don du ring min par // rnyed nas zab rgyas chos kyi char pa yis // mkhav khyab yid can lo tog smin byed shog // Thogs med da bar bsags pavi dge tshogs klung // vdis mtshon legs byas gzhan dang lhan

14B4 cig par // lhag bsam dbyar gyis dus dang nyer vgrogs te // zhi mchog rgya mtshor myur du vbab par shog // Ces byams chen chos kyi rgyal po shvakya ye shes pa zhes bya bavi rnam par thar pa rgya mtsho las nye bar blangs Pavi chu thig (thigs) tsam brjod pavi tshigs su bcad pa bskal bzang (chu) vdzin bdud rtsi zhes bya ba vdi ni don gnyer can vgav zhig gis vdi lta bu sdems(phris) shig ces bskul bavi ngor chos

14B5……[①] dum dang bstun nas dag bsgrigs bgyid pavi byed pa po ni rtna arbsengdhevo / vkhon ston pavi rnam thar las / de rjes byams chen chos rjer sku skye ba bzhes / de ni skyid shod gung thang du vkhrungs / chungu (chung ngu) nas gsungs rab la yun du sbyangs bas mkhas pavi go vphang thob / Gong ma ta ming rgyal pos

14B6 rgyal ba tsong kha pa gdan vdren btang bavi rgyal tshab tu phebs nas rgya nag povi yul thams cad rgyal ba gnyis pavi bstan pas khyab par mdzad do / Slar dbus su phebs nas se ra theg chen gling gi chos sde chen po vdi nyid gsar du bskrun par mdzad cing / byams chen chos kyi rgyal

14B7 po tavi bavu ha wang du grangs so / De nas rje btsun chos kyi rgyal mtshan du sku vkhrungs / zhes gsungs / Be ser las / se ra theg chen gling gi lo rgyus ni / vjam mgon chos kyi rgyal pos se ra chos sdingsu (sdings su) rtsa shevi vgrel chen rigs pavi rgya mtsho mdzad pavi dus sher phyin gyi yi ge gser zhun gyis

Shog grangs 15 pavi mdun ngos

15A1 bris pa lta bur snang la gzigs pas theg chen bshad sgrub ma lus vdu bavi sde vbyung bar lung bstan pa ltar byams chen chos rje shvakya ye shes de tshal gung thang du vkhrungs / Gsung rab mang povi don thugsu (thugs su) chud pas mkhas s-hing / sngon (mavi) gnas (tshul) rjesu (rjes su) dran pa bsod (nams) kyi mngon shes dang

---

① 复印件原文显现不清。

15A2 ldan / Rnam thos sras vgrub / vjam mgon chos kyi rgyal po rtsa bavi bla mar bsten / Rgya nag rgyal po tavi ming gis rje rin po che spyan vdren par btang bavi rgyal tshab tu chos rje sh-vakya ye shes mngags / Rgyal povi bla mchod du bkur / Rgya nag tu kha ba vbebs pavi rdzu vphrul bstan pas / tavi bavu ha wang

15A3 ste byams chen chos kyi rgyal po mtshan gsol / Dngos po gya nom pavi vbul ba spom mthor bteg / Rgya yul du ha yan se zhes pavi chos sde btab / Phyogs der mnyam med tsong kha pa chen povi bstan pa dar rgyasu（rgyas su）mdzad nas bod du phebs / Se ra rtser rje dang mjal brgya vbul mdzad de mi ring bar bla mavi bkav

15A4 dang du bzhes nas se ra theg chen gling gi chos grwa chen po btab cing rten gtsor chos rje nyid kyis rgya yul nas bzhes pavi tsandan dkar povi gnas brtan bcu drug nang du bzhugs pavi thub dbang gnas bcus bskor bavi lha khang bzhengs / Dge vdun yang vdu che bar stod smad rgya shrong① steng

15A5 ste grwa tshang bzhi btsugs de nas bcu smra ba dar rgyas bzang po gdan sar bskos / Vjam mgon chos kyi rgyal po gshegs rjes slar yang rgya nag tu spyan drangs / Tavi ming rgyal povi sras zon te rgyal sar vkhod pas yab kyi srol legs par gtod de gus vdud mdzad / Slar bod du phebs pavi bar kham（khams）

15A6 mdzo mokhar（mo mkhar）du sku gshegs / Mkhan chen shvakya tshul khrims pas der chos sde btab / Dgav ldan du dngul

---

① 《东噶藏学大辞典》中色拉寺条写作:“འཕྲོང་”

gdung rin po cher rgya gur dang gnas brtan bcu drug gi shi thang phul / Slob ma a mo gha dang / bsod nams shes rab pas rgyal povi ti shrvi mdzad / De gnyis kyis slob ma gzhonu (gzhon nu) dpal ldan kyang

15A7 rgyal povi bla mchod mdzad / Mdzo mo khar (mo mkhar) gyi chos sde dpon rgyud kyi bzungo (bzung ngo) zhes dang / Mdzo mo mkhar ni se ra byams chen chos rje rgya nag rgyal pos gdan drangs pavi mar lam gzhi vdir dgon pa thobs (btabs) na la legs zhes lung bstan cing rjes sor rgya nag tu zhing khams vphos pavi sku gdung yar

Shog grangs 15 pavi rgyab ngos

15B1 drangs pavi tshe / vdi thad shing rta vdam du zug pa ltar vgror ma nyan pas mar lam gyi gsung dran te rgya nag yung lo rgyal pos khri kyen hung hwa ze zhes pai mkhar brtsigs shing gs-er gdung la sogs pai rten mang po bzhengs / Bu chen sengge bzang po gdan sar bzhag ces grags la / zhes

15B2 gsungs / Rje ngag dbang byams pas se vbras kyi dkar chag tu / aom bde legs su gyur cig / Shes rab mtshon gyis vching ba kun bcad kyang / rtse(brtse) chen zhags pas srid vdir dam bc-ings pas / legs bshad bdud rtsivi rgyun gyis mthav yas vgro / rtag tu tshim mdzad tsong kha pa

15B3 la vdud / Spangs rtogs yon tan mthon povi mkhav dbyings nas / byams chen vod dkar vgro bavi khams mnyam par / spros ngal (bral) nyon mongs tsha gdung kun sel ba / mi dbang lha chen gtsug rgyan der phyag vtshal / Zab dang rgya chevi chu vd-

zin lhun po las / mthav bral dbyar
15B4 rnga phyogs kyi mthar sgrogs shing / dge legs lo tog srid vdir rgyas byed pa / dpal ldan tsheg chen gling gi chags tshul bshad / De la vdir (thar) pa dang thams cad mkhyen pa don du gnyer bavi skal ldan gyi bung ba kun legs bshad kyi glu dbyangs snyan par sgrogs shing /
15B5 rnam dpyod kyi gshog rtsal vgran pa / spong bdun vkhor bcas kyi skyed tshal nyams dgar bar / mdo rgyud gzhung lugs vbum gyi vdab stong rgyas pa / thub bstan yongsu (yongs su) rdzogs pa rang gi nyams len du vkhyer shes pavi khong vdzum gyi ge sar rgod pa / blun sbom mun pvo (bavi)
15B6 yid can kun la vphya ba gsal bar byed pa / bslab pa gsum gyi dri bsung gis phyogs kyi vkhor lo vging (vgying) ba se ra theg pa chen povi gling chags vdebs pa po ni / byams chen chos kyi rje shvakya ye shes zhes yongsu (yongs su) grags pa de yin la / rje vdivi rnam par thar pa ngo mtshar
15B7 can mthav las (vdas) mod kyang / yon tan thams cad nang du sbas pas gsal bar yi ger vkhod pa ni cher ma byung vdug pas rtog bzo mang po bris pa la dgos pa med cing / mgo smos tsam dam pa snga ma rnams kyi gsung la brten nas brjod na / dam (pa) vdi vkhrungs sa ni / lha ldan

Shog grangs 16 pavi mdun ngos

16A1 sprul pavi gtsug lag khang gi shar phyogs gang vgro bavi mgon po gavu brag pa zhes dwags po bkav brgyud kyi grub thob chen po devi gdan sa tshal gung thang gi zhol du vkhrungs tsam nyid nas sngon gnas rjes dran gyi gsung mang du byon zhing / sgo gsum

16A2 zhi dul la ngang gis gnas / Rab tu byung bavi mtshan sh-vakya ye shes zhes ming dang rtags bsgyur bavi dgos pa / bsam sbyor thams cad khyim pa dang khyad par vbyed thub nges pavi brtul zhugs la gnas nas / yi ge vbri glog dang / chos spyod vdzin skyor brtson pa nas / ngag rgyun ltar na

16A3 thog mar rje rin po chevi gsol ba vdren mkhan mdzad / De dag gi skabs rje rin po che la sangs rgyas dngos kyi vdu shes kyis rang nyid bran du vbul bar mdzad nas ci gsung bkav bzhin bsgrubs te / rje bdag nyid chen pos mdo sngags kyis（kyi）chos vkhor lo bskor ba rnams dran

16A4 shes brtan pos gsan par mdzad cing / khyad par se ra chos sdingsu（sdings su）sngon ma me phag nas sa glang bar lo gnyis kyi ring snevu nas sbyin bdag mdzad cing dbyar zhal bzhes mdzad / sku mtshams dam pavi ngos nas snod ldan mang po la gsang vdus rim lnga dang / ma rgyud dpyid

16A5 kyi rgyal mo sogs gsungs / Der gsol ba vdebs ma mang po byung bavi ngor / dbu ma rts ba shes rab kyi rgya cher vgrel mdzad par bzhed nas gzhung gi rigs pavi gnad phra mo rnams la dpyad pa / zhib tu mdzad pas / rigs pa sra ba vgav zhig la dogs pa cung zad dpyad

16A6 dkav byung nas / bla ma dang rje btsun vjam pavi dbyangs la gsol ba drag tu btab bas / skabs shig na / shes rab kyi pha rol tu phyin pavi mdovi stong nyid nyi shuvi vgrel rkang rnams gser btso mavi yi ger vkhod pavi rnam pas bar snang khrig gis gang bar gzigs

16A7 pa yang yang byung / Rtsa bavi rigs pa shin tu phra ba rnams lavang dogs pa lhag ma med par vbad med du chod / De nas myur du rtsa shivi rnam bshad chen mo dang / gsung rab gyi (kyi) drang nges rnam par vbyed pavi bstan bcos brtsams / De skabs rgya nag gong

Shog grangs 16 pavi rgyab ngos

16B1 mavi gdan vdren pa vbyor pa la / rje de nyid rgya nag vbyon pa dgag bya che zhing dgos pa chung bavi rgyu mtshan dang bcas zhal ta nan can zhib par byon nas gser yig pa rnams phyir log / Vdivi skabs mkhas grub rin bo che yang rje rin po chevi zhabs pad thug pa yin vdug /

16B2 de nas bzung ste se rar rtsa she rtsa vgrel / drang nges rnam vbyed / bzhi brgya pa / gsang sngags / lam rim rtsa ltung dang / bla ma lnga bcu pa / byang chub lam rim gyi khrid rgyas par gnang / Sde snod vdzin pa drug brgya tsam nar mar bzhugs pa snevu nas spyi sgos kyi zhabs togs (tog) phun sum

16B3 tshogs pa mdzad cing / skbs vgav zhig se ravi rgyab rivi rter sgrub khang spyod lam bzhi shod(shong) du vgol mtshams mdzad / Skabs le(re) yang ra kha brag tu vgol mtshams mdzad nas thun mtshams rnamsu (rnams su) sku vdra dang svatstsha mang du vdebs par mdzad / Vdi dag gi skabs thams cad

16B4 du rje btsun shvakya ye shes pas gtso cher rje rin po chevi phyag g •yog sgrub cing bkav chos ci gnang thams cad gsan pas / ha cang mkhas pavi grags pa mi che yang / yon tan thams cad bla ma mnyes pa las vbyung bas rje rin bo chevi mdo sngags kyi chos thams cad bum pa

16B5 gang vbyor bzhin du ma dor ba zhig yin par vdug / Lhag par byams snying rjevi rang bzhin dang / btsun tshugs pa gtso bor vdon zhing / sbag pavi tshul khrims gsang vdus mi skyod pavi bskyed rdzogs la nyams len mthil du mdzad pas / chos rje vdi pas zhus nas gsang vdus kyi rdzogs

16B6 rim gyi gnad mthar thug pa bsre pa skor dguvi man ngag rje rin po ches gnang ba gsung vbum du bzhugs pa ltar lags / De ltar rje rin po che rgya nag tu ma phebs par gser yig pa rnams phyir log ste / gong mar zhu yig nang rgyu mtshan zhus par / slar yang rje

16B7 rang phebs ma thub pa de bzhin yin pavang / rje nyid dang khyad par med pavi slob ma zhig dbu blar dgos tshul gnang bas / rje btsun thams cad mkhyen pas sras kyi thu bo mkhas pa dang grub pa mang du yod pavi (sras) dam pa vdi nyid sku tshab tu phebs

Shog grangs 17 pavi mdun ngos

17A1 dgos pavi bkav dang / vgro don ji ltar bya tshul gyi bslab ston zhib par stsal zhing bkav grub (srungs / srung ma /) rnams kyi nang nas rgyal chen rnam thos sras la vphrin las sgrub pavi gnyer gtad mdzad pas rgyal chen gyis kyang zhal gyis bzhes / Rgya

17A2 nag tu phebs te rdzu vphrul gyis kha ba chen po phab / Gong ma bsnyun gzhi drag pos zin pa la bcos thabs dang dbang gnang bas bsnyun las grol / Rdzu vphrul dang nus pa mthav yas pas gong ma rgyal blon thams cad dad par mdzad nas chos kyi char pa phab /

17A3 ri bo rtse lngar dgon chen drug dang / rgyavi me tog ldum ra dang nye bar ha yan si zhes bya bavi dgon pa btab / De thams cad du ri bo dge ldan pavi phyag len dar bar mdzad / Khyad par rgyal blon mang thos sras kyis vphrin las thams cad thog med sgrub pas / gong

17A4 ma tva ming rgyal pos vgran zla med pavi bla mar mngav gsol te / vphrin las sna tshogs la mkhas shing gsal ba chos nyid dam pa mchog tu rgyal ba / shes rab rnam dag snang ba chen po kun tu khyab cing rgyal khams skyob pa / bstan pa rgyas mdzad rab tu dge ba /

17A5 byams chen chos kyi rgyal po zhes pavi mtshan dang / vjav sa dang / vbul ba bsam gyis mi khyab pa mdzad nas / rgya nag tu bkav vgyur gyi par thog mar brkos pavi par phud mtshal par them skas can gdong la gser gyi yi ge bris pa ngo mtshar can bsnams

17A6 nas dbus su phebs / De yang thog mar dgav ldan du phebs nas vbul ba rgya chen pos mnyes par mdzad nas / sras kyi thu bo rnams dang / lhag par vjam dbyangs chos rje dang lhan cig tu bde mchog gi skor mang du gsan nas vjam dbyangs chos rjevi mkhyen

17A7 rab la bsngags brjod chen po mdzad / De nas rje rin po che stod lung chu tshan dang / vbras spungs / lha sar phebs nas bsngo smon rgya cher gnang ba nas / se ra rtser chos vkhor rgya cher bskor bavi zhabs tog bsgrubs / devi tshe

Shog grangs 17 pavi rgyab ngos

17B1 rje rin po cher gangs rivi khrod vdir sngags kyi rgyud sde la vchad nyan rnam par dag pa yod ye thams cad nub nas ring zhig lon pa dang / rje nyid kyis bshad pa rnam par dag pa mdzad pavi gsung gi bdud rtsi nyams su myong bas blo gros kyi stobs rgyas

17B2 pa mang du byung mod kyi / de lta na yang da dung brgyud sdevi vchad nyan rkang tshugs pavi gra (grwa) sa sngon chad med pas / de vdravi vchad nyan rnam par dag pa tshugs na ci ma rung snyam du bstan pa vbav zhig la dgongs pavi thugs kyi vdun pa shugs drag

17B3 pos rje nyid la vdi lta buvi rgyu (mtshan dang de vdra ba vdzugs) pavi bdag rkyen dgos tshul gyis bkav sngar nas yang yang stsal ba dang / lhag par yang vdi res nan tan gnang zhing / chos rje nyid kyang de la thugs vdun shin tu che bas / thugs khur chen po bzhes te /

17B4 gzhi vdul khrims rnam par dag pa la brten te / dpal gsang ba vdus pa dang bde mchog gi rtsa rgyud la vchad nyan rkang btsugs pavi grwa sa rnam par dag pa vdzugs pavi gzhi rten phun sum tshogs pa phul / Chos sde bcu vdzugs pai zhal bzhes stsal

17B5 bas / rje bdag nyid chen po thugs dgyes bzhin du rgyud grwa vdzugs pavi zhal bkod mthar phyin pa gnang ste / mkhas shing grub pavi dbang phyug rje btsun shes rab seng ge chos dpon du bskos pas khong gis kyang zhal gyis bzhes / De nas rten

17B6 vbrel khyad par can sgrig pavi ched du / gnas der gso sbyong mdzad / Rgyud kyi rgyal po gnyis kyi dbu nas chos thun re re gsungs / De nas mdo sngags gnyis kavi vchad nyan rgyun mi vchad cing vgro ba mthav yas pavi bsod nams kyi zhing du
17B7 se ra theg chen gling vdi nyid ji ltar vdebs pavi zhal bkod rnams rje rin po che la zhus nas sa mo glang gi lo de ka la gtsug lag khang gi gzhi bting nas spyil bu sogs rim gyis chags pavi mthun rkyen yang phal cher snevu rdzong nas

Shog grangs 18 pavi mdun ngos

18A1 gnang ba yin vdug / De ltar dgon gnas kyi vdu khang dang sbug tu dri gtsang khang / devi nang du rje nyid kyis rgya nag nas bsnams phebs pavi ston pa dang gnas brtan bcu drug / dge snyen hwa shang dang bcas pa tsan dan dkar po las
18A2 grub pa nang bzhugs su bzhugs pavi sman sku khyad par can bzhengs / rgya nas bsnams pavi bkav vgyur ngo mtshar can rnams vjog pa gnang nas / lo gnyis tsam gyi bar chos kyi vkhor lo bskor / De yang gung ru rgyal mtshan bzang povi rnam thar las / dgung
18A3 lo zhi(zhe) drug pavi steng du theg chen gling du phebs nas / byams chen chos rje shvakya ye shes pavi drung du vjigs byed kyi dbang dang / rnam sras bdung dmar can gyi rjes gnang zhu gsung pa dang / chab mdo vdebs pa po byang sems shes rab bzang povi rnam thar du /
18A4 chos rje shvakya ye shes pa la / gshed dmar lha mngav / tshe dpag med lha dgu / so sor vbrang ma / gdugs dkar / rnam

rgyal ma / sha ba ri / vod zer can rnams zhus / zhes vbyung (byung) / rje gshegs pavi lo rjes mavi lnga mchod la ra kha brag tu phebs nas vdas

18A5 mchod bzang po mdzad / De nas slar lcags glang lo gong ma bdag po chen pos gdan vdren byung bar brten / rje rin po chevi dngos slob chos kyi rje dar rgyas bzang po gdan sar bskos nas pho brang du phebs nas khad nyer vbyor skabs gong ma

18A6 gshegs / De nas sras zon des rgyal po las kyang gus vdud che ba mdzad nas / vgro don rgya cher gnang ste dbus su phebs pas mdzo mo sgar du zhi bar gshegs / Der sku gdung bzhugs s-hing shvakya tshul khrims kyi (kyis) dgon pa phun sum tshogs pa

18A7 chags btab / Chos rje nyid kyi nye gnas snye thang pa a mo gha dang / bsod nams shes rab gnyis kyis kyang rgyal povi ti shrvi mdzad nas / rje rin po chevi ring lugs dar rgyas mdzad cing / Da lta dgav ldan gyi dngul gdung rin po chevi bzhugs khang rgya gur

Shog grangs 18 pavi rgyab ngos

18B1 dang gnas bcuvi sevu thang ngo mtshar can vdi dag bla ma vdi gnyis kyis phul ba yin la / de gnyis kyi slob ma gzhon nu dpal bas kyang rgyal povi ti shrvi mdzad nas / rje rin po chevi ring lugs bzang po phyogs der dar rgyas shin tu che bar mdzad do / Zhes

18B2 gsungs / Yongs vdzin thams cad mkhyen pavi gsung lam rim bla ma brgyud pavi rnam thar las / byams chen chos rjevi rnam thar bzhugs / Byams chen chos rje shvakya ye shes ni / rgyal ba bzhes pa shing pho rtavi lo snron zlavi yar ngovi tshes gcig gi

18B3 nyin tshal gung thang du rtsas par grags pavi dpon rigs rgyud shig tu sku vkhrungs / Gzhon nu nyid nas sngon gyi skye gnas mang po rjes su dran (pa sogs) mngon par rtogs pavi yon tan gyis phyug navang bla ma mkhas pavi dbang po du ma bsten nas rgyal bavi gsung rab

18B4 mthav dag la mkhas par sbyangs te (ste) par mdzad / Khyad par du rje tsong kha pa chen povi spyan snga khrid mang po gsan te mkhas pavi dbang por gyur / De dus su rgya nag gong ma yung lo rgyal po chos kyi (……)

18B5 (……) nas gong mavi rgyal khab du gdan vdren pavi phyir blon po havu zhen sogs tva zhing bzhis gtso byas gser yig pa mi sna mang po mngags te lung dang gnang sbyin gya nom dang bcas khyer nas tsong kha pa chen po gdan vdren du btang yang rje rin

18B6 po che se ra chos sdings su sku mtshams shin tu dam par mdzad pavi skabs su gser yig pa rnams slebs byung bavi (……)

18B7 se rar phebs nas (……) gnang / Vbul ba rnams bzhes rgya yul du vbyon pa dgag bya che zhing dgos pa chung bavi rgyu mtshan dang bcas pavi zhal ta tva zhing rnams la zhib rgyas gnang nas rje rin po che spyan ma vdrongs par rje nyid kyi sku tshab tu (……)

Shog grangs 19 pavi mdun ngos

19A1 gyi dbang gis sprul pavi sku byams chen chos rje mngags pa gdan drangs te bla ma grwa slob tva zhing mi bzhi mi mang po bcas lho kha khams phyogs pe thang brgyud rim gyis rgya nag gong mavi pho brang du phebs te yung lo rgyal po

19A2 mjal / Gong ma chen mos kyang sri zhuvi bsnyen bkur phun sum tshogs pa mdzad / De nas gong ma rgyal pos byams chen chos rje la rgyal khab vdir rgyal ba tsong kha pavi bstan pavi snying po rnams dar ba zhig bya vdod pas mdo sngags kyi chos spyi dang khyad par

19A3 rgyud sde bzhivi dkyil vkhor chen po rnams bsgrub cing mchod pa byed dgos pavi bkav lung gnang / De nas byams chen chos rjes lo gsar nas dpyid zla vbring povi tshes vgor chog grwa gsang vdus dgyes rdor bde mchog vkhor chen vjigs byed zhe

19A4 dgu ma sman bla rnams kyi sgrub mchod kyi sta gon btsugs te tshes dgu nas bzung zla ba gsum gyi bar du sgrub mchod mdzad do / Grub pavi rtags nam mkhav la lhavi rol movi sgra dang / kha dog sna lngavi vjav vod vkhyil zhing dbyibs rgyal mtshan

19A5 lta bu dang / rdo rje vkhor lo Padma sna tshogs rdo rje lta bu shar ba rnams skya ser kun gyis mngon sum du mthong / Sprin med bavi nam mkhav las lhas me tog gi char vbebs pa sogs ltas khyd par can mang du byung zhing / rgyal povi rmi lam du phyogs

19A6 bcuvi sangs rgyas byang sems thams cad he yin zivi nam mkhar bkra lam bzhugs pa yang rmis pa yang byung gsungs /

Chos rje rang nyid kyis kyang dkyil vkhor lha tshogs rnams kyis zhal yang yang gzigs / De nas gong ma chen po thugs

19A7 dad tshad med pa skyes te / gser gyi vkhor lo yod pavi tham ka vbul ba tshad med pa dang bcas ste bsngags brjod gzengs stod (bstod) mdzad / De nas rgyal po dgung lo khri tshor spel bavi phyir du grub pavi rgyal movi lugs kyi tshe dbang rjes

Shog grangs 19 pavi rgyab ngos

19B1 gnang / Grub chen te lo pavi lugs kyi bde mchog vchi ba mthar dbang bskur te spyi bor bum pa bzhag pavi bdud rtsis bum pa gang ste vkhyur (vphyur) ba kun gyis mthong ba byung zhing tshe ril sogs la vod vtsher ba la sogs pavi rtags yang

19B2 mang po bstan / Rgyal po shin tu ya mtshan te gus pa cher mdzad / Rin po che gser dngul gyi rigs brgyan pavi bzhugs khri / yi tsi mdun lcog / zhabs stegs bzhugs stan sogs vbul (ba) tshad med pa gnang / Gzhan yang rgya hor gyi yul gru de

19B3 rnams su rab byang bsnyen rdzogs / khyim pa rnams la bsnyen gnas dang dge bsnyen gyi sdom pa sbyin pa dang / rang rang gi blo dang vtsham pavi chos bstan nas rje rin po chevi bstan pas phyogs de khyab pa mdzad / De nas phyogs nas ched

19B4 (……) mjal phrad byed pavi bla dpon skye bo che phra thams cad kyi vbul ba zhabs tog phun sum tshogs pa bsgrubs shing / De dag so sor skal ba dang vtsham par rab byung bsnyen rdzogs / (dbang dang) rjes gnang khrid man ngag

19B5 bsnyen gnas bsnyung (bsmyung) gnas kyis (kyi) sdom pa sogs rang rang gi vdod mos ltar tshim par stsal ste smin cing grol bar mdzad / De nas gong ma rgyal po la rgyal ba tsong kha pa la zhal mjal ba dang / mchod cing bsnyen bkur dang / chos zab mo mang

19B6 povi bkav drin zhu ba sogs kyi ched du dbus gtsang du phyin chog pa dgos zhes Dgongs pa zhu bar mdzad pas / gong ma chen pos kyang dgongs pa khrol te gong nas gser yig pa skyel bavi mi sna dang bcas phebs te / shan zivi

19B7 lam chen brgyud (……) rim pas li thang byams chen chos vkhor (……) bod yul dbus kyi se rar phyag phebs te rje rin po che dang mjal / Rgyal pos gnang bavi gnas bcuvi thags sku / ljon shing gi gur / gser dngul gyi mandal

Shog grangs 20 pavi mdun ngos

20A1 la rin po chevi tshom bu dang bcas pa / gos dar sna tshogs gtos che ba phul nas zhabs brtan gsol vdebs kyang mdzad / Jo bo shvakya mu ner gser vbul / mgul rgyan mchod pavi rigs / ri bo

20A2 dgav ldan gyis gtsos dge vdun rnams la vgyed mang ja sogs gnang / Mi sna ldog dus rgyal po la legs gsol zhu vbul byas / Mi sna rdzong ba mdzad / De nas snga mo nas rje rin po che se ra (rar) bzhugs dus / rtsa she / drangs nges rnam vbyed /

20A3 bzhi brgya pa / byang chub lam rim / gsang sngags lam rim gyi khrid / rtsa ltung bcu bzhi pavi rnam bshad gnyis la sogs pavi chos mang po gsan navang / slar yang dpal ldn gsang vdus pavi vgrel pa sgron gsal mchan bu dang

20A4 bcas pa / bshad rgyud vgav zhig gi lung / rim lngavi khrid / sbyor ba yan lag drug pavi khrid rgyas pa / dus vkhor gyi vgrel chen dri med vod kyi bshad pa ches zhib pa / na ro chos drug / dbu ma vjug pa / tshad ma rnam vgrel /

20A5 bde mchog rtsa bavi rgyud la sogs pavi chos zab cing rgya che ba dpag tu med pa gsan / De nas lo re bzhin gong ma chen por mtshams zhu dang / chos kyi gdams pa gong nas gong vphel du mdzad / Gong ma chen pos kyang lo

20A6 re bzhin gser yig vbul nod gya nom dang bcas stsal / De nas rje rin po che zhing gshegs pa la nye bavi tshe bstod (stod) lung gi chab tshan dang de nas vbras spungs la byon / De nas lha sar byon pavi tshe / byams chen

20A7 chos rje vdi pas / rje rin po che se rar gdan vdren byed pavi grabs kyang sgrigs te spyan drangs nas se ra chos sdings su bzhugs / Bsnyen bkur tshad med pas mchod / Devi tshe byams chen chos rje vdi pa la / se rar dge vdun gyi sde gtsugs (btsugs)

Shog grangs 20 pavi rgyab ngos

20B1 nas bshad sgrub rkang tshugs pa zhig byed dgos pavi bslab ston zhal ta rgyas pa gnang zhing / khyad par gangs rivi khrod vdir sngags kyi rgyud sde la vchad nyan rnam par dag pa nub bar gyur nas ring zhig yon (lon) / Rje rin po che nyid kyis

20B2 bshad pa rnam par dag pa mdzad pavi gsung gi bdud rtsi nyams su myong bavi blo gros kyi lus yongs su tshim pa mang du byon mod kyi / de lta na yang da dung rgyud sdevi vchad nyan rkang tshugs pavi grwa sa gzhi things pa sngon chad med pas / de

20B3 vdra bavi vchad nyan gyi gzhi rnam par dag pa tshugs na ci ma rung snyam du bstan pa vbav zhig la dgongs pavi thugs kyi vdun pa shugs drag pos devi tshe byams chen chos rje vdi pa la bde gsang gnyis kyi vchad nyan rkang tshugs pavi sngags grwa

20B4 zhig vdzugs pavi zhal ta gnang ste / byams chen chos rje vdi bas kyang rje rin po chevi bkav bzhin sgrub pavi thugs khur rgya cher bzhes nas se ra chos sdings su gzhi vdul bavi bslab khrims rnam par dag ba la brten te dpal (gsang) ba vdus pa dang /

20B5 bde mchog gi rts rgyud la vchad nyan rkang tshugs pavi grwa sa vdzugs pavi zhal bkod dang / mchod dpon bsko ba la sogs pa mdzad cing / rten vbrel khyad par can sgrig pavi ched du der gso sbyong mdzad / Rgyud kyi

20B6 rgyal po gnyis kyi dbu nas chos thun re gsungs pa la sogs pa rten vbrel bsgrig par mdzad pa la rten te se ra theg chen gling btab / De nas ring por ma son par rje rin po che gzhan don du gshegs pavi gdung mjal mgul rgyan mchod

20B7 me sogs vdas mchod rgya chen po mdzad / Se ra chos sdings su byams chen chos rje rang nyid kyis gtsos dge vdun mang po dang bcas gsang bde vjigs gsum gyi dkyil vkhor chen po dag zhal phye nas / bla ma rdo rje vchang

Shog grangs 21 pavi mdun ngos

21A1 dang tha mi dad pa la phyi nang gsang bavi mchod pa rgya chen pos mnyes par byas shing / bdag nyid vjug cing dbang blang pa la sogs pas dam tshig sdom pa rnam par dag par bgyis te / thugs

21A2 kyi dgongs pa yongs su rdzogs pa dang / bla ma mchog gi ye shes kyis gzigs pa nan du yang vbral ba med pavi smon lam rgya chen po btab pas ngo mtshar bavi ltas mang du byung ste / nam mkhar vjav yang yang shar ba dang me tog
21A3 gi char yang babs / Byi (bya) lo zla ba bcu par dge ldan du rdo rje vdzin pa brgya phrag du mas dkyil vkhor dpag tu med pa sgrub cing mchod pavi dus kyi mchod pa bsgrubs pavi tshe dpon nam mkhav bzang po khu dbon pavi drung nas / ra kha
21A4 brag tu chos rje byams chen pa vdis gtso bo mdzad pavi dge bavi bshes gnyen du ma spyan drangs nas dus kyi mchod pa rgya chen po mdzad de / gsol ba btab pas me tog gi char babs pa ni / me tog mu tig gi mdog lta bu
21A5 chung ngu sa la kha ba ltar chags pa dang / gzhan yang vdab ma drug pa la sogs pa kha cig gi mdog ni dung dang / kha cig ni gser btso ma / kha cig ni li khri lta bu / kha cig ni rgyavi mthing bzang pos byug pa lta bu mivi
21A6 lag pavi khyon tsam dpag tu med pa babs so / Byams chen chos rje vdis rje rin po chevi dgongs rdzogs su mchod vbul mdzad pa la de lta buvi rtags ngo mtshar can byung ba ni byams chen chos rje vdi nyid rin po chevi
21A7 thugs rjvi byin brlabs zhugs pavi skyes bu dam pa gzhan dang mi vdra ba zhig yin pavi rtags te rnam par thar pa ngo mtshar ba yin no / de nas slar yang gong ma yong lo rgyal pos gdan drangs te phebs /

Shog grangs 21 pavi rgyab ngos

21B1 rgyal po chos dang zang zing gis mnyes par byas / Rgya nag gi yul du rdzu vphrul gyi bkod pa mang du bstan cing / rje rin po chevi ring lugs dri ma med pa phyogs kun tu rgya cher spel / Rje rin po chevi thugs bskyed dang byams

21B2 chen chos rje nyid kyi sngon gyi smon lam gyis (gyi) dbang gis rgya nag the dzung rgyal po nas zon te rgyal povi bar rgyal rabs bzhis mchod pavi dpal yon bla na med pa mdzad de / dgung lo brgyad cu gya gnyis bzhes pa shing mo yos lo

21B3 zla ba bcu pavi tshes bco brgyad kyi nyin bu chen kvo shvi a mo gha dang bsod nams shes rab rnam pa gnyis la zhal bkod gnang ste / phyi nang gi do dam mdzad nas sku mtshams la bzhugs te thugs dam mdzad / Nyi shu bzhi la

21B4 mdzo mo mkhar du zhing gshegs so / De nas yongs kyi dge bavi bshes gnyen mang pos dgongs pa yongs su rdzogs pavi phyir dge rtsa rgya chen po nyin zhag bzhi bcu zhe dguvi bar du bsgrubs / Devi tshe nan mkhav la vjav vod

21B5 vkhrigs shing / lhas me tog gi char phab pa sogs ngo mtshar bavi ltas mang du byung ngo / Khra savi zhes bya bavi sa cha der kvo shvi dpal ldan pas gtsos dge bavi bshes gnyen mang povi tshogs dang / blon chen mi chen dmag

21B6 dpon mi dpon sogs skya ser mang po vdus nas sku gdung zhugs vbul mdzad pa la / kvo shvi dpal ldan pas me spor bavi stangs ka tsam byas pa la rang vbar du song zhing / vjav mtshon sna lngavi gdugs dang rgyal

21B7 mtshan ba dan bkra shis rtags brgyad kyi dbyibs lta buvi ltas bzang khyd par can nam mkhavi khams gang bar byung ba kun gyis mthong zhing ngo mthar bavi gnas su gyur to / Zhes gsungs / Pan chen

Shog grangs 22 pavi mdun ngos

22A1 bsod nams grags pavi chos vbyung yid kyi mdzes rgyan las / byams chen chos rje ni / vkhrungs yul tshal pa / gsung rab mang du mkhyen / Sngon gyi skye gnas rjes su dran pa sogs

22A2 mngon par rtogs pavi yon tan gyis kyang phyug pa dang / khyd par rgya chen rnam sras kyis rjes su bzung ba nyid las / gong ma ta ming rgyal pos spyan drangs nas vgran zla med pavi bla mar mngav gsol to / Vphrin las

22A3 sna tshogs la mkhas shing gsal ba / chos nyid dam pa mchog tu rgyal ba / shes rab rnam dag snang ba chen po / kun tu khyab cing / rgyal khams skyobs pa / bstan pa rgyas mdzad rab tu dge ba / byams chen chos

22A4 kyi rgyal po zhes pavi bsngags pa brjod nas vbul zhabs dpag tu med pa mdzad cing / mchod yon gyi (gyis) ha yan bsi zhes bya bavi dgon pa btab ste / dge ldan pavi phyag len dar bar mdzad / De nas dbus su phebs

22A5 nas se ra rtser rje rin po ches chos vkhor rgya chen po bskor bavi zhabs tog mdzad pa dang / zhal bkod zhus nas theg chen gling gi chos grwa btab ste / mkhas pa dar bzang gdan sar bskos pa gnang / Lo vdi rje

22A6 nyid zhing gzhan du gshegs pavi sa phag de yin / Slar pho brang la byon pa ta ming rgyal po khang nyer gshegs kyang / sras zon lde rgyal pos gus mchod chen po mdzad pa las / snyan grags dang gzhan don

22A7 mtha yas pa byung / Yang dbus su gdan btegs pa mdzo mo mkhar du phebs pavi mod la sku gshegs / Devi slob ma snye thang pa chos rje a mo gha pa dang / bsod shes gnyis kyis kyang / zon ldevi

Shog grangs 22 pavi rgyab ngos

22B1 ti shvi mdzad pa lugs gnyis kyi vphrin las mchod yon snga ma gnyis la vgran pa bzhin du gyur / Dge ldan gyis (gyi) thub pa gnas bcuvi bsi thang ya mtshan can vdivang mchod yon vdi gsum gyi ring dbus su

22B2 byon par snang / Bla ma de gnyis kyis slob ma chos rje gzhon nu dpal ldan zhes pas kyang rgyal povi bla mchod mdzad de dge vdun gyi sde bskyangs zhes grags / Zhes gsungs / Las chen kun rgyal

22B3 pavi bkav gdams chos vbyung las / byams chen chos rje shvakya ye shes ni / rjevi bkav lung gis se ravi dgon pa bzung nas vdus pavi rgyud kyi bshad srol tshugs shig ces bkav bsgos pas / se ra nyid du mdzad

22B4 pa skyong bavi skabs las / gong nas gdan vdren byung nas rgya yul du phebs / Gong mavi bla ma mdzad de me tog ldum ra-vi dgon pa btab / Byams chen chos rjer mtshan gsol / Vphrin las rgya cher spel te /

22B5 da lta rgya dang se ra ba vbrel bavi rgyu mtshan de yin no / de nas rjevi bkav bzhin byams chen chos rjes sbyin bdag mdzad nas / dkav bcu pa dar bzang se ravi chos dpon du bskos / De nas rje gung ru rgyal

22B6 mtshan bzang pos gdan sa mdzad de vphrin las rgya cher spel / De nas zhav lu ba rab vbyams pa bkra shis rgya mtsho / kun mkhyen blo gros rin chen seng ge / lhas bu bla ma pa / vdul ba vdzin pa dge legs dpal /

Shog grangs 23 pa

23A1 da lta na chen po gnyal chung dpal vbyor lhun grub ces pa chos kyi spyan dang ldan pa gcig bzhugs lags / zhes gsungs so /

23A2 mevu gyo（dam pavi ……）/ yon thung（thams cad mkhyen pa）/ hos tsi（rgyal sras）/ phu yin（yongs phan）/ hus kos（yul skyongs）/ zhen kyavu / kon ting（dbang bskur）/ phu shen / zi then（nub phyogs ……）baho tsi / dva kvo shri（dbu bla chen po）shvakya ye shes la / srba manggva lam /

4. 大慈法王及宗喀巴大师大事年表

公元	年号及日期	藏历	释迦也失年龄	地点	事项	备注
1354	元惠宗 至正十四年	6 绕迥 木马年	心宿月 上旬 1 日	蔡贡塘	释迦也失出生	
1357	至正十七年	火鸡年		青海湟中	宗喀巴诞生	
1360	至正二十年	铁鼠年	7 岁	释迦也失	受沙弥戒	取名释迦也失
1371	明洪武四年	铁猪年	18 岁	释迦也失	赴各地朝佛拜师	
1372	洪武五年	水鼠年	19 岁		宗喀巴 16 岁动身到拉萨	
1373	洪武六年	水牛年	20 岁	17 岁的宗喀巴第一次到蔡贡塘学医		
1380	洪武十三年	铁猴年	27 岁	春,24 岁的宗喀巴从蔡贡塘出发巡回辩经、受比丘戒,后又回到蔡贡塘		
1381	洪武十四年	铁鸡年	28 岁	蔡贡塘寺	宗喀巴住寺前后 5 年,释迦也失跟随	
1384	洪武十七年	木鼠年	31 岁		从宗喀巴受比丘戒	
1385	洪武十八年	木牛年	32 岁	29 岁的宗喀巴参加德瓦坚冬季法会,开始戴黄帽		

续表 1

公元	年号及日期	藏历	释迦也失年龄	地点	事项	备注
1386	洪武十九年	火虎年	33 岁	30 岁的宗喀巴参加春季法会后,回蔡贡塘写作,拜益西坚赞学时轮		
1390	洪武二十三年	铁马年	38 岁	达藏、夏鲁寺	随宗喀巴赴后藏学习密法	
1393	洪武二十六年	水鸡年	40 岁	沃卡却隆寺	宗喀巴携释迦也失等 8 人静修	
1394	洪武二十七年	木狗年	41 岁	沃卡	宗喀巴师徒捐助重修曾其寺	?
1396	洪武二十九年	火鼠年	43 年	聂地东部的僧格宗	宗喀巴师徒一行在此 自修	
1399	建文元年	土兔年正月一日至十五日	46 岁	沃卡曾其寺(?)	宗喀巴率众徒弟举行祈愿大法会	?
1402	建文四年	水马年	49 岁		朝廷遣僧人智光赴藏区诏谕颁赐	
1407	永乐五年	火猪年	54 岁		朝廷封哈立麻为大宝法王	
1408	永乐六年	土鼠年六月十九日	55 岁		朝廷召请宗喀巴,52 岁的宗喀巴向皇帝写请辞的信	1 号文献
1409	永乐七年	土牛年			宗喀巴首次举办拉萨祈愿大法会,开始兴建甘丹寺	
1413	永乐十一年	水蛇年	60 岁		永乐帝给宗喀巴的诏书,宗喀巴确定委派释迦也失	3 号文献
1414	永乐十二年	木马年	61 岁		2 月释迦也失第一次离藏,11 月抵达成都	
1414	永乐十二年十一月十五日	木马年		成都	永乐帝给释迦也失的诏书	4 号文献
1414	永乐十二年十二月二十二日				释迦也失抵京	
1414	永乐十二年十二月二十五日				永乐帝给释迦也失的圣旨	5 号文献

续表2

公元	年号及日期	藏历	释迦也失年龄	地点	事项	备注
1415	永乐十二年十二月癸巳	木马年			释迦也失入朝	《明实录》
1415	永乐十二年十二月二十七日				释迦也失朝觐永乐帝	《西藏地方与中央政府关系史》
1415	永乐十三年	木羊年二月九日	62岁		释迦也失准备举行法会	
1415	永乐十三年四月五日			六日之吉祥时刻	永乐帝给释迦也失的圣旨	6号文献
1415	永乐十三年四月十五日			第一次使用国师封号	永乐帝给释迦也失的圣旨	7号文献
1415	永乐十三年六月十五日			五台山分手已有两三月	永乐帝给释迦也失的圣旨	8号文献
1415	永乐十三年六月二十七日			五台山	永乐帝给释迦也失的圣旨	9号文献
1415	永乐十三年七月二十六日			五台山	永乐帝给释迦也失的圣旨	10号文献
1415	永乐十三年八月二十七日			五台山	永乐帝给释迦也失的圣旨	11号文献
1416	永乐十四年五月辛丑	火猴年	63岁		释迦也失辞归	
1416	永乐十四年五月十六日				永乐准予释迦也失回藏	12号文献
1417	永乐十五年二月一日	火鸡年	64岁	拉萨	永乐御制诗词	13号文献
1417	永乐十五年二月戊午				释迦也失遣人贡马、赐佛像等	
1419	永乐十七年十月癸未	土猪年	66岁		永乐命杨三保往赐	西藏史大纲
1419	永乐十七年	猪年秋			宗喀巴到色拉曲顶，色拉寺奠基	《宗喀巴传》《色拉寺与大慈法王》
1419	永乐十七年	十月二十五日			宗喀巴圆寂	《宗喀巴传》
1421	永乐十九年	铁牛年	68岁		明朝迁都，色拉寺建成开光，释迦也失为第一任法台	

续表3

公元	年号及日期	藏历	释迦也失年龄	地点	事项	备注
1423	永乐二十一年	水兔年	70 岁		释迦也失派人进贡	《明史》
1424	永乐二十二年四月十七日	木龙年	71 岁	拉萨	永乐帝给释迦也失的圣旨御制诗词	14 号文献
1424	永乐二十二年七月	木龙年			明成祖去世,八月皇太子仁宗即位	
1426	宣德元年三月庚子	火马年	73 岁	拉萨	释迦也失派人朝贺	
1429	宣德四年四月三日	土鸡年	76 岁	拉萨	宣德帝邀请释迦也失的圣旨	15 号文献
1429	宣德四年十月一日			中途接应	宣德帝慰问释迦也失的圣旨	16 号文献
1429	宣德四年十月十三日			五台山法会?	宣德帝给释迦也失颁赐金印宝诰	17 号文献
1429	宣德四年十一月十二日			即将进京	宣德帝给释迦也失的圣旨	18 号文献
1431	宣德六年二月辛亥	铁猪年	78 岁		释迦也失遣人朝贡	
1434 7.20	宣德九年六月庚申	木虎年	81 岁		宣德帝授大慈法王封号	19 号文献
1435 3.25	宣德十年二月戊辰	木兔年			明廷拟清理在京藏僧	《明实录》
1435	宣德十年六月	木兔年			释迦也失为智光大国师举行荼毗法会	陈楠专著①
1435	宣德十年	木兔年十月十八日	82 岁		释迦也失闭关静修	?
1435	宣德十年	木兔年十月二十四日			大慈法王圆寂	
1435	宣德十年十二月十六日				宣德御制诗词悼念大慈法王	20 号文献
1436 5.27	正统元年五月丁丑	火龙年			明廷清理在京藏僧,法王特例	《明实录》
1441 6.7	正统六年五月甲寅	铁鸡年			清理大慈恩寺占用馆夫	《明实录》
1442	正统七年八月辛亥	水狗年			皇帝给河洲、西宁等处官员军民人等的诏书	21 号文献

① 《明代大慈法王释迦也失在北京活动考述》。